"互联网+"驱动传统产业创新发展路径及模式研究

张 晓 等 著

本书受国家自然科学基金重点项目（编号：72132005）和国家社会科学基金重大项目（编号：16ZDA015）资助

科学出版社

北 京

内 容 简 介

本书立足于传统产业发展的困境和"互联网+"带来的新机遇,将"互联网+"作为有效驱动企业和传统产业创新发展的独特要素,从企业和产业两个层面对"互联网+"的独特含义展开分析,充分挖掘互联网时代企业和产业比较优势新来源及"互联网+"驱动传统产业可持续创新发展的内在机制,为中国传统产业焕发出新的生机提供新的思路、路径和模式选择。本书不仅对"互联网+"背景下传统产业的企业转型升级、实现创新发展具有一定的理论和实践意义,而且针对"互联网+"如何驱动供给侧结构性改革、金融改革、农业高质量发展等方面,都提出了具体的政策建议,对相关领域的改革发展具有现实参考价值。

本书适用于工商管理、产业经济和相关经济管理专业的研究人员,也可作为企业管理工作参考书。

图书在版编目(CIP)数据

"互联网+"驱动传统产业创新发展路径及模式研究/张骁等著. —北京：科学出版社,2024.5
ISBN 978-7-03-077272-5

Ⅰ.①互… Ⅱ.①张… Ⅲ.①传统产业-产业发展-研究-中国 Ⅳ.①F269.24

中国国家版本馆 CIP 数据核字(2023)第 251975 号

责任编辑：郝 悦／责任校对：姜丽策
责任印制：张 伟／封面设计：有道设计

科学出版社 出版
北京东黄城根北街 16 号
邮政编码：100717
http://www.sciencep.com
北京中科印刷有限公司印刷
科学出版社发行 各地新华书店经销
*

2024 年 5 月第 一 版 开本：720×1000 1/16
2024 年 5 月第一次印刷 印张：25
字数：500 000

定价：286.00 元
(如有印装质量问题,我社负责调换)

序

数字经济时代，以互联网、大数据、云计算、人工智能为代表的新一代通信技术和信息技术的发展为"工业互联网"迅猛发展提供了坚实的技术基础。2015年，李克强总理在政府工作报告中首次提出"互联网+"，并制定了"互联网+"行动计划，"互联网+"上升为国家层面的重要战略，由此，"互联网+"一词受到学术界和实践界的广泛关注。随着技术的不断发展，传统产业变革的速度进一步加快，以互联网为代表的信息技术的发展深刻改变了人们的生产生活方式，重构了传统的产业体系。"互联网+"不仅大幅提高了生产效率，而且通过商业模式创新等方式对商业实践产生了重大影响，逐渐渗透到实体经济中去，成为传统产业转型升级的新机遇。

"传统产业"主要指工业时代派生的产业，如食品加工、服装纺织、机械设备、汽车、冶金等制造业。二十届中央财经委员会第一次会议指出，"要坚持以实体经济为重，防止脱实向虚；坚持稳中求进、循序渐进，不能贪大求洋""坚持推动传统产业转型升级"。传统产业是我国经济的主体，并且在未来很长一段时间都是我国国民经济发展的支柱和命脉，与我国居民的生活发展水平息息相关。因此，虽然新兴产业发展迅速，为国民经济增长注入了活力，我们仍必须要重视传统产业对于经济发展的重要作用，关注传统产业发展对类似于中国的发展中国家而言所起到的举足轻重的作用。当前，传统产业大多面临着生产模式落后、企业附加值低、高耗能高污染、行业壁垒低、组织刚性强等难题，传统产业创新具有高风险性、高不确定性、高惯性等特点。因此，本书立足于"互联网+"的核心本质，力求探究解决我国传统产业创新发展所面临的难题，对"互联网+"如何驱动我国传统产业创新发展进行全方位的研究与探讨。

本书以"互联网+"如何驱动传统产业创新发展这一主要问题为中心，将"互联网+"的表现形态在不同层面上加以分解，从企业微观层面"互联网+"作用的探讨逐步延伸到产业集群和价值链层面，并最终结合微观和中观两个层面，进一步探讨企业的跨界和产业的融合之间的内在联系。根据这一逻辑思路，本书首先对创业者如何进入传统产业创业，传统产业新进入者如何开展新的业务，以及我国传统产业现有企业如何转型发展进行研究；其次，对"互联网+"如何驱动我国传统产业集群转型升级，"互联网+"背景所催生的新型产业的发展模式，以及"互联网+"驱动下的产业集群的未来发展趋势进行研究；再次，充分挖掘互联网时代的技术、要素变化，从价值链视角来关注传统产业的转型升级，研究我国传统产业价值链重构的动因，未来价值链重构的形态趋势，并进一步探究我国传统产业如何实现价值链从低端形态向中高端形态重构的升级，为传统产业高附加值的经济增长奠定基础；最后，对"互联网+"驱动传统产业跨界融合的动因，传统产业利用"互联网+"进行跨界融合的问题与障碍，以及传统产业如何实现跨界融合进行了探索。

具体而言，本书基于"互联网+"的本质特征、我国传统产业发展现状与趋势以及梳理国际先进经验，从传统产业创新、产业集群转型升级、价值链重构、产业跨界融合四个方面剖析了"互联网+"的创新驱动作用，并提出了政策建议，本书共分为六篇二十二章。

第一篇把握互联网时代的新机遇，共四章。本篇主要根据相关文献进行概念界定和理论分析，在区分"互联网+"和"+互联网"的基础上明确了"互联网+"的本质，并从不同的理论视角剖析了"互联网+"的作用。立足于我国传统产业发展的特征、现状和趋势，分析了互联网时代企业和产业比较优势的新变化，借鉴互联网发展的国际经验，提出"互联网+"是传统企业和产业发展的核心驱动要素。

第二篇"互联网+"驱动传统产业创新发展，共三章。分别从驱动传统企业创业发展、商业模式创新和转型升级三个方面进行了深入分析。在驱动企业创业方面，"互联网+"驱动传统企业创业发展可以分为两个阶段，一是新创企业进入阶段，二是新进入者的发展阶段，企业需要根据企业生命周期活动进行管理调整。在驱动商业模式创新方面，随着互联网时代的到来，传统的商业模式发生了巨大的变化，本书提出了企业进行商业模式创新的不同路径。在驱动企业转型升级方面，分析了"互联网+"背景下传统企业转型升级的优势、劣势、机会和挑战，并立足于企业转型升级的障碍提出了路径选择。

第三篇"互联网+"驱动产业集群转型升级，共四章。主要在对产业集群转型升级的理论探讨基础上，针对前期调研的沭阳花木产业和沙集家具产业进行了案例分析。理论部分主要探讨了"互联网+"驱动产业集群转型升级的作用机制和互联网时代的虚拟产业集群，这些理论分析有利于后文从"互联网+"的视角去对沭阳花木产业和沙集家具产业案例进行分析。

第四篇"互联网+"驱动价值链重构，共四章。本篇在分析"互联网+"对传统产业价值链的作用基础上，提出了传统产业价值链的新形态。进而立足于现实背景，提出了价值链重构的基本路径。"互联网+"背景下，价值链重构是传统产业转型升级的基本方式，本书还以制造业为例分析了"互联网+"背景下价值链重构对传统产业发展的影响，提出了传统制造业转型的方向和路径。

第五篇"互联网+"驱动产业跨界融合，共四章。首先，在分析传统产业跨界融合的内部和外部驱动因素的基础上提出了"互联网+"驱动传统产业跨界融合的作用机制。其次,从现实出发,深入总结了"互联网+"背景下传统产业跨界融合面临的不同层面的机遇和挑战。再次,本篇还基于新兴服务业、制造业、农业三大产业的典型案例,分析了"互联网+"在驱动这些产业融合发展过程中的作用,得到了一定的案例启示。最后,提出了传统产业跨界融合发展的未来方向、路径和模式。

第六篇促进传统产业实现"互联网+"战略的政策建议,共三章。本篇基于国家战略实施、传统产业发展、企业成长等各个层面的现实状况,提出了相应的政策建议。

本书是国家自然科学基金重点项目(编号:72132005)和国家社会科学基金重大项目(编号:16ZDA015)的阶段性成果,工作量非常大,凝聚了所有参与课题研究的老师和同学的心血。围绕"'互联网+'驱动传统产业创新发展路径及模式研究"主题,相关成果不仅发表在国内外高水平期刊上,而且部分研究成果提交至政府部门、相关领导等,提供了重要的决策咨询服务,其中2项获得省部级领导批示,并被有关实际工作部门采纳。我作为课题负责人,负责整个项目的总设计,以及负责出版策划、组织和统筹撰写工作。参加本书各章节主要撰写成员如下:

篇目	协调及文字执笔人
第一篇: 把握互联网时代的新机遇	王洁、王乾
第二篇: "互联网+"驱动传统产业创新发展	朱頔、张骁
第三篇: "互联网+"驱动产业集群转型升级	郑倩姝、柳志娣、张骁
第四篇: "互联网+"驱动价值链重构	程丽、丁雪、张骁
第五篇: "互联网+"驱动产业跨界融合	吴琴、张骁、巫强、余欣
第六篇: 促进传统产业实现"互联网+"战略的政策建议	张骁、王乾、程丽、吴琴、顾丽敏、张明、郭永海

感谢吴琴、房玉鑫、耿瑞佳、时代、李胜男等对本书初稿进行的前期校对工作。感谢科学出版社的编辑及工作人员对本书细致入微的出版工作,他们严谨的工作态度保证了本书的成功出版。

最后,虽然本书所著内容源自笔者以及课题组成员数年来聚焦"互联网+"传统产业创新转型领域的学术研究成果,但是当今世界格局变幻莫测,数字技术迅猛发展,"互联网+"时代快速迭代至数字经济时代,这对传统产业创新发展提出了新的要求,提供了新的范式,因此还需要紧抓时代脉搏,进一步对数字经济背景下传统产业创新发展的驱动因素、实现路径和边界条件展开研究。此外,受限于笔者能力,很多理论与实践问题还有待进一步深入探讨。笔者十分期待能够有机会与理论界、实践界的专家展开更为广泛的交流和学习。本书尚有许多不足,恳请广大读者斧正。

南京大学　张　骁

2023 年 11 月

目　录

第一篇　把握互联网时代的新机遇

第一章　"互联网+"及其研究理论视角 3
　第一节　"互联网+"的概念与本质 3
　第二节　企业层面的"互联网+"研究主要理论视角 7
　第三节　产业层面的"互联网+"研究主要理论视角 12

第二章　传统产业的特征、现状与趋势 17
　第一节　传统产业宏观发展环境 17
　第二节　传统产业发展基本特征 24
　第三节　传统产业发展现状 28
　第四节　传统产业发展趋势 32

第三章　互联网发展的国际经验借鉴与启示 40
　第一节　美国工业互联网发展道路及其经验启示 40
　第二节　德国工业4.0发展道路及其经验启示 46
　第三节　日本互联工业战略发展道路及其经验启示 55

第四章　"互联网+"是企业和产业发展的核心驱动要素 61
　第一节　互联网时代的到来及新一代信息技术 61
　第二节　互联网经济的思维、特征与运作模式 63
　第三节　"互联网+"的典型形态 67
　第四节　"互联网+"驱动企业创新和产业转型发展的机制 71

第二篇　"互联网+"驱动传统产业创新发展

第五章　"互联网+"驱动传统产业企业创业 79
　第一节　"互联网+"背景下传统产业企业创业的特征和趋势 79
　第二节　"互联网+"引导传统产业新创企业进入 84
　第三节　"互联网+"触发传统产业新进入者发展 90

第六章　"互联网+"驱动传统产业企业商业模式创新 97
　第一节　"互联网+"背景下的商业模式创新 97
　第二节　"互联网+"背景下商业模式创新路径 103

第七章　"互联网+"驱动传统产业企业转型升级 108

第一节　互联网与传统企业转型升级……108
第二节　"互联网+"背景下传统产业企业转型升级的障碍……113
第三节　"互联网+"背景下传统产业企业转型升级路径……120

第三篇　"互联网+"驱动产业集群转型升级

第八章　互联网时代的产业集群转型升级……129
第一节　产业集群的定义与基本特征……129
第二节　"互联网+"影响传统产业集群转型升级的内部机制……132
第三节　互联网发展影响中国产业结构转型升级的实证分析……140

第九章　"互联网+"背景下的虚拟产业集群……155
第一节　虚拟产业集群的概念、特征与优势……155
第二节　"互联网+"对虚拟化产业集群的影响……160
第三节　"互联网+"背景下产业集群虚拟化的优势……161

第十章　"互联网+"驱动农业产业集群转型升级……163
第一节　案例背景——以沭阳花木产业为例……163
第二节　"互联网+"驱动农业产业集群转型升级的动因……166
第三节　沭阳花木产业存在的问题和转型路径……168

第十一章　"互联网+"驱动家具产业集群转型升级……176
第一节　案例背景——以沙集家具产业为例……176
第二节　"互联网+"驱动"沙集模式"成功的动因……187
第三节　"沙集模式"存在的问题、优势及转型路径……193

第四篇　"互联网+"驱动价值链重构

第十二章　"互联网+"驱动传统产业价值链重构……201
第一节　产业价值链的概念与内涵……201
第二节　"互联网+"对传统产业价值链的影响……206
第三节　"互联网+"驱动传统产业价值链重构的机制……213

第十三章　"互联网+"背景下传统产业价值链的新形态……219
第一节　价值链的主要形态……219
第二节　传统产业价值链的特征……220
第三节　传统产业价值链的演变过程……221
第四节　"互联网+"背景下传统产业价值链的形态变化……222

第十四章　"互联网+"背景下传统产业价值链重构的路径……229
第一节　产业价值链重构的内涵和影响因素……229
第二节　"互联网+"背景下传统产业价值链重构的必然性……231

第三节　"互联网+"驱动传统产业价值链重构的基本路径……………232
第十五章　"互联网+"背景下价值链重构推动传统产业转型升级…………237
　　第一节　传统产业升级的内涵与路径…………………………………237
　　第二节　产业转型与产业价值链中的"微笑曲线"……………………241
　　第三节　价值链重构对传统产业发展的影响…………………………242
　　第四节　"互联网+"背景下的传统制造业转型升级…………………245

第五篇　"互联网+"驱动产业跨界融合

第十六章　传统产业跨界融合的驱动因素分析………………………………257
　　第一节　产业跨界融合的理论内涵界定………………………………257
　　第二节　传统产业跨界融合的内部驱动因素…………………………262
　　第三节　传统产业跨界融合的外部驱动因素…………………………265
　　第四节　"互联网+"驱动传统产业跨界融合的机制分析……………269
第十七章　"互联网+"背景下传统产业跨界融合的特征、机遇与挑战……275
　　第一节　中国"互联网+"发展概况……………………………………275
　　第二节　"互联网+"背景下传统产业跨界融合的特征………………277
　　第三节　"互联网+"背景下传统产业跨界融合的机遇………………283
　　第四节　"互联网+"背景下传统产业跨界融合的挑战………………287
第十八章　"互联网+"驱动传统产业跨界融合的典型案例…………………292
　　第一节　"互联网+制造业"跨界融合案例分析………………………292
　　第二节　"互联网+服务业"跨界融合案例分析………………………297
　　第三节　"互联网+农业"跨界融合案例分析…………………………303
第十九章　"互联网+"驱动传统产业跨界融合的路径与模式………………309
　　第一节　"互联网+"背景下传统产业跨界融合的未来方向…………309
　　第二节　"互联网+"驱动传统企业跨界的路径………………………312
　　第三节　"互联网+"驱动传统产业融合的模式………………………316

第六篇　促进传统产业实现"互联网+"战略的政策建议

第二十章　智能制造发展背景下的制造强国政策建议………………………323
　　第一节　智能制造发展与振兴实体经济………………………………323
　　第二节　大规模技术改造视角下制造业智能化转型的路径…………325
　　第三节　中国实行大规模技术改造的政策建议………………………327
第二十一章　产业层面促进传统产业实现"互联网+"战略的政策建议……329
　　第一节　促进传统制造业产业实现"互联网+"战略…………………329
　　第二节　促进传统农业产业实现"互联网+"战略……………………335

第三节　促进传统服务业产业实现"互联网+"战略 …………344
第二十二章　企业层面促进传统产业实现"互联网+"战略的政策建议 …350
　　第一节　"互联网+"驱动传统产业创新创业的政策建议 ……350
　　第二节　"互联网+"驱动传统产业价值链升级的政策建议 ……356
　　第三节　"互联网+"驱动传统产业跨界融合的政策建议 ………358
　　第四节　"互联网+"助力中小企业数字化转型的政策建议 ……362

参考文献 ………………………………………………………………365

第一篇

把握互联网时代的新机遇

第一章 "互联网+"及其研究理论视角

第一节 "互联网+"的概念与本质

一、"互联网+"与"+互联网"

"互联网+"是由产业界提出的新概念,虽然政策制定者对此做出了响应,但学术界还没有深入分析这个词的含义。2015年阿里研究院《互联网+:从IT到DT》对"互联网+"进行了重新定义,认为"互联网+"是以互联网为主的一整套信息技术在经济、社会生活各部门的扩散、应用过程。这一定义也在产业界和研究互联网产业化的学术界获得了认可。除此之外,报告还提到,互联网作为一种全新的信息化依托技术与传统意义上的信息化存在的最大区别是,传统意义上的信息化无法让数据和信息充分地流通,但是互联网作为实现万物互联、跨时空交流的信息化底层技术在处理信息和数据的工作方面成本极低,其公开、透明等特点促进了信息和数据在社会上随时随地、无障碍地流动,最终将这些无形的信息资源转化为推动社会生产力发展的巨大动力,为提高整个社会财富积累的速度做出了重要贡献。"互联网+"是一种能够高效利用行业外部环境和资源促进整个行业飞速发展的措施,其实质在于将云计算、大数据基础设施、互联网、物联网及直接服务个人设备五个方面构成的互联网技术应用于经济和社会领域中。然而,在信息社会、大数据时代以及国家战略层面,"互联网+"不仅是新技术的应用,更应当被看作推动经济和社会变革的全新发展范式。从复杂性科学和自组织理论视角来看,"互联网技术"是20世纪下半叶人类技术系统中出现的一种随机涨落,但它被经济和社会系统不断放大,并与其他子系统相互作用,不断打破原有的纳什均衡,推动经济和社会进入数字化、智能化、协同化的发展新阶段,并最终向帕累托最优状态逼近。如上所述,这种互联网技术改变人类经济和社会演化轨道的过程和现象就是"互联网+"。

"互联网+"旨在推动经济和社会系统朝着帕累托最优方向不断演化。该过程一般按照"建立终端互联→实施数据交换→开展动态优化→推动产业变革→促进社会转型"的路径,逐步提高物理世界、社会经济活动和日常生活方式三个层面的网络化或数字化水平。第一,物理世界的网络化和数字化。通过互联网技术,实现"人、事、物"的终端互联和数据互通,并推进物理世界、信息空间和社会关系网络的数字化融合。第二，社会经济活动的网络化和数字化。发挥互联网和物联网的跨界渗透能力，加快线上与线下之间的相互融合；利用供应链技术的应用和消费者偏好的数据分析，发展数字化商业模式和新型资源分配方式，并实现信息化与智能化生产制造、售后服务等流程。第三，日常生活方式的网络化和数字化。通过移动互联网，人类社会的网络化生存时空范围得到扩展，社会生活的数字化水平不断提高，进而促进了数字化市场和经济的发展。此外，经济的数字化发展还会进一步推动社会管理、生产消费、日常生活等多个场景的跨界互动与融合，从而进一步丰富人类的数字化生活并促进社会文化的变迁。总体而言，"互联网+"是一种跨层面、跨产业融合的系统，这个系统不仅综合了社会、政治、经济及文化等层面的多重场景，并且依靠全新先进的计算机信息处理技术将信息化管理方式与商业模式拓展到了社会的方方面面。可以说，"互联网+"是改善行业服务形式以及资源分配模式的新战略，是一种促进社会经济发展和行业创新的新范式。

自李克强总理在第十二届全国人民代表大会第三次会议上提出"互联网+"行动计划以来，"互联网+"概念受到广泛关注。但对于"互联网+"的界定，一直没有明确的定义。目前，对于"互联网+"的界定主要存在两大主流观点。[①]

二、工具视角下的"互联网+"

这种观点认为互联网是指人们日常生活工作的"基础措施"，是日常工作、学习和生活的前提条件。在此意义上，互联网是一种工具手段。广义上讲，"互联网+"主要包括大数据、云计算、智能终端（可穿戴设备）等。2012年，易观国际集团董事长于扬提出"互联网+"的概念，他认为"互联网+"中互联网只是一个工具，即效率提升器，可以帮助企业实现增效转型升级。阿里研究院在研究报告中将"互联网+"定义为一整套以互联网为主的信息技术（包含移动互联网、云计算、大数据技术等）在经济、社会生活各部门的推广和应用过程。同时也有类似观点认为，"互联网+"是指这些信息技术在经济社会各个领域的应用方式。徐赟（2015）认为"互联网+"是一种新的经济形态，广泛应用于生产和服务各领域，实现智能化生产和服务、泛在化互联，提供个性化产品，并最终演变成虚拟化企业的新型经济发展形态。邹传伟（2015）则将"互联网+"定义为基于互联网，借助物流与支付、信息处理等手段实现资源配置的交换经济，具有交换标的、交换媒介、交换参与者等三项基本要素。这种观点将互联网视为实体经济中企业可利用的"资源"，类似于机器设备这样的生产工具，也是信息能够以网络状生成和传递的载体。然而，这种观点将互联网本质上视为"企业信息系统的扩展"，

[①] 资料来源：https://www.gov.cn/govweb/guowuyuan/2015-03/16/content_2835101.htm。

只能解释互联网对实体经济和营销效率的提升,却无法充分解释互联网对竞争格局的影响:以互联网为基础的新兴企业颠覆了原本强势的市场领导者。

三、现象视角下的"互联网+"

这种观点认为互联网的功能已经不仅仅局限于工具,而是一种可以与各行各业相结合并改变行业生态的方案。《国务院关于积极推进"互联网+"行动的指导意见》(国发〔2015〕40号)指出,"互联网+"是把互联网的创新成果与经济社会各领域深度融合,推动技术进步、效率提升和组织变革,提升实体经济创新力和生产力,形成更广泛的以互联网为基础设施和创新要素的经济社会发展新形态。[①]马化腾、李彦宏、雷军等业内领军企业家都认为"互联网+"就是将公共免费的互联网平台作为依托,通过计算机信息交流技术对各行各业进行跨产业的结合,在促进整体产业转型升级的同时对产品、服务及商业模式进行创新创造,最后实现万物互联、万维互联的目标。欧阳日辉(2015)认为,"互联网+"的本质是信息互联互通和信息能源的开发利用,以依靠移动互联网、云计算、大数据、物联网等信息网络技术的渗透和扩散为手段,实现信息互联互通和信息能源的开发利用,并促进信息网络技术与传统产业的深度融合,优化重组设计、生产、流通、消费全过程,创新生产方式和企业组织形式,推动传统产业转型升级,引领经济发展方式的转变,进入互联网经济这种新型经济社会形态的历史过程。赵振(2015)则提出,"互联网+"并非将互联网视为企业信息系统的扩展,而是实体经济与互联网虚拟经济相融合的"跨界经营"现象,对传统产业和市场基础造成了"创造性破坏"。"互联网+"不只是企业日常经营办公过程中可以使用的工具,更是企业内部综合能力的衍生。McGuire等(2012)强调,"互联网+"使企业能实现精确预测及前瞻性研发。互联网对国家经济、企业经营和个人生活方式的影响巨大。因此,"互联网在实体经济中的应用"这一问题近年来备受学术界和实践界关注,已经有许多优秀的研究成果问世,并催生了"互联网+"理念,强调各类企业需要充分利用互联网以提高竞争力。不过,这些研究更多地基于资源基础观,将互联网视为企业可利用的"资源",类似于机器设备等生产工具,是一种信息能够以网络状生成和传递的载体。但是,这种观点难以解释互联网导致的竞争格局嬗变,即以互联网为基础的新兴企业颠覆了强势在位企业的市场地位。因此,互联网已不再是简单的信息传递工具而是企业颠覆传统价值创造方式、改变竞争结构、对产业基础实施"创造性破坏"的利器。

"互联网+"与"+互联网"的概念有所不同。"+互联网"常被用来描述传统行业与互联网创新融合后的业态,并将互联网视作一种工具,强调传统企业依

---

① 资料来源:http://www.gov.cn/zhengce/content/2015-07/04/content_10002.htm。

托互联网平台获取或者发布信息，更好地进行信息传递，从而提高生产效率。而"互联网+"则强调互联网融入商业生态系统之后与实体经济的融合，如智能汽车、智能化装备制造等，能够帮助企业发现新的盈利机会。

"互联网+"的目标在于将互联网的创新成果与经济社会各领域深度融合，推动技术进步、效率提升和组织变革，从而提高实体经济的创新力和生产力，形成以互联网为基础设施和创新要素的新型经济社会发展模式。相比之下，第一，"+互联网"只是把互联网看作信息传递工具，企业价值创造的逻辑仍然停留在原有领域，并处于激烈的"红海"竞争中。而"互联网+"主要强调的是企业在日常经营过程中要转变自己的价值创造逻辑、生产价值观念及运营方式，适应互联网经济自身的特点来提高企业能力，通过对企业原有资源及其利用方式的全方位思考，依托于双重价值链整合而形成全新的价值创造方式，实现从"红海"转换至"蓝海"的战略选择。第二，"+互联网"仅提高企业的生产和营销效率，并不会帮助企业发现新的利润机会或提升经营风险防范能力。而实现"互联网+"其实是将企业所处产业链中的价值创造因素提炼整合，如无人超市、智能化制造以及在营销端开展O2O（online to offline，线上线下商务）及C2B（customer to business，顾客对企业电子商务）等模式。这种两条产业链上价值创造环节相互融合的高层次要求使得企业在本专业中加入自身并不熟悉的外部要素而增加风险。第三，两者都要求传统产业中的企业与互联网这一新兴行业中的产业进行相关的结合，但是前者往往仅在传统企业与互联网企业之间构成相对宽松简单的交易关系，而后者则要求传统企业可以与互联网企业之间建立密切的合作关系甚至可以结成联盟，从而满足双方在各自产业链中的价值创造环节进行深度融合的要求。然而对于传统企业和互联网企业之间这种联盟关系需要有一个正确的认识，这种联盟并不是传统意义上的横向或纵向的联盟，而是一种资源互补、信息共享的开放式联盟关系。企业之间并没有上下游之间产品或服务按生产顺序依次排列的局限，也不属于横向的局部性垄断结构。

从本质上来看，"互联网+"代表的是"连接一切"，而"连接一切"就使得原本按照既定规律运行的事物必将偏离以往的发展轨迹，摆脱传统发展模式，因为"连接"带来了预想不到的新要素、新机会和新范式，正如传统工业时代的人们无法想象"免费模式"为什么可以在商业经营中大行其道。目前我国的传统产业经济发展正处于转型升级的重要阶段，产业内部所产生的总体经济增长减慢、生产总量供大于求等问题不断阻碍着传统产业前进的步伐，因此通过提高创新能力来促进传统产业转型升级已经成为我国实体经济发展新的动力源泉。互联网具有打破信息不对称、降低交易成本、促进专业化分工及优化资源配置等特点，而我国互联网基础设施建设又与发达国家没有明显差距，因此，互联网不仅为我国经济转型升级提供了重要的途径，而且为我国经济赶超世界发达国家提供了难得的发展机遇。

从功能上来看,"互联网+"是将公共免费的互联网平台作为依托,通过计算机信息交流技术对各行各业进行跨产业的结合,在促进整体产业转型升级的同时对产品、服务及商业模式进行创新创造,最后实现万物互联、万维互联的目标。因此,互联网的颠覆作用在各行各业都有所体现。例如,腾讯、阿里巴巴、百度、小米等一批平台型的互联网企业已经在O2O、移动支付、可穿戴设备等领域形成了一定规模的产业生态系统,并基于这些平台又创造出了新的业态。从目前来看,"互联网+"在拼车、房屋互换、二手交易、家政服务等领域创新迭出,这完全迎合了当前对于绿色经济、共享经济的时代诉求。

第二节 企业层面的"互联网+"研究主要理论视角

在过去的30年里,互联网不仅深刻改变了中国经济的格局和产业版图,也对世界经济发展产生了广泛的影响。正是由于互联网在经济发展中的重要作用,关于互联网的研究也在不断深入并逐渐丰富,并取得了一定的成果。从现有文献来看,企业层面的"互联网+"研究主要涉及了三个理论视角:①交易成本理论视角;②资源基础理论视角;③资源依赖理论视角。

一、交易成本理论视角

由科斯在1937年提出来的交易成本理论,又被称为交易费用理论,可以作为解释企业如何形成的一个理论视角。随后,Williamson(1973)又进一步发展了交易成本理论。他认为,决定交易成本的因素在于有限理性和机会主义这两个与决策行为相关的假设,以及资产专用性、不确定性和交易的频率这三个交易的维度。有限理性以及由此带来的机会主义行为在不同的交易特征,即不同的资产专用性程度、不确定性和交易频率下,会对合约造成不同程度的影响,从而产生不同程度的交易成本。

减少交易成本是交易成本理论的主要观点。在互联网环境下,实现了信息资源的快速传递和充分共享,减少了中间环节和搜寻成本,从而大幅度降低了交易成本。目前以交易成本理论的视角来研究互联网行为具体表现在以下几个方面:①当前的理论大多是从线上购物过程中产生的交易成本出发,研究消费者的购买意愿、行为与偏好;②信息技术对组织边界的影响主要通过把市场交易与组织内部安排的成本进行对比从而形成;③实体企业与互联网企业合作,从而进行资源互补,节约双方交易成本的行为,如业务外包等。

互联网的发展使得网上购物已经成为一种新的消费方式,致力于研究互联网环境下消费者行为的文献已经有了极大的丰富(杨毅和董大海,2007),从交易成本理论视角展开的研究主要集中在对互联网环境下消费者在线消费倾向方面。例如，有些学者认为从交易成本理论的视角来研究影响消费者交易倾向的因素有搜寻成本、比较成本、验货成本、产品交付的成本以及售后服务的成本（Liang and Huang，1998）。有的学者通过定性分析发现决定消费者线上购物意愿的主要因素就是交易成本（Liu et al.，2008）。此外，还有学者在台湾地区发放问卷，以当地居民为研究对象来探求影响消费者网络购物意愿的因素，发现交易成本对于消费者的购物意愿存在显著的影响，结果还显示不同商品的潜在客户在性别、职业选择以及受教育的背景等特点上存在明显差异（卢馨和鲁成方，2012）。

此外，在互联网环境下，交易成本理论还被广泛应用于组织边界确定的研究之中。Brynjolfsson等（1994）在信息技术诞生的初期就认为，缩小企业边界的可能性之一就是信息技术的推广与普及。Hitt（1999）发现信息技术与垂直一体化的减少有关系，意味着信息技术的增加会改变组织的结构。范黎波（2004）认为互联网技术可以影响企业的边界，并且影响的途径就是降低企业的交易成本、产品制造成本、系统运营成本以及行政协调费用。周衍鲁和李峰（2006）也认为互联网的出现和普及使得市场的交易成本和企业的管理成本都会降低，并且市场交易成本的降低促使市场更多地替代企业进行交易，而企业内部管理成本的降低则使得企业边界不断扩大。林丹明等（2006）分析了我国信息技术行业的数据，以此研究企业边界的变化趋势，最终的结果表明信息技术的应用有助于扩大我国企业的纵向边界。吴清（2011）通过问卷调研，发现企业互联网应用存在两个阶段。在企业内部应用的初级阶段，随着互联网应用程度加深，企业倾向扩大业务范围，降低专业化程度，而在企业与企业之间互联网应用的高级阶段，随着互联网络应用程度的加深，企业倾向缩小业务范围，提升专业化程度。

在互联网产业逐步壮大的背景下，增加企业竞争优势、简化企业业务环节的一个重要举措就是实行业务外包，具体来说有物流外包、服务外包、信息技术外包等。胡浩和王永日（2005）发现在互联网企业的外包业务中，影响外包合作方选择的主要因素就是交易的频率、交易的不确定性、资产的专用度以及合同的复杂程度，其中最为关键的影响因素就是资产的专用度。谢刚等（2013）从关系互换理论和交易成本理论的视角对不同创新意图的 IT（information technology，互联网技术）外包企业如何运用合约治理和关系机制来管理与服务商的关系进行了探究，结果表明增强企业合约治理和关系机制的动力之一就是服务方的资产专用性，外包方的资产专用性则只会促进企业增强关系机制。服务方的资产专用性与创新导向和非创新导向的企业的关系机制都呈正相关关系，然而相比非创新导向企业来说，创新导向企业在增强关系机制的过程中会更加重视增强合约治理。Gong 等（2016）从交易成本视角出发，研究了互联网的商业化与物流的市场化之间的关系，发现企业的物流外包决策取决于市场提供还是内部提供的交易成本。

因此，在后互联网时代，行业的信息技术投资使得他们更倾向于把物流业务进行外包，通过市场方式提供物流。

二、资源基础理论视角

资源基础理论认为各种各样的资源汇总集合在一起就形成了企业，并且这些组成企业的资源存在一定的异质性，而这些异质性的资源对于企业获得超额利润和维持竞争优势具有重要的意义，从而解释了公司可持续竞争优势的内部来源。从20世纪90年代至今，资源基础理论成为企业战略管理研究中最为活跃的一个理论，后来的能力基础论、核心能力理论、动态能力理论以及企业知识基础理论等理论也都是在该理论基础上所产生。

随着互联网时代的到来，信息技术在企业的信息搜索、决策制定、供应链、客户交流等过程中发挥着重要的作用。信息技术变成企业最重要的资源之一。当前围绕互联网从资源基础理论来分析企业的绩效和竞争优势的文献主要集中在对企业的信息技术资源和信息技术能力的研究上。

资源基础理论认为企业绩效的差异取决于企业拥有的资源和能力，为分析信息技术是否以及如何与企业的竞争优势联系起来，提供了理论分析框架（Mata et al.，1995）。从资源基础理论视角出发，组织是各种资源和不同能力汇总的集合体，而信息技术则是这个集合体中重要的资源之一，通过获取、培养和连接信息资源去提高组织战略及改善工作流程的 IT 能力可以帮助企业获得更多的竞争优势。越来越多的管理信息系统的学者应用资源基础理论来研究信息技术的价值（Nevo and Chan，2007；Wade and Hulland，2004；Melville et al.，2004），并提出了信息技术资源和信息技术能力等概念（Bharadwaj，2000）。Santhanam 和 Harton（2003）认为组织绩效可以划分为当前绩效和持续绩效，并且通过研究证明了拥有更高 IT 能力的企业会表现出更好的当前绩效和持续绩效。Zhuang 和 Lederer（2006）通过对458名电子商务零售经理的问卷调查表明，信息技术资源与企业的电子商务绩效呈正相关，而企业的电子商务绩效与企业绩效呈正相关。Ravichandran 等（2005）发现信息技术的应用能力是不同企业之间工作绩效差异的决定因素之一，而信息技术应用能力又来自企业的信息技术资源。王念新等（2010）通过实证研究发现信息技术资源和信息技术能力在其价值创造环节中的关系受到了环境动态性的影响而并非简单的相互依赖或者相互替代的关系。Jeffers 等（2008）则发现信息技术资源和非信息技术资源在影响企业绩效的过程中呈互补关系。王念新等（2012）从互补性理论和资源基础理论的角度出发，构建了信息技术资源、信息技术能力、信息系统支持企业竞争战略、信息系统支持企业核心能力和企业绩效之间的关系的理论模型，并且通过实证研究发现，信息技术资源和信息技术能力在信息技术价值实现环节中呈现互补关系，两者之间的互补关系在信息系统支持企业竞争战略和信息系统支持企业核心能力等中介变量的作用下间接影响企业绩效。Ordanini 和 Rubera（2010）研究了企业的 IT 服务创新（电子商务）的采用与公司绩效的关系，实证结果验证了 IT 服务创新的采用与创新绩效有正相关的关系。

也有学者把研究的重点从信息技术资源转移到信息技术的能力上来，认为相比信息技术资源，企业所拥有的信息技术能力可能更为重要，因为它们更有可能满足价值性、稀缺性、难以模仿和不可替代的要求，能够通过对信息技术资源进行重构，并对企业的内部需求和外部环境进行响应，从而帮助企业建立竞争优势。Pavlou 和 El Sawy（2010）研究发现信息技术的应用能力可以提高企业在相同市场中的竞争优势，并且这种影响作用在动态的环境下特别显著。毛弘毅和张金隆（2014）从资源基础理论的视角出发，把信息技术能力划分为能力构建和资源两个层次，通过对 166 个组织样本的数据分析，研究了不同层次间信息技术能力的关系以及信息技术能力与组织竞争优势的关系。研究结果表明，资源层信息技术能力通过正向影响能力构建层的信息技术能力进而对企业的竞争优势产生积极作用。付睿臣和毕克新（2009）采用企业资源基础理论，将信息能力作为中间变量，在微观层面上探讨了企业信息化与研发优势的影响机理。同时，对海尔集团公司进行案例分析，结果表明，企业信息化通过提高信息能力对研发优势产生持久的积极影响。因此，企业在追求和保持研发优势时，需要兼顾技术因素和非技术因素，并加强信息能力提升。在信息技术和互联网发展背景下，由于信息系统在企业参加市场竞争中发挥着重要的作用，企业采取信息系统的战略应用热点也从提高业务运作效率和效能转向实现系统与竞争战略相匹配。

三、资源依赖理论视角

资源依赖理论起源于 Emerson（1962）对资源和权力之间权衡机制的讨论。到了 1978 年，Pfeffer（菲佛）和 Salancik（萨兰基克）的《组织的外部控制：资源依赖视角》发表，使得资源依赖理论受到公众的关注，标志着资源依赖理论的诞生。该理论的基本假设是，任何一个组织的内部都无法产生它所需要的全部资源，组织为了生存，必须从环境中的其他组织那里获得必要的资源，同那些控制资源的外部组织进行互动和交往；而对于资源的需求则构成了组织对外部环境的依赖，依赖的程度则受到资源的稀缺性和重要性的影响。这一理论特别适合解释组织间的关系，以及组织如何对它们的相互依赖关系进行管理，从而获得关键资源。

随着计算机技术和信息通信技术的飞速发展，这种信息不对称的问题被大大缓解了。多数企业摆脱了过去传统的线下交易方式的约束，转而开拓了线上市场，增加了网上交易的业务量，逐渐从单一化的发展向多元化的发展改变。一方面，企业通过运用互联网技术来提高企业内部运营的绩效，另一方面，企业利用信息技术整合资源以及增加与消费者的互动频率等来提高企业内部运营的绩效。然而，阻碍企业发展的一个难题仍然是资源不足。而且，在"互联网+"环境下，企业通过各种 APP，如微信、微博等与客户多点接触，竞争更加激烈，而如何利用互联网进一步开发、整合创新的资源，更好地处理与其他企业、客户的关系，获取企业发展的关键资源，成为众多企业迫切需要解决的问题。

学者也从资源依赖理论的视角研究了处于互联网背景下企业的行为。如张耕和刘震宇（2006）基于资源依赖理论，运用案例分析的研究方法证明了企业之间运用信息系统有助于削减企业之间的协调成本，并且这种削减作用会受到企业相互之间的依赖关系的影响。吴剑锋和吕振艳（2007）以资源依赖理论和社会网络理论为基础，研究了企业是否需要加入多方联盟这一战略层面的问题。结果表明，在这一战略决策过程中，企业主要考虑对其他潜在合作伙伴的资源依赖性和加入多方联盟后在整个联盟网络中的结构地位这两个重要因素。以电子商务平台为实证背景的研究结果表明企业加入多方联盟与否受到资源依赖和网络结构中心度因素的影响。企业对新联盟的资源依赖程度与其在社会网络中的中心度呈正相关关系，也就是说资源依赖程度越高，中心度越高，相应地，该企业加入多方联盟的可能性就越大。此外，随着互联网的发展、各种论坛的存在，众包创新模式变得非常流行。Estellés-Arolas 和 González-Ladrón-de-Guevara（2012）认为众包是一种多个个人或组织在网络公共平台上公开发布或者主动接受任务的线上活动，这些个人或组织可能拥有不同的教育背景、各种各样的职业以及地域差异极大等特征。郝琳娜等（2014）从资源依赖理论、委托代理理论和博弈理论等出发，在梳理和总结现有文献的基础上，对众包创新模式的发展进行概括，并分析了众包创新模式的研究现状和待解决的问题，同时提出了解决问题的途径。刘林青等（2015）引入资源依赖理论，研究了平台领导权，他们参考 Gulati 和 Sytch（2007）的建议，从传统资源依赖理论相对较少关注的、Emerson（爱默生）提出的增加依赖的思路出发，通过对香港利丰公司商业模式演变的分析，探寻在平台生态圈的形成过程中焦点企业是如何从边缘走向核心的。该研究将平台领导权的获得概念化为平台生态圈中处理依赖关系和权力关系的过程，并确定了焦点企业取得平台领导权的四个关键行动。其中，核心思想是焦点企业可通过增加与系统中其他伙伴相互依赖的同时，提高其综合关系网络的功能性，以获取权力。夏清华和陈超（2016）基于资源依赖理论，以海尔为研究对象进行案例分析，研究了中国传统企业的转型与其商业生态中的成员构成、相互关系及功能变化之间的关系。结果表明：当外部的市场竞争环境发生变化时，外部环境中的竞争性资源会发生变化，从而迫使某些受到外部资源制约的企业不得不进行相应的战略变革；采取多种战略的企业可以削弱资源控制方的权力制约；在策略实施的过程中进行企业内外部资源的整合有助于生成新的能力并提高企业竞争优势；资源依赖关系的变化和关联组织的外延不仅可以推动商业生态成员构成、相互关系以及功能变化，还会使得整个商业生态发生重大变化。

第三节 产业层面的"互联网+"研究主要理论视角

从现有文献来看，产业层面的"互联网+"研究主要基于以下三个理论视角展开：①产业集群理论视角；②价值链理论视角；③组织生态理论视角。

一、产业集群理论视角

产业集群是企业在空间上的集聚现象，最早由马歇尔、韦伯等学者提出。随着迈克尔·波特于1990年在《国家竞争优势》一书中从竞争战略的角度对产业之间的集聚进行研究，产业集群概念逐渐被广泛认可。他通过对10个工业化国家的考察发现，在所有发达经济体中都可以明显看到各种产业集群。并且，波特还给出了产业集群的定义，即在某特定领域中，一群在地理上邻近、有交互关联性的企业和相关法人机构，以彼此的共通性和互补性相联结。随后，波特在1998年发表的文章《集群与新竞争经济学》中更为系统地阐述了新竞争经济学的产业集群理论，并重新阐述了产业集群的含义。他认为，产业集群是指在某一特定领域中，大量产业联系密切的企业以及相关支撑机构（包括专业化供应商、服务供应商、金融机构、相关产业的厂商及其他相关机构）在空间中集聚，并形成强劲、持续竞争优势的现象。产业集群是区域经济发展的重要载体，它的核心是在一定空间范围内产业的高集中度，这有利于降低企业的制度成本（包括生产成本、交换成本），提高规模经济效益和范围经济效益，从而提升产业和企业的市场竞争力。产业集群竞争优势的实现形式主要有成本优势、差异化优势、协同效应优势以及营销优势（彭穗和何燕子，2010）。

近年来，随着"互联网+"经济的发展，全球产业组织形式和分工模式再次发生深刻变化。产业功能价值模块的知识跨界、跨区域流动速度不断加快，产品在生产过程中对区域载体的依赖程度下降。这种情况导致了产业网络集聚的外部性代替了地理集聚的外部性（陈国亮和唐根年，2016），从而对产业分工与空间布局、产业集群的演变与升级都产生了深远影响。

现今已有学者关注"互联网+"对产业集群的影响。段浩和刘月（2015）认为，通过横向和纵向的二维重组，"互联网+"正在加快传统产业集群向产业生态集群演进；程敏（2016）则指出，"互联网+"与传统产业集群加速融合能够提高集聚效应、协同效应、创新能力、品牌效应，降低交易成本和市场挤出效应，从而提升传统产业集群的竞争力。同时，学者也提出了传统产业集群互联网化的模式。柳洲（2015）提出了传统产业集群互联网化的两种模式：电子商务驱动型升级模式和工业4.0型产业集群升级模式。张卫华和梁运文（2017）还研究了"互联网+"背景下"国家/区域—产业—企业"三维一体化全球价值链/网的演进机理，他们认为产业集群的互联网化就是内部价值模块与产业链再造的过程，并指出目前国内"互联网+产业集群"实践和推进的主要模式有在线产业带模式、电商集聚区模式和智能制造型产业集群模式。另外，他们还实证测度了"互联网+"对传统产业集群转型升级的影响。

在"互联网+"发展背景下，云计算、大数据等信息技术与传统产业集群相融合。这种融合使得信息能够在传统产业集群内部互联互通，并与外部形成连接。因此，新兴的"互联网+"型产业集群形成了，它具有价值模块升级、信息空间邻近、整体效率提升等特点（高婴劢，2016）。与地理空间中的传统产业集群相比，"互联网+"型产业集群具有数据化、在线化和柔性化等特性（柳洲，2015）。"互联网+"型产业集群的实质是近年来国内外学者所提出的虚拟产业集群。虚拟集聚是指"互联网+"使得原有的产业空间集聚模式不再依赖地理空间的集聚，而是在网络信息技术的虚拟空间中形成更为密切的关系。这样就形成了线上、线下相互融合的虚拟产业集聚新形态（王如玉等，2018）。传统的产业集群在互联网经济大背景下面临着巨大的冲击和挑战。因此，产业经济发展亟须与互联网经济进行深度融合发展，并建立"互联网+"产业集群的升级模式，以实现产业集群改造、转型升级，从而重塑国家竞争优势。陈小勇（2017）研究发现，传统产业集群的虚拟转型使产业集群可以利用现代化的信息技术将其内部各企业间互动的距离缩短至零；并能通过社区化运作，利用社区中正式制度和非正式制度的融合优势来有效缩短各行为主体间的心理距离。虚拟转型使产业集群的形成和演进发生了根本性变化，"平台主导—社区化运作—无边界发展"的虚拟产业集群演化路径替代了"数量集中—质量提升—研发和品牌创新主导"的传统产业集群演化路径。虚拟转型使产业集群成为"企业"，成为"社区"，成为发现有效"组织制度"的实验基地，其组织形态、运作机制、规模和能力都实现了无边界发展。

二、价值链理论视角

1985年，迈克尔·波特对价值链进行了定义。他认为，每家企业都是由多个不同的活动组成，这些活动包括设计、生产、营销、交货等，它们相互分离，但又相互联系，共同为产品提供辅助作用。他所指的价值链更多的是由一连串线性连续的行为组成的实物价值链。波特提出的价值链通常被认为是传统意义上的价值链，这种传统意义上的价值链定义更倾向于从企业的内部视角来研究企业的价值环节、企业与供应商和顾客之间可能的联系，以及企业从中获取的竞争优势（迟晓英和宣国良，2000）。而Jeffrey和John（1995）则提出了与实物价值链区别较大的虚拟价值链的定义，认为虚拟价值链是非线性的有潜在的输入输出点，并且可以是通过多种方式开展活动的矩阵（迟晓英和宣国良，2000a）。虚拟价值链可以与实物价值链并行，应用于实物价值链的不同阶段，从而从水平方向上提高价值。然而，要实现这一点，必须运用互联网技术（杜义飞和李仕明，2004a）。因为虚拟价值链是通过对传统的实物价值链进行信息提炼之后形成的，所以它可以更全面地反映传统价值链的全过程，提高传统实物价值链的透明度与可视化程度，从而方便管理者对整个实物价值链中的各个过程进行统筹管理与协调，最终获得协同效应（朱瑞博，2004a）。因此，企业需要将目光从实物价值链转移到虚拟价值链上，实现实物价值链与虚拟价值链的结合，最终得到两者结合的协同效应，增强企业的竞争优势（尹美群和胡国柳，2005）。

通过互联网，电子商务以前所未有的方式集成了传统商业活动中的物流、资金流和信息流，同时协助企业将客户、经销商、供应商及员工整合起来。电子商务对传统企业价值链的影响主要体现在以下几个方面。①改变了传统采购、营销和售后服务活动的方式。互联网使得企业与客户、供应商和分销商能够实时联系，及时获得动态信息，变大量采购为"小批量、多批次"采购模式；同时由于互联网媒介兼顾了信息传播的广度与深度，营销及售后服务活动更多地采用线上信息传递、沟通的方式（马秀丽和孙友杰，2004），在降低了信息传播成本的基础上，提高了信息传播的效率。②将改变企业的生产方式，并为传统行业带来一场革命。计算机辅助设计和制造技术不仅可以使企业降低新产品的设计和生产成本，还能够大幅度降低对现有产品进行修改或者增加新的性能的成本（陈荣和吴金南，2006）；此外互联网还有助于企业与客户之间更好地互动，使得企业可以更为迅速地设计和加工产品，满足客户的不同需求（尹美群和胡国柳，2005）。③缩短价值链环节。供应商等产业上游可以跳过下游分销商，通过互联网直接销售产品开辟新的市场；同时互联网的应用可以大大减少产业内上下游企业交通、通信等方面的非核心价值活动（黄敏学，2000）。④创新服务环节的价值。企业的价值创造环节起初只是集中在产品的生产制造阶段，因此，大多数企业都认为必须要利用高端先进的产品制造与分装配置的技术才可以增加所创造出的价值，然而信息化时代发展出的互联网技术使得传统的价值增值过程可以通过提供服务来获得，并且服务的提供过程在一定程度上必须依托于互联网技术。在电子商务飞速发展的时代，信息对于企业的重要性促使虚拟价值链凌驾于实物价值链之上，使得更多的价值创造环节与互联网技术提供的信息和知识密不可分（陈荣和吴金南，2006）。

电子商务的迅猛发展已经模糊了价值链之间的界限，因此，企业间的竞争不再仅限于价值链内部，更有可能来源于价值链之外。企业不仅可以通过加入价值链来提高绩效，还可以利用先进的互联网技术搭建全新的产品和服务流，互联网不再只是一个连接消费者或者价值链成员的桥梁，更是一个改革的平台（迟晓英和宣国良，2000a）。它不会像真实的物质世界中的交易那样产生大量复杂的成本，如果企业选择利用互联网技术来涉足以前不曾涉足的产品市场或服务市场，那么这种改革就会提高企业的竞争优势。

三、组织生态理论视角

企业组织生态学主要是研究企业变化和企业成长发展之间的互动关系。美国的学者Moore（穆尔）在1993年采用生态生物系统的理论视角思考公司战略的制定，前所未有地提出了"商业生态系统"的理念，并且首次将这一名词作为企业管理专业的研究术语，在系统的层面上对企业竞争的方式和特征进行了新总结。Moore（1993）指出，企业组织生态系统的前提条件就是企业与企业之间产生相互作用，是与自然界相近似的彼此制衡、依存、协同研究的有机整体。企业组织生态系统主要是指企业与企业生态环境形成的彼此作用、彼此影响的系统。在一定区域内，个体企业和生物是一样的，没有一个企业个体或单个组织是能够持久单独存在的。企业组织生态学就是将企业所处的环境类比为自然界中的生态系统，并在此基础上发现企业与环境之间的相互作用可能给企业的生存发展带来各种各样的影响。企业与其所处环境之间的相互作用会随着所处环境的变化而发生变化。用来描述企业资源和能力的一个重要标准就是企业是否可以动态性地适应企业和环境之间的相互作用。此处所述的企业组织生态系统是一个复杂的概念，可以认为这个系统就是企业和其所处环境进行交互融合、相互作用之后形成的整体（梁嘉骅等，2002），这个系统所包括的成员除了企业群体、社会组织、政府机构、供应商等，还有与企业发生能力和资源的互换的所处环境以及其他相关的社会系统。企业生态系统的一个特点是时序不稳定。企业组织所处的环境是不稳定的，这种不稳定性体现在多个方面，即企业会随着时间的变化不断进行内部调整，企业的内部运营条件也会因为外部环境的变化而发生相应的改变，这种时序上的不稳定会促使生态环境呈现复杂的层次性和多样性。企业组织生态系统的另一个特点是网络化，从新兴产业到传统产业，大型跨国公司到中小企业，从地区经济到整个国民经济，网络化越来越普遍（Nohria and Eccles，1992）。

Kandiah和Gossain（1998）发现以信息技术为基础的互联网经济促使网络化经济环境逐步形成，这种沟通的便捷性增强了企业之间的连接性，组织通过运用新兴的互联网技术积极主动地与供应商和经销商进行合作，共同商建全新的企业生态系统并开发新的价值创造环节。王发明（2007）在互联网产业系统中加上"生态"一词，称其为互联网产业生态系统，其主要想法是通过生态学中非常重要的生物与环境之间相互作用的关系来类比互联网产业集群中各个企业与其发展环境之间相互作用的关系，从而强调外部环境对互联网产业集群的重要性，突出互联网产业集群的类生物性。每个企业主体的生存状况与业绩水平都和网络总体的生存状况和业绩水平息息相关。赵雪晴和高功步（2015）以苏宁云商为例，研究发现了企业组织生态子系统之间的共生互利、协同演进协调机制。更进一步地，生态系统中的企业会根据演进过程的不同阶段所处的发展环境、竞合关系来做出不同的战略决策，采取不同的战略行为，从而保证自身更加稳定地生存。"互联网+"连接一切、大数据技术的基本特征进一步要求企业与客户、供应商、分销商建立紧密联系（李晓华 a，2016），将互联网和包括传统行业在内的各类行业结合起来，在新的领域创造一种新的生态。段浩和刘月（2015）认为互联网产业生态系统是去中心的网状结构，企业关系表现为网状、去中心、多向化、并发、实时、协同等特点，并且企业之间是强连接关系，在全球在线组织研发、采购、制造、销售和管理。陈健聪和杨旭（2016）也认为互联网产业生态系统是互联网生态群落和互联网产业发展环境两者之间利用技术、知识、数据和人才之间的自由流动、相互作用、相互依存的一个有机的整体。更具体地说，它就是以互联网产业生态环境、互联网产业生态主体和互联网产业生态调节机制三部分为核心要素而形成的具有互动性、互补性的动态平衡系统。也正是这一平衡系统的产生真正地改变了中国现有的经济模式，促使传统产业快速升级。

第二章　传统产业的特征、现状与趋势

"传统产业"是与高新技术产业相对而言的，主要沿袭工业化的发展路线，以食品加工、服装纺织、机械设备、汽车、冶金等制造业为主，通常是劳动或资本密集型行业。在美国、日本、英国等发达国家中，传统产业占比呈下降的趋势，而在我国传统企业仍是并且在未来很长一段时间都将作为我国国民经济发展的支柱和命脉，与我国居民的生活发展水平息息相关。因此，我们无法忽视传统产业对经济发展的重要作用，关注传统产业发展对类似于中国的发展中国家而言起着至关重要的作用。

第一节　传统产业宏观发展环境

本节将从政治、经济、社会、技术等层面分析传统产业发展的宏观环境，从而有利于把握传统产业未来的发展趋势。

一、政治环境

在政治方面，中国以创新作为产业发展的关键驱动力，制定了一系列积极的产业发展政策。2006 年，党的十七大报告提出，"提高自主创新能力，建设创新型国家""加快建立以企业为主体，市场为导向，产学研相结合的技术创新体系"[1]。高新技术产业与传统产业不应该相互独立发展，传统企业应该借鉴新型行业中的先进科学技术以转型升级。2012 年，党的十八大更加强调创新的重要作用并明确提出创新驱动的发展战略，指出科技创新是提高社会生产力和综合国力的战略支撑，必须摆在国家发展全局的核心位置。2016 年 5 月，中共中央、国务院发布《国家创新驱动发展战略纲要》，为加快实施国家创新驱动发展战略做出部署，明确 2020 年进入创新型国家行列，到 2030 年跻身创新型国家前列，到 2050 年建成世界科技创新强国的三步走战略目标[2]。2022 年，党的二十大进一步强调要坚持创新在我国现代化建设全局中的核心地位，加快实施创新驱动发展战略，

---

[1] 资料来源：https://www.gov.cn/ldhd/2007-10/24/content_785431.htm。
[2] 资料来源：http://www.xinhuanet.com/techpro/20210702/C96FD7577FB000016018191F1C001E7E/c.html。

增强自主创新能力，强化企业科技创新主体地位，激发创新活力。[1]创新型国家全球公认的评价体系认为，科技创新对经济发展的贡献率一般在70%以上，研发投入占GDP（gross domestic product，国内生产总值）的比重超过2%，技术对外依存度低于20%。为实现这一目标，国家应该实施国家层面的目标管理，将总的目标分解为若干小目标，细分给不同的层级、组织和单位。企业是实施自下而上的创新驱动发展战略的微观驱动力。在这一战略中，企业作为创新主体，不仅需要将投入的技术创新转化为产品创新，还需要进行组织革新以适应快速变化的环境。为了促进经济结构和形态的不断优化和升级，中国制定了"三去一降一补"的供给侧结构性改革政策、循环经济及可持续发展战略。

第一，对产业的供给侧进行结构性改革。由人口红利拉动需求激增的时代已经一去不复返了，人口增速趋于平缓，因此近年来需求端的变化并不甚明显，但反观供给端，由于科学技术的发展和生产效率的提高，供给端将聚集过剩的产出无法与需求匹配，从而出现极端的供过于求的现象。针对我国产业层面尤其是冶金、煤炭等制造企业在供给端存在的产能过剩、库存冗余和债台高筑等问题，习近平总书记在2015中央经济工作会议上强调着力加强结构性改革，在适度扩大总需求的同时，去产能、去库存、去杠杆、降成本、补短板。[2]通过该政策可以加快新旧动能的转化速度。一方面，淘汰过剩的、高能耗的、高污染的产能，对于给环境造成巨大压力以及质检不合格的企业，政府直接勒令其关闭；对于效率低下、资源浪费的企业，政府将辅助其进行改造，改造无效的也执行关闭。另一方面，构建以科技创新作为导向的新动能，加大对科技建设的投入，制定优惠政策以支持新兴产业的高效快速发展，同时，应用新动能驱动传统产业的创新发展，促进传统产业与新技术融合，从而实现整体经济结构的调整与跨越发展。

第二，循环经济和绿色经济战略为产业升级提出了更高的要求。自20世纪80年代提出可持续发展战略之后，政府的工作在以经济发展为核心的同时更加关注建设资源节约型和环境友好型社会，注重经济、社会、环境的协调和互相支撑，能够通过淘汰资源利用率低及不符合环境保护要求的企业更新产业结构，树立企业的社会责任意识。2016年"十三五"期间，国家发展和改革委员会（以下简称国家发展改革委）等部门联合印发《"十三五"节能环保产业发展规划》，促进了废弃物处理和循环利用、新能源汽车、环保监测仪器仪表设备制造等新兴产业的发展。2017年，国家发展改革委印发《循环发展引领行动》，重新塑造了新的生产观和价值观。此外，还支持建设环保产业园区和循环经济示范基地。通过制定

---

[1] 资料来源：https://www.gov.cn/zhuanti/zggcddescqgdbdh/sybgqw.htm?eqid=fa25a8850026a7a800000006645fa6d8。

[2] 资料来源：http://theory.people.com.cn/GB/n1/2017/0906/c413700-29519361.html。

严格的环境保护法，有效地控制了一系列以牺牲环境为代价的企业，并促进了新型环保产业的发展。同时，政府也加大宣传的力度，让人们从思想上真正认识和接受环境保护的重要性。例如，2019年以上海为试点进行垃圾分类的试运行，一方面可以增强每一位公民的环保意识，另一方面也促进了辅助垃圾分类的新企业和新产业的发展。

二、经济环境

在经济方面，我国顺应经济全球化的趋势，提升全球价值链嵌入，并且转变经济发展方式，促进产业结构转型升级。20世纪50年代以来，经济全球化是世界经济发展的趋势，强调贸易自由化和市场化，实现国家之间的最优资源配置。各国打开本国国门，在市场这只看不见的手的引导下，使商品在各国之间进行自由流通。另外，WTO（World Trade Organization，世界贸易组织）的成立，加强了各地区之间的合作，并履行管理、组织、协调、监督等职能。成员方之间互惠互利、非差别对待，秉持公开透明的原则进行贸易合作，并通过仲裁、诉讼等方式帮助解决各方之间的贸易争端和冲突。成员方不断扩大，既包括发达国家/地区，也包括发展中国家/地区和欠发达的国家/地区，真正在践行"全球化"的目标，并且新进入的成员与老成员一样享受相同的优惠政策。除了建立全球化的合作组织之外，还形成了很多如欧洲联盟（简称欧盟）、亚太经济合作组织等一体化的区域贸易组织，采用相同的关税政策和贸易壁垒，实现从生产要素到政策标准的全面一体化战略。区域经济一体化实际上是经济全球化的补充，当一个国家参与全面经济全球化会损害其自身利益时，选择区域经济一体化是一个很好的选择。虽然短期来看区域经济一体化的贸易保护效应不利于经济全球化的发展，但是如果不进行区域一体化，一些国家很难打开国门，更好地加强与别国的合作，因此，实现经济全球化并非一蹴而就，有时可能需要先进行贸易保护的区域联合，再进一步实现全球化的趋势。自20世纪90年代以来，信息技术的发展加速了经济全球化的进程。虚拟网络的发展打破了国家之间的地理界限，信息能够自由、快速地传递，降低了国家之间进行交易的成本，从而为全面实现经济全球化奠定了基础。

我国积极响应全球化经济发展的要求，于2001年加入WTO，加强了与世界其他地区的合作。而互联网的发展也使全球价值链分工更加细化，价值链的采购、生产、研发、销售、仓储等众多环节可以由不同国家中的企业承担，通过发挥每个国家的优势来提高生产效率。中国凭借劳动力资源的优势嵌入全球价值链中，在很大程度上促进了我国的经济增长和社会生产力的提高。虽然我国曾经受到2008年金融危机的影响，但总体而言我国的经济一直保持稳定的增长。2018年我国 GDP 总量突破 90 万亿元人民币[①]，在国家创新驱动发展战略、可持续发展战略、积极产业政策等一系列国家政策的指导下，目前我国处在经济发展的新常态，注重经济发展的质量而非数量，一改以往"旧常态"的粗放型经济发展模式，更加精细地考虑每种生产要素和资源的配置效率，注意资源节约和环境保护。自改革开放以来，我国 GDP 逐年上升，2015 年到 2018 年 GDP 增速分别为：7.04%、6.85%、6.95%、6.75%[②]，可以看到虽然有所波动，但整体上维持在 6.8%附近。目前良好的经济发展态势为互联网企业的发展和传统产业转型升级提供了肥沃的土壤。但在表面如此高速增长的经济态势之下，实则暗含危机。我国增强全球价值链的嵌入深度一方面能够加强国际合作，学习国外先进技术和经验，进而推动我国经济快速发展，这也是目前观察到的；另一方面，经济全球化会导致竞争加剧，迅速淘汰缺乏核心竞争力的企业。另外，我国还面临着低端价值链锁定的问题。我国早年由于技术的限制，处在价值链低附加值的位置，在东南亚的价值链区位中负责下游组装加工的业务。近年来，人口增长速度放缓导致我国人口红利逐渐减弱，此外，引进国外先进技术以及自主创新能力的提升，使得中国有提升自己全球价值链地位的能力和机会。全球价值链的进一步嵌入与攀升是中国未来的发展方向，这就要求我国要加快转变经济发展方式，促进产业结构转型升级。

一方面，我国产业结构已经发生了变化，第一产业和第二产业的比重有所下降，第三产业的占比明显上升，2013 年第三产业占比初次超过第二产业，占当年GDP 的 46.1%。服务业将逐步取代制造业，成为国民经济发展的主力军。另一方面，我国产业生产模式发生改变，由要素驱动转变为创新驱动。以前产业发展依靠要素驱动和投资驱动以实现升级和演化。要素驱动是产业依靠人力资本、土地等生产要素实现数量化和规模化，要素驱动可以积累产业的后发优势。低阶的要素驱动是依靠劳动力、煤、土地等资源以促进产业升级，而当产业规模扩张到一定阶段之后会出现明显的资本积累，此时将进入资本驱动的相对高阶的要素驱动阶段。这里指的是原始要素驱动逐步积累资本从而转向资本驱动的过程，当然也存在直接资本效应，即投资驱动产业升级的模式。不论是原始要素驱动还是投资驱动都无法培育能够产生高附加值产品的高端生产要素，无法创造先发优势以引领新的产业发展方向，只能依靠模仿，追随在其他先进国家的后面。并且要素驱动有很强的路径依赖性，很可能引发中国产业的低端锁定效应，不利于产业的创新发展和可持续发展。因此，我国经济发展模式向创新驱动进行演化。中国传统产业受到第五次信息革命的冲击，以创新为导向，逐渐向高端化攀升。企业发展战略从以往的模仿策略逐渐转变到自主创新的策略。

---

① 资料来源：http://money.163.com/19/0121/10/E61MINPA00259CJG.html。

② 资料来源：https://www.kuaiyilicai.com/stats/global/yearly_per_country/g_gdp_growth/chn.html。

三、社会环境

在社会方面，我国人口统计、国民平均学历和教育水平、消费观、生活方式等方面都发生了显著的变化。首先，从人口统计层面来看，我国人口增长速度变缓，国家从2015年开始全面放开二孩政策，积极应对社会出现的人口老龄化现象。人口红利消失导致劳动力成本逐渐上升，劳动密集型产业丧失了其优势。解决这一问题有两种途径：一是模仿美国、日本等发达国家将劳动密集型产业转移到欠发达的地区；二是利用技术创新实现产业转型升级，如通过全自动的人工智能设备建设无人化的工厂，从而促进劳动密集型产业向知识密集型产业转型。第一种方式从短期来看是卓有成效的，但是治标不治本。第二种方式更有利于中国企业获得先发优势以形成自己的核心竞争力，从而促进整体产业结构的升级和可持续发展。此外，社会的流动性增强，城镇人口分布差异较大，不少农村人外出打工，形成村子的"空心化"现象。针对这一问题，政府也出台了很多相关政策，补贴务农人员、鼓励大学生返乡创业等，虽然情况有所改善，但农村劳动力不足仍是主要的问题，未来可以进一步落实乡村振兴战略，利用互联网促进农业产业的升级。社会流动性的增强不仅体现在国内城镇之间的人口分布，而且也体现在国与国之间的沟通与交流。一方面，旅游业的发展使得外国人有机会接触到中国观光，接触到汉文化；另一方面，学术国际化的发展使得国外众多留学生到国内学习，并且有机会定居在中国。

其次，从国民平均学历和教育水平来看，接受高等教育的比例逐年上升，教育资源越来越丰富，教育质量越来越高。在前一部分讨论宏观经济环境时发现，我国经济水平呈逐年稳定的上升趋势，国民的生活水平得以保障。根据马斯洛需求层次理论可知，当人类满足基本的生理需求和安全需求之后，需要追求更高层次的精神需求和自我实现的需求。显然，随着经济的增长，绝大多数国民的温饱已经不成问题了，他们就开始追求精神层面的满足，重视个人以及子女的教育，这会形成良性的循环，因此高学历、高素质的父母往往也会重视下一代的培养和教育。就整个社会而言，生产力的快速发展使得资源出现冗余，人们有精力也有能力分散出一部分资源和注意力在教育上，再加上国家对基础教育的扶持和对高等教育的鼓励政策，九年义务教育几乎实现国内的全覆盖。自1977年恢复高考以来，大学录取人数逐年增加，2017年全国高校毕业生总量达到795万人的历史新高[1]。当整体的国民教育水平和学历层次上升时，劳动力成本会上升。此外，高学历的人往往形成了完整的价值观，会有个人独立的见解。一方面，现代企业的发展需要这样的知识型人才；另一方面，有思想的员工对自己的工作环境、工作

---

[1] 资料来源：https://www.gov.cn/xinwen/2017-02/11/content_5167322.htm#1。

内容等都有很高的要求，企业不能够再像以往一样只关注外部的消费者，同时也要关注内部员工，提高员工的工作满意度，降低员工的离职率，从而使企业价值最大化。

最后，从生活方式来看，人们开始崇尚健康生活、方便生活、绿色生活。科技发展的一个负面影响是导致疾病种类的同步增长，由此，食品安全问题受到广泛关注，人们更加关注自己的身体健康，起码从表面上看是偏好健康的生活方式。甚至出现了"一方面熬夜，一方面养生"的奇怪现象。有机、天然、绿色食品受到推崇。保健品行业发展迅速，保健品不再是老人专属的产品，许多人认为保健品不仅有利于儿童智力发展，而且可以帮助成年人维持健康。此外，人们更加注重生活的便捷性和高效性。在衣方面，人们不再花费时间和精力外出逛街，在淘宝等网络购物平台动动手指就能购买到想要的商品。在食方面，人们会根据大众点评等平台搜寻美食，根据评分和排名的先后进行选择，去其他人推荐的店铺进行消费，由此催生了一大批网红店的出现。在住方面，人们外出旅游可通过去哪儿网、携程等平台在网络上预订宾馆。近年来，Airbnb 等平台的出现使得民宿发展起来，人们可以根据自己的需要选择商务旅馆或者民宿。在行方面，共享单车的出现则是一个代表，人们可以随取随停，十分方便，而且也践行了低碳出行、绿色出行的目标。人们绿色生活的另一个表现是新能源汽车的兴起，特斯拉等电力驱动的汽车成为人们竞相追捧的出行工具。越来越精细的垃圾分类和"零垃圾"的倡议也体现了人们向绿色生活的转变。

四、技术环境

在技术方面，大量依托互联网的新技术出现。熊彼特最早提出的"破坏性创新"其实就是针对技术革新的。一项颠覆式新技术的出现实际上意味着一场"先破后立"的创新过程。新技术可能会完全颠覆以往的商业规则，催生出一系列新的商业模式，从而大幅提高企业生产效率，更好地满足用户需求，实现企业价值和用户价值的同步增长。在历史上出现过四次工业革命，实际上是四次技术革命，由技术革新带来工业生产的根本性变化。第一次技术革命以瓦特发明蒸汽机作为标志，用机器替代了手工生产，解放了大批劳动力。资本家不断地利用廉价劳动力积累资本，并开始建立相对规范的工厂从而提高管理效率和生产效率以替代手工作坊，使企业的大规模标准化生产成为可能。德国科学家西门子发明的大功率发电机则是第二次技术革命的开端，随后发明了内燃机、发动机等工业上的应用工具。第二次技术革命首先从美国、日本等发达的资本主义国家兴起，而后迅速扩散影响其他的国家。用电力替代蒸汽成为机器生产的主要驱动力，进一步提高了工厂的生产效率，工厂生产大量标准化的产品，实现了规模经济，开始出现了垄断企业的身影。第二次技术革命也对我们的生活产生了深远的影响，爱迪生发明的电灯为我们提供了很大的便利。电话、电报的发明为通信产业做出了巨大的贡献，促进了世界各地信息的快速传播。内燃机、电动机的发明推动了汽车、火车、飞机等交通运输业的发展。近年来，微波炉、冰箱、洗衣机等新型家用电器的出现为我们衣食住行的方方面面提供了便利。第三次技术革命主要体现为由互联网驱动的信息技术和航天技术。艾伦•图灵和冯•诺依曼被称为"计算机之父"，为现代计算机的设计结构做出了巨大的理论贡献。晶体管的发明是计算机发展史上的一个里程碑的实践，大幅提高了计算机的运算速度，达到了100万次/秒以上。此外，苏联、美国相继发射了人造地球卫星，表明人类对太空的探索进入了新的征程。第三次技术革命使得科技转化为生产力的效率日益提高，催生了现代化管理的创新模式。第四次技术革命是在第三次技术革命的基础上，将信息技术与物理融合，实现高度的数字化、网络化和智能化。例如，虚拟现实、3D打印、人工智能、物联网等技术，都是将信息技术与实体物质更紧密地结合，提高了信息技术的应用能力。另外，生物技术和新能源技术也是第四次技术革命的关键点，催生了很多新兴产业发展。德国认为我们已经进入"工业4.0"的时代，不仅实现自动化生产，还要进一步实现智能化，建设无人化的工厂。通过以上分析可知，每一次技术革命带来的产业革命都是颠覆性的。

我们目前处在第三次技术革命和第四次技术革命的交叠作用时期，虚拟现实、大数据、人工智能、物联网、云计算、区块链等新技术为企业提供了全新的技术环境，使得企业成本、产品、分销渠道、营销模式等发生了改变。第一，新技术导致企业成本显著下降。企业成本由生产成本和交易成本两部分构成。一方面，引进新技术能够促进生产设备和机器的更新换代，将高耗能、低效率的机器彻底淘汰，提高机器单位时间内生产产品的数量同时保证产品的质量，从而提高生产效率，降低生产成本。此外，利用人工智能替代人力，建设无人工厂，虽然在短期看来建设这样一条自动化的生产线需要花费大量的成本，但从长远来看，由于固定成本的分摊以及实际生产效率的提高，单位产品的生产成本实际是大幅下降的，而且智能制造也是未来的发展趋势，要想在激烈的竞争环境中生存下来，早晚都得引入新技术，在企业内部进行生产流程和工艺的变革。另一方面，互联网技术发展使得信息传播速度加快，不论是企业内部还是企业外部的沟通成本都显著下降。沟通成本也是一种类型的交易成本。第二，新技术导致产品和服务多样性增加，产品更新换代加快。科技的不断发展，出现了大量的创新产品与服务。与过去的需求导向不同，现代科技往往可以创造需求，从而引领新的时尚和潮流。智能手机的出现则是一个非常典型的例子。之前，人们使用摩托罗拉、诺基亚等老牌手机时，根本不会想象到有朝一日会出现触屏控制的智能手机。2007年，第一代iPhone发布，引领了智能手机新时代。根据摩尔定律可知，每18个月到24个月，电子产品的性能就会翻一倍，由此可以反映出在如今互联网时代中产品更新换代多迅速。在服务层面,沉浸式体验服务发展起来,如联想、苹果等体验店。第三,新技术导致企业分销渠道发生改变。传统的分销模式有代理模式、直营连锁店模式、运输寄送模式等,呈现多级别分销的特征。而进入互联网时代,随着电子商务平台的繁荣,分销模式朝着"全渠道"模式进行转化。"全渠道"即用户可通过实体店购买、电子商务平台、社交媒体、移动设备相关 App 等渠道获得商品。用户可以直接与商家进行接触,通过快速高效的物流将产品送到用户手中,缩短了多级的分销渠道,使得分销渠道呈现宽而短的特征。第四,新技术使得企业营销模式发生变化。传统企业依靠降价和广告宣传等手段进行营销。而互联网时代产生了很多新的销售模式,如 B2B(business to business,企业对企业)、B2C(business to customer,企业对消费者)、O2O 等。O2O 营销模式是 2013 年兴起的,主要目的是依靠线上网络宣传引流到线下实体店中,二者形成一个良性的互动循环,实现了线上与线下的结合。

第二节　传统产业发展基本特征

早期的中国从小农经济发端,以基于自然资源的农业自给自足,自从中国响应英国的工业革命,确定工业化的发展道路后,工业逐步替代农业成为 GDP 最主要的来源。传统产业主要是指工业,以制造业为主。从 20 世纪 90 年代开始,全球刮起了互联网的大风。我国进入 21 世纪以后,出现了很多互联网企业,形成了BAT(百度公司、阿里巴巴集团和腾讯公司)三巨头的局面。铺天盖地的互联网宣传造成了一种假象,仿佛一夜之间互联网企业已经成为我国国民经济的支柱。虽然随着互联网时代的到来,新兴产业迅速发展,制造业占比确实在下降,但这并不能否认制造业对我国国民经济发展的重要性。例如,2018 年,烟草行业纳税总额达到了 11 556 亿元,占到全国纳税总额的 7.39%。传统产业具有非常显著的特征,以下将对其进行详细说明。

一、生产制造模式落后

产业本身不存在落后与先进之分,但生产模式却存在。商业世界进行了两次生产方式的革命,第一次发生在 20 世纪初期,随着电气时代的到来,资本主义工厂制度日渐繁荣,大规模标准化的生产模式替代了手工作坊单件生产的模式,尤其福特的生产模式最为典型,强调精细多级别的劳动分工。第二次世界大战结束后,人们处在相对和平的年代中休养生息,出现了多样化的需求。为积极响应这些需求,第二次生产方式革命随之产生,其中,丰田公司的精益生产模式则是代表,生产模式由大规模标准化向小规模多品类转变。而我国处在由规模化生产向精益化生产的过渡阶段,生产制造模式还比较落后,存在很多的问题。我国传统行业缺乏柔性，无法快速响应市场和外部环境的变化。传统的生产模式使得制造商与消费者的距离很长，产品需要经过制造商、多级分销商、零售商才能最终到消费者的手中，消费者对产品的意见和反馈无法及时传递到制造商以促进产品的改进和升级，不论是原材料、中间品、成品等库存都很大。传统产业的生产模式是一种流水化作业生产，各个环节可能具有不同的生产速度和能力，整个工厂由于技术水平不发达无法实现对全生产线的实时监控，各个环节存在脱节的问题，造成在制品库存积压。传统的生产模式以产品为核心，忽视无形资产，企业将大量的资金压在单一商品上，一时间会生产大量的产品，不仅不利于流动资金的周转，而且不利于企业分散风险。另外，传统商业模式在物流运输和计划控制等方面也存在问题。

二、处于价值链位置低端

中国由于缺乏创新技术，只能依赖进口具有核心先进技术的中间品，负责价值链最后的组装环节，因此产品的附加值很低。例如，一个销售价格为20美元的玩具娃娃，中国仅仅获利35美分，只占到单价的17.5%（沈农夫，2006）。中国有许多负责贴牌生产的代工厂，如富士康替苹果等企业代加工电脑、手机、MP3、电子手表等3C（计算机类、通信类和消费类电子产品三者的统称）产品以及半导体产品。2018年苹果公司净利润达到了483.51亿美元，占所有智能手机市场利润的73%。但是在2010年的时候，在一部苹果手机的总价值中，中国获得的增加值收益仅占2.3%[①]。许多学者和实业家指出"中国制造"实际上就是"中国组装"，中国处在价值链末端的组装环节，不掌握核心技术，只能获取极少量的利润。中国等发展中国家最初被动地加入全球价值链分工体系中，被迫接受发达国家制定的技术规范与标准，不可否认，中国短期内能够很快地融入价值链生产中并获利，但长期来看则会陷入发达国家的"俘获效应"中。发展中国家被发达国家视为"猎物"，当想要摆脱发达国家的控制进行价值链攀升时则会受到发达国家的阻截。发达国家利用其市场和技术优势形成垄断，建立不平等的价值链治理模式，将发展中国家锁定在价值链的低端。

三、劳动密集型产业为主

中国通过利用廉价劳动力的优势进入全球价值链，并承担相关分工。鉴于中国存在过剩的劳动力资源且整体素质普遍不高，因此以劳动力优势为依托参与国际分工是符合中国国情的必然要求。20世纪末期，随着发达国家工业的成熟和科技的进步，发达国家进行了产业的转移，将低附加值的、劳动力密集的产业转移

---

① 资料来源：http://www.sohu.com/a/341748478_488440。

到中国等发展中国家。美国、日本等国家在中国投入大量资金建厂，日本的松下电器、东芝公司、韩国的三星集团等电子产业都把获利低而又需要大量劳动力的组装环节转移到中国。不可否认的是这确实为中国创造了大量的就业机会，在一定程度上解决了中国的就业问题，吸纳了进城务工的人员。但这种依赖劳动力的捷径在全球价值链中占据一席之地的做法存在很大的弊端。中国缺乏核心技术，某些企业不注重本土品牌的建设和培育。并且，劳动密集型产业存在十分严重的同质性竞争的问题，可替代性和可模仿性很强，企业除了成本优势以外，很难形成自己的核心竞争优势。此外，在早期，某些企业将人仅仅视为创造价值的生产工具，很少关注到员工的社会需求。富士康数名员工接连自杀的事件呼吁我们更为人性地处理员工与企业的关系。因此，在劳动密集型产业中，企业不仅要注重培育专业化的人力资本，并且也需要关注员工的社会需求和自我实现的需求。

四、高耗能高污染低效率

由农业社会向工业社会转化的早期，人们还没有环保的意识，只注重一味地快速提高经济利益，忽视了经济增长对环境产生的负向的外部效应。传统产业的机器设备、生产模式、管理理念都很落后，往往投入高额的成本却收获不到理想的产出，生产效率较低。此外，传统产业未形成一整套成熟的环境保护标准和环保监督体系，机器设备功率很大，能耗很高，而且没有净化处理装置。并且企业中没有设置清洁净化环节，直接将工业废水废气排放到自然环境当中，造成了环境不可逆转的污染。传统企业以经济为核心的生产模式具有很强的路径依赖。一方面从客观原因来看，高污染机器设备的沉没成本巨大，更换新的环保设备会对经济利益造成巨大损失，一些小企业根本无法承受；另一方面从主观原因来看，部分企业家短视的特征使得他们只能看到眼前的经济利益，而放弃对于长远的考虑。这些都导致传统的高耗能、高污染、低效率的生产模式很难改变。《全国环境统计公报（2010）》显示，我国在 2010 年工业废水年排放量为 237.5 亿吨，二氧化硫年排放量为 2185.1 万吨。自政府开始重视环保问题以来，出台了一系列环境保护相关的政策，关停了众多高污染的企业。工业废物排放得到了一定的控制，在 2017 年工业废水排放量下降到 181.6 亿吨，二氧化硫排放量下降到 695.32 万吨[①]。从数据上可以清楚地看出，虽然工业废物排放量有所下降，但绝对数依然很高，节能减排之路任重而道远。

五、进入壁垒较低

进入壁垒是指行业中已经存在的企业所具有的攫取市场中大部分利润的优

---

① 资料来源：http://www.envirunion.cn/news_info-24574.html。

势，挤压刚刚进入行业的新企业的利润并限制潜在的竞争者进入，能够影响市场结构，反映市场竞争和垄断的程度。进入壁垒越高越能保护行业中既有企业的利益。Bain（1956）最早开始研究进入壁垒，将其定义为一种市场的状态，即当行业中已有企业用高于完全竞争市场的均衡价格进行商品交易时，其他行业外的企业也很难进入，换言之，进入壁垒可以使长期利润不为零，是行业内企业获得利润的一个关键点。Orr（1974）认为影响行业进入壁垒的三个关键因素为资本密度、广告投入、市场集中度。其他研究证明研发密度和市场风险对进入壁垒也有一定的影响。首先，在我国，服装、食品、塑料、纺织等行业的进入壁垒相对较低，极易模仿和替代，基层员工只需要进行非常简单的培训就可以上手并且很快地胜任工作；其次，从事这些行业并不需要很大的投资，机器设备等成本很低，在市场中需要承担的风险很低，企业无论是进入还是退出该类行业都很容易；再次，这些行业比较分散，没有形成聚合的市场，市场集中度不高；最后，行业的广告投入低，广告的影响力低，没有形成知名的品牌效应。对于一些重资产劳动密集型的制造业，从表面来看，资本投入和市场集中度都很高，但是由于政府的补贴和出口退税政策，仍有大批企业涌入该类行业。行业进入壁垒低意味着基于成本的优胜劣汰机制发挥作用，行业中的企业往往通过低成本的战略取胜，不利于行业优势的积累和沉淀，从长远来看不利于整个行业的发展。

六、边界清晰明确

边界的概念最早是由系统动力学理论提到的，研究的是各个系统之间的相关性和独立性，之后被引入产业组织理论中。学者认为不同产业之间也存在边界。同一产业内的不同企业之间存在较强的相关性。企业处在同一产业中的相同价值链环节，生产同质性或者替代性的产品或提供类似的服务，则它们之间存在竞争关系；企业处在同一产业中的不同价值链环节中，彼此间可以进行资源的置换，这是一种合作的关系。产业内部既存在竞争关系，同时也存在合作关系。而不同产业中的企业之间相对比较独立、联系松散。企业很难跨行业进行发展，因为不同产业存在很高的进入壁垒。产业边界依靠技术、业务、基础设施、市场加以区分。不同的产业依赖不同的技术环境构成了技术边界。例如，生物制药行业的学科基础是化学和生物，依靠基因技术、合成技术等，而纺织业则利用环锭纺、气流纺等不同的纺织技术。不同产业的核心产品和从事的核心业务不同，构成了产业的业务边界。产业之间配套的基础设施和运营的基本规则形成了产业的基础设施边界。不同产业的目标市场和目标客户群体不同，因此所面对的需求类型不同。不同产业在不同的市场中进行交易构成了产业的市场边界。工业化下的产业路径是直线式、封闭式的，产业的阶段发展是缓慢前进的，基本上靠产业内在的本能力量完成产业的前进路线。传统产业的技术、业务、基础设施、市场的边界都很清晰，各自在本产业基础规则的指导下，依赖特有的技术进行运作。不同产业之间没有形成紧密的联系，相互促进的作用不明显，无法进行产业间的协同发展。

由上一节对传统产业目前所处的政治、经济、社会、技术等外部宏观环境来看，国家以创新为导向，实施积极的产业政策，鼓励、引导、支持我国传统产业转型升级。稳定增长的经济环境为传统产业转型升级提供了广阔的土壤，产业结构不断进行调整和变化。此外，随着东西方文化的融合和人民生活水平的提高，人们的生活方式和消费观发生了很大的改变，对于商品的需求出现了个性化、碎片化等特征，从而指导产业发展方向。科技进步为传统产业转型提供了必要的基础技术支持，有了技术支持才使得传统产业具有转型升级的可能性。从传统产业本身来看，由于传统产业生产模式落后，缺乏创新，往往会出现高投入、低产出的现象，生产效率比较低下。并且传统产业往往重视经济效益而忽视环境效益，肆意地排放污水和有害的气体，对环境造成了不可逆的伤害。此外，我国传统产业依靠低廉的劳动力获得竞争优势，处在全球价值链的低端位置，获得的产品附加值很低。从微观的企业层面来看，企业所处的竞争环境日益激烈，要想在如此激烈的竞争中脱颖而出，必须保持柔性，培育企业的动态能力，对不断变化的外部环境做出灵活快速的反应。只有持续创新，紧跟科技的潮流，维持企业的可持续竞争优势，才能立于不败之地。企业的创新和转型是传统产业发展的微观基础。不论从宏观环境、中观行业、还是微观企业的角度来看，传统产业转型升级都是势在必行的，并且目前不少企业已经加入了转型升级的行列。

第三节 传统产业发展现状

一、落后企业被淘汰速度加快

企业退出是指企业在特定的市场和行业中放弃一部分或者全部的市场占有率和份额。根据退出市场的程度可分为部分退出和全部退出。部分退出则指企业仍在该市场中经营，只不过放弃了一部分的市场份额。全部退出意味着企业在该市场中已经没有丝毫份额了。描述企业退出的另一个指标是企业退出的速度。互联网时代中，信息传播速度极快，当企业生产的产品或提供的服务不能适合市场需求时，就会非常迅速地反映在企业的利润中。市场中的优胜劣汰的机制发挥作用的速度明显加快，跟不上市场发展步伐的企业就需要马上退出，只有持续改变紧跟市场要求的企业才能生存下来。2014年前后中国进入经济发展的新常态，程虹等（2016）做了CEES调查，即企业—员工匹配调查，目的是全面反映在中国经济新常态的背景下，我国制造业企业的整体发展状况。根据所收集数据中的部分指标可以计算有关企业退出的相关信息。从2013年到2014年，企业总体的退出率是17.6%，冶金业、设备制造业等劳动和资本密集行业的市场退出率达到了40%以上。从数据上可以看出，我国产业结构发生了改变，传统产业淘汰落后企业的速度明显加快，无法满足新的需求、无法适应经济发展新形势的企业只能被挤出市场。

二、"速度型"和"质量型"企业分化明显

早期中国企业发展主要依赖于宏观经济状况，与国家财政政策、货币政策、汇率、市场总体需求等因素相关。企业采用大规模标准化的生产模式，目标是提高单位时间内生产产品的数量，这类企业被称为"速度型"企业。随着经济的发展和科技的进步，开始出现了一些依靠内生力量获得可持续竞争优势的企业，这类企业不只关注提高企业生产效率，而且重视生产产品和提供服务的质量，关注企业品牌的建设和声誉的提升。这类企业被定义为"质量型"的企业。"质量型"企业能够培育稳定的用户需求，当总体需求发生急剧变化的时候，"质量型"企业受到的影响很小，因为他们能够凭借企业的品牌和声誉提高用户黏性和用户忠诚度，积累大量的用户。而"速度型"企业由于产品和服务的替代性很强，不具备企业的内生优势，当总体需求下降时，这类企业则会受到很大的影响，削减市场的份额，更严重的甚至能够退出市场。中国经济发展进入新常态之后，经济增长速度放缓，由高速转向中高速，从政策上支持"质量型"企业，为中国经济提供了广阔的发展天地。"质量型"企业数量迅速增长，目前在传统产业中出现了"速度型"和"质量型"两种类型企业分庭抗礼的局面，两类企业分化明显。在经济发展新常态条件下，"质量型"企业具有品牌和声誉优势，未来将会逐渐代替"速度型"企业，从而占据主体地位。

三、企业组织变革需求迫切

从学术研究的角度来看，组织变革是管理学领域中十分重要的主题。组织理论认为，企业只有不断变革以适应外部环境，才能获得企业可持续竞争优势。21世纪以来，进入互联网时代，现代企业面临的重要变革就是朝着"互联网+"的趋势转型。在我国具有代表性的案例就是海尔的变革。海尔成立于1984年，从事白色家电的生产，是一家传统的制造企业。海尔不断进行变革，经过了名牌战略、多元化战略、国际化战略、全球化品牌战略、网络化战略等不同的发展变革阶段。海尔集团创始人张瑞敏对外部环境变化十分敏感，勇于承担风险，对海尔的组织变革起到了举足轻重的作用。他敏锐地嗅到了互联网时代的气息，于2000年提出了海尔的信息化发展之路，之后倡导"人单合一"的商业模式。"人"是指员工，"单"是指订单。"人单合一"就是为了适应互联网时代"零距离"和"去中心

化"的特征，缩短员工与用户的距离，使企业能够对用户需求做出快速反应。该商业模式推动了海尔进行组织变革，打破了以往科层制的组织形式，企业高层充分放权，员工自主性很强，主动创造价值，将企业价值与个人价值统一，形成了扁平化的组织形式，同时企业承担平台的功能。海尔的互联网变革非常成功，目前海尔借助人工智能的新技术，集中力量发展物联网。并且利用平台的性质，跨界到医疗等行业，全面布局大健康领域。互联网时代给企业组织变革提供了新的方向和角度，我们可以观察到实践当中有一些诸如海尔的企业已经顺应互联网的潮流开始进行变革，在理论方面，我们也开始用不同的理论观点看待这样的现象，甚至提出新的理论来解释。

四、实际创新投入不足

创新是指提出有别于既定思维的想法或采用不同于常规的方式以改进原有事物或创造一种新的事物。创新对于个人发展有着至关重要的作用。是否拥有创新思维是衡量一个人能否跻身成功之列的重要因素。古往今来，多少人物凭着智慧、创新才能名垂青史。创新能够促进个人综合实力的提升，另外，创新往往需要专业知识和技能的支撑，只有充分掌握目前的发展状况，了解已有的解决方案，才有可能在该领域上有所创新和建树。有时跨学科多领域的学习能够促进创新，这就使得我们需要不断地开阔自己的视野、拓展自己的知识面。创新对于国家的发展和社会的进步也十分重要。在历史发展的长河中，新的发明、技术、思想的出现推动了整个社会的进步，如蒸汽机的发明引发的工业革命。可以说创新能够决定民族和国家的发展。进入互联网时代，社交媒体平台得到了长足发展，人们接受新信息的能力也逐渐提升。网课学习平台的发展和学习资源的易获得性使得人们自学新的知识和技能成为可能。另外，国家的创新驱动发展战略和人才强国战略也鼓励人们不断地进行创新。因此，"新"是我国逐步进入互联网时代的特征和标志，不论是接受新事物、学习新事物还是创造新事物，整个国民水平都在提高。具体到商业环境中，创造力和创新的作用仍然不容忽视，一味地模仿将意味着企业永远无法获得核心的竞争力，只能获得最为边缘的利润，只有不断创新，引领整个行业的发展才能使企业立于不败之地，尤其是在如今变化多端的时代，缺乏创新将不能够生存。因此，只有创新才是传统行业的出路，传统行业中的人们也意识到了创新思维的重要性。但是仍存在知行不统一的情况，在对创新的实际投入上还不足够。一方面，由于对要素和资本的路径依赖，企业很难打破原有的获利模式，另一方面，创新投入的回本周期太长，不确定性很高，所以很多企业不愿意冒险尝试。

五、组织惯例阻碍转型发展

组织惯例（organizational routines）是指即使外部环境不断进行发展和变化，组织仍倾向于保持原来的制度、流程、结构从而维持稳定。组织惯例很强的企业不利于变革，也不利于企业快速提高应对不确定的外部环境的适应力。组织惯例产生的根源和本质原因是认知惰性。由于认知偏见，企业人员可能会过分依赖过去的经验，导致企业中不易产生创新行为，甚至即使产生创新行为也会受到抵制。形成认知惯性的一部分原因可能是组织文化惯性。在企业，尤其是传统企业，由于经过较长时间的发展和积淀，形成了企业独有的整体价值观和非正式的规范，构成企业的文化环境，用以指导和规范人们的行为。这样的企业文化环境在短期内很难改变，并且塑造着企业内部员工的认知，在一定程度上会阻碍企业进行变革，由此形成了组织文化惯性。除了认知惯性、文化惯性，组织惯例还有其他的维度和内涵，如结构惯性、制度惯性、流程惯性、关系惯性等。其中结构惯性是指企业形成的组织架构难以改变，传统行业中企业的组织架构大多是官僚主义的科层式组织，而互联网时代，为适应快速变化的外部环境，更合适的组织形式则应该是层级较少的扁平化的组织，如平台组织。一些企业尝试转型，如海尔平台化转型比较成功，但大多数企业可能不敢尝试如此大的组织结构调整，有的企业尝试之后并未取得成功，这在很大程度上是因为结构的惯性。制度惯性是指已经形成的行动规范和游戏规则难以改变，制度理论认为处在相同制度结构下的组织由于合法性的压力会逐步趋于相似，由此可见制度的压力很大，因此制度惯性也十分难以克服。流程惯性是执行或者行动层面的惯性，人们倾向于采用固定的流程和已有的手段来执行任务。关系惯性是企业嵌入社会网络中，与不同的企业、政府或者其他组织之间建立关系之后行动会受到束缚，这种关系的组织惯例在中国情境中应该更加受到关注。

六、开始重视知识管理

我国劳动力的成本优势逐步丧失，劳动力成本优势是一个相对的概念，而不是一个绝对的数值，是相对于劳动生产率而言的。当劳动力成本的增长无法匹配劳动生产率的提高时，则说明劳动力丧失了成本优势。由此可见，传统产业想要通过劳动力数量获得低成本的竞争优势的道路已经走不通了，只能通过进一步提高劳动力的质量，换言之，加大人力资本的投入，才有可能帮助企业脱颖而出。一方面，传统企业需要提高招聘人才的门槛，如限制学历、工作经验等，从而获得优秀的人才；另一方面，企业需要重视现有员工的培训，根据企业需要，培育专业化人才或复合型人才。另外，传统产业更需要注重知识管理，因为组织中的信息和知识通过获取、记录、存取、更新等过程，在组织内部建立完整的知识管理体系，有助于企业进行决策。知识管理就是对知识进行整合、分享、应用、创造等一系列的过程，需要遵循积累原则和分享原则。积累原则就是指知识积少成多的过程，是整个知识管理体系的基础，只有积累了足够的知识才有可能进行知识的创新以获得新的知识。分享原则是指知识管理体系中涉及的全部知识对组织内部人员要公开，组织应该建立一种互相交流和学习的良好氛围，组织成员共同扶持，共同进步。知识的载体是人，知识管理的主体是人才。只有对人才的重视取得比较好的效果，企业的绩效和创新能力才能明显提高。

第四节 传统产业发展趋势

20世纪90年代后期，中国决定接入互联网。到如今，短短20多年时间，互联网给我们的生活和社会带来了翻天覆地的变化。不论是互联网接入层面还是应用层面都发生了很大的变化。就接入层面而言，互联网发展到宽带，从PC互联网（电脑终端互联网）发展到移动互联网（手机终端互联网）。据中国互联网络信息中心（China Internet Network Information Center，CNNIC）发布第51次《中国互联网络发展状况统计报告》，截至2022年12月，我国网民规模达10.67亿人，较2021年底增长3549万人，互联网普及率达75.6%，我国移动网络终端连接总数已达35.28亿户，移动物联网连接数达到18.45亿户[①]。由此可见，我国的互联网普及率很高，已经有一半以上的居民接入互联网。在互联网应用层面，早期的互联网应用于休闲娱乐领域，如BBS（bulletin board system，电子公告板系统）、论坛、搜索引擎、门户网站，后来发展到电子商务平台、社交媒体、网络游戏、网络文学等，到如今互联网不仅应用于休闲娱乐领域，而且也应用于移动商务性的业务中，如移动支付、新零售、地图导航、酒店预订等。并且一部分原有的具有休闲娱乐属性的应用也逐步具备了移动商务的性质，如微信从最初只是用于聊天和娱乐逐渐演变为企业中员工之间联络的通信工具。

在过去的20年，人们对互联网的认知由浅入深。最初，人们采用"工具观"对互联网进行定义，仅仅将互联网看作一种工具，认为它与企业中的任何一件工具和设备没有区别，把互联网看作等同于打印机、复印机这样的工具。之后，人们，尤其是传统企业中的成员认为互联网是一种可以用来获得信息、帮助企业进行产品销售的渠道和营销手段，与直营、连锁经营没有任何区别。现在，人们把互联网看作一种新思维，甚至看作企业和社会发展的基础设施，价值链的任何环节都可以依靠互联网来完成，从创意产生、研发设计、生产制造、销售交货、售后服务等一系列的活动都可以借助互联网这个基础设施，换言之，整个企业乃至

---

① 资料来源：https://www.cnnic.cn/n4/2023/0303/c88-10757.html。

经济生态都是以互联网为基础进行架设的。

实际上,"互联网+"过程就是传统产业转型升级的过程。与此不同的是,传统产业互联网化的过程呈现出"逆向"的特征。"逆向"是指互联网化最初从消费者开始,逐步倒逼生产制造端,由后向供应链的互联网化带动前向供应链的互联网化。从企业价值链的角度来看,企业各个环节互联网的先后顺序是消费者—售后服务—销售—生产制造—研发;从产业价值链(或者供应链)的角度来看,各个行业互联网化的先后顺序为广告传媒业—零售业—批发和分销—生产制造—原材料。目前来看,在互联网化的过程中,价值链各个环节的互联网程度是逐步递减的。目前互联网可以说影响着我们社会和生活的方方面面。未来"互联网+"驱动产业转型升级的趋势是进一步信息化、数据化、共享化、智能化、开放化、循环化、质量化、知识化、高端化(进入壁垒高、价值链攀升)、线上线下一体化、知行合一化(克服惰性、加大投入)、去中心化。

一、数据化与信息化

以往的技术条件既不支持获得海量数据,也无法处理这些数据。互联网技术的发展和应用使得大数据分析成为可能。只要接入互联网的人就会留下痕迹。以互联网的眼光来看,每一个个体都可以抽象为由不同的数据构成,如人体的健康数据、消费数据等。在当今的互联网时代,数据在一定程度上就等于利润。很多互联网企业可以根据用户的消费行为进行用户画像分析从而获得用户的需求、消费习惯、收入水平等信息。生成的用户数据甚至可以形成销售和变现。虽然数据的流动性很强,但以往数据可能会受到企业边界的限制,只在企业内部进行流动,而互联网时代的数据在很大程度上能够做到公开透明,流动性非常强,能够以较低的成本沿着供应链在企业之间、消费者和企业之间进行流通。随着互联网技术的进一步完善和信息传播速度的进一步提升,数据化的趋势将越来越明显,传统产业转型升级难以摆脱数据化。未来,所有环节和业务都将数据化,建立一个与真实物理世界相对应的数据世界将成为必然。但是,过度数据化可能会带来隐私保护问题。试想将来每个人的本质都是一组一组的数据,假设没有采取适当的措施进行隐私的保护,会使得人们就像一个透明人一样完全暴露于大众的视野之下,这将是非常令人恐惧的场景。这也是在日益高度数据化的趋势下需要关注的问题。传统产业数据化可以体现在众多场景中。例如,可以利用机器设备生成数据从而更好地控制机器之间的互联,降低原材料的浪费,提高机器设备生产效率;可以利用客户端的订单数据进行快速预测,实现零库存,减少资源的浪费,释放更多的流动资金;利用用户画像精准定位顾客需求。阿里研究院《互联网+:从IT到DT》写道:我们如今正在从互联网科技(internet technology,IT)向数字科技(digital technology,DT)转变。IT时代是一个依靠互联网的利己的时代,而DT时代是一个数据驱动经济的时代,是一个利他的时代,更强调信息公开透明,更强调用户的体验和企业的社会责任。

传统企业转型升级仅仅数据化是不够的,还需要进行信息化建设。信息加工论认为,数据=信息+数据冗余,即数据需要经过加工和处理,去掉冗余之后才能形成有价值的信息。而有些信息需要通过数字化的解码之后才能应用互联网进行传播和存储。互联网时代实现信息化的根本原因在于,通过互联网技术能够降低信息的获得、传播、处理、加工和应用的成本。传统产业信息化的本质是将信息作为一种新的生产要素。在工业社会中,信息当然也是重要的,但是信息往往是少量的、难以传递的,信息的价值并未被充分地挖掘,而互联网时代,信息被压抑的潜能将有机会爆发出来,成为促进社会生产力和国民财富积累的原动力。英国演化经济学家 Carlota Perez(卡洛塔·佩雷斯)将技术革命分为两个阶段:一是支持新技术的基础设施广泛安装,从而扩大接入基础设施的用户数量;二是新技术应用终端的迅速发展和运用,催生一系列新兴产业的出现和蓬勃发展。互联网技术在我国快速发展的二十余年间,我国已经基本上完成了宽带、移动通信、传感器、芯片等基础设施的架设和覆盖,作为传统产业实现信息化的基础和保障。但在实现信息化的过程中,也遇到了一些障碍,以前建立的大多都是较为封闭的信息系统,如何将这些封闭的信息系统连接起来从而促进信息无障碍流通,是实现信息化的关键所在。如在医疗行业中,近年来鼓励使用电子病历,在不同地区之间建立联结,从而形成信息全面共享的全国医疗网络,这样的政策和战略在推行的过程中进展较慢,原因在于原有的封闭医疗体系很难打破,从而阻碍了信息化的进程。

二、共享化与智能化

著名爱尔兰剧作家萧伯纳曾说过,你有一个苹果我有一个苹果,互相交换之后彼此还是只有一个苹果,但是你有一种思想我有一种思想,互相交换之后彼此就会获得两种甚至更多的思想。萧伯纳十分强调思想的碰撞与分享。在互联网日益普及的当今,"共享"更是必不可少的。互联网时代推崇信息的流通和共享。互联网思维是一种开放的、共享的思维,而不是封闭的、局限的思维。企业内部、企业之间信息的共享和流通能够帮助企业降低交易成本,是帮助企业获利的一个关键点。微信、微博等社交媒体平台的快速发展提高了用户的主动分享意愿,一方面社交媒体为用户提供了一个发声的平台,使得用户能够有机会自由地表达自己的观点和看法,另一方面根据身份认同理论可知,社会人需要很强烈的被认同感,人们通过在社交平台上分享自己的观点、看法或者生活状态,希望能够进行自我建构,在他人面前建构自己想要建构的形象和身份以获得他人的认同,满足自己的社会需求。互联网时代中信息共享有主动的,同时也有被动的。在现如今

"万事皆数据"的时代，人们的行动只要通过互联网就会留下详细的记录。人们被互联网绑架，被动地分享自己的信息，在不经意间泄露个人信息，有时会接到各种各样的骚扰电话。隐私保护需要受到重视。另外，由于移动智能终端的普及和第三方支付的繁荣，共享经济受到广泛关注。定位技术、人工智能、虚拟现实、分布式计算等高端技术是共享经济的基础和前提。第三方支付是共享经济的一种信任机制，依靠第三方来给交易双方建立安全感，从而保证交易顺利进行。但共享经济的核心驱动力是经济发展和生活水平的提高导致的闲置资源过剩。通过闲置资源的共享使得供需双方都能够获利。需求方在选择时能够有更大的自主权，能够获得更加个性化、性价比更高的优质服务。供给方可以通过利用闲置资源获得额外的收入。在共享经济模式的指导下，传统产业开辟了新的发展道路，如滴滴等打车平台、Airbnb 等短租平台的出现。

智能化是指基于大数据、物联网、人工智能等互联网技术实现的一种用机器智慧代替人类智慧从而使人类生活更加便捷或生产效率更高的方式。联想集团董事长兼首席执行官杨元庆指出，智能化的技术支持是"端、边、云、网、智"五个方面。其中"端"是指智能物联设备终端，"边"是指边缘计算，"云"是指云计算，"网"是指以 5G 为代表的数据传输网络。"边-云-网"构成了智能化的基础架构。"智"是指行业智能解决方案[①]。目前广泛提及的智能化主要是"制造智能化"和"产品智能化"两个方面。实现制造智能化有三个阶段。第一阶段为设备智能化，是指单个设备能实现自动控制；第二阶段为生产线智能化，是指设备之间形成智能化链接，而无需或只需少量人的控制，在设备之间控制产品的状态；第三阶段是智能化工厂，该阶段是更高阶的智能化，不仅仅局限于制造环节本身的智能化，而且包括采购、仓储等生产制造活动的辅助环节在内的整个工厂所实现的智能化。目前，海尔、联想、沈阳机床等部分企业初步实现了前两个阶段，而智能化的工厂还在实验阶段，至多可作为参观展览的噱头，还未实现低成本大规模的应用。全面的智能制造的工厂是未来的发展方向。产品智能化其实是基于物联网技术的终端智能化，目前得到一定发展的有无人驾驶汽车、家居智能化等。无人驾驶汽车是人工智能取得突破性进展的一个标志，从 20 世纪 70 年代开始研制，汽车能够通过车载传感器系统进行路况识别、障碍躲避、自行把握方向，从而实现正常行驶。秉着为人们提供便利、节约时间和资源的原则，家居行业开始进行智能化的转型。从进入房门之时就体会到智能家居的便利，从原来的钥匙锁到密码锁再到如今日益普及的指纹识别和人脸识别；随处可见的扫地机器人、红外线干手器等都是智能家居的标志；家里的电视机、洗衣机、电冰箱、空调等都可以与用户的手机形成关联，人们可以远程操控家里的任何设备；不少

---

① 资料来源：https://tech.sina.com.cn/5g/i/2019-11-27/doc-iihnzahi3544684.shtml。

手机还安装了控制空调、电视机的红外线装置，根本用不到遥控器。此外，家里的安全报警设备也实现了进一步的智能化。不仅每一个用户家里可以实现智能化，小区乃至整个城市都在向智能化过渡。智能化的水表、电表、煤气表等装置，使得用户可以通过支付宝等在线支付方式随时随地进行线上支付。

三、开放化与循环化

开放化是共享化的基础。在互联网时代，企业既需要做到内部开放化也需要做到外部开放化。内部开放化是指在企业内部的横向和纵向的无界化。横向开放化是同级部门之间增强信息的流动性和共享性，同时各个部门之间的边界被打破。而纵向开放化是指上下级的指挥链条之间的无界化，产生扁平化的组织。外部开放化是指企业自身边界被打破，产生无界化的组织。1937年科斯界定了企业边界的概念，他认为企业可以进行扩张，直到企业内部的协调和组织成本等于企业外部的交易成本，就出现了企业边界。李海舰和原磊（2005）从经济学的角度分析了出现无边界组织的可能性，认为在互联网高度发达的现代，企业的边际成本不断下降，而边际收益不断增长，两个曲线无法相交从而产生企业边界。在过去的研究中，企业边界往往以厂房、设备等有形的物质资源进行衡量，而在无边界组织时代，企业边界则以组织声誉、品牌等无形资源进行衡量。从有边界组织过渡到无边界组织过程中，涉及的各个主体之间的契约形式也发生了改变，之前组织扩张多是一种所有权形式的转移，而无边界组织情境下的契约则日趋表现为关系型契约，本质上是一种"连接"和"关系"的集合形式。实现无边界组织有两条途径，一是通过建立虚拟组织，二是通过战略联盟。无边界组织带来一个明显的后果就是开放式创新，企业进行产品创新不只局限在企业内部的研发团队，还与企业外部机构进行合作。最初的开放式创新是指企业与高校、其他企业进行合作共同研发新型技术。随着信息技术进一步发展，现如今开放式创新甚至涉及顾客和用户的参与。除了微观层面的企业内部和企业之间的开放化，行业之间未来的壁垒也将被打破，从而实现行业之间的开放化。

较早的循环经济的提出是借用生物学中的思想和概念。在生物学研究种群和群落时，"生态农业系统"是一个重点的研究主题。例如，桑树、蚕、鱼可以构成一个简单的生态农业系统。桑树的桑叶可以用于饲养蚕，而蚕的粪便也就是蚕沙可以作为池塘中鱼的食物，鱼的尸体或粪便形成的塘泥又可以反过来为桑树提供肥沃的土壤。这样一种循环的、共生互利的农业生态思维同样也可以被借鉴到工业中，因此出现了很多循环工业园区。例如，炼钢厂产生的煤焦油等副产品可以作为一些化工厂的原料来源。而作为化工生产过程中的催化剂，原来只能成为固体废料，现如今在循环经济的背景下，可以被转化为建筑所需的氧化铝材料。"废物循环利用""变废为宝"的思维在建设资源节约型、环境友好型的社会中十分重要。恰当地利用垃圾和废物，其实可以将其变为一种资源。循环化显而易见的好处是在于产生环境的外部性，这也是最早关注循环化的目的。当人类社会经历了令经济快速繁荣的三次工业革命之后，回头我们看到的是满目疮痍的地球，我们开始反思没有美丽的环境，没有健康的身体，拥有鼓囊囊的钱包又如何？之后我们开始探索如何在不以牺牲环境为代价的前提下，保证一定的经济增长？其中，循环化是一条十分关键的路径，通过巧妙地利用废物以减轻环境的压力，实现保护环境的目的。循环化的另一个好处在于对经济效益的直接影响，循环化能够延长产业链并且提高产品附加值，而层出不穷的新技术更是为循环化得以实现提供了基础保障。

四、去中心化与线上线下一体化

去中心化的概念最早来源于计算机信息技术领域。计算机有两种计算模式：中心化（集中式计算）和去中心化。早期的计算机大多是应用中心化的计算机模式，由本地或远程的工作站对大批量数据进行统一集中处理。随着信息技术的进步，去中心化的计算模式得到了发展。"去中心化"就是将数据资源分散到各个工作站或设备终端进行处理，能够充分挖掘计算机闲置的数据处理能力（闲置就是去掉正常应用程序所占用之后剩余的计算能力），提高联合处理效率。互联网使商业世界发生了翻天覆地的变化，二者存在千丝万缕的联系。互联网中的一些与计算机相关的概念，如中心化等，应用在商业世界中也非常合适。在社交媒体出现之前，传统纸媒作为新闻的发言人，与一些权威性的企业合作，作为中心进行言论的控制和传播，这其实就是一种"中心化"。而在微信、微博等社交媒体平台广泛发展之后，每一位用户都有发声的权利，他们的声音都能够被听见，不存在权威之手对他们进行言论的控制，具有一种"去中心化"的性质，使企业不得不重新思考声誉管理的方式。商业世界中的"去中心化"带来的最为明显的效应就是改变了营销模式，素人领袖——网红的出现以及社区、社群等团体的出现都在提供新的营销方式。小米的"饥饿营销"模式也是如今去中心化的时代中的一个特殊范例。此外，"去中心化"还带来了商业模式的根本性变革，以"海尔""韩都衣舍"等企业作为传统企业"去中心"商业模式创新的代表。海尔不以企业本身为中心，而是更强调用户价值，以共同实现企业价值和用户价值作为其价值主张，建立海尔社区促进用户之间的交流，甚至采用定制模式允许用户参与到其产品研发和设计当中去。未来传统行业转型可以借鉴新兴行业中的"去中心化"的营销模式，也可以借鉴已经取得一定转型成效的典型企业的"去中心化"的商业模式。

传统企业大多都是实体行业，企业价值链的各个环节都是在线下完成的。依托互联网的电子商务平台、批发零售等都是在线上交易。传统产业的互联网化就是将以往在线下进行的部分环节搬到线上来,即使仍然需要线下的环节也需要结合互联网的技术使之进一步完善,最终实现线上线下一体化的发展趋势。目前新零售则是实现线上线下一体化的重要尝试,未来将促进线上线下的进一步融合。2016年10月马云在阿里巴巴云栖大会上提出了"新零售"概念。新零售就是将线下物流、服务、体验等优势与线上商流、资金流、信息流融合,拓展智能化、网络化的全渠道布局。电子商务平台、跨境电商的繁荣,打破了传统销售在时间和空间上的限制,给用户提供了极大的便利,并且关注到了长尾理论中尾巴部分的需求,使得少数小批量、低利润的需求得以满足,以低价的手段吸引了一大批用户,一时间掀起了网上购物的热潮,改变了人们的消费和生活的习惯。但线上销售的红利已经触及天花板,并且线上销售天生的缺陷在于无法为用户提供亲身的体验场景。随着人们收入和教育水平的提升,人们将更加关注生活的品质,注重消费过程带来的愉悦感受,而对于商品的价格不再那么在意了。体验式、场景式的营销模式受到推崇。比较而言,传统的销售方式能够提供可视性、可听性、可触性、可感性、可用性等商品的直观属性,这恰恰是线上销售所缺乏的。因此,传统产业未来的发展需要朝着线上和线下结合的方向进行,将二者优势结合以弥补其中的不足。

传统产业要想紧跟未来发展趋势,需要借鉴国际先进经验,同时立足于传统产业自身优势,取其精华去其糟粕,不断进行转型和升级,真正实现互联网化。例如,中国可以借鉴日本、瑞典等发达国家传统产业发展的经验。第二次世界大战之后日本元气大伤,经济一落千丈,人均GDP不到250美元,经济总量只占到美国的1/15。之后日本依靠纺织业、设备机械制造业、家电生产业等传统行业,迎来了日本经济高速增长的关键时期。到1970年,仅仅15年的时间,日本已经跻身于世界发达国家的行列,经济总量仅次于美国,人均GDP达到了2811美元。如此快速的经济增长得益于日本对于传统行业的重视,这也表明我国现如今聚焦于传统产业的发展方向是正确的。而瑞典的传统产业也是驱动其国民经济增长的主要动力。瑞典在传统产业转型升级的过程中,摒弃了纺织业等不具备优势的传统行业,并且继续发挥瑞典在自然资源方面的优势,进一步促进木材、铁矿石等产业的开发,努力改善工艺流程,提高机器设备生产率,降低能耗,促进传统产业可持续发展。由此可见,传统产业是国家经济发展的重要驱动力。国际上发达国家都十分重视传统产业的发展,在传统产业转型升级过程中,能够充分发挥传统行业既有优势,快速摒弃传统行业的不足和落后之处。

传统产业转型升级有三条途径,均以互联网和科技创新作为基础。第一条途径是以产品为核心进行的升级换代,满足甚至引领顾客的需求。例如,苹果手机不断进行产品技术更新以推出新一代产品。第二条途径是机器设备的更新换代,通过技术创新提高机器设备的生产效率,降低能耗和生产成本。第三条途径是在产业链上向技术含量高、附加值高的领域延伸。如由一般加工制造向上游的研发、产品设计、技术专利、技术集成、融资、投资延伸，向下游的品牌构建、商业模式创新、流通体系、物流、产业链管理等延伸。这些上下游的经济活动也是现代服务业的内容，其增加值率更高，对产业的掌控能力更强。我国应该融合运用这三条途径，从产品、机器设备、产业链等方面，全面着手促进传统产业转型升级。

第三章 互联网发展的国际经验借鉴与启示

第一节 美国工业互联网发展道路及其经验启示

一、美国工业互联网战略的提出背景

20世纪70年代以来，为了解决工业化快速发展所带来的资源能源等问题，美国开始实行"去工业化"政策，制造业产值在国民经济占比中逐渐下降，从80年代开始大力发展虚拟经济，开启了轰轰烈烈的"去工业化"浪潮。美国经济开始主要围绕金融业、房地产业和职业服务业运转，直至2007年，制造业在国民经济中的比重由20世纪50年代的27%降至11.68%，而与此同时，金融、房地产在国民经济中的占比从20世纪50年代的11.4%上升至20.66%，职业服务业也由6%上升至12.4%，这三者在国民经济中占比近三分之一，成为对国民经济贡献最大的产业。虚拟产业的高收入吸引了大批投资者，制造业的机会成本上升，生产空间受到大幅度挤压，美国制造业开始出现外移，大量、迅速地转移到国外，在发展中国家进行生产，而国内物质生产与非物质生产的产值比例严重失衡，出现了产业空心化的问题。以苹果手机为例，苹果公司只负责设计和研发，而生产零部件是在韩国，组装则是在中国。制造业一度被认为是"夕阳产业"而失宠于投资者。但实际上，美国在经历较长时期的"去工业化"过程之后，经济增长缺乏实体经济支撑，早已经陷入疲软状态，只得通过泡沫来掩盖。美国整体经济的过度虚拟化直接导致了2008年金融危机的发生。次贷危机导致美国大量金融机构破产或重组，房地产价格大幅下跌，失业率上升，贫富差距进一步拉大。

随着工业制造业在三大产业中的比重不断降低、工业制造品在国际市场上缺乏竞争力、大量工业性投资向海外转移而国内投资相对不足等问题的愈发突出，美国政府开始意识到过度"去工业化"所带来的产业结构过分空心化的问题。基于此，美国政府和很多学者纷纷提出了"实业救国"，主张美国经济实行"再工业化"。"再工业化"指的是在二次工业化基础上的三次工业化，本质上是依托高新技术，大力发展低资源能源消耗、具有高附加值的制造业，从而重构具有强大竞争力的新型工业化体系。2009年4月，美国总统奥巴马提出了要想实现美国经济的长远发展，必须要重振制造业。2011年6月24日，奥巴马在匹兹堡卡内基梅隆大学公布推动美国的"先进制造伙伴计划"（advanced manufacturing partnership，AMP），目的是构建一个制造业产政学研相结合的基础平台，打造一个创新智能制造的生态体系，确保"美国先进制造业的领导地位"。同年11月，美国国家标准与技术研究院设立了国家先进制造项目办公室，负责协调产业界、联邦政府部门和学术界的关系，统筹规划与先进制造相关的政策性工作。2014年10月，美国发布了《振兴美国先进制造业2.0版》，即AMP2.0，目的在于通过支持自主创新、加强人才引进和完善商业环境等手段，确保美国在先进制造业领域的全球主导地位。为了重振制造业，美国重点支持清洁能源、机器人、国家安全、3D打印、新材料、信息技术、生物技术、页岩气等领域，对这些领域的相关技术装备的研发及应用投入了大量人力、物力和财力。2017年1月20日，特朗普在总统就职演讲中提出了要把"买美国的商品，雇美国的工人"作为新任政府的两条基本经济原则，将"制造业回流"作为其最吸引眼球的经济政策，认为重振制造业是实现美国经济复兴的新引擎，并且提出了让"美国制造业再次伟大"的豪言壮语。

进入21世纪以来，以互联网、大数据、云计算、人工智能为代表的新一代通信技术和信息技术的发展为美国实行"工业互联网"战略提供了坚实的技术基础。首先，随着数字经济的发展，传统产业变革的速度进一步加快，以互联网为代表的信息技术的发展深刻改变了人们的生产生活方式，重构了传统的产业体系。互联网技术的应用不仅大幅提高了生产效率，而且通过商业模式创新对商业实践产生了巨大影响，逐渐渗透到实体经济中去，成为传统产业转型升级的新机遇。其次，随着制造业逐渐向智能化方向转型发展，相应地对平台工具提出了新要求。智能制造是基于大量工业数据的全面感知，通过横向集成、纵向集成、端对端集成三大集成完成建模分析，从而发出智能化的控制指令，做出最优决策，整个生产制造过程形成了智能化生产、网络化协同、个性化定制以及服务化延伸的新模式，而这是传统条件下的数字化工具完全无法达成的。因此，工业互联网平台在智能制造背景下的作用尤为突出，它不仅能够收集和管理爆发式增长的海量工业数据，显著扩大了数据采集范围和规模，而且使得工业物理系统向工业信息系统延伸，从可见世界拓展到了不可见世界，从而满足智能制造的需求。最后，互联网技术、互联网思维以及互联网经济背景下的新商业模式也成为构筑工业互联网平台的重要方式。新一代信息技术成为重塑制造业智能化转型的基础，例如，物联网技术通过对各种物理设备、传感器、计算机等的连接使得在生产车间内所有生产过程互相连通，完全可控；云计算技术通过对大数据的分析和处理，帮助企业制订更合理的解决方案。互联网的开放、平等、共享、协作思维也成为变革传统制造模式的重要来源，比如，制造企业利用网络化平台并通过平台的协同机制组织其生产经营活动，能够快速地整合资源，增强其市场响应能力，促进其定制化生产的柔性能力。另外，随着新技术的发展，知识经济、共享经济、绿色经济、平台经济等新经济模式的出现正加速在制造业领域渗透，成为制造业转型升级的新动能。

在此背景下，美国通用电气公司（General Electric Company，GE）在 2012 年提出了著名的"工业互联网"战略，并且将其定义为"工业互联网，就是把人、数据和机器连接起来"。根据 GE 公司的定义，工业互联网的三要素是人、数据、机器，它通过互联网捕捉数据，对数据进行存储和分配，然后快速分析这些复杂多变的海量数据，并且基于数据分析生成解决方案，将控制指令发送到生产现场进行批量生产，整个过程充分数字化、网络化、自动化，从而提高了效率并降低了成本。工业互联网将在未来具有更高的商业价值，为企业带来更大的商业机会，GE 提出的工业互联网战略，在美国引起了巨大反响，美国五个行业的领军企业共同组建了工业互联网联盟，随后 IBM（International Business Machines Corporation，国际商业机器公司）、思科、英特尔等大型 IT 企业也加入该联盟，进一步推广了工业互联网的概念。

二、美国推进工业互联网战略的典型特征

第一，强调以市场为导向，着力改变生产模式。微电子技术、自动化技术、信息技术等先进制造技术的发展和互联网革命在全球范围内的进一步深化，使得世界各制造强国纷纷在工业制造业领域谋求转型发展。美国的工业互联网战略在此背景下正式提出，与另一个最具代表性的德国"工业 4.0"战略相比，二者除了都强调工业体系与互联网技术的深度融合外，美国工业互联网战略更强调以市场为导向。德国工业 4.0 战略主要是由德国政府牵头，并且将其作为国家级战略来执行，在制造业领域自上而下推进工业 4.0 的实施。相比之下，美国工业互联网更强调市场主导、企业主导和需求主导。政府在其中所起的作用仅仅是通过一定的产业扶持、规则制定以及国际协调来创造一个良好的市场环境，引导工业互联网向良性方向发展，而真正的主角是企业，尤其是大型领军企业。GE、思科、IBM 等 80 多家公司联合成立工业互联网联盟，从构建企业竞争优势和满足市场需求的角度出发，以实际应用为导向，在技术、标准、产业化等重要方面做出全面布局，从客户需求角度创新生产流程和产品设计，从而推动美国制造业互通互联。此外，美国工业互联网强调对生产方式的改变。工业互联网的出现突破了地理和空间的限制，能够在全球范围内将人、设备和数据互相连接，并且在更深层次上进行数据分析与预测，优化配置全球资源，实现全球制造业的互相连接。而且，工业互联网通过网络使得设备能够与人进行实时交流，为客户提供需要的信息，打破了传统生产模式下的边界限制。例如，GE 利用工业互联网将生产设备互联互通，原本复杂烦琐的车间设备维护工作因此变得简单易行，最大限度地降低了故障发生率，提高了生产效率。

第二,强调领军企业引领,通过理念推动、人才支持、细节完善来促进制造业创新发展。创新驱动制造业重新焕发活力已成为世界各国的共识,美国尤其重视制造业的发展,在实施工业互联网战略的过程中,强调领军企业的引领作用,通过互联网理念推动、高素质人才支持以及细节完善来增强其制造业的自主创新能力,推动实现再工业化。具体来说,一是强调领军企业在构建工业互联网体系中的引领作用。企业是市场的微观主体,产业竞争优势的构建离不开市场上每一个企业的发展。美国企业强调创新与变革的经营理念,以适应外部不断变化的竞争环境,创新和变革成为企业构建竞争优势、保持行业领先地位的重要来源。以GE为例,公司每年引进世界级的优秀研发人才,投入几十亿美元在航空发动机等关键业务领域寻求突破,集中优势进行创新。GE作为美国传统制造业的领军企业,最早开始了数字化转型之路,其创新具有专注性、前瞻性以及持续性等特点,在美国的工业互联网发展道路上起到了引领性作用。二是强调互联网理念对创新的推动。互联网的出现催生了许多新兴产业形态和商业模式,美国充分发挥互联网理念,利用全球智慧推动其制造业转型升级,加快制造业的创新速度。例如,GE将全球智慧、先进制造技术和工业互联网深度融合,并把其作为"未来制造"的三大关键。GE航空部门曾在工业互联网平台上发起了一项飞机发动机支架3D打印设计比赛,这次比赛吸引了来自全球30多个国家的700个项目参赛,获得第一名的项目将支架重量成功减轻了原来的84%,极大地推动了飞机发动机的创新。三是强调高素质人才对创新的支持。美国拥有高水平的教育体系和开放的移民政策,这极大地促进了其从世界范围内吸引和筛选优秀的创新型人才。从2011年开始GE就在硅谷成立了全球软件中心总部,并且还计划在全世界设立20个左右的软件研发机构,以吸引优秀的软件人才加入GE。四是强调通过完善相关细节来拉动创新。除了大量的颠覆性创新成果,美国制造业的创新成果也涵盖了众多渐进式创新,即通过对生产过程连续不断的微小的改进,最终实现创新的目的。GE在创新过程中非常重视客户的体验与建议,邀请客户共同参与创新,从用户需求的角度对产品的细节不断改进,从而收获了客户好的口碑,在市场上取得了成功。

第三,逐步调整制造业发展策略,努力实现制造业与金融统筹协调发展。制造业与金融资本的结合在某些特定历史时期确实发挥了很好的作用,金融资本的介入使得制造业能够加速扩张,但是,虚拟经济会带来泡沫化问题,一旦发生金融危机,制造业将受到严重影响,制造业企业也会面临较大的经营风险,容易出现资金链断裂等致命问题,在国家产业层面导致产业空心化,严重影响国家经济的健康运行。基于这样的历史教训,美国政府与企业开始重新审视和定位制造业和虚拟产业的关系,逐步调整二者的发展策略。一方面,美国政府开始修改金融市场的规则,加强对金融行业的监管。美国为所有金融机构和非金融机构制定了新的监管标准，以规范金融市场，降低杠杆率；同时修改金融市场的规则，严格控制进入门槛，提高从事金融业务的成本，期望以此让资本回流制造业，防止金融资本对产业资本的挤出效应。另一方面，美国政府努力让企业回归以制造业为主导的发展方向。在美国政府的干预下，大型制造业企业纷纷调整战略，逐渐降低其业务中金融业务的比例，回归到制造业，借助工业互联网平台增强其智能化水平，重新构建在制造业领域的核心竞争力，从而进一步重塑在世界范围内的竞争优势，增强美国在世界工业体系中的话语权。

三、美国工业互联网发展的经验和启示

结合美国工业互联网的发展历程及经验，分析美国工业互联网的发展对我国的启示与建议，具体如下。

一是重视工业互联网的发展，促进制造业企业数字化、智能化、信息化、网络化转型。我国应当顺应全球范围内新一代信息技术发展和产业变革的大趋势，学习美国发展工业互联网战略的经验，结合我国制造业发展现状水平实施"互联网+"战略，推动我国由制造大国稳步迈入制造强国。具体来说，一方面，要强化互联网化转型的基础设施。加强在物联网、云计算、人工智能等领域内的基础设施建设，提高互联网对制造业的贡献，加强互联网的公共服务水平，为制造业智能化转型提供基础。另一方面，要促进"互联网+"与制造业的深度融合。美国在制造业转型升级过程中，充分发挥互联网的跨界融合作用，在企业转型升级、产业链及价值链的优化方面深度介入互联网。我国也应该鼓励互联网融入制造业的研发、设计、生产、营销、管理等方方面面，提高制造业企业的数字化水平。在产业层面，要利用互联网对传统产业进行360度全方位改进，提高传统产业的全要素生产率，提升全产业的数字化水平，充分释放互联网对经济发展的倍增效应，使互联网充分服务于实体经济。

二是加快关键核心制造技术的创新步伐，提升制造业企业的创新驱动能力。我国应当在关键技术领域加快创新步伐，尤其是在互联网的基础技术方面需要加强科学研究，构建产学研一体化的协同发展体系，加强对产业政策的评估与分析，优化产业政策与市场环境，在全社会倡导创新与创业精神，激发市场主体的创新活力。我国在工业互联网平台建设方面与发达国家存在较大差距，相关的技术设施、标准规范、法律法规尚不完善，应该强化社会主义市场经济改革，充分发挥市场在资源配置中的基础性作用。同时，政府应加强引导，完善相关法律法规，建立健全创新成果的评价机制和合理多元的评价体系，强化成果导向，对那些勇于创新的传统制造业企业提供技术、资金等支持，从而培育有竞争力的市场环境和氛围。

三是充分发挥领军企业在智能制造转型中的垂范作用，实现创新发展。在美

国工业互联网的发展过程中，以 GE、思科、IBM 等为代表的领军企业发挥了至关重要的引导作用，这些大企业凭借强大的制造业产业基础、科研能力以及市场经验，率先开展了工业互联网的建设，注重创新能力的提升，在技术研发、风险防控、人才培养等方面形成了独特的模式，从而为中小企业的智能化转型提供了可借鉴的经验。对于我国来说，应该鼓励领军企业积极开展工业互联网建设，加强大型企业在创新中的主体地位，促使大型企业在其各自精通的领域发挥资源和能力优势，为制造业的智能化转型提供发展模板，推动中国制造业转型升级。

四是构建工业互联网全生态的发展体系，在技术和产业层面齐头并进。工业互联网的竞争并不是单个企业或行业的竞争，而是整个制造业产业生态体系的竞争。当今企业的发展已经不能脱离制造生态系统而独立存在，企业之间应该共生共荣，开放协作。美国的"先进制造伙伴计划"就是通过协调产业界、学术界和政府联邦部门，旨在搭建一个产学研深度融合的基础性平台，从而推动创新智能制造生态体系的形成，保持美国制造业在全球范围内的竞争优势。对于我国来说，面对智能制造转型的大趋势，需要全面构建工业互联网全生态的发展体系，在硬件技术和软件技术方面统筹兼顾、齐头并进，通过工业互联网平台打通产业的上下游，打造一个共生共荣的智能制造生态系统。

五是重视各领域高素质人才的培育，创新人才培育机制，实现人力资本的提升。我国当前缺乏创新型人才，传统的教育体系一定程度上阻碍了创新型人才的培养，导致劳动力市场存在结构性错位问题，我国应全面提高人才素质，尤其是在高素质创新型人才培养方面应该投入相应的资源。具体来说，目前我国对创新型人才的认识以及对创新教育的理念存在误区。社会对于创新型人才的标准视为高学历，认为只有高学历者才是应当着重培养的创新型人才，忽略了对于本专科层次，尤其是中学生的创新能力的培养。而且，我国目前的创新教育在相当程度上仍然处于概念阶段，真正贯彻落实得少，教育体系仍注重应试型人才的培养，而忽略了实践型人才的培养。针对这些问题，我国应当树立正确的认识，不断纠正对创新型人才的认知偏差，不断改进当前的教育体系和对人才的培养方案，建立健全有利于培养创新型人才的培养机制和评价体系。我国制造业企业应当加强对员工的培训，增强员工的现代化技能，培养符合智能制造模式的优秀人才。

六是加强国际交流合作。我国应充分发挥共建"一带一路"的优势，在工业互联网的建设上加强同世界其他国家的交流合作，构建多层次的交流对话机制，在工业互联网平台建设、数据安全、技术设施、标准规范等重大方面进行多方沟通与交流，致力于共同打造全世界安全可靠的工业互联网体系，在合作中求共赢。

第二节　德国工业 4.0 发展道路及其经验启示

一、德国工业 4.0 的核心：智能制造

德国工业 4.0 的概念是在世界前三次工业革命的基础上提出来的。"工业 1.0"时代指的是 18 世纪 60 年代发生在英国的技术革命，在这次技术革命中出现了蒸汽机，蒸汽动力取代传统农业社会中的人力来驱动机器生产，手工业因此从农业中解放出来发展为现代工业。随后出现了蒸汽驱动的机械设备，如火车、轮船，人类正式进入了蒸汽时代，蒸汽化成为这一时期的主要标志，这是人类历史上第一次大规模的技术变革，并且诞生了工业这一产业，因此，这一时代被称为"工业 1.0"时代。19 世纪中期，以美国、日本为代表的主要发达国家相继完成了资产阶级革命，社会生产力得到进一步释放，电力开始取代蒸汽成为驱动生产的主要动力，随后出现了诸如电力工业、化学工业、汽车工业、石油工业等新兴产业，新兴产业的出现伴随着大批量生产的新模式，组织形式和管理思想也随之革新。人类进入电力时代，电气化成为这一时期的主要标志，因而这一时期被称为"工业 2.0"时代。20 世纪 70 年代以来，随着电子计算机的出现以及电子与信息技术的广泛应用，生产过程逐渐实现了自动化。此外，出现了信息技术、新能源技术、新材料技术、生物技术、空间技术和海洋技术等新兴领域，电子计算机、核能、空间技术和生物工程被广泛应用于社会生产当中。尤其是互联网的出现，极大地推动了生产自动化、管理现代化和科学手段化的发展，全球建立起了一个高速的互联网网络，世界正变成一个地球村。在此时期，工业上自动化成为主要标志，因此，该时期被称为"工业 3.0"时代。进入 21 世纪以来，随着信息技术和新一代互联网技术的深入发展，互联网和制造业融合的程度不断加强，当前社会的工业生产能力和提供服务的模式发生了深刻的改变。当今工厂通过应用嵌入式软件，使得整个生产过程具有记忆、感知以及计算等功能，利用互联网手段，工厂既能够更加灵活地进行生产和交付，同时还大幅提高了生产效率，生产过程以及产品服务愈加智能化。智能工厂开始出现，在智能工厂内一切人与物都通过互联网设备被连接，所有实体或过程都能实现实时监控，系统的一个指令就能使整个工厂按时保质地完成生产任务。智能化逐渐成为当代生产模式的典型特征，并且与前三次技术革命的特征都有着显著的不同，德国因此提出了著名的"工业 4.0"时代。

工业 4.0 的核心是智能制造，其内涵可以概述为"一个网络、两个主题、三大集成和四个阶段"。"一个网络"指的是信息物理系统（cyber-physical system，CPS），在自动化的基础上通过 CPS 连接嵌入式的生产系统，企业的生产管理系

统的所有信息被连接，实现了信息互联，各类生产行为按照系统指令进行，并产生协同。"两个主题"指的是智能工厂和智能生产，分别对应生产和服务两个过程。智能工厂通过CPS实现纵向集成，通过采集信息、计算、操控，实现生产的全面智能化；而智能生产则是一种面向消费者个性化需求的服务过程，它不再按照固定流程去标准化地大规模生产，而是根据信息系统反馈的市场需求数据进行小批量的定制化生产服务，当价值链上所有企业都实现了互联后，全产业链的智能化由此实现，进而形成了产业生态。"三大集成"包括纵向集成、横向集成和端到端集成。这三种集成实现了工业领域各类系统的匹配，使得系统和设备之间的信息数据可以互联互通。纵向集成主要指的是在工业4.0时代，以车间和设备为主的生产系统和各类应用之间及与管理的信息系统之间进行的互相联通，让这些系统实现高效率的互相交流。横向集成指的是产业上下游的企业与企业之间的互联互通，这些企业通过互联网手段形成了一条完整的信息流，涵盖了从产品最初的设计研发到生产制造、再到营销物流售后服务等各个环节。在产业链上，每一个企业组织都可以根据信息来调整自己的资源策略，缩短生产周期，提高生产效率，更加符合市场的要求。端到端集成指的是网络中接入了所有涉及的系统和设备，企业内外部的各类系统都接入了CPS网络，系统中的信息流彻底被打通，通过不断进行纵向和横向集成，最终实现产业价值链在整个CPS系统中的贯通。"四个阶段"指的是智能的感知控制阶段、全面的互联互通阶段、深度的数据应用阶段和创新的服务模式阶段，这四个阶段分别对应感知、连接和平台、计算和智能、服务，代表了一种自上而下的工业发展逻辑，即通过在设备中嵌入传感器来实时收集生产数据，以及设备与设备、系统与系统的互联互通从而形成开放的信息平台。平台利用大数据、云计算等相关技术，深度开发多源异构数据，进而实现生产和服务的创新商业模式，重构人类社会的生产和生活方式。

二、德国推进实施工业4.0的基本路径

德国在2011年汉诺威工业博览会上首次提出了工业4.0的概念，用以描述当前的信息化促进产业变革的智能工业化时代，工业4.0的概念一经提出便在德国引起了极大反响，德国政府敏锐地感知到未来工业发展的方向是智能化工业时代。于是在2013年，德国政府正式将工业4.0纳入"高科技战略"框架下，旨在助推德国工业的智能制造化转型，以提高其工业在世界的竞争力，从而在新一轮的产业变革中抢占先机，掌握话语权。在当时，工业4.0的概念刚刚被提出，无论是学界还是实践界对其概念及其如何落实也都处于探索阶段，相对应于智能化工业的基础配套设施也尚不完善，德国政府为了推动工业4.0的落实，制订了一系列相关的措施，投入了大量的人力、物力、财力去布局工业4.0，经过几年的发展取得了一定的成就。以下详细阐述了德国政府在布局工业4.0战略方面做出的努力和目前取得的效果。

（一）重新建构组织框架，增加在数字化基础设施方面的财政投入

第一，成立工业4.0合作平台，落实高科技战略。早在2006年，德国政府就提出了"高科技战略"，该战略主要涵盖了健康、信息与交通、前沿科技三大领域。之后，该战略逐渐扩展到了环保、气候与能源、健康与营养、数字化社会等领域，并且提出了"应对全球挑战，使德国成为世界科技创新的领导者"的战略主旨，旨在重塑德国的创新体系，以创新驱动德国经济发展，提升德国总体的创新能力。而工业4.0作为该战略的一个重要组成部分，意在对工业设计和制造业等核心行业做出改变，从而推动工业领域的智能化转型，提升制造业的创新能力，引领德国新的产业变革。2013年德国政府成立了"工业4.0"合作平台，这是目前世界上最大的数字化转型推动平台之一。该平台从关注制造和产品的传统逻辑转向关注服务的智能化，在生产方面通过智能化生产方式实现生产效率的大幅提高，在需求方面通过灵活的定制化实现顾客的个性化需求。该平台旨在连接德国政府、实践界、学术界及工会等社会上一切行为决策者，推动制造业的数字化转型。

第二，整合专业资源，成立三大专家咨询机构。在2006年，德国政府提出高科技战略后就成立了德国研究与创新专家委员会和创新对话机制，2015年为了进一步落实工业4.0战略又成立了高科技创新平台，为德国工业的数字化转型提供政策建议和具体参谋方案，共同构成德国目前推动实现工业4.0的三大专家咨询机构。这三大专家咨询机构的功能各有不同，但又互为补充，德国研究与创新专家委员会的成员主要是德国在科研和创新政策方面的顶级的专家学者，他们主要负责分析和评估政府出台的各项创新政策；创新对话机制为德国联邦政府和实践界、学术界构建了一个对话的桥梁，帮助德国联邦政府充分了解商业界和学术界的最新发展动态，为其出台政策提供信息支持；创新平台则针对德国产业发展的最新动态，撰写相关的研究报告，提供政策咨询和具体的实施建议等，为德国联邦政府的创新和科技政策做出参谋和规划。例如，针对中小企业缺乏创新动力的问题，德国研究与创新专家委员会的研究报告中指出，德国企业尤其是中小企业近年来存在着融资难、专业人员缺乏、数字化水平不足、知识密集型行业的创业率持续走低等问题，使得小型企业资金较少，且创新成本较高，严重阻碍了中小企业的创新动力。因此，他们在相关的研究报告中指出，德国政府应该在数字化、风险投资发展方面做出相应的措施以帮助中小企业解决发展中的难题，提升其自主创新能力。具体而言，政府应在全社会鼓励弘扬企业家精神，提倡创新创业；针对中小企业缺乏高素质人才的问题政府应加强对员工的培训和改造，使员工能够胜任在数字化时代的生产要求；政府应在全社会范围内营造创新氛围，构建有利于创新的框架设施，打造跨地区、跨行业、跨领域的创新平台，诸如对中小企

业灵活高效的资助项目，构建中小企业之间的合作机制等。三大专家咨询机构整合了德国的专业资源，成为落实工业4.0的"智囊团"，为政府决策提供了必要的咨询和建议，同时也向政府和产业界传播了科学和理性的创新精神，对于打造政、产、学、研一体化的合作体系起到了积极的作用。

第三，加大在数字化基础设施方面的财政投入。德国政府根据咨询委员会相关研究报告提出的建议，为推动制造业数字化转型，加大了在数字化基础设施方面的财政投入。具体而言，加大了在科研和教育中的投入支出，以2018年政府财政预算为例，德国政府共投入175亿欧元到科研教育工作中，以支撑数字化转型方面的基础研究，这一数字相比2010年增长了75%；增加了研发投入在GDP中的比重，德国在2015年研发投入占GDP的3%，政府预计在2025年实现3.5%；政府承诺对中小企业提供20亿欧元的税收优惠，促使中小企业积极开展数字化转型，提升其自主创新能力；投入大量资金加大数字化基础设施建设，积极推动科研成果的转化。

（二）在数字化建设方面的努力及成效

数字化建设是制造业智能化转型的必经之路，工业4.0是一个分布式的自配置智能连接系统，这个系统与IT技术紧密连接在一起将现实世界和虚拟世界合二为一，可以说，如果没有数字化的转型，工业4.0就失去了其实现的基础。为了实现数字化以给工业4.0铺路，德国政府于2014年提出了《数字议程（2014—2017）》，在工业4.0、智能服务、智能数据项目、云计算、数据联网、数字科学、数据建设、数字化生活环境八大核心领域进行了战略部署，这一纲领性文件为德国的数字化转型提供了方向。经过三年的发展，德国基本全部实现了在《数字议程（2014—2017）》文件中提出的目标，德国工商企业完成了高度数字化转型的占比达27%，超过了2000亿件设备通过互联网得以连接，整个社会的数字化水平进一步提高。具体如下。第一，在经济增长和拉动就业方面，中小企业在完成数字化转型中取得了较好的效果，对于拉动整个国家的经济增长、劳动人口就业起到了不可或缺的重要作用。对这些中小企业来说，数字化转型的完成意味着其生产体系的改革和创新，将更加现代化的通信技术融入其生产体系中从而大大地提高了其生产效率，有利于构建新的竞争优势。然而，对于大多数中小企业而言，由于资源和能力的限制，其数字化转型之路道阻且长，面临困境，政府为加速其数字化转型进程，为中小企业提供了在数字化、生产流程网络以及工业4.0应用等方面必要的服务和支持。例如，建立了"中小企业4.0能力中心"。第二，在建设数字化入口方面，德国政府积极推进网络联盟的建设。2014年，为了扩大宽带网络建设的投资，德国联邦交通与数字基础设施部向德国电信、沃达丰等几家国内主要的通讯公司提出共同建设网络联盟，该网络联盟旨在扩大德国的高速网络建设，例如，该平台在成立的两年内，每年投入 80 亿欧元，德国联邦政府也每年投入 40 亿欧元予以支持。经过德国政府和网络联盟的共同努力，德国进一步增加了宽带在德国家庭的铺设，扩大了无线网络的覆盖范围，高达 75% 的德国家庭实现了完全网络化，网速达到每秒 50 兆比特，相较于联盟成立前提高了 26%，并且到 2018 年德国家庭实现了 100% 的网络化。目前，德国政府和该网络联盟致力于打造德国的"千兆比特社会"计划，进一步推进德国的互联网化转型的进程。第三，为了解决互联网发展带来的信任和安全问题，德国联邦政府进行了相关法律的修订。数字化转型过程中产生了众多基于互联网的服务，资产的性质、所有权的授予方式和价值创造的来源由此而改变，相应地，在数字化条件下，传统的市场结构和运作体系被数字化平台所颠覆，从而影响了整个经济和社会的生产关系和生产方式的变革。数字化信息的无形性使得原来的法律框架结构不再适用于新的数字化实践，必须结合实际情况做出相应改变。2017 年 6 月，德国第九次修订的《反对限制竞争法》正式生效，对企业间的并购行为加强了规范，弥补了之前法律对于营收不高但收购价很高的商业并购情况的缺失，也加强了对在互联网领域的特有的指标要素等的监管，并且，德国在数字化经济下对相关法律的修订扩大了法律适用范围，旨在规范当今数字化经济发展的市场竞争行为，保障德国的市场竞争秩序，构造一个良好的数字化市场竞争环境。另外，为了适应欧盟颁布的《通用数据保护条例》规定的数据保护标准，德国联邦政府发布了《数字平台白皮书》，提出了"数字化的秩序政策"，以保障德国与欧盟标准的统一并相适应，确保德国拥有一个公平的数字化市场竞争环境，使互联网时代下用户的基本权利不受侵犯且有法可依。

（三）促进研究成果的转化，推动工业 4.0 从科研到企业落地

德国工业 4.0 提出以来，尽管业界和学术界都对工业 4.0 从多个层面进行了各种各样的阐释，但不可否认的是，概念多于实践，在实际生产当中尚未进行大规模的推广，只有少数领军企业在数字化转型中取得了一些成就。对于大多数企业尤其是中小企业来说如何把研究成果落地转化到实际生产中仍然是一个难题，工业 4.0 像一个科研议程停留在了概念阶段，推进缓慢。具体来说，工业 4.0 在推进过程中主要面临以下几个方面的挑战：各个行业本身的差异性使得企业在将信息—物理融合系统应用到生产中时效果不一，成功的范例较少；企业缺乏推动工业 4.0 具体的实施方法；企业对工业 4.0 的核心技术理解不充分导致在应用技术时与现有的生产体系的融合存在困难；工业 4.0 在实施过程中也存在相关标准的不统一的问题；企业的员工长期适应了传统的生产管理体系，而在新的生产模式下难以快速适应，这些都成为工业 4.0 落实的主要障碍，导致工业 4.0 还停留在实验室而非工厂车间。为了解决这些问题，德国联邦政府于 2015 年发起了"工业 4.0：

从科研到企业落地"计划,提倡相关学者和机构深入应用新一代信息技术较为成功的企业进行实地调研,形成代表性案例,总结其成功经验以及遇到的问题,最后通过相关的研究报告向中小企业展示如何在实际生产中正确运用新技术进行智能化转型,解决企业生产中的实际问题。此外,政府还投入资金在 CPS、通信和信息技术等领域资助以应用为导向的研究项目,鼓励企业、高校及科研机构参与,构建产学研一体化的合作体系。根据德国联邦政府的数据,截至 2016 年政府投入配套资金超过 3000 万欧元资助了 12 个研究项目,2017 年上半年资助了 18 个项目。2018 年 7 月政府相关部门在全德国范围内出资资助的工业 4.0 科研项目已经超过 325 个,主要涉及嵌入式系统、物联网、人工智能、技术融合、虚拟现实等领域。这些研究项目旨在提供不同生产领域的解决方案,为大规模地拓展工业 4.0 提供范本和借鉴。但是由于经济发展、社会文化等各种因素的限制,工业 4.0 案例在德国的发展仍然呈现出了地区分布不均匀的态势,在经济发达的巴登—符腾堡州和北莱茵—威斯特法伦州等地区明显较多,而在新联邦州等经济发展水平较为落后的地区则较少。另外,考虑到中小企业的总量,中小企业的工业 4.0 案例在整个中小企业的体量中仍然占比较低,中小企业对工业 4.0 的接受和理解依然存在不足,可见,德国工业 4.0 还有相当长的一段路要走。

(四)为中小企业提供资金、技术、人员培训等方面的支持和服务

一方面,中小企业作为德国国民经济中的重要组成部分,对于德国拉动经济增长、促进就业水平具有重要作用。相关数据显示,中小企业在德国工商企业的总量中占比高达 99.6%,中小企业创造的就业岗位在德国所有就业岗位中占比高达 58.5%,在德国的国民经济中的地位不可或缺,因此中小企业也是德国创新体系中不能忽视的重要部分。德国工业 4.0 的推进离不开中小企业的参与,制造业整体的智能化转型离不开中小企业的智能化改造。另一方面,虽然德国的创新指数居世界前列,但是其在促进创新合作以及创新成果转化上仍然成效不足,部分原因是政府缺乏对创新成果应用和转化的重视。然而,近年来创新研究理论的不断发展以及世界各国对创新的重视很大程度上促进了德国政策观念上的转变,使德国不得不重新思考以往的产业政策在推动创新成果转化方面存在的局限。而企业家作为创新的主力军,往往通过新要素的新组合或者网络化的合作活动学习、交流和转移异质性的知识,有力地促进了创新行为的产生。因此,德国开始重视企业家群体对于创新的贡献,开始思考制定怎样的产业政策有助于激发企业家群体的创新能力。此外,德国以往的创新促进政策较为分散,创新促进政策的目的并不明确。虽然德国制造在国际上具有领先优势,但局限是其重点并不突出。以西门子为代表的大型企业对工业 4.0 进行了积极推动,并且将其视为一次重大的机会,但是对中小企业来说不太乐观,中小企业对工业 4.0 表现出了不同程度的

消极态度。德国国家科学与工程院的调研报告指出,只有不到60%的中小企业将工业4.0视作是一次转型发展的机会,而大型企业在这一方面的数据则是78.8%,存在着较大差异。由于中小企业在人员、产品、技术、规模等方面存在天然的局限性,它们在生产过程中对于数字化技术和价值链流程的需求相对于大型企业来说较少,中小企业也缺乏智能化改造所必需的关键性资源和能力。例如,缺乏高素质的专业人才,各类软硬件设备也较为落后,就算引进了新的设备和装置也缺乏足够的条件和环境去进行测试和模拟。另外,对于中小企业来说,生存是它们的第一追求,进行智能化改造后何去何从也是一个问题所在,中小企业在智能化转型过程中也面临着被淘汰出局的市场风险。因此,德国要想顺利地推进工业4.0,就必须提高中小企业参与工业4.0的意识以及解决它们在实施智能化改造过程中遇到的困难。

基于此,德国政府对中小企业提供了资金、技术以及人员培训等方面的支持和服务。德国政府从2016年开始提供了专项资金用于支持中小企业的智能化转型,中小企业从政府可以获得10万欧元的资助,用以在生产自动化、传感器等智能工厂领域的设备引进;另外,德国政府于2016年开展了针对中小企业与研究机构交流合作的专项项目,研发机构点对点帮助中小企业获得软硬件的支持和技术的帮助,而且为其员工进行智能化相关的专业知识培训,推动中小企业提升其研发能力。

(五)开展更为广泛的国际合作,共同促进工业4.0的实施

当今世界是一个全球化的世界,国际的交流和合作在多维度上越来越深入,没有国家可以闭关锁国,封闭式存在和发展的时代早已过去,全球化趋势不可逆转。一方面,第四次工业革命的概念一经提出便在世界各国引起了巨大关注,世界各国纷纷做出了响应。尤其是自2008年全球金融危机以来,世界主要发达国家纷纷意识到了20世纪70年代轰轰烈烈的"去工业化"进程所带来的产业空心化问题,制造业作为国民经济的重要支柱再次成为世界的焦点。另一方面,互联网、大数据、云计算、人工智能等新兴信息技术的发展,为制造业的转型升级注入了新鲜血液,极大地革新了传统制造业的生产模式和商业逻辑,各制造业大国纷纷提出了自己的工业计划。德国工业4.0应运而生,因此,工业4.0从提出开始就不是一个封闭的概念,它不仅针对德国,更是需要进行跨地区、跨国界的交流合作才能实现的工业战略。异质性知识以及专业性资源的跨国界流动能够激发知识和资源的最大效能,迸发出更多的活力,因此,国家与国家之间需要建立起一个有助于知识和资源自由流动的机制和长效合作网络以此来确保各方寻找最合适的合作伙伴,从而共同推进各自企业的工业4.0进程和智能化改造。另外,近些年来欧盟各国在产业政策上开始互相合作,国家层面的政策合作日益密切,德国对此

并不落后,深知参与国际合作对于本国经济发展的重要性,因此,为进一步深入推动工业4.0进程,德国不断融入世界各国尤其是欧盟成员国的合作进程。例如,德国工业4.0平台与法国的"未来工业"计划于2016年在数字化生产合作方面达成了协议,双方重点在生产应用、技术测试、标准化和职业培训等方面互通有无,开展合作,共同促进两国的工业智能化转型。此外,德国和法国还共同举办了交流峰会,共同交流双方在工业智能化转型过程中的案例和经验。再如,德国与意大利也在工业标准化、中小企业支持和员工培训等工业4.0重要方面展开合作。此外,在欧盟层面,30多个国家已经启动了与工业4.0有关的国家级行动计划,并将其上升到国家战略层面以推动制造业的发展,从而形成了欧盟框架内的"工业4.0"。除此之外,德国也与以中国为代表的新兴市场国家进行了战略合作。2019年中国电子信息产业发展研究院开展了中德智能制造合作高峰论坛,聚焦于中德两国制造业产业发展的最新趋势和动态,双方围绕制造业结构调整、数字化转型以及工业互联网发展等重大议题进行交流讨论,中德双方相互借力、互通有无,分享双方在关键技术领域的最新案例及重大成果。2023年6月,第四届中德工业4.0暨全球采购大会在江苏扬州举办。本次大会进一步助推中国制造企业融入欧洲产业链。

三、德国工业4.0发展的经验和启示

任何新兴事物的发展都不可能一帆风顺,必然面临挑战。德国工业4.0自提出以来,虽然经过几年的发展取得了一定的成效,但各方对工业4.0的概念及实践的理解尚未透彻,一切都是摸着石头过河。以下重点分析了德国在推进工业4.0的进程中所面临的极大挑战。

(一)数据的安全性问题使得互联网化转型受到威胁

在数字化时代,数据逐渐成为关键的核心资源,数据的价值也在不断体现。例如,企业可以利用用户的行为数据进行产品的重新定位,营销模式的改进,甚至整个商业模式因为大数据技术都可能被颠覆。因此,数据的安全性问题就显得尤为重要。数据泄露事件在全世界频频发生,如2018年曝出的Facebook数据泄露事件,多达5000万名用户的个人信息被泄露,引发了轩然大波,甚至有评论称,Facebook因此次数据泄露事件或已经到了生死危急关头。在互联网时代的一切新事物新趋势无一可以离开网络安全和数据的相互融合。在德国,据有关数据,约51%的德国工商企业都曾遭受过黑客攻击,仅在2017年和2018年就有多达33%的企业信息系统遭到恶意攻击,以德国电信为例,每天遭受的恶意的网络攻击高达1000万次之多。2017年5月,德国铁路公司遭受计算机病毒"WannaCry"的攻击,整个计算机网络瞬间瘫痪,部分火车站的电子信息牌全部黑屏,给乘客带

来了极大的不便,也给该公司造成了严重的负面影响。频频发生的信息泄露、病毒入侵、网络恶意攻击等事件再次证明,在生产生活日益网络化的当代社会,网络安全无论对于个人还是对于政府、高校、企业等所有社会实体来说都是一项重要议题。在互联网时代,网络安全问题涉及的不仅仅是个人用户的计算机系统,还涉及企业的网络化连接和控制设备,企业的所有生产信息、销售物流、商业机密等各种信息都连在一起,一旦受到恶意攻击,对企业来说都是致命的打击,损失不可估量。此外,网络安全决定了价值链各方的信任程度,互联网时代的价值链上所有环节都通过网络连接在一起,各环节之间数据自由实时传输,信息交流更为密切。如果遭遇网络犯罪,信息流将会被黑客所截取,造成严重的网络犯罪。因此,安全稳定的网络环境是推进工业4.0要解决的首要问题。为此,德国政府于2015年启动了一项就IT安全问题的研究计划,旨在应对德国工业4.0推进过程中可能遭遇的网络安全方面的挑战。该计划多方参与,德国政府每年投入近3600万欧元,从IT安全方面的新技术、安全可靠的信息通信技术系统、IT安全的应用领域、隐私和数据保护四个重要领域入手对网络安全研究提供大力支持,致力于进行网络安全研究,提供网络安全的解决方案,着力打造一个安全可靠的网络环境。

(二)互联网时代社会结构将面临新的冲击

每一次工业革命带来的都不仅仅是对技术的革新,更是对整个社会体系的重大变革。作为第四次工业革命的产物,工业4.0革新的不仅是技术和经济,还对社会关系和思想文化产生了重大影响。具体而言,随着制造业的智能化转型,工作流程越来越智能化,传统依靠手工劳动的岗位逐渐被机器替代,出现大量的无人工厂,因此体力劳动将被解放出来,人与机器的关系需要被重新审视,机器对人的替代所带来的显著的社会问题就是以体力劳动为主的劳动工人的下岗。就业问题是最重要的民生问题之一,如果下岗工人没有更好的再就业渠道,将会引发严重的社会动荡,危害社会的稳定。另外,企业的组织结构也必将随着技术的变革而做出相应的调整,这就对劳动者提出了新的要求。例如,劳动者只有不断更新自己的知识体系,掌握跨学科跨领域的知识、客户关系管理技能等多种技能才能在互联网时代立足。同时,技术的智能化也对企业提出了更高的要求,企业不仅需要在生产制造方面顺应智能制造的潮流,而且需要为其员工提供大量的培训和进修机会,这对企业尤其是中小企业来说也是额外的成本。对于政府的决策制定者而言,为了社会的稳定,如何构建失业工人的再就业体系,确保失业工人能够得到先进知识的培训之后再上岗就业,都是工业4.0所带来的新挑战。因此,工业4.0所带来的对社会结构的冲击,需要各方去应对、去平衡。

第三节 日本互联工业战略发展道路及其经验启示

一、日本社会 5.0 与互联工业

日本提出的"社会 5.0"概念，其实现主要通过在六大领域完成智能化改造，从而构建智能化系统。六大领域涵盖了社会生产生活的方方面面。一是实现无人机送货。日本由于人口出生率较低，老龄化现象严重，社会的各行各业均出现了严重的劳动力不足问题，这种问题在物流领域尤为突出，造成很多偏远地区的物流需求得不到有效解决。所以，日本政府开始计划推出无人机送货服务，日本的运输类无人机飞行速度可以达到每小时 40 千米，可以携带几千克的货物完成 10 千米左右的配送距离，不仅能够替代人在物流配送中的作用，而且无人机配送相对传统的货运卡车更加灵活方便，效率更高。日本政府已经开始联合多家企业开展无人机送货的试点工作，期望取得一定成效后在全国大范围铺开。二是在日本家庭中实现智能化家电设施的普及。日本政府很早就联合相关企业开始了将互联网与白色家电相结合的探索工作。例如，松下公司推出的将家电和智能手机互联，在智能手机的控制下操作家电功能，并且日本政府希望在每个家庭都能实现完全的智能化，打造智能化的生活方式，全面提高人们的现代化生活水平。三是智能医疗与监护系统，通过互联网系统，实现远程监护。这一点对于老年人来说尤为重要，智能的医疗系统不仅可以随时对老人的身体健康状况进行实时监测，而且护理机器人可以陪护患者，陪伴老人。如果子女在外地工作，通过人工智能系统可以随时掌握老人的健康信息，极大地增加了生活便利。四是在农业、制造业等传统产业领域实现自动化、智能化生产。在农业领域，日本政府高度重视农业物联网的发展，大力推广信息技术在农业生产中的作用。例如，通过 GPS 定位系统，实现对农作物和农业机械实时监控，农产品生产、收割、运输等过程均实现了自动化、无人化。在制造业领域，强调打造机器人工厂等智能化生产工厂，将自动化技术和智能化技术应用于生产制造，推进精益生产和智能技术的深度结合。五是智能化的电子支付系统，通过互联网强大的数据库能力，在酒店、机场等安防场所应用人脸识别技术，节约管理成本，同时提高管理效率；另外，利用大数据技术可以更加精准地组织扩大生产，并且与智能物流系统相连接，在物流配送等环节实现自动化。六是推动无人驾驶在日本的广泛应用，在交通领域打造智能系统。例如，日本的无人驾驶拖拉机应用于农业生产，无人驾驶公交车应用于公共交通，无人驾驶的货运卡车应用于物流行业。综上可见，实现社会 5.0 必须以物联网、大数据、云计算、人工智能等新一代信息通信技术作为依托。

2017 年 3 月，日本首相安倍晋三在德国汉诺威举办的消费电子、通信及信息

技术博览会上明确提出了"工业互联"的概念,并且发表了"互联工业:日本产业新未来的愿景"的重要讲话,以通过智能工业的发展推动建设日本社会5.0。安倍首相在演讲中提出了日本互联工业的三大核心:一是通过人与设备和系统的交互建设新型的数字化社会;二是通过合作与调解来解决日本工业在可持续性竞争力方面面临的挑战;三是培育数字化时代的高素质创新型人才。之后,日本与德国在制造业智能化转型方面联合发布了"汉诺威宣言",两国宣布在推进互联工业方面进行战略合作,并且确定了物联网与工业4.0的网络安全、国际标准化、政府管制改革、中小企业发展、人工智能技术研发、工业互联网平台建设、数字化人才培养、智能化汽车产业以及信息通信等九大合作领域,进一步扩大了日本和德国的合作范围。日本将建设工业互联网作为其国家层面的产业愿景,通过实现人、设备与技术的各种互联互通,包括设备与设备的互联互通、人与设备以及系统之间的互联互通、人与人之间的互联互通,进而重构价值创造方式,创造一个具有新的附加值的产业社会。在日本社会的整个数字化转型过程中,充分发挥在技术发展和社会的高现场力(现场执行能力)两方面的突出优势,以构建一个问题导向、技术为人所用、以人为本的超智慧的新兴产业社会。互联工业战略对应社会5.0概念,与社会5.0密切相关。社会5.0在整体社会层面朝着超智能化的方向发展,从而能够有效解决日本在现代化进程中面临的各种紧迫性社会问题。实现社会5.0就必须在传统产业层面进行变革,改变传统产业的发展模式,增强传统产业的创新能力水平,只有传统产业实现了智能化,社会5.0才有实现的基础。日本政府每年出台的政策都指向社会5.0的内容,旨在通过技术创新、产业变革以及提供综合的解决方案来促进日本传统产业的数字化、网络化及智能化转型。

二、日本政府推动实施互联工业战略的做法

日本政府提倡全新的产业模式——互联工业,并积极推动相关对策措施,将本国的高新技术能力和"以人为本"的现场能力作为构建日本社会5.0的主要力量,通过利用第四次工业革命(工业4.0)的先进技术创新,努力实现物品间的智能联结,而且还通过各个层面的连接合作创造新的生产模式和商业模式,重构价值创造模式。日本倡导全社会的各行业充分利用其先进科技成果去解决社会问题,在社会中广泛应用云计算、大数据、物联网、人工智能等技术,以实现一个以人为本的超智慧社会(社会5.0)。日本综合科学技术创新会议(Council for Science, Technology and Innovation,CSTI)根据《科学技术基本计划》制定的政策方向以及根据国内每年的环境变化制定的年度《科学技术创新综合战略》,进一步明确了每年日本改进措施的重点所在,以确保能够逐年有效落实优先重点措施。日本政府各相关部门根据年度《科学技术创新综合战略》规划并推动相关的行动方案与计划,并且结合"日本再兴战略"编制年度科技预算,促进日本社会5.0在微观

层面的有效落实推动。具体来看，日本社会在推进工业互联战略方面做出的努力如下。

(一) 启动"革新性研究开发推进计划"

要想实现足以改变产业和社会本质的创新，不仅需要面向现在进行改革创新，更要面向未来构建相应的人才培育开发机制，开展面向未来的研究开发工作。为此，日本综合科学技术创新会议主导启动了"革新性研究开发推进计划"(Impulsing Paradigm Change through Disruptive Technologies Program，ImPACT)，旨在促进具有挑战性的研究和开发工作，并制定推动计划的新机制，引进专业经验者担任计划主持人，以期通过该计划培养出突破性创新人才。另外，日本内阁府研究拟定了支持该研究开发计划的试验模式，从而进一步促进该计划的持续推进。内阁府也与相关政府部门共同分享在该计划推进过程中累积的经验和教训，促进该计划在全国范围内的推广。

(二) 构建实现互联工业的新经济社会平台

日本通过政产学研合作，开发了包括能源价值链优化平台、新型制造平台、智能生产平台、智能食物链平台等在内的总共 11 个共同系统的超智能社会服务平台，并致力于建构一个共同数据库，用以协调跨系统的合作，从而实现跨领域的数据联通，持续不断地创造新价值和新服务，具体措施包括以下四个方面。

一是发展数据库，把数据库作为创造新价值和服务的基础。日本通过采用"战略性创新/创造计划"(Cross-Ministerial Strategic Innovation Promotion Program，SIP) 的"自动行驶系统"推进建构三维地图信息数据库的建设，以此作为系统间合作与协调的基础。为了实现在不同产业间的数据流通，日本政府大力推广数据库的应用，例如，全球环境信息数据库，人、物、车辆信息数据库和视频信息数据库等。

二是促进数据利用。想要实现"社会 5.0"，把从广泛的物联网收集的大数据进一步分析应用、创造价值是关键所在，因此，日本政府大力推动人工智能、大数据分析技术相关基础性技术研究，利用作为共同基础功能开发的数据库，引导实施多个系统进行协作和数据流通应用。具体措施包括推进人工智能、大数据分析技术发展以及不同来源数据的综合分析，支持通过物联网的有效数据收集和利用来创造新价值；促进国家和地方公共机构拥有的医疗、教育、基础设施等各种数据公开，以适合用于各种领域的机器可读数据流通应用；此外，为了实现个人隐私和科技创新之间的兼容性，继续加强处理个人资料的规范，促进个人资料合法合理利用。

三是积极推进知识产权改革，在建设社会 5.0 平台标准化方面做出相关努力。

互联网技术的进步相应地带来了一定的知识产权问题，因此在互联网时代必须全面审视知识产权方面的法律制度，使之符合互联网经济条件下的实际状况。在此情况下，日本推进了其知识产权制度变革，完善相关立法，弥补传统法律在新的经济条件下的局限性。另外，社会 5.0 共享平台的标准化问题也要求必须确定事实上和法律上的标准，以促进不同系统之间的兼容性。因此，必须制定和共享社会 5.0 平台参考模型，在数据格式和接口之间进行标准化，以鼓励多个系统之间的数据利用。日本政府为了促进不同系统之间的合作和协调，努力构建可以以逻辑整合形式查看各种来源数据的数据库，从而有效促进了数据格式和数据交换的标准化工作，并且为系统设计和复杂的软件技术制定了可操作的参考模型，以促进功能模块化。

四是加强人才的技能培训，构建人才培育机制。为了实现领先世界的"社会 5.0"，提升必不可少的基础技术能力，日本政府积极推进人力资源的培训工作，特别是在数理科学、计算科学技术、数据科学等领域加强人才培训，实现人力资本的提升。另外，随着人工智能技术的进步，产业结构和就业结构发生重大变化，传统条件下很多劳动者的工作将会被机器人所替代，这就需要对被机器替代的劳动者进行再培训，使他们通过再次学习具备创造高附加值的能力。为此，日本政府推进产学合作联合培训措施，以培养能够通过物联网等方式进行工作的新型劳动者；还通过海外伙伴关系，促进网络安全、数据科学和国际标准化方面的人才培训和引进。在学校教育方面，通过增强学生的科学素养和信息素养，培养未来从事高科技产业所需要的人才队伍。

（三）强化互联工业的基础技术

为了实现"社会 5.0"，日本政府积极强化建立平台所必需的共通性基础技术以及日本既有的优势技术，以发展新价值模式的核心技术基础。同时，日本政府还利用包括具体的国家级法人研发机构等研发力量，进一步构建产业界、学术界和政府的研发体系，促进从基础研究到应用研究和社会实践的螺旋式发展，从而维持和强化日本在超智慧社会的国家竞争力。一是推动网络空间相关技术的研发，尤其是推动网络安全、物联网系统构建、大数据分析、人工智能、组件技术、网络技术、边缘计算等网络空间相关基础技术方面的研发。日本政府主要通过各相关部门的协调合作来促进脑科学和人工智能的发展，追求人工智能的自主进化，促进人工智能技术从创新基础研究到社会实践的推广与应用。另外，通过技术研发促进信任机制的建立，不仅提供个人和组织的认证，而且为物联网设备提供低成本认证。二是推动相关实体空间相关技术的研发，具体包括推动机器人、传感器、生物技术、人机接口等实体空间相关共通性基础技术研发，以及加强对材料和纳米技术、测量技术和精密加工技术等对共通性基础技术提供跨领域和基础支持的技术的研发。重点措施包括：重点发展有助于提高制造生产现场和服务领域生产力的机器人技术，以及提供老年人、残疾人安全保障支持的机器人技术等研究开发；开发超小型和超低功耗器件（传感器、制动器、半导体组件）；开发和示范支持个别系统的纳米技术与材料技术；推动设备开发、纳米技术与材料开发、生命科学、环境、节能相关技术等广泛领域基础，包括先进量测技术，精密加工和整体式材料发展系统等研究开发；发展作为先进镭射及新产业和技术基础的核心技术——量子束利用技术，改进超出传统精度和灵敏度的成像和感测技术，发展将电信号转换成光信号之高速、低功耗信息处理的光电子技术，强化光子、量子技术等相关的研究基础；促进生物技术研发，包括充分利用农业和生物功能创造新价值；推进建设评估新材料和新产品在社会实施的安全和环境影响的技术与机制；推进日本优势领域的虚拟现实（virtual reality，VR）和增强现实（augmented reality，AR）等技术实用化。

三、日本互联工业战略实施的经验和启示

智能制造转型不是简单地实现自动化，而是借助互联网、大数据、云计算、人工智能等新一代信息通信技术将人、设备与技术连接起来，从而使得设备、产品、生产流程等所有环节都趋向智能化、网络化，智能制造是自动化技术借助互联网手段实现的又一次技术进步和产业革新，实施智能制造转型必须依靠技术、人才、平台等关键性支撑因素。日本在推进互联工业战略以促进智能制造在转型的过程中，也存在一些重要问题需要解决。第一，日本社会信息化建设水平尚且不能满足智能制造转型的要求。日本经过几十年的发展虽然具备了相当的信息化、网络化基础，但是其在互联网普及工作上并不顺利，日本社会在互联网的使用方面与美国等发达国家相比差距较大，中小企业使用互联网技术的比例较低，同时也缺乏相应的计算机人才。第二，传统的日本企业文化成为阻碍日本制造业智能化转型的重要因素。日本企业强调集体主义文化，在企业内部过度强调集体行动，容易导致决策效率低，这与互联网时代复杂多变的市场环境所需要的企业快速响应能力相悖，传统企业的市场反应机制需要进一步健全。此外，日本企业普遍实行终身雇佣制，而互联网时代下的雇佣关系大都是任期制，并且在企业内部出现了轮岗等新型工作形式，但是，日本的企业文化在互联网时代对员工产生的激励效应较弱，不利于发挥员工的积极性和创造性，一定程度上也限制了优秀人才释放其才华和能力。第三，日本的行政体制具有明显的条块分割特征，分工精确细致，不同部门之间协调存在难度，这对于发展互联网时代下跨学科、跨部门、跨行业的新兴产业形态造成了不利影响。第四，日本企业对于创新驱动发展战略的认识并不充分，而且日本企业的技术创新模式大都是通过模仿创新战略来实行的。在日本，有许多大型企业都是通过模仿起家，曾经的日本借鉴欧美经验，其汽车、

电子等产业发展均存在明显的模仿痕迹，这在工业 3.0 时代帮助日本经济迅速脱离萧条状态发挥了重要作用，成为日本崛起的主要原因。然而，在互联网时代，颠覆式创新在企业和产业的发展中越来越发挥举足轻重的作用，而一味地凭借模仿式创新难以使企业获得独特的、区别于其他企业的竞争优势，最终导致被超越。日本企业对创新驱动发展战略认识不足，也成为阻碍其迅速完成智能化转型的重要因素。

　　对于我国而言，应该充分借鉴日本在推进工业互联战略上的经验，同时避免日本在智能化转型中存在的问题，坚持以"互联网+"发展为先导，促进"互联网+"与传统产业的深度融合，加快我国制造业向智能化方向转变的步伐。具体来说，一是要加大力度建设互联网基础设施，加强关键核心技术的研发。智能制造以新一代信息通信技术为依托，没有信息技术的发展，就不可能实现制造业的智能化转型。我国应通过产学研的一体化协作体系强化关键共性技术的基础研究，从而在核心零部件、控制系统和生产流程方面取得重大突破，建立起设备、人以及技术之间的互联互通，加强信息化和工业化的深度融合，提升制造业全产业部门的智能化水平，进而增强我国制造业的竞争力。二是要加大改革力度，对市场体制和企业制度中不符合互联网时代智能制造的因素予以剔除。企业是市场的微观主体，根据日本发展的经验教训，落后的企业制度必将对智能制造转型起阻碍作用。因此，我国应该深化市场体制改革和企业制度尤其是国企改革。我国应做好智能制造方面的顶层设计，不断加快智能制造领域国家标准和行业标准的制定，同时深化市场经济体制改革，为制造业企业智能化转型创造一个良好的市场竞争环境。三是要加快建设工业互联网平台，在世界各国的制造业智能化转型经验中，工业互联网平台都发挥了不可或缺的重要作用。平台是数字化经济的核心，也是构建工业互联网的关键所在，它将物理世界的各类活动通过互联网技术转化连接到数字世界中，能够实现跨部门、跨区域、跨行业的互联互通，在实现智能制造中始终扮演着枢纽的角色。因此，我国应集中各方力量构建工业互联网平台，加强智能制造相关政策、专项和标准的统筹，在技术开发、试点示范和推广应用等环节协调推进，从而推动我国制造业智能化转型的进程。

第四章 "互联网+"是企业和产业发展的核心驱动要素

第一节 互联网时代的到来及新一代信息技术

自1969年互联网的前身阿帕网开始，互联网经过了五十多年的发展历程。直到今天，互联网已经渗透到了经济、政治、社会、文化等方方面面，给人类社会的生产方式和生活方式带来了深刻的改变，影响巨大。在经济层面，"互联网+"作为一种的新的经济形态，与传统产业的深度融合优化了生产要素在市场中的配置，进而改变甚至颠覆了传统行业的原有模式，其创新成果反过来又深度融合于社会的各个领域。一方面，互联网由于其"连接一切，跨界融合"的本质，促成了新兴产业形态和商业模式的出现，成为推动经济发展的新引擎，"互联网+传统行业"深刻改变甚至颠覆了传统行业的发展逻辑与商业模式，催生了大量的新兴产业形态，如电子商务、网络娱乐、互联网农业、互联网金融等。另一方面，互联网技术的应用推动了传统产业的转型升级，对传统产业起到了革新和改造的作用。例如，物联网技术在企业内部的应用，能够大规模地改造企业的生产制造系统，从而促使以大批量生产、低成本优势取胜的劳动密集型传统产业向小批量、定制化的柔性化、智能化制造模式转型，使传统企业具备柔性化的生产能力，对于企业的智能化转型和我国经济发展淘汰落后产能具有重大意义。在政治层面，互联网作为表达诉求的重要媒介和平台，广泛扩大了民主参与和民主监督的途径，从而有利于推进我国民主化进程和法治化建设。在社会生活方面，互联网与传统产业的结合使人们的住房、医疗、教育、通信、交通等方面均产生了巨大的改变，如作为"互联网+通信"的代表，微信的出现改变了人们的沟通方式，增进了人与人的关系；再如，滴滴打车，作为"互联网+交通"的典型代表，给人们的出行带来了极大的便利，同时也为传统的出租车行业敲响警钟，促使其做出战略转型。在社会文化方面，互联网的出现使得信息流通越来越发达，从而催生了大量网络热词和多元文化，这些新型的文化模式越来越以充满独特性的方式渗透到我们日常的文化生活中去。互联网的出现对人类社会的影响不仅体现在对信息获取、处理和传递方式等产生的巨大改变，还使得社会生产生活的方方面面发生了难以估量的变化和革新，可以说，互联网的出现和发展是人类社会的一次巨大升级，是一场深刻的技术革命和社会革命。

互联网时代到来的背后是以大数据、云计算、人工智能、区块链为代表的新一代信息技术的支撑。第一，互联网与很多方面的深度融合都离不开大数据技术的支持，可以说，没有大数据技术，就没有"互联网+"，大数据技术是"互联网+"发展的基础。大数据技术是指人脑或者常规软件无法计算、推测，必须采用分布式的计算结构去捕捉、处理、分析数据的技术。IBM指出了大数据技术具有五大特点：大量性、高速性、多样性、低价值密度性及真实性，由此可见，大数据技术在数据的容量、总类、处理速度、可变性、价值性相对于传统的数据处理技术具有天然的优势，大数据技术在社会中的应用也最广。例如，利用大数据技术有可能预测犯罪的发生、流感的散布等重大事件。第二，云计算技术是实现"互联网+"的手段。云计算与大数据技术密不可分，大数据的挖掘和处理必须用到云计算。美国国家标准与技术研究院（National Institute of Standards and Technology，NIST）将云计算定义为"一种按使用量付费的模式"，在这种模式下，用户可以进入包括网络、服务器、存储、应用软件以及服务在内的计算资源共享池，根据自己的需要进行网络访问并付费，而云计算则快速、便捷地提供这些资源与服务，从而大大减少了用户对于资源的管理工作，也无须与资源或服务的供应商进行交互。由此可见，云计算具有以下典型特征：资源或服务无限量供应、远程提供自助式服务、可灵活调配资源、用户按需使用按使用量付费。云计算在现实中的应用数不胜数，如高德地图，交通路况等复杂信息并不预先存储在手机当中，而是利用大数据技术将这些复杂多样的信息存储在服务提供商的"云"中，而用户只需要手动输入一个地点，它就会利用云计算技术为用户提供最快捷、方便的交通路线，并全程导航。在互联网时代，云计算供应商从提供计算服务转向提供针对各行各业定制化的技术服务和解决方案，从而解决个性化需求。第三，如果把互联网比作信息的高速公路，那么区块链技术则是价值的高速公路。互联网是利用通信技术将计算机连接在一起的因特网，是全球最大的电子计算机网络，互联网的形成使得计算机不仅能够处理信息，而且能够获得和传递信息，因而经常被比作"信息的高速公路"。而区块链技术作为一种分布式的共享数据库，具有不可伪造、去中心化、可溯源、公开透明、集体维护等特征，为用户之间的合作奠定了坚实的信任基础，能够显著降低交易成本。例如，在社会公益场景，捐赠流程中的一切信息均可放在区块链上，高度可靠而且不可篡改，并且有条件地公开透明，有利于达成社会的信任机制，而且方便社会的监督。第四，"互联网+"的本质是"连接一切，跨界融合"，解决的主要是实现连接的问题，而人工智能不但能够实现万物互联，而且能够让人与互联网产生的海量数据信息进行再次的连接互动，通过BOT交互系统，帮助人类识别、分析甚至决策行动。作为计算机科学的一大分支，人工智能技术的目的是能够生产出一种模拟人脑的智能机器，部分替代人脑在解决复杂任务方面的智慧。人工智能是一门集自然科学、社会科学以及技术科学于一体的交叉融合学科，人工智能技术的发展及应用将大大解放社会生产力。例如，人工智能在零售领域的应用出现了无人便利店、智慧供应链、无人仓等新兴事物，基本实现了自动化、智能化改造，将人从这些事务中解放出来。大数据、云计算、区块链、人工智能等这些技术与互联网技术的相互支撑，推进了"互联网+"与传统行业的深度融合，共同引发了这场正在爆发的"互联网革命"，推动着人类社会迈向互联网时代。

这次互联网推动变革所需的动力主要来自三个关键性技术的升级：一是感知技术，智能传感和物联网实现了生产过程数据的高频次实时采集，将连续的生产流程分解成数字化信息和模型，实现了设备和生产过程的实时监控调节；二是宽带网络，随着信息网络向宽带、泛在、融合演进，海量非结构化工业数据的传输不再是瓶颈，方便远离生产线进行处理；三是云计算和大数据，该项技术的大幅升级，满足了海量生产、市场和供应链数据的协同处理需求。现在的互联网已经整合了智能传感、宽带互联、海量计算等能力，可支撑工业生产实现可知、可算、可反馈、可联通。

第二节 互联网经济的思维、特征与运作模式

互联网的出现极大地改变了人们的现实生活，与此同时也悄然改变了人们的价值观和日常行为，极大地推动了企业的商业模式变革，互联网经济由此出现。本节主要从互联网经济的思维方式、典型特征和运作模式展开讨论，深入探究互联网经济下的企业生产组织管理的新范式。

一、互联网经济的思维方式

一是开放。互联网的典型特征是"互联互通"。为了在经营发展中充分利用"互联网+"的作用，企业不仅需要拆除内部之间的墙壁，还要拆除与外部之间的墙壁，面向社会、全球，充分利用外部资源，实现从有边界发展到无边界发展的突破。总的来说，在传统条件下，企业的发展更多关注的是其内部的资源能力以及优势和劣势，而在互联网经济发展的今天，企业不应该只关注内部的思维，而应该更多地去关注其与外部环境中的利益相关群体，拆除、打通其与外部利益相关者之间的"墙"，从而实现互联互通。

二是平等。在互联网这个分布了众多节点的系统中，每个节点都高度自治，节点与节点之间可以实现自由链接从而形成新的连接单元，而每个节点都可能成为阶段性中心但并不会成为具备强制性的中心控制模式，节点与节点之间的地位是完全平等的，体现为互联网的"去中心化、去权威化、去等级化"特征。在互

联网经济下，企业内部的服务关系为：高层服务中层，中层服务基层，基层服务用户；企业之间由单纯的竞争逐渐演变为竞争合作共存，进而发展到共建商业生态；企业与员工的关系已经转变，员工不再是被管理者，而是自管理者和自创业者；企业与用户之间的关系也发生了变化，用户不再仅仅是产品购买者，还成为产品制造者、定价者、传播者和创意者。

三是协作。在互联网时代，每个实体既是信息的接收者，同时也是信息的传递者，每个实体都是互联网世界中的一个细胞，实体之间只有良好的协作互动才能共同构建出互联网这个复杂的生态系统，并在其中获得生存和发展的机会。互联网的协作思维必然推动"公司时代"到"社会时代"的转变，使生产方式从"公司生产"转向"社会生产"。传统的公司生产方式是面向组织内部，经营其短板，以防止关键劣势的产生，这样的经营模式不仅成本较高，而且效益较低。而社会化的生产方式是所有的社会实体面向自己的优势，经营各自的长板，企业之间通过互相协作，取长补短，集中资源突破优势领域，而在非优势领域选择外部合作，实现精英组合、资源共享和博采众长。

二、互联网经济的典型特征

（一）虚拟实体打通

在互联网经济下，实体空间和虚拟空间不再是单纯的内部互联互通，而是相互融合、互相贯通。在传统条件下，企业实体产品之间、实体经营之间相互连通，但这些联系局限于物理世界的范围内。而现在借助网络技术，实体世界和虚拟世界开始相互渗透，打通了实体与虚拟之间的壁垒。具体来说，互联网经济让产品经营创造价值与资本经营创造价值之间的关系更加紧密，从而促进了实体企业的数字化转型。有形资产创造价值与无形资产创造价值之间的联系得以打通，使得企业可以更好地将知识产权等无形资产与实体资产相结合，提升整个企业的核心竞争力。同时，企业内部创造价值与企业外部创造价值之间的联系也得以打通，通过社交媒体等渠道，企业可以更好地与消费者、供应商等外部利益相关方进行沟通、合作和共享资源，实现优势互补、资源共享，从而提升企业的整体效益。总之，在互联网经济下，虚拟实体打通不仅使得企业的内部和外部联系更加紧密，也为实体企业的数字化转型提供了新的机遇。

（二）时空约束打破

移动互联网的出现打破了时空的限制，让人们随时随地进行信息交流和商业活动。在互联网时代，人们可以通过多个网络交流空间进行交流，包括自发组织的网络社区、即时通信工具、电子邮件和电子商务平台等。个人企业交互的时空约束也被打破，个人可以随时随地进行线上选择、购买、支付和商品评价，或者直接消费。例如，观看别人制作的网络新闻、图片视频和音乐演奏等。供应链信息平台化打破了供应链时空约束，实现了产品订单信息互动和即时生产、发货，减少了产品周转时间。移动互联网成为推动数字经济发展的重要引擎。

（三）一切都模块化

模块化是极致化分工和合作的结果，它来源于产品供应链的分工组合，将产品拆分成部件和区段，再按照模块界面联系规则和系统集成规则组装成为产品。同时，在企业经营环节上也进行再分工，将每个区段进一步分解，优化配置，追求成本最低和利润最大化。最终，在全社会范围内进行大规模的协同整合，由此可以产生更高的效益。在互联网时代，一切都被模块化，企业可以更快地适应市场需求的动态变化，提高市场竞争力，为数字化转型和智能化发展奠定基础。

（四）利用大众力量

在传统条件下，信息和资源往往掌握在少数专家、领导等手中，企业也是通过发挥这些少数精英的力量来实现业务增长。然而，在互联网经济时代，信息和资源掌握在大多数人手中，这些人可能是专家，也可能是业余爱好者。因此，企业可以利用大众力量来拓展自己的资源范围。相比于仅依赖专家、专有知识和稀缺资源，企业利用大众力量无疑可以降低成本并提高收益。利用大众力量已经成为企业发展的重要趋势，通过普惠知识和充裕资源、自我激励和开放式经营等方式来利用大众力量，企业可以降低成本、提高生产效率和盈利能力。

三、互联网经济的运作模式

（一）平台化运作

平台化运作实际上是一个商业生态系统。例如，海尔视每个员工都为创业者，就像在森林中的树木一样，形成了由众多独立生物组成的森林。但总体来看，这个森林是不断发展壮大的。现在，海尔过去的管控模式已经转变为一个平台模式，即把企业打造成供更多合作伙伴自由创业和更多用户自由分享的开放平台。同时，企业实现了从单一生命体向多生命体的转型。将产品打造成平台，贯彻广义的产品经营理念，即把"产品只是产品"转换成"产品不是产品"。前者指产品保持其初始功能不变，后者指围绕产品初始功能边界进行开放，将更多的功能整合到产品中，使其成为扩展性更强的产品载体，围绕用户需求不断进行升级。例如，智能手机从最初的通信工具逐渐发展为智能终端，可用于手机购物、支付、理财、学习和值机等各种功能。将员工打造成平台，即充分发掘现代知识型员工的潜力,以激活员工潜能为公司创造效益。例如,海尔视员工为"资源集成商",借助员工实现内外部资源整合,为用户提供系统化解决方案。谷歌等软件企业在工作时间内提供自由时间,让员工完成想做的工作,促使新产品的产出和新技术的应用,为企业带来丰厚利润。

(二)无边界发展

企业的无边界发展是指利用互联网技术和互联网思维,从破界、跨界到无边界实现突破。这在经营、管理和操作三个层面上得到体现。在经营方面,无边界发展包括四个方面:一是产品无边界,即超越产品原有功能边界,实现产品从单一功能向产品平台的转变;二是时间无边界,即产品的研发、制造、营销和运营在全球范围内进行,没有时间限制;三是空间无边界,即产品的研发、制造、营销和运营在全球范围内进行,没有地域限制;四是运作无边界,包括"跨界竞争"和"逆袭",例如,阿里巴巴通过旗下的支付宝和蚂蚁金服等公司进入金融领域。在管理方面,无边界发展包括打破企业内部的垂直和水平边界,实现扁平化管理和企业流程再造,以及打破企业之间的边界,实现供应链上物流、信息流和资金流的无缝对接。在操作方面,实现虚拟运作,最大限度地整合社会资源。例如,海尔称"世界就是我们的资源部",蒙牛则称"社会办企业"。

(三)自组织管理

现代企业管理越来越向"去管理化"发展,其中,自组织管理是一种重要的趋势。首先,零管理是管理的最高境界。管理越少越好,最好是不管理。解决问题层次越低,说明管理水平越高。也就是说,大量问题都在中层甚至基层解决掉了,高层可以"无为而治"。其次,零管理的实质是自组织管理。即企业中的每一员工、部门和环节实行"自我导向、自我激励、自我约束、自我发展"。例如,海尔集团公司中每个员工"各安其位、各尽其能、各司其职、各负其责"。最后,自组织管理的前提是要有体系。体系的特点是自驱动性、自增长性、自优化性、自循环性。价值网络体系就是"自组织管理"的载体。从整体看,所有成员都是一个利益共同体;从个体看,每一位成员都是一个自主经营体。成员之间,基于模块化运行的架构,既高度分工又高度合作,既自转又他转。因此,自组织管理是一种新型的管理模式,它强调员工的自我约束和自我发展,使得企业变得更加灵活和创新。同时,它也可以提高管理效率和减少管理成本,是现代企业管理的重要发展方向。

(四)网络化生态

企业的发展模式正在从"大而全"转变为"小而专""小而精",并依托价值网络体系打造网络化生态。网络化生态的核心是将市场中的契约关系引入企业内的产权关系，使得产权关系和契约关系融为一体，然后明确各个企业在价值网络体系中的定位，据此确定企业发展模式。在价值网络体系中，一般可分为三类企业：模块供应商、系统集成商、规则设计商。模块供应商实施分工，系统集成商、规则设计商负责整合。企业之间的关系从同质化竞争转向异质化合作，模块供应商作为节点企业不是做大企业规模而是做强企业核心能力，然后凭借核心能力融入平台；系统集成商、规则设计商不是制造产品而是打造平台，有了好的平台，可以吸纳越来越多的节点企业融入其中。在价值网络体系中的每一个企业，其组织形态都是"四小四大"：小规模大网络、小实体大虚拟、小脑袋大身子、小核心大外围，由此破解"企业成长悖论"。价值网络体系一方面在实体层面上"把大企业做小"，另一方面在虚拟层面上"把小企业做大"，即把"做大"和"做小"有机统一。因此，价值网络体系是一种新型的商业模式，也可称为"独立联合体""商业生态圈"。例如，阿里巴巴打造的就是一个"商业生态圈"，通过利用互联网和大数据，将无数中小企业、个人变成一个紧密的整体，缔造出一个企业帝国。企业在其中优胜劣汰，但只要这个"商业生态圈"在扩大，它就有充足的"食物源"。

（五）全球化整合

当今企业经营采用开放式思维，跳出关起门来做企业的封闭式思维，重心转向了外部。这是因为更多的资源、更低的成本和更大的利润都来自外部。在操作层面上，互联网思维要求企业运用创新精神整合全球范围内的思想资源、资金资源和业务资源，实行思想全球众智、资金全球众筹、业务全球众包。这就是全球化整合的核心，它可以打破传统的国界和领域的限制，让企业能够更加灵活地调配资源和开展业务。同时，这也是一种全球化的趋势，将带来更多的机会和挑战，需要企业具备更强的创新能力和竞争力才能在全球市场中立足。

第三节 "互联网+"的典型形态

一、互联网+养老

（一）"互联网+养老"模式的定义及内涵

"互联网+养老"的模式主要包括智能化设备、线上服务平台以及线下服务圈三个要素。其中，智能化设备作为基础性设施，线上服务平台则承载老年人的服务需求作为信息要素，而线下服务圈则是实践支撑。这些要素一起构成了一个闭环的供给需求链。在具体应用中，智能化设备的主要作用是查询和总结老年人的服务需求，并及时将这些信息发送至线上服务平台，平台通过对这些老年人的需求信息进行大数据分析之后将不同的养老服务分配给不同的线下服务圈。当前，我国人口老龄化趋势日益加深，老年人占比的不断增加使得我国养老服务需求持续增长。"互联网+养老"的模式主要以老年人的养老服务需求为核心，采用市场化方式将互联网服务和养老服务进行跨界融合，充分利用了互联网的便捷性、反馈性及交互性。依托于互联网技术的新型养老模式更加关注使用者的体验，可以为多数老年人提供智能化、个性化的养老服务。此外，这种新型养老模式还可以利用大数据信息处理技术的强分析能力，在充分释放老年人消费潜力的同时，提高养老服务产业的盈利点。

（二）"互联网+养老"模式的三大板块

"互联网+养老"是通过互联网技术将大数据技术的强分析能力和线下服务实体门店强大的执行力等多重社会力量汇聚整合在一起。这种模式以服务为导向，具有极强的包容性，可以满足各种各样老年人的不同服务需求。老年人这一消费群体是一个庞大而极具潜力的市场，当前养老服务产业应该聚焦于老年人的消费特点，使用多种策略来发掘养老服务的市场潜力。"互联网+养老"模式三个主要因素的共同发展是一种双向的通道。它既可以从智能化终端设备处查询到老年人的身体数据信息并发送到线上服务平台，也可以借助线上服务平台储存的大量老年人养老需求信息来为线下服务圈分配养老服务，实现有针对性地向老年人输出个性化的定制养老服务。这种闭环的供给需求链可以实现养老服务与养老需求的精准对接。

1. 智能化设备

智能化设备主要指依托于互联网和传感器等先进信息化技术而开发出来的智能化养老仪器，主要分为两类。第一种是可以随身穿戴的智能化设备，包括智能手环、防心律失常背心等产品。这些产品中应用最为广泛的就是可以监测人体健康信息的可穿戴智能产品，其中，专门为老年人提供远程监测和健康管理的设备最受老年人的欢迎，相应的市场份额也最大。以智能手环的使用流程为例，老年人作为设备的应用终端，他们可以在外出的时候随时佩戴设备，享受设备监测、求助、定位等多种功能。他们只要日常携带这些手环，就可以随时随地记录他们每时每刻的心跳、脉搏、血压等基本的健康信息，这些信息在联网的状态下可以自动地上传到相连接的线上服务平台，平台利用相关的大数据分析技术对这些数据进行整理解读，将最后的健康状况以通知单的形式反馈给设备终端用户。第二种是可以提供养老服务的智能家居设备，包括智能家电、智能居家管理系统、一键紧急呼叫器、智能座机、陪护机器人、居家防盗红外探测、煤气探测设备等。

2. 线上服务平台

线上服务平台属于新型养老模式中最为关键的一个环节，它不仅是利用了互联网信息流通功能的载体，而且是连接智能化设备与线下服务圈的中介。随着互联网技术的迅猛发展，移动互联网的诞生促使多种多样的养老服务平台产生。然而大多数老年人由于教育背景或思想意识的局限性而很少了解或使用这些软件，因此，线上服务平台发展缓慢，难以发挥最大的效用。此外，这些线上服务平台大多数与养生保健、健康生活与科学膳食等方面的知识相关，少部分提供线上购物、上门清洁等服务，很少有可以减缓老年人身体功能退化的实用性平台或关注老年人晚年精神需求的平台。总之，当前所存在的与养老相关的平台在思考如何满足老年人需求以及如何最大限度地利用O2O模式等方面尚有欠缺。在开发可以对老年人的居家护理产生帮助的平台时可以考虑与大型合规的医疗机构线上平台合作，形成"护联网"。线上服务平台与医疗机构平台相结合之后就可以解决传统医疗服务疏忽对老年人特别关照的问题。这种"护联网"一方面可以通过平台信息的及时反馈对老年人的日常身体状况进行监测，通过智能化终端设备对老年人进行检查之后将检查结果发送至网上，在线上服务平台中储存起来，对这些经过长时间的积累健康信息进行数据分析从而为老年人提供科学的健康指导与生活建议。

3. 线下服务圈

如果"互联网+养老"模式中只有线上服务平台而没有相应的线下服务圈和实体服务门店的物质支持，那这种新型模式就空有数据而无配套的实际供给。由此，线下服务圈实际上是提供各种养老服务的实践环节。"互联网+养老"模式并非对传统养老模式的否定，而是在原有的传统养老模式上进行升级，通过线上信息和数据流通的便捷性来推动线下实体养老服务产业的转型，使得传统养老服务产业及相关业务可以与互联网跨界融合。综合而言，线下服务圈可以大致分为服务类和商品类两个类别。其中，服务类包括家政服务、康复医疗服务、文化娱乐服务、维修服务、美容美发、物流服务等；商品类则包括社区便利店、药店、餐饮店等。这两类实体服务圈基本上覆盖了老年人晚年生活所必需的物质需求和服务需求，为90%以上的老人提供免出门的上门服务，最终实现养老服务的便利化、快捷化与全覆盖。

二、互联网+金融

（一）传统银行融资的基本原理

传统融资机构，尤其是银行，通常通过揽储吸收民间存款，再按照严格流程贷款发放，服务主要面向大型企业客户。为了拓展业务，银行开发了一些网络融资产品，如建设银行的"快贷"业务，主要依据银行自身平台上的金融数据为客户自动匹配贷款额度。鉴于风险控制问题，银行会对借款人的经济能力、投资项目、信用水平、偿还能力等进行详细审核，因此，银行贷款手续烦琐、程序复杂、便利程度相对较低。

（二）新型网络融资的基本原理

一种模式是通过互联网企业如电商平台等为主导的中介平台和信息数据的结合来实现融资。P2P（peer-to-peer，点对点）贷款、众筹融资和电商小贷等模式本质上都是基于"平台+信息数据"这个核心，它们利用网络平台积累客户数据，使用大数据技术对这些信息进行解读和分析，最终筛选出目标人群并在数据的基础上对目标群体做出信用测评，并向符合条件的人群提供相应的金融服务。在这些模式中，P2P贷款和众筹融资作为网络中介平台，会面临"事前的逆向选择风险"和"事后的道德风险"。其风险防控主要是通过加强项目审核控制平台上的融资项目风险，同时建立借款人信用数据库。电商小贷则主要依据平台积累的大数据进行风险分析和防控。

另一种模式则是各电商平台、传统银行以及信息数据三者结合的B2B（bank to business，银行对商家）融资模式。这个模式的本质是利用各电商平台的信息流和商品流进行授信和评估，银行提供贷款资金。各个电商平台通过监测平台内部网商的交易记录来了解店家的交易额、订单数量和库存量等数据，并掌握平台内部店家的信用记录。这种模式对于中小企业来说尤其有益，因为它们缺乏可抵押的资产，而银行又缺乏中小企业信用数据。在B2B模式中，电商平台必须具备较完善的信用数据库和信用评价体系。

三、互联网+农业

（一）物联网、大数据技术助力推广农业生产标准化

利用物联网和大数据技术推广农业生产标准化具有多方面的好处。首先，应用传感器网络及相关控制系统能够使生产管理人员快速了解农作物和禽畜生长环境，并精确调整湿度、氧气浓度、施肥量、喂食量等指标，从而实现种养过程的标准化。云计算和大数据技术能够跨越空间和时间的限制，方便管理人员对大范围的种养环境进行高效管理，在保证农产品质量标准统一的同时提高生产效率和智能化管理水平。其次，农资采购和农产品销售的统一管理可以提高生产者和经营者的抗风险能力。在"产供销一体化为核心的组织模式"和"产业发展共生平台为核心的组织模式"中，模式主导方能够通过控制农资供应品牌和

质量标准等方式限制农户在平台内部农资产品的选购，确保农业生产所需农资的质量，从而保证农户的生产安全。在"产供销一体化为核心的组织模式"中实行农产品由产业龙头企业统购统销的方式，规避了农产品市场价格和供应量剧烈波动给生产者和经营者带来的损失，提高了其抗风险能力。最后，大数据和物联网技术的应用可以提高农产品质量追溯的覆盖范围和服务能力。农产品质量追溯系统能够让消费者通过查验农产品的生产源头、加工环节和经销环节信息来了解所购农产品的质量和信任度。同时，该系统还能帮助农产品生产者和经营者实时掌握生产过程、物流过程中的农产品库存环境参数，保证农产品在物流环节的品质损失在可控范围内。农产品质量追溯信息还能为市场销售统计、农产品质量评价、农产品市场行情预测等提供准确的数据，提升农产品质量追溯系统的服务能力。

（二）组织形式创新带来产业链变革

通过农产品电商平台、产业共生发展平台等形式，中介费用降低，农产品生产者和消费者之间的联系增加。这些新的组织形式可以帮助农产品生产者获得更多市场价格和需求信息，避免了使用中介寻找农产品买家时遭遇的议价能力弱、中介费高的问题。并且，中介费用降低或消失，农产品生产者收入隐性增加。此外，交流能及时了解市场需求和价格信息，调整生产和经营策略，提高供应效率。产业链各环节关系更紧密，合作更规范。通过订单、合约、信用等约束和规范生产经营行为，产业链环节间衔接更紧密。物联网和大数据服务可以提高产业链经营效率和抗风险能力，了解生产经营情况及市场现状和趋势，提高决策精度，预测风险和灾害，降低损失。

第四节 "互联网+"驱动企业创新和产业转型发展的机制

我国经济发展进入新常态，经济由高速增长阶段转向高质量发展阶段，这给我国以劳动、要素投入等驱动发展的传统产业带来了巨大挑战；社会需求日新月异，消费者需求越来越趋向个性化、差异化、多样化，传统产业的大批量社会生产模式遭遇瓶颈；再加上随着以互联网、大数据、云计算、人工智能等为代表的新一代信息技术的发展，新一轮的产业变革已经来临，西方发达国家纷纷抓住机遇进行产业格局的重构以在新一轮的世界竞争中掌握话语权。在此背景下，我国传统产业转型升级迫在眉睫。互联网技术作为信息技术中最具代表性的技术，具有许多优势，成为推动传统产业转型升级的有力工具。互联网本质上是一个大型的数据库，在这个数据库内存储和整合了大量有价值的以多种形式存在的信息资源，而用户可以不受空间限制进行信息交换，整个信息交换过程不仅速度快、成本低，而且用户信息交换可以互动交流，物与物、人与物、人与人被连接。因此，"互联网+"的本质核心是"连接一切、跨界融合"。具体来说，物与物之间通过"互联网+"进行连接，形成了物联网（internet of things，IoT），信息传感、射频识别、红外感性、激光扫描等技术与装置通过网络接入，对物体本身以及物与物之间的互动过程进行实时监控和连接，实现了物与物、人与物之间的互联互通。在物流过程中的邮件包裹，农业领域的生猪、肉牛的饲养及监测，工业领域对生产过程中设备的运行功能与维修检测等均用到了物联网技术。人与人之间通过"互联网+"进行连接，产生了诸如微信、微博、知乎等社会化的社交媒体，并且基于人与人之间特定的关系形成了用户社群（场景）。这些社会化媒体的出现大大缩短了沟通的距离，降低了人与人之间的沟通成本，密切了人与人的关系。另外，用户社群的出现将大量用户聚集到一起，在营销方面可以借助社群效应实现流量的变现，社群的每一个用户都是流量的入口。在场景与场景的连接方面，通过"互联网+"形成了产品生态网络，如小米围绕其智能手机形成的产品簇群。在企业与企业的连接层面，通过"互联网+"实现了在空间上的对接，推动了传统产业集群的演化。例如，江苏省沭阳花木产业集群，当地的农民利用互联网借助淘宝等在线上进行花木产品的销售，激发了产业集群的活力。此外，传统的在特定的地理空间上发生的产业集群得以去中心化，虚拟产业集群模式也因为"互联网+"的连接而出现。例如，乌镇的虚拟产业园的模式，把乌镇的政策优势和创业红利利用"互联网+"融合线上线下的优势充分发挥，通过招商、引资、引智将政府、企业、银行、高校科研院所等各类资源整合起来，实现了跨地域的合作共赢，形成了有乌镇特色的产业集群模式，拉动了乌镇的经济发展。此外，"互联网+"促进企业与企业之间在价值链上得以连接，价值被创造的方式得以改变，从而推动了产业价值链的重构，刺激传统的价值链向虚拟价值链演变。例如，滴滴打车的出现，改变了传统打车市场的格局，节省了司机和乘客的沟通时间及成本，破除了传统打车方式的信息不对称给车主和用户所带来的不便，价值创造的方式被重构，建立在数据和信息基础结构上的虚拟价值链模型得以建立。而在行业层面，"互联网+"则促进了行业生态的形成，推动了行业的跨界融合。例如，在当前房地产行业整体下行的背景下，地产行业的开发商、运营商纷纷寻求与"互联网+"的跨界合作；例如，华夏幸福与京东合作，致力打造O2O平台，共建园区行业的电商交易平台，为提升产城融合[①]提供了新的创新驱动力，同时也为产业地产进行转型升级提供了很好的平台和机遇。互联网时代催生了新技术、新产品和新业务的发展，为传统的企业和产业注入了新的动力来源，成为驱动传统产

[①] 产业与城市融合发展，以城市为基础，承载产业空间和发展产业经济，以产业为保障，驱动城市更新和完善服务配套，进一步提升土地价值，以达到产业、城市、人之间有活力、持续向上发展的模式。

业创业与转型、优化与升级的新引擎。

"互联网+"背景下的大数据、云计算、智能终端、移动互联网等技术所带来的环境、要素转变，给传统产业带来了重构新框架、转型升级的机会窗口。互联网与传统产业多领域和多环节的深入融合极大地改变了传统产业的生产范式，互联网在传统制造业中发挥的作用也逐渐从外围向核心、从辅助向关键突破，促进了传统产业的转型升级。互联网与传统制造业的融合主要带来了四个方面的变革。一是制造服务化。"互联网+"推动传统产业向智能化转型，以制造为基础，服务为导向，将传统制造业从产品制造拓展到产品的全生命周期，逐渐将低附加值的制造环节转移出去，而集中人力、物力、财力去开展高附加值环节的设计、营销及品牌服务等流程，由提供产品向提供"产品+服务"的模式转变，促使制造业向价值链两端延伸，增强传统产业的生命力。例如，IBM公司经过十多年的互联网化转型，成功地从单纯的软件制造商转型成为"提供硬件、网络和软件服务的整体解决方案供应商"。2005年全年IBM公司服务收入所占比例已经超过50%，IBM公司的制造服务化转型使其从产品化服务化的角度来看待市场需求，从而对产品、质量、服务把握得更加精准，实现了IT服务的规模化，扩大了收益。二是产品个性化。"互联网+"通过大数据技术、云计算技术等不仅可以为企业带来丰富的消费者数据，而且可以进行数据的分析和处理，帮助传统产业做出决策，根据市场需求在产品的样式、功能、外观、品质、包装、设计等方面进行调整，甚至延伸到产品的个性化服务。例如，尚品宅配借助其圆方软件强大的互联网功能，打破了传统家具的标准化大规模生产模式，采用C2B的模式根据消费者的需求去进行柔性生产，实现了家具等工业产品的定制化小批量生产，大到室内装饰小到橱柜安装均实现了全屋定制，为消费者量身定做他们想要的家，满足了消费者的个性化需求。三是组织分散化。"互联网+"突破了传统产业必须在特定的地理空间上集聚的发展局限，可以跨领域、跨地区获得企业生产所需要的各种资源和要素，去中心化、分散化的组织形态逐渐形成，工业时代大而全式的粗放型生产模式逐渐向信息化时代的小而美式的集约型生产模式转型，互联网背景下企业的组织结构精简化和扁平化趋势明显。组织结构的分散化使得要素流动更加自由，各价值链环节联合互补，资源共享，社会生产更加高效。四是制造资源"云化"。制造资源的分散化常常使得传统制造业在调配资源方面需要付出较大的成本和代价，因而成为制约传统产业发展的一个重要因素。而借助互联网则可以将社会上分散的制造资源集中到云服务平台，并且在其用户之间共享，结合云计算技术根据各用户的生产需要进行统一的调配和管理，不受时间空间的限制按照用户的需要为其进行服务，突破了制造资源分散化带来的限制，从而使得制造活动更加智能高效。我国传统产业价值链大多是生产型和依赖型价值链，难以获得技术优势和产业优势。在"互联网+"情境下，传统产业中原来基于设备和产品的盈利模式,将逐渐被基于服务的盈利模式所取代。而盈利模式的转变本质上则是利益在企业乃至产业上下游价值链间的重新组合与分配。"互联网+"所具有的连接一切、用户至上、数据为主的特征,使得生态连接、大数据等都成为生产要素和价值创造的一部分,提升了传统产业中企业价值创造模式的空间。

尽管"互联网+"背景下传统产业的创新发展是个中观的问题,但是其根本的落脚点还是在微观层面,即企业的跨界融合。从微观层面来看,企业是产业的基本构成单位,"互联网+"在成为企业发展新的驱动力后,从接入层面到应用层面都发生了翻天覆地的变化,由此带来了一系列的变化和重构。与过去将人力、实物资源作为企业竞争优势不同,"互联网+"时代,大量的用户基础、海量的信息资源与大数据将成为企业竞争优势的来源。成功的企业将会把互联网视为传统竞争方式的补充,而不是将其与已有的经营活动分离。企业应该制定一个前瞻性、可持续的计划,将互联网应用贯穿于整个价值链之中,在企业传统竞争优势的基础上加以强化,并利用新的竞争优势来源改善和提升现有的竞争模式。"互联网+"实现了互联互通,逐步消除了信息不对称的问题,一方面使企业摆脱了有形生产要素的限制,交易成本大大降低;另一方面为企业提供了建立新商业伙伴的渠道,加强了企业之间联系的紧密性,提高了它们之间的依赖性,为企业的跨界融合提供了条件。随着数据成为企业关键的资源,营销进入消费者主权时代,企业竞争优势的来源也从过去的人力、实物资源,转变为大量的用户基础、海量的信息资源和大数据,使得传统企业原有的商业模式、生产模式、管理模式和营销模式遭遇影响,甚至被颠覆。随着大数据、云计算、智能终端、移动互联网等信息技术的发展,企业需要与外界进行信息互动,推动经济向外发展,采取开放性思维,面向产业整合内部业务和资金资源,以此重构企业的价值链。"互联网+"情境下的传统产业价值链,伴随着移动互联网、大数据、云计算和智能终端等信息技术在经济社会各个部门和领域的广泛应用,将由基于引进技术满足消费者需要的生产型和依靠政府主导引进技术的依赖型的低端价值链形态向综合型、自主型的中高端价值链形态演变,从而实现传统产业的转型发展。而在空间上,企业边界的跨越实现了企业与企业之间的连接,产业集群由此形成。产业集群是各国或地区提升整体经济实力和综合竞争力的重要载体。它们通过影响集群内企业以及其所在城市和区域的竞争能力,将企业、城市、区域乃至国家的发展命运紧密捆绑在一起。然而,在我国,产业集群的地区分布不均,自主创新能力差距明显,多数产业构成还以传统产业和低附加值生产活动为主,组织结构则以民营中小企业为主。这些产业集群正处于从发展走向成熟的过程中,因此我国的产业集群亟须转型升级。传统产业集群的资源禀赋和价值增值机制约束着产业集群的演化路径，使产业集群的升级具有一定的规律性和路径依赖性。互联网技术的冲击，使产业集群偏离原有的升级轨道，传统产业集群和互联网产业融合是新兴产业集群解决其路径依赖和区域僵化等问题的重要途径。互联网时代的来临，对传统产业集群转型发展模式以及未来演变趋势也将产生深刻影响。电子商务平台的应用，使传统专业市场在互联网上实现映射和延伸，实现传统商贸形态向现代电商形态的转变，实现了传统产业集群的转型升级。转型后的产业集群和新兴产业集群以互联网平台为基础，充分发挥"互联网+产业集群"的联动优势，使信息在产业集群内外部互联互通，突破传统产业集群地理空间的限制，推动产业集群进一步发展成为在虚拟空间上集聚的强联系的全球化集群经济体。一方面，互联网改变了信息传播模式。互联网出现后，从门户到社会化媒体，传播效率由低到高，沟通方式由单向到双向，打破了传统产业集群信息闭塞，促进了产业集群的信息化与信息共享，加速了集群中新知识、新技术的扩散，提升了集群的知识溢出效应；同时，由于数据、信息和知识的快速流动，加速了劳动、资金及其他原有要素的流动和共享，提高了企业的生产效率。另一方面，互联网提供了在线平台。通过平台建设，产业集群可以减少中间环节，产品从制造到营销、营运各个区段时间大大缩短；同时还可以使供需双方跨越空间约束，自由进入电子商务网站等虚拟场所进行交易。传统产业集群将依托互联网技术进行转型升级，同时，互联网还催生出诸如淘宝村等新兴产业集群经济体。转型后的产业集群和新兴产业集群以互联网平台为基础，逐渐向产业生态演化。企业的跨界行为模糊了产业边界，从而推动了产业之间的跨界融合，其可能的结果是创造出新的业态和新的经营模式，甚至催生出新的行业生态。在互联网发展的早期，传统企业与互联网之间进行的是间接而松散的连接，产业的融合主要集中在信息产业内部，产业之间彼此的融合程度很低，融合范围也很有限。随着互联网和信息技术的发展，"互联网+"具有的互联互通网络性使得产业之间的融合程度得以提高。在"互联网+"驱动我国产业结构调整和经济发展转型的过程中，电信运营商、信息服务商、设备制造商、技术提供商等互联网产业链的纵向整合能够为跨界融合提供基础；互联网平台经济将仍然是引发跨界融合的主要推动力量，互联网平台产生的长尾效应，推动了产业间的跨界融合；而产业跨界融合则主要表现为产业之间横向的整合。互联网产业链纵向整合、平台经济和产业跨界融合三者共同作用，推动了传统产业的跨界融合，进而促进了传统产业的转型升级。由此带来的经济增长效应将进一步增强对"互联网+"驱动的需求。

第二篇

"互联网+"驱动传统产业创新发展

第五章 "互联网+"驱动传统产业企业创业

　　从目前来看，在许多行业，互联网仅作为辅助传统产业宣传和营销的工具和手段，仍处于"互联网+"的初级阶段，各行业针对"互联网+"正在进行一定的论证与探索，但部分传统企业仍旧处于观望阶段。过去几年，传统企业不断地做着互联网化的尝试，但大多仅停留在信息推广与宣传阶段，并没有将"互联网+"的核心——"连接"，运用到传统企业的各个环节。然而，随着"互联网+"的不断深入发展，传统产业和互联网之间的联系必然会更加紧密。未来，"互联网+"会促进并鼓励更多的互联网结合传统产业的新企业的诞生，而对于原有的传统企业，未来"互联网+"将结合线上线下的常态，更加深层次地融入传统企业的各个阶段和环节，从根本上重新构建企业的框架结构，促进传统产业创新发展。

第一节 "互联网+"背景下传统产业企业创业的特征和趋势

一、"互联网+"对传统产业企业创业的影响

　　首先，"互联网+"使得企业竞争优势来源发生改变。随着互联网技术的迅猛发展，人类已进入了"互联网+"时代。而随着人们的生活与互联网的紧密联系不断增加，企业的竞争优势的来源也在悄然转变。"互联网+"能够去中心化，降低信息不对称，重新解构原有企业的组织结构、社会结构与关系结构。因此，"互联网+"在成为企业发展新的驱动力后，从接入层面到应用层面都发生了巨大的变革，带来了一系列的变化和重构。与过去将人力、实物资源作为企业的竞争优势不同，在"互联网+"时代，大量的用户基础、海量的信息资源与大数据将成为企业竞争优势的来源。成功的企业会将互联网视为传统竞争方式的补充，而不是将其从现有的经营活动中割裂出去。这些企业需要制订前瞻性、可持续的计划，将互联网的应用贯穿到整个价值链中，以增强企业传统的竞争优势并利用新的竞争优势来源来改善和提升现有的竞争模式。因此，如何获取用户并激发和挖掘其潜在需求，如何根据用户需求定制创造性的产品与服务，如何利用互联网搜集、整理并分析海量信息，如何在高速信息爆炸的市场中占领制高点等问题都将是互联网时代企业创业面临的重要挑战。

　　其次，"互联网+"使得传统产业边界更加模糊。"互联网+"的不断发展推进了不同产业间的快速融合，传统行业壁垒被打破，无论是制造业、服务业还是

农业，和互联网产业之间、产业内部的联系都越来越紧密，这种融合不但为传统产业经济发展带来了巨大的潜力，同时这种产业之间的跨界融合催生了新的商业模式、新的经济业态的产生。比如，随着移动互联网和农业的深入融合，不同类型的创业者拥有了更多的创业机会，"大众创业"不再仅仅是一种口号，在抖音、西瓜视频、微博等多个平台上，视频制作、分享都成为农民工返乡创业的一种新形式，许多农民朋友和电影明星、歌手一样拥有大量粉丝，并转化为经济收益。

"互联网+"不仅使得产业之间的界限越来越模糊，推动了产业链的不断优化和升级，而且，"互联网+"还缩短了企业和消费者之间的界限，使用户深度参与，从而实现企业和用户的价值双赢。随着传统产业之间的界限越来越模糊甚至逐步被打破，那些在传统领域无法实现的内容，随着新兴的大数据、物联网等先进技术的突破而变成新的创业机会。比如，共享经济在传统经济模式下几乎不可能发生，因为传统经济模式除了没有足够的技术支持之外，不能解决企业和客户之间最基本的信任问题，共享不能同时满足双方的利益。然而在移动互联网时代，客户可以享受到共享单车、共享充电宝等共享经济为人们带来的便利，但同时客户必须向企业共享自身的地理位置、个人信用等数据，只有在这种模式下双方才达成信任。

最后，"互联网+"使得企业创业环境发生改变。"互联网+"背景下，随着信息化的不断推进，资源共享和信息逐步透明化的趋势越来越明显，这些趋势都深刻影响并改变着传统产业由于信息不对称所造成的各种问题和劣势。从目前的情况来看，我们可以看到，随着"互联网+"在各个产业、各个行业的不断深入，互联互通的本质特性不断渗透到各个领域，信息、数据等重要资源开始在不同产业甚至同一产业的不同生产环节广泛传播并扩散，这种扩散相较于以前，快速且高效，同时，企业作为生产者和消费者之间的沟通更加便捷，更加精准，这种精准化的企业要素配置更有利于提高综合生产效率，因此，无论是从生产端还是服务端来看，这些都显著有利于传统产业做出新的变革，快速创新。同时我们也看到，互联网时代，创业拥有了更好的土壤和氛围。一方面，互联网的发展平等赋予了每个人获取信息、交流沟通、言论表达、交易等能力和机会，因此，人们所面对的创业环境相对以前而言，更加透明公平，创业者个人的能力和资源可以最大限度地得到发挥，创业所面临的行业竞争更加良性（辜胜阻等，2016）；另一方面，由于创业产业链更加广阔，衍生性强，因此与传统产业相比，更加有广阔的合作空间，在此过程中，互联网为传统产业的创新发展提供了巨大机遇，当然传统产业如何实现与互联网的深度融合就成为创业者面临的不可避免的一大挑战。目前，更公平的创业环境、更开放的创业空间、更低的创业门槛和创业成本等优势都在逐步显现出来。

二、"互联网+"背景下传统产业企业创业的基本特征

第一,创业方式灵活多变。互联网时代,人们从技术的快速发展和生产生活方式的快速转变过程中看到了大量的机会,越来越多的人,尤其是年轻人愿意、敢于并且正在创业,其中不乏选择传统产业的创业者。然而,白手起家的创业相对比较困难,越来越多新的创业模式开始出现,作为创立新企业的一种特殊方式(Chatterji,2009;Wallin,2012),组织裂变近年来受到广泛关注。程丽和张骁(2019)称,组织裂变是指从现有的组织(母公司或母体企业)中形成新企业(裂变新创企业)的过程。目前的研究大多根据组织裂变来源主体的类别将其分为学术型裂变、公司型裂变和创业型裂变。学术型裂变是指研究者(如学生或教职工)为了探索和开发新的科学知识或技术而离开大学或研究单位创立新企业的过程(Clarysse et al.,2005;Wallin and Dahlstrand,2006)。此种创业方式的主要动机在于将技术转化为具有商业价值的产品,并最终获得经济效益(Etzkowitz et al.,2000;Djokovic and Souitaris,2008;Bigliardi et al.,2013)。创业型裂变通常由心怀不满情绪的员工个人自主发起,是指他们离开母公司创建新企业的过程(Klepper,2007)。而公司型裂变则是企业资产剥离的一种方式(Vidal and Mitchell,2018)。比如杭州茶否科技有限公司的创始人原本是知名手机品牌小米的员工,后来独立创立了该企业并同时作为小米的生态链企业进行运营。

第二,跨越人、物、场景界限。"互联网+"具有能够跨越物的界限、跨越人的界限、跨越场景的界限的特性,因此,"互联网+"背景下,创业者如何最大化利用这一特性实现在传统产业的创业成功十分重要。创业指的无非是创业者围绕机会识别、开发和利用进行的一系列行动的过程(Shane and Venkataraman,2000),虽然,创业过程具有显著的动态性和复杂性,但创业过程从来不是独辟蹊径、独一无二的,颠覆性的变革虽然对产业产生巨大的变化,但发生的频率并不高。即使在如今看来十分成功的淘宝,早期也是借鉴美国企业易贝的经验,基于我国蓬勃发展的零售业和互联网直接进入市场并最终跻身行业前列;苏宁,则是在已有的传统产业的基础上,叠加"互联网+"的特定优势,从而驱动原有模式进行升级转型。他们利用"互联网+"跨越了人与人、物与物、场景与场景之间的某种界限,但是他们并没有创造新的经济业态。因此,"互联网+"背景下,传统产业创业者和现有企业最本质的区别特征在于,创业者如何通过打破传统产业人、物、场景之间的界限来创造新的价值,获取新的竞争优势。比如,对于那些进入传统制造产业的创业者而言,通过智能制造、物联网来打破物与物之间的界限,实现产品智能互联就是一种很好的创业模式。

第三,以客户需求为导向。近年来,依靠资本驱动发展的经济模式受到挑战,技术的颠覆性变革改变了人们的消费方式甚至是生活方式,传统企业试图通过提

高生产效率来实现规模经济的道路越来越难，生产效率依靠人工智能等先进技术得到大幅提升，传统产业创业也有了新的发展印记。创业者越来越关注人们的个性化需求。碎片化时代，消费者的需求不断变化迫使企业不断贴近用户，以客户需求为导向，通过为客户创造价值来提升企业价值。海尔的"人单合一"模式希望将每一个员工都变为创客。而他们不仅仅作为海尔的员工，同时也是一个独立的创业者，通过一对一为客户服务创造商业价值，这是海尔从制造端向服务端拓展、转型的重要一步，因为他们充分把握了"互联网+"贴近用户的本质。以客户需求为导向的创业可以更好地实现创业机会和创业资源之间的匹配，通过不断调整自身的经营模式，实现快速迭代，提高创业成功的概率。

三、"互联网+"背景下传统产业企业创业的发展趋势

"互联网+"实现了互联互通，逐步消除了信息不对称的问题。随着数据成为企业关键的资源，营销进入消费者主权时代，企业竞争优势的来源也从过去的人力、实物资源，转变为大量的用户基础、海量的信息资源和大数据，使得传统企业原有的商业模式、生产模式、管理模式和营销模式受到影响，甚至被颠覆。过去几年，尽管传统企业不断地做着互联网化的尝试，但大多并没有将"互联网+"的核心——"连接一切"运用到传统企业的各个环节。传统企业利用"互联网+"进行创新与转型升级，不仅需要拥有"互联网+"思维，而且需要相配套的信息系统、组织结构和工作流程等，而这些并非轻易就能实现。未来，在"互联网+"背景下，我国传统产业创业主要表现为生产技术、生产方式、管理模式和服务模式四个方面显著变化的发展趋势。

第一，生产技术智能化。技术变革是传统产业伴随着"互联网+"发展所表现出的最重要的特征，当前，随着5G、大数据、工业物联网等先进技术的快速发展，传统产业生产技术必然呈现智能化的发展趋势，无论是大到国家层面的从中国制造到中国智造的战略发展布局，还是小到人工智能在餐饮企业海底捞的应用，抑或是深入我们日常生活中的智能家居快速发展，我们已经看到，"互联网+"本身所具有的基础技术特性使得各类传统产业智能化发展越来越成熟。未来，随着人工智能技术的进一步发展，传统产业向高端产业价值链升级，传统产业创业对智能化的生产技术的依赖程度将会更高，技术对人的高度替代将会成为创业发展的新趋势，创业者在创业过程中必然重新思考如何实现技术与人才资源的合理高效配置这一核心命题。

第二，生产方式集约化。互联网时代，社会生产方式在不断发生改变，"互联网+"有利于提高社会生产效率，比如，随着移动互联网的发展，人们的沟通速度和效率都得到大大提高；而随着工业互联网的进一步建设，我国工业生产制造效率取得前所未有的进展；未来，随着5G技术的落地和深入发展，社会生产

生活方式都将继续发生巨大改变。而集约化指的就是这样一种采用先进的科学技术和先进的管理方式，提高生产力各个要素的素质，不断开发新的生产能力的方式。生产方式集约化是"互联网+"对传统产业创业提出的基本要求，同时也是"互联网+"背景下传统产业创业的必由之路。

第三，管理模式平台化。传统科层式的组织虽然稳定，但是往往缺乏灵活性。互联网时代，快速迭代对这种组织形式提出了挑战，新创企业要想实现灵活调整和快速迭代，就必须在管理模式上下功夫。因为新创企业往往规模较小，组织形式变动相对容易，平台化的管理模式更加有利于发挥企业每一个员工的价值，减少由于职能划分所带来的资源耗损。管理模式平台化使得企业利用精细化的数据分析对资产和运营进行监督和优化，改变了员工和企业之间的协作方式，也对管理方式进行了彻底的变革。

第四，服务模式差异化。互联网时代，个体的差异化、个性化需求被提到前所未有的高度，最大限度精准满足客户需求成为"互联网+"背景下传统产业创业的一大发展趋势。因为这种差异化的需求满足既是挑战，也是机遇。挑战之处在于企业需要不断深度地把握客户的需求甚至潜在需求，并以客户需求为导向提高自身的柔性生产能力、运营能力、协调能力，而机遇则在于服务的附加价值得到完全体现。对于传统产业而言，相对于生产，服务的重要性更加突出，企业为顾客提供服务的模式千差万别，简单地复制和应付不再可取。如何提高客户体验，如何从服务中获取客户期望的产品信息，如何从差异化的服务中为客户创造价值，进而转化为企业价值成为传统产业创业者必须思考的问题。

四、基于生命周期理论的传统产业企业创业分析

企业生命周期通常包括创建、早期成长、快速成长、成熟和衰退几个阶段。爱迪思的生命周期理论认为企业不同周期阶段体现不同特点。新创企业在创立和早期成长阶段是十分脆弱的，存活率低是广为人知的不争的事实，许多企业在创立早期就遭受到了失败。《财富》杂志公布的数据显示，全球范围内创业失败率高达70%。而且蔡莉等（2007）认为，由于传统管理理论主要适用于进入规范化—职能化管理阶段的企业，新创企业创建和早期成长阶段还没有成熟的管理理论。因此，管理学意义和范畴下的创业研究更加关注新企业创建和早期成长两个阶段的管理问题。

"互联网+"背景下，从传统产业创业的内涵来看，也应该主要关注这两个阶段。一是"互联网+"引导传统产业新创企业进入的创建阶段，比如，在"互联网+"的背景下，一些创业者开始将目光投向传统产业与互联网的交互与融合，在这种模式下，携程、途牛、阿里巴巴等企业成功上市。二是"互联网+"触发传统产业新进入者抄道发展的早期成长阶段。比如，越来越多的互联网企业涉足

传统产业,以网易为例,当食品安全又被推到不信任的边缘时,网易开设养猪场,从互联网跨界到农业,成为传统产业的新进入者。

在这两个阶段,"互联网+"引导企业进入和触发企业发展的动力来源、发展模式、作用机制都有所不同,在新创企业进入传统产业的创建阶段,该阶段创业的关键在于如何充分发挥"互联网+"的连接功能,创新性地组合互联网要素和传统产业生产要素,实现互联网与传统产业的深度融合。第一阶段主要探究"互联网+"是如何引导创业者进入传统产业进行创业的,以及创业者可以通过哪些发展路径更好地进入传统产业,其背后所反映的内部机制是什么;第二阶段则是在进入传统产业之后的新创企业早期成长阶段,如何克服进入传统产业的经验壁垒、技术门槛从而形成"互联网+传统产业"的新型发展模式,最终创业成功是关注的焦点。因此,我们主要分析"互联网+"背景下传统产业新进入者如何开发新业务,主要的发展模式有哪些,通过哪些发展路径可以帮助企业形成自身独特的核心竞争力,创造可持续的竞争优势使企业可以在创建阶段生存下来。

第二节 "互联网+"引导传统产业新创企业进入

一、"互联网+"背景下传统产业新创企业的进入方式

从创业进入许可的角度来说,对于创业者而言,进入传统产业的壁垒不高,所需要的各方面的条件限制也相对宽松,但许多传统产业本身就存在产能过剩的问题,行业利润空间挤压,产业本身亟须转型升级,创业者主动进入的可能性不大。除非创业者拥有创新性的创业资源,如新技术、新业态、新模式乃至新产品。这些创新性的内容可以改造传统产业,提高传统产业的核心竞争力,是企业主要的竞争优势来源,只有通过新的技术、业态、模式或产品,才能使传统产业效率提高,新创企业才能安全走过初创期,获得利润,实现成长。

利用新技术是新创企业进入传统产业的第一种,也是最基本的进入方式,因为互联网时代催生了许多新技术产生,如人工智能。如果创业者拥有技术专利等绝对的资源优势,那么就可以进入传统产业,从先进技术与市场现有产品之间的生产效率差额中获得收益。因为技术上的差异是造成企业异质性的关键,高效率的技术创新是企业制胜的关键(王毅等,2000)。智能制造战略背后便是这样一种基本逻辑,那些传统的大型制造业企业在互联网转型过程中,往往存在着组织规模过大、尾大不掉等多方面的问题,组织变革的效率相对较低,智能制造往往停留在技术升级的阶段。和一般的智能制造企业技术升级不同的是,新技术对于新创企业在创建阶段的作用是决定性的。新创企业如果拥有技术方面的核心竞争力,可以为进入传统产业提供良好的助力,使新创企业在创建阶段快速地将技术转化

为生产力，帮助企业未来在该产业展开市场竞争。总之，在互联网时代，新技术不但可以提高生产效率、企业运营效率和管理效率，同时还可以促使传统产业向专业化和价值链高端延伸，这是初创企业进入传统产业可利用的重要方式。

打造一种新业态是初创企业进入传统产业的第二种方式。在互联网时代，一些创新产业形态既可以精准满足用户的个性化的需求，又可以提升顾客体验。例如，携程、途牛、去哪儿等旅游服务平台通过整合旅游服务业、酒店业、交通业、餐饮业的数据资源，提高旅游业的服务效率，为顾客打造一站式的旅游服务体验。其核心的竞争优势来源在于各个细分行业的数据资源通过互联网平台得到整合，正是通过资源整合，传统旅游业本身的运营模式并没有发生改变，顾客出行仍然需要乘车、住宿、餐饮，但这些平台的存在极大地为顾客提供了方便和快捷的服务，旅游业的效率得到大幅提升。在传统的经济运行模式下，这类旅游服务平台是不存在的，旅游业及相关产业的运营有序且具有一定的竞争优势，但创业者通过先进的互联网技术打造服务平台，不但使企业自身顺利进入旅游行业，同时极大地提高了旅游产业链效率，进而创造了新的企业竞争优势。

新创企业进入传统产业的第三种基本方式是新模式。新模式包括创新性的商业模式、运营模式、服务模式等。互联网时代催生了一系列新的商业模式，如平台商业模式、共享商业模式、团购商业模式等，尤其是平台模式。互联网平台经济是一种新的生产力组织方式，也是经济发展的新动能。它在优化资源配置、促进跨界融合发展、推动产业升级、扩大消费市场特别是增加就业等方面都具有重要作用。许多创业者通过打造服务平台进入传统产业，并使得传统产业发生颠覆性的改变，比如，从最早的阿里巴巴进入零售行业，到滴滴进入打车行业，这些企业都是采用平台战略改变了传统产业原来的运营模式并实现了互联网和传统产业的融合，从而在创业早期迅速打入市场。在此过程中，从本质上来讲，互联网和物联网等数字化技术使得人与人、物与物、人与物实现了互联互通，进而改变供给与需求的连接属性，也就创造和衍生出不同的商业模式（江积海和李琴，2016）。"互联网+"作为一个连接器，以互联网平台为基础，利用信息通信技术对传统的人、物、场景进行连接融合。这些企业（品牌）的创立利用互联网技术打造互联网平台，并自带互联网属性，进而将传统产业和用户连接起来。平台经济本质上改变了传统企业的运营模式，平台的网络效应为企业创造了新的价值。

二、"互联网+"引导传统产业新创企业进入的机制

对于"互联网+"如何引导传统产业新创企业进入，从资源的角度来说，其本质是一个资源整合的过程。"互联网+"所代表的连接就是通过互联网连接不同产业、不同层面、不同时空的资源要素，进而合理配置并利用。众所周知，创业活动离不开资源的支撑，在创业研究领域，资源基础观已经得到大量研究者的

认可和应用，根据Alvarez和Busenitz（2001）的观点，创业本身就是一种资源重新整合的过程。一般而言，新创企业的创业资源包括各类有形资源和无形资源。例如，人力资源、财务资源、技术资源、品牌资源、市场资源以及创业者自身所拥有的各类资源，如创业者特质、创业者社会网络等。资源基础观认为，只有那些有价值、稀缺、不可模仿、不可替代的资源才能为企业带来可持续的竞争优势。然而，我们发现，互联网时代，传统产业的竞争优势来源开始发生转变，传统企业的竞争优势难以为继。比如，随着大数据技术的不断发展，数据成为重要的生产要素，甚至相对比企业其他方面的资源更加重要，这为创业者带来了新的机遇。

因此，创业者在选择进入传统产业成立新企业时，他们关注的其实不是传统产业本身的优势和资源是什么，更重要的其实是"互联网+"可以为传统产业带来什么，也就是互联网和传统产业到底如何连接、如何融合。只有充分把握"互联网+"为传统产业赋能的具体方向和形式，创业才可能成功。基于资源基础观，我们认为，"互联网+"引导传统产业新创企业进入的过程本质上是一个资源整合的过程，"互联网+"的作用在于使创业者洞察到传统产业与互联网实现深度融合的可能，并通过提高生产效率或者优化商业模式来创新升级传统产业。在新创企业创立的资源整合过程中，从资源识别到资源获取，再到资源配置，最后到资源利用，无不体现"互联网+"互联互通的特性。资源整合并不是单项资源的简单加总，而是各类资源的有机结合和相互作用方式的综合，以使其达到"1+1>2"的放大效应（马鸿佳，2008）。"互联网+"在资源识别、资源获取、资源配置、资源利用、资源识别整个循环的过程中，通过提高资源整合各个环节的效率来促使创业者看到传统产业新的发展机会，引导其进入传统产业创业。

首先是资源识别。资源识别指的是创业者根据自身资源禀赋，对企业创业所需资源进行分析、确认，并最终确定企业所需资源的过程（Wernerfelt，1995；Brush et al.，2001）。Aspelund等（2005）指出，创业者所拥有的资源禀赋是基础，外部资源是关键。互联网时代，"互联网+"可以为创业者提供大量传统产业所不具备的外部资源，如新的商业模式、新的技术手段。换言之，就资源识别而言，"互联网+"为创业者提供了传统产业本身不具备的生产要素，为互联网和传统产业的融合提供了可能。由于外部环境变化速度非常快，不确定性非常高，因此相较于自身的资源禀赋，创业者必须更加关注外部环境，其中，"互联网+"及其对传统产业所造成的影响都是不可忽视的。例如，在平台这一新的组织方式没有产生之前，创业者在试图创办一个企业的过程中，仅仅考虑将各种资源纳入自己即将创办的企业中，但当平台在"互联网+"背景下被创造出来之后，就成为一个可以利用的新的想法和资源，创业者可以直接利用这种新的商业模式。在"互联网+"背景下，正如"大众创业万众创新"战略所指出的那样，会有越来越多的创业者出现，因为"互联网+"为创业提供了更多的机会，这种机会反映在资源识别上,即资源识别的范围相对于以往而言大幅扩大。比如,互联网通过虚拟连接,突破了产业集群在地理空间上的传统集聚形态,这为企业创业提供了极大的便利。传统企业需要选择良好的地理位置来获得空间集聚优势,而"互联网+"则打破了这种地理限制,使得创业者能够自由选择成本更低、政策更优、条件更适合的创业空间。

其次是资源获取。资源获取指的是在确认并识别资源的基础上,利用其他资源或途径得到所需资源并使之为创业企业服务的过程(Brush et al.,2001)。在资源识别阶段,"互联网+"扩大了创业者搜寻外部资源的范围,更快更多地获取到有用的资源。在这一阶段,"互联网+"有利于降低企业外部资源获取的难度,因为对于创业企业而言,传统的人力资源、财务资源、技术设备等都是企业创立过程中创业者必须拥有的有形资源,这属于企业最基本的内部资源禀赋,企业还必须从外部环境中获得必要的资源。比如,企业需要从供应商处获得原材料资源,从社会网络获得人力资源,从客户那里获得产品需求信息,从竞争对手那里获得市场竞争相关信息等。然而,更重要也是最难获得的是企业进行决策所需的各种关键信息。信息是连接企业内外部之间的关键。互联网时代,基于大数据、物联网等技术背景,创业者可以获得更多公开、透明的数据信息,信息资源获取的难度大幅降低,同时,企业和外部主体之间的信息不对称程度下降,有利于企业整合内外部资源为创业服务。

再次是资源配置。资源配置指的是企业在获取了必要的资源之后,对资源进行调整,使它们互相匹配、相互补充并获得独特竞争力的过程(Mata et al.,1995)。同时,资源配置过程在整个资源整合过程中承上启下。相对来说,资源配置是资源整合很重要的一环,直接决定新创企业资源整合的效率,只有适当地、最优地对企业拥有的内外部资源进行配置,企业才可以依靠这些资源创造新的竞争优势。"互联网+"有助于创新性地将外部环境和内部资源禀赋连接起来,以农业产业为例,传统农业的生产要素主要包括土地和劳动力,现代农业在此基础上结合资金和技术要素的功能发挥,提高农业生产效率。但长期以来,农业产业依然局限于内部相对贫乏的资源禀赋,劳动力和技术投入相对其他产业而言比较落后。互联网时代,大数据提高了农业资源的配置效率。大数据作为典型的互联网先进技术,其应用在制造业和服务业都得到了有力发挥,农业产业同样可以引进。在大数据技术的加持下,企业可以科学计划、智能管理、规划出产,使得农业生产更加高效,资源配置效率更高。

最后是资源利用。资源利用就是使用所获取并经过匹配的资源,在市场上形成一定的能力,通过发挥资源与能力的作用生产出产品或服务为客户创造价值的过程(Hitt et al.,2001)。资源利用是资源整合过程的最终环节,同时也是企业所拥有资源的最终创造价值的过程,只有通过资源利用,企业的资源整合能力才能最终转化为企业价值，得以在市场上生存。"互联网+"有助于企业的资源利用，因为企业的资源如何利用，最本质的还是取决于客户需求。资源最终还是为企业价值实现服务的，而企业价值取决于客户需求。"互联网+"有助于企业实现资源精准化的利用，最大限度地减少资源浪费。当企业明确知道客户需求的时候，就可以为客户提供精准的服务，而不需要同时准备多个方案来试探市场的反应，造成资源损耗。

三、"互联网+"引导传统产业新创企业进入的关键

互联网市场有许多传统市场不可比拟的优势，如进入障碍较低、信息来源渠道较多、效率较高、成本较低等。而传统产业是硬件基础，是生产产品、实现服务的实物载体。目前，传统产业与互联网的结合尚未达到顶峰，此时的创业者应该走在趋势的前端。在此背景下，如何激发传统产业新创企业的活力，并帮助其获得长期的可持续竞争优势就成了传统产业创新发展的关键命题。对于新创企业来说，"互联网+"为他们提供了新的机会进入传统产业，但创业环境瞬息万变，在高度动荡的环境中进入传统产业并获得生存的可能性需要企业抓住"互联网+"这一机遇，既要了解用户的需求，生产出对用户真正有价值的产品，又要考虑节约成本、增加销量，要求企业根据客观情况不断调整产品定位和运营模式，还要在提升组织内部动态能力以应对高度的环境不确定性。

首先，要充分了解用户需求。从早期门户网站向用户"推"内容的 Web1.0 模式，到现在强调参与和互动，让用户自己创造内容的 Web3.0 模式，互联网行业已经发展了多年。在这个过程中，互联网企业的运营模式发生了根本性的变化。与此同时，用户的需求也在不断地变化和提高，如何把握住用户需求并从中获益，是互联网企业所面临的挑战。用户需求已经成为互联网时代商业实践的核心关键词，其地位稳步上升，"顾客就是上帝"不再是一句空口号，并且，那些真正以用户需求为导向的企业都走向了成功。比如，尚品宅配的产品个性化定制模式，小米的智能家居系列，以及顺丰的高效配送服务，在不同的行业，用户需求都同样重要。创业者在进入传统产业后，要更加注重用户需求，而要做到这点，首先就要充分了解用户需求。以抖音视频为例，抖音视频之所以取得巨大成功，就是充分把握并满足了人们对于娱乐的需求。传统的视频媒体电视甚至网络平台以满足大众的娱乐需求为导向，虽然拥有大量的资源，但不足以满足用户个性化的视频需求，抖音正是抓住了这一点，通过搭建算法模型来记录注册用户的每一次看视频的行为，并基于此计算用户的喜好，自动推送用户可能感兴趣的视频内容，从而让用户对平台产生黏性。进一步地，互联网时代，用户的需求是可以被创造的，或者说要充分了解用户潜在的需求并将这种需求转化为产品。随着移动互联网的深入发展，手机成了银行卡、现金等生活必备品的替代品，手机不仅仅是通

信工具，同时改变了人们的消费方式和生活方式，但手机之所以可以替代银行卡，其背后本质上是支付宝、微信支付等新的产品满足了人们对于便捷支付的需求。正如银行卡替代了现金成为满足消费者大额消费便捷支付需求的产品，支付宝、微信则是为了满足人们潜在的更加便捷的支付需求，显然，支付宝、微信并不是支付产业的终极产品，最新的刷脸支付等同样是为了进一步满足消费者更加便捷的支付需求。综上所述，在互联网时代，创业者要充分了解用户的需求以及需求背后的逻辑，以满足用户的个性化需求和潜在需求为目标，只有这样，在"互联网+"背景下，传统产业的创业实践才能获得良好的发展。

其次，要灵活调整运营模式和产品定位。在互联网时代，迭代思维在各个行业、各个领域都有所体现，最典型的案例当属微信。在微信被开发之初，作为一个即时通信工具，并没有得到消费者的过分关注和重视，但是微信短时间内快速迭代，不断推出新的版本，每一个版本相较于上一版本来说可能只是在一个小的程式上进行了修改，但这种快速迭代长期累积下来，使其和初始版本相比已经发生了显著的改变，正如我们看到的那样，微信快速地成为消费者手机里必不可少的 APP 之一。在微信整个运营过程中，从即时通信工具到公众平台，微信始终在不断调整自身的定位，而不是把自己局限在某一个特定的产品定位中，到现在，微信已经成为一个为个人、企业、组织提供业务服务与用户管理能力的全新服务平台。同样，新创企业在进入传统产业之后，一定要消化吸收互联网思维，这是一种迭代的、开放的、扁平化的思维，只有在这种思维模式下，传统产业才能吸收新的能力，激发企业活力，实现新的发展。迭代的本质是积累，是由量变引发质变。具体而言，企业要灵活调整自身的运营模式。虽然运营模式是创业之初的重要决策，但是在运营过程中，一旦发现某种模式不适合该产业，一定要适时做出调整，而不是生搬硬套。因为每一种运营模式都有其独特的适用条件，因此不断调整、不断创新才是必由之路。同样，在产品的定位选择上，企业也可以根据客观条件、用户需求进行调整并且这种调整一定要快速，只有足够快的反应速度才能使企业尽可能降低错误所带来的损失。

最后，要提高企业的动态能力。互联网的广泛应用最直接的将会影响到组织外部技术环境的变化，之后渗透到组织内部，影响组织内部资源获得，最后逐步对人的思想进行潜移默化的影响，从而影响人的决策。互联网的普及加速了 VUCA（volatility, uncertainty, complexity, ambiguity，易变性、不确定性、复杂性、模糊性）时代的到来，使得企业的外部环境变得更加易变、不确定、复杂、模糊。这不仅改变了组织的竞争环境，而且使顾客需求趋于个性化和多样化。因此，组织必须具备应对动荡环境的动态能力。传统产业中的大部分企业难以获得竞争优势的原因是复杂的，其中一个重要原因是组织效率低下，企业应对环境变化的能力不够。因此，在"互联网+"背景下，新创企业一定要注重提高自身的动态能力，这既有利于更好地满足客户需求，又有利于企业灵活调整自身的运营模式和产品定位。为了提高企业的创新能力和学习能力，企业可以营造鼓励创新、宽容失败的文化氛围。此外，建立长期机制以感知环境变化、洞察变革趋势也能够增强企业的整体环境洞察能力。同时，企业可以通过去除繁杂冗余的组织架构，采用扁平化管理的方式来加快决策速度，提高行动质量，并进一步提升组织的柔性能力。

第三节 "互联网+"触发传统产业新进入者发展

一、"互联网+"背景下传统产业新进入者的发展模式

由于传统产业的运营模式相对单一落后，想要从众多商业模式和竞争对手中脱颖而出并不容易，如何提高生产效率、优化商业模式是传统企业亟待解决的问题。在"互联网+"的新形势下，新创企业如何敏锐地捕捉新的商业机会，如何通过整合资源，克服进入传统产业的经验壁垒、技术门槛，从而形成"互联网+传统产业"的新型发展模式使企业在早期成长阶段获得良好发展十分重要。我们认为，可以从"互联网+"的本质中得到一些启示。针对"互联网+"的本质到底是什么，学者已经进行了较为深入的探讨，其中至少达成共识的有两点：一是"互联网+"是以互联网先进技术为基础的，云计算、大数据、物联网、移动互联网的发展为互联网向其他领域的渗透与融合奠定了基础；二是"互联网+"的本质是连接，包括基础层面的人与人的连接、物与物的连接、场景与场景之间的连接，以及进而发展的互联网与产业之间的连接、产业与产业之间的跨界连接等。相应地，传统产业新进入者的发展模式也主要包括：一是推动互联网以及其催生的先进技术在传统产业不同场景的应用，提高企业生产和运营效率；二是模式创新，促进传统产业和与新兴产业的跨界融合。

推动互联网先进技术在传统产业的应用是传统产业创业者重要的发展模式。在"互联网+"背景下，新技术被大量地创造出来，但我们同时发现，新技术很难成为壁垒，很容易被模仿甚至被替代，技术本身并不能成为企业长期的竞争优势，它可以帮助企业进入市场，但很难使企业在动荡环境中长期立于不败之地。企业所处的外部环境在不断发生变化，技术本身也在不断地革新和突破，真正可以为企业提高效率，创造价值的，是技术与场景之间的连接，也就是技术在不同场景的应用。伴随着移动互联网的深入发展，大数据的应用深刻改变了人们的生活和消费方式。例如，大数据在餐饮业的应用触发了美团、饿了么等餐饮企业的发展，大数据在快递业的应用加快了顺丰、圆通等快递企业的精准配送服务之路，大数据在零售业的应用更是帮助零售企业快速分析消费者的消费偏好和习惯，并

根据客户需求进行实时推送。显然,大数据技术并不是这些企业的行业壁垒,更不是企业的竞争优势来源。在专业技术人员的帮助下,每个企业都可以实现技术升级,真正为企业创造价值,使企业拥有核心竞争力的是企业依靠大数据技术的应用所得到的用户数据。因此,在"互联网+"背景下,传统产业新进入者要以提高企业生产和运营效率为目标,推进先进技术与传统产业不同场景的融合,通过技术创新、组织创新、文化创新等手段实现企业的创新发展。

传统产业新进入者的第二种发展模式则是模式创新,促进传统产业和新兴产业的跨界融合。当创业者依靠一种传统产业所不具有的业态或模式进入传统产业后,短期内可能从互联网的用户红利中获利,但在企业的早期成长阶段,或多或少都会遭遇"水土不服"。"互联网+"并不是互联网技术或者互联网产业与传统产业的简单相加,而是需要不断调整、不断创新,实现传统产业和新兴产业的深度融合。在传统交易市场中,当买方无法观测和监督卖方的行为,或者无法获知卖方行动的完整信息,或者观测和监督的成本过高时,交易双方掌握的信息处于不对称状态。由此带来了产品质量低下、消费者信任缺失、市场缩小甚至消失等问题。虽然"互联网+"有利于解决这一系列的问题,但"互联网+"在传统产业的应用同样面临新的问题,比如,虽然新创企业拥有新技术、新模式、新思维,但产业链上下游企业由于长期处于传统产业,思维模式难以改变;新创企业以创新者的身份进入传统产业,必定会损害某些既定获利方的利益,很有可能招致竞争对手的打压;随着消费者需求的变化,传统产业本身对顾客的吸引力不足所引致的创建阶段伪需求消失。这些问题都会对新创企业早期成长造成致命性的打击,这些都需要企业深刻把握"互联网+"的发展规律,快速调整、不断创新,促进传统产业与互联网的深度融合。

二、"互联网+"触发传统产业新进入者发展的路径

在进入传统产业后,新创企业虽然取得了阶段性的胜利,但传统产业的根本劣势并没有发生本质的改变。为避免受传统产业劣势的束缚,新创企业需突破自身的局限性,创造企业价值,这是企业在早期成长阶段重点考虑的问题。因此,需要企业深刻把握"互联网+"的发展特征。互联互通是"互联网+"的根本,互联网深刻改变了社会信息传播的方式,减少了买卖双方的信息不对称问题,为企业和用户提供了交流和共享平台,进而改变了企业的运营模式、营销模式和服务模式。这些创新的模式为传统产业注入了新的活力,提高了传统产业的产业链整合效率,使得新创企业在早期成长过程中快速获得竞争优势。具体而言,主要包括以下三个方面的内容。

第一,"互联网+"促使信息传播从中心化向碎片化发展。伴随着移动互联网的快速发展,信息受众形态明显地由原来的聚合形态变得越来越分散,传统的

电视、报纸等大众媒体传播的中心化信息逐渐被稀释，新媒体的分众化趋势越来越突出，这标志着社会信息传播形态从中心化向碎片化转变，人们已经进入信息碎片化时代。在这种信息传播背景下，个人作为传播个体的处理信息能力大大增强，受众个性化的信息需求越来越多，消费者的行为模式和购买决策也随之发生改变，"全民生产"信息、"微内容"对用户的购买决策发挥的影响越来越明显，并直接关系到企业在市场竞争中的成败。在"互联网+"背景下，信息传播方式进一步改变，微博、抖音等新媒体让信息交互传递更为便利，用户以更高效的方式进行连接。

信息碎片化具有受众碎片化、媒介碎片化、内容碎片化、时空碎片化和行为碎片化五个维度的内涵。对于企业而言，这五个维度的信息碎片化都对传统产业新进入者的营销模式创新提出了新的要求。传统产业的营销模式相对比较固化，而"互联网+"有利于新创企业在传统产业向用户需求碎片化、营销渠道碎片化、营销内容碎片化、营销形式碎片化和营销策略碎片化的方向转变，进而提高营销效率，为企业创造价值。比如，对于农业这一传统产业而言，由于农产品往往具有同质性高、易腐易坏的劣势，而农业经营者又比较缺乏品牌营销意识，经典的营销策略往往难以很好地发挥，但是在互联网时代，大数据针对用户的个性化需求，精准地为那些有高品质农产品需求的客户提供服务，提高了企业营销的效率。

第二，"互联网+"可以减少买卖双方信息不对称。从产业链的角度来看，创业企业既作为买方存在，也作为卖方存在。作为买方时，其卖方是上游的原材料供应商，在与供应商的谈判过程中，"互联网+"增强了企业的议价能力。在互联网的背景下，获取资源变得更加便利，资源的内容也变得更加丰富和全面。传统产业的产业价值链长期以来相对比较固化，在位企业的竞争优势壁垒相对较高，新创企业要想从中分一杯羹，既要创造利润，更要降低成本。大数据等先进技术为企业降低成本提供了技术支撑，创业企业可以在全国甚至全世界范围内进行筛选并做出决策，这有赖于互联网打破地域边界的限制。而当企业作为卖方存在时，其重要的买方则是消费者。互联网在解决信息不对称方面有其自身的优势，如互联网企业通过网络媒介可以把自己要销售的商品相关信息发布出去，为消费者选择、比较、鉴别、决策提供大量的便利，这种媒介也大大减少了交易成本。并且，互联网企业利用自身具备的数据存储、网络传播媒介的优势，结合"互联网+"思维，为消费者和原有传统企业提供信息交流的平台——用户社群网络。对于消费者来说，用户社群网络提供了即时的信息，最大限度地减少了买卖双方的信息不对称，增加了消费者的知情权。企业也可以更全面、更精准地了解顾客的个性化需求，从而为消费者提供高质量的产品，提高客户满意度，增强顾客黏性。另外，当企业和消费者之间信息不对称程度降低甚至消失时，信任程度随之上升，信任作为最重要的无形资源是新企业创建与成长的基础，良好的信任关系有助于新企业在内外交换过程中表现为获得知识信息与发展资源，既降低交易成本和风险，也是新企业持续盈利与成长的前提（祝振铎和李非，2017）。

第三，"互联网+"为新创企业和利益相关者提供交流共享平台。"互联网+"的应用与发展为社会大众提供更多样的交往环境与空间和更便利的资源共享与信息互通的渠道。比如，用户社群网络发展为传统企业提供了交流共享的平台，通过相互学习，可以提高企业的生产效率与服务质量，从而带动整个产业的发展。交流共享平台的精髓在于打造一个多主体共赢互利的生态圈，未来行业的竞争一定是平台之间的竞争，甚至是生态圈之间的竞争，因为单一的平台缺乏系统性竞争力。不过，当传统产业新创企业要谋求发展，却又不具备构建生态型平台实力时，就需要思考如何利用现有的平台。在一个共生共赢的开放式平台中，位于细分领域的企业同样能够获得长期可持续的发展。因此，新创企业在发展过程中，应该把握平台模式背后的逻辑，通过打造或参与共享平台实现企业与供应商、客户甚至竞争对手的价值双赢。因为新创企业作为新加入产业生态圈的一员，其发展需要依靠生态圈内其他企业、用户乃至政府、金融机构、中介机构的帮助。海尔打造的开放式创新平台HOPE（Haier open partnership ecosystem）作为一个创新者聚集的生态社区，同时把技术、知识、创意的供方和需方聚集到一起，提供交互的场景和工具，推动创意的产生和创新产品的形成。赵雪晴和高功步（2015）的研究以苏宁云商为例，说明了生态系统中的企业会根据不同演进时期的外部环境、竞争关系做出不同的战略决策，采取不同的战略行为，以更好地保证自身的发展。

三、"互联网+"触发传统产业新进入者发展的策略

从理论上讲，"互联网+"作为驱动传统产业创新发展的要素，对传统产业新进入者的发展具有积极的影响，有利于提高新创企业绩效。从商业实践来看，互联网与某些传统产业的融合取得了积极的成效，携程、阿里巴巴等企业的成功上市充分印证了这一观点。因此，对于那些进入传统产业仍处于前期成长阶段的新进入者而言，如何在"互联网+"背景下提升企业绩效，使得企业生存下来有赖于国家、产业、企业等不同层面的共同努力。

首先是国家层面。近年来，伴随着创新驱动发展战略的深入实施，在"大众创业万众创新"的政策号召下，我国的创新创业环境得到大幅优化，创新创业更加便利、创业带动就业渠道更加多元、创新创业科技基础更加坚实、创新创业支撑平台效能更加强劲、全社会创新创业氛围也更加浓厚[①]。这为新创企业的创建

[①] 资料来源：《中国大众创业万众创新发展报告（2019）》。

和发展都产生了积极的影响,然而,我们也必须看到,"互联网+"虽然为企业创业提供了便利和支撑,但传统产业高能耗、高污染、低效率等方面的问题仍然存在,"互联网+传统产业"的创新发展模式依然没有完成传统产业的转型升级,这些都需要国家政策措施的大力支持和实际落地。因此,在政策制定方面,应该充分调动全社会的力量,支持新型众创空间的发展,如创新工场、创客空间、社会实验室、智慧小企业创业基地等。同时,也要充分利用现有条件,通过市场化方式构建一批创新创业相结合、线上线下相结合、孵化与投资相结合的众创空间。这些众创空间可以为创业者提供低成本、便利化、全要素的工作空间、网络空间、社交空间和资源共享空间,从而有利于创业者的跨界交流和探索,引导企业跨界行为,推动互联网和传统产业的深入融合。另外,互联网时代最大的特征是"开放共享",因此要营造开放包容的创业发展环境,并把互联网作为生产生活要素共享的重要平台。这是国家体制机制改革所需要秉持的基本理念。同时,鼓励大型互联网企业和基础电信企业向小微企业和创业团队开放平台入口、数据信息、计算能力等资源,并提供研发工具、经营管理和市场营销等方面的支持和服务,以提高小微企业信息化应用水平、培育和孵化具有良好商业模式的创业企业,促进传统产业新创企业的良性发展。

其次是传统产业层面。传统企业创新发展和传统产业转型升级是相辅相成的。企业作为产业的基本构成单位,某个企业或某类企业的发展可能对整个产业产生颠覆性的影响,新进入企业同样不能脱离传统产业本身存在。因此,从传统产业的层面来讲,分析传统产业的在位企业对"互联网+"背景下新进入者的影响十分重要。新进入者要想谋求长期发展,就必须与在位企业建立良性的竞争合作关系;同样地,传统产业在位企业也不得不从变革中汲取影响,实现企业之间的共赢。Kandiah和Gossain(1998)认为随着互联网的兴起,网络化经济环境正在不断形成,这加强了组织间的连接性。因此企业应积极利用网络科技,并与合作伙伴及供应商进行合作,以构建新的组织生态系统并创造新的价值。要知道,新进入者可能颠覆传统产业的运营模式,但这也为在位企业提供了新的发展机会,在位企业可以依靠整合内外部资源实现创新发展。比如,家居企业尚品宅配的前身圆方软件在进入家具销售产业后,虽然颠覆了家具产业的运营模式,但是在很长的一段时间内,它仍然处于成长阶段,不足以取代欧派、索菲亚等传统在位企业。反倒是欧派、索菲亚在尚品宅配的早期发展阶段,快速整合自身的资源优势,运用新的产业运营逻辑,提升自身竞争优势。总之,在产业层面上,要着力于培育"互联网+"背景下的产业创新文化,帮助传统产业在位企业充分理解、深刻把握"互联网+"开放共享的特征,使得在位企业转变传统思维为互联网思维,进而通过借助互联网技术和平台,提高传统产业全产业链效率,重塑产业价值。

最后落地到新创企业自身。互联网时代，传统产业新进入者在早期成长阶段可以从运营模式、管理模式、生产模式和营销模式四个方面出发，谋求创新发展。第一，在企业运营方面，和传统运营模式不同的是，互联网时代，新创企业在发展过程中，要根据内外部环境的变化，快速地调整自身的运营模式。创业团队更是要有敏锐的环境洞察能力，快速地对环境变化做出反应。由于企业运营涉及许多细节问题，囊括企业大大小小、方方面面的事情，这都需要创业者快速做出决策。在资源准备不够充分的情况下，企业要从传统的以长期目标为导向的因果决策逻辑向通过实践和试错来识别机会的效果决策逻辑转变。已有研究表明，效果逻辑对创业绩效具有显著的促进作用。互联网时代，企业的运营模式绝不是一成不变的，企业要学会运用互联网的迭代思维不断进行微创新，通过累积量变引致质变。第二，在企业内部管理方面，"互联网+"背景下，依靠互联网先进技术，企业的管理效率大都有所提升。比如，人力资源系统在传统产业尤其是劳动密集型企业的应用，大大提高了企业的人力资源管理效率。然而，仅仅是管理技术的应用并没有真正反映"互联网+"的本质。互联网时代，企业管理的目标在于真正实现每一个员工的价值，通过员工价值的实现创造客户价值，进而转化为企业价值的实现和提升。对于新创企业而言，技术对劳动力的替代决定了传统产业的新进入者必须更加重视人才。一般意义上的劳动力资源为企业创造价值远不如技术革新所带来的效率提高，而拥有人才的多元化组合则可以帮助企业突破技术的限制，从而提高竞争优势，成为企业竞争优势的来源。企业管理本质上是对企业资源的协调和配置，企业既要提高既有资源的配置效率，又要基于企业现有资源创造新的价值。比如，海尔将每一个员工都转变为创客的设想和策略。第三，在企业生产方面，企业生产效率的提升离不开对产业全价值链的关注。互联网时代，单打独斗的模式已经不可能取得成功。国务院发展研究中心副主任王一鸣（2019）指出，我国处于提升产业链水平的关键时期，要适应国际产业变革发展趋势，由"结构"标准向"效率"标准转变，由"技术"升级向"系统"升级转变，由"产业"思维向"体系"思维转变[1]。企业作为产业链的一环，在研发制造、营销服务等基础环节既要着力于提高生产效率，又要和产业链上下游结合，提高整体效能。第四，在营销模式方面，由于"互联网+"改变了信息传播的方式，碎片化、去中心化的信息传播对企业营销提出了新的要求，传统的营销模式在传统产业已经不再适用。营销的目标在于实现企业与用户之间的连接，企业要全方位地创新营销渠道、营销方式，找准营销对象，精准化地为目标客户制定营销方案。在拼多多

---

[1] 资料来源：http://www.rmlt.com.cn/2019/0708/551304.shtml。

进入电子商务领域之前,互联网对零售业的改造已经相对比较成熟,淘宝、京东等行业巨头已经占领大部分市场,而拼多多之所以在成长阶段就快速获得成功离不开创新的营销模式。针对那些价格敏感的客户,拼多多依靠社交圈的传播,快速吸引大量购物需求停留在"能用就行"阶段的用户。

第六章 "互联网+"驱动传统产业企业商业模式创新

第一节 "互联网+"背景下的商业模式创新

"互联网+"的核心本质是"连接一切、跨界融合"。具体来说，物与物之间通过"互联网+"进行连接，形成了物联网，如沈阳机床，通过数控机床的智能化，实现了智能互联；"互联网+"促使人与人之间通过微博、微信等社会化媒体进行广泛的连接，并形成了用户社区；在场景与场景的连接方面，通过"互联网+"形成了产品生态网络，典型的如小米围绕智能手机形成的产品簇群；同时"互联网+"也促进了企业与企业在空间上的连接，使得传统的集聚于一定地理空间的产业集群得以去中心化，推动传统产业集群的演化，一种从虚拟转向现实，如沙集模式，由当地农户通过互联网进行家具的网络销售，实现了农户+网络+企业的产业集群，另一种是从现实转向虚拟的集群，如沭阳的花木产业集群。此外，"互联网+"促进了企业与企业之间在价值链上的连接，促进了产业价值链的重构，使得传统的价值链向虚拟价值链演变，如滴滴打车等；而在行业层面，"互联网+"则促进了行业生态的形成，推动了行业的跨界融合，如蚂蚁金服。

一、"互联网+"背景下企业边界动态演化的商业模式创新

在互联网环境下，交易成本理论被广泛应用于组织边界确定的研究之中。在信息技术发展的早期，就有学者提出，信息技术的广泛使用将会使企业的边界缩小。Hitt（1999）发现信息技术与垂直一体化的减少有关系，意味着信息技术的增加会改变组织的结构。互联网能够通过降低产品生产成本、交易费用、系统生产成本、行政协调费用影响企业边界（范黎波，2004）。同时，互联网的出现和普及使得市场的交易成本和企业的管理成本都会降低，并且市场交易成本的降低促使市场更多地替代企业进行交易，而企业内部管理成本的降低则使得企业边界不断扩大（周衍鲁和李峰，2006）。

从交易成本理论的本质来看，传统的商业模式旨在维持外部交易成本与内部管理成本的动态平衡，企业的经营范围和活动空间有着清晰的界限，企业边界较为明晰。而随着互联网的广泛应用，在强调连接和打破边界的基础上，企业的商业模式也不再是简单地附着于生产线的管理方式，而是对于生产线上每一个生产环节的打开和延伸，每一个环节都强调物层面的不断连接，传统的商业逻辑被逐

步打开和延伸，新的商业模式创新不断涌现，具体体现为如下两个方面。

第一，企业边界不再是相对稳定的一个形态，而是在和外部连接中不断动态演化的过程。交易成本理论认为，企业边界是由交易成本和内部管理成本所决定的，传统的商业模式就是维持这种平衡的一种企业运营机制。但随着"互联网+"理念的不断深化，首先是技术上的革新带来的效率的提升，使得交易和管理的及时性不断增加，交易成本和管理成本处于不断动态变化的状态。企业的管理成本往往因为一个软件的产生或者升级，就发生巨大的革新。例如，会计领域的用友软件，给传统的会计领域带来了翻天覆地的变化，会计记账不再仅仅通过手工凭证等纸质材料的方式进行处理，企业可以通过软件，直接在电脑端通过数字的存储方式，储存企业的所有财务信息，简化了会计核算流程，提升了会计处理的效率。管理的及时性得到提升，管理成本也因此大幅度下降。因为互联网的推动，企业与企业之间的交易，不再需要通过现金或者通过人力去银行进行转账，可以利用互联网，通过手机银行、支付宝等方式完成交易，从而简化了交易流程，交易的及时性得到提升，也使得交易成本不断下降。因此，交易成本和管理成本都处于不断动态的调整过程中，这也导致交易成本和管理成本所维持的企业边界处于动态的变化过程中，而要维持这种平衡的运营机制，企业的商业模式就需要不断进行创新。

第二，边界的动态演化，催生出更多的商业模式创新。首先，企业的组织柔性的提升带来企业管理方式的不断变革。过去的企业管理，是人层面的直接连接，而随着互联网的应用，人与人之间的连接可以通过网络或者机器建立更加有效的沟通机制，由此使得更多的企业会改变传统的管理方式，企业的管理模式由过去垂直的领导方式转变为扁平化的平面模式。其次，企业的生产线的智能化升级改造带来企业生产模式的变革。传统的商业模式中，企业的生产模式为单一的人工生产或者人利用机器进行辅助生产。而随着互联网的应用，物联网技术逐渐进入企业的生产车间，企业的生产线也面临着不断的升级改造。智能化升级意味着机器慢慢取代人进入车间，"无人化"工厂成为未来生产的一种主要形式，生产管理从人对人的直接管理转变为人对机器的管理，生产模式面临着不断革新，企业需要更新生产方式改善生产模式。最后，企业的销售模式由线下销售转变为线上与线下的混合模式。传统的企业销售，主要是通过企业与企业之间的物联连接进行的，企业要想获得产品，需要实地考察进行调研，才能最终确定。而随着互联网的连接，线上成为企业销售的新路径。企业可以通过线上，不断向外拓展自己的用户规模，形成网络效应，促使销售模式不断进行调整，例如，开设网店等新的商业模式创新孕育而生。企业管理模式、生产模式和销售模式的改变都会带来新的商业模式创新。

二、"互联网+"背景下信息技术资源导向的商业模式创新

资源基础理论认为企业绩效的差异取决于企业拥有的资源和能力,为分析信息技术是否以及如何与企业的竞争优势联系起来,提供了理论分析框架(Mata et al., 1995; 王念新等, 2012)。根据资源基础理论, 组织是资源与能力的集合, 信息技术则是组织中一种重要的资源, 获取、部署和连接 IT 资源去支持和促进组织结构战略以及工作流程的 IT 能力是组织获得竞争优势的重要手段之一。越来越多的管理信息系统的学者应用资源基础理论来研究信息技术的价值(Nevo and Chan, 2007; Melville et al., 2004; 王念新等, 2012), 提出了信息技术资源和信息技术能力等概念。信息技术资源成为企业获取竞争优势所争夺的核心资源, 因为信息技术资源和传统资源有着明显区别, 信息技术资源是通过数字化存储的一种虚拟资源, 所以为了更好地获取和利用信息技术资源, 企业需要对传统的商业模式进行创新。

从信息技术资源本身来看, 传统的商业逻辑旨在利用合理的运营方式不断增加其拥有资源的异质性, 而以信息资源为导向的商业模式创新, 将以信息资源异质性作为主要获取目标, 提高企业的竞争优势。由于"互联网+"连接思维的不断深入, 传统的商业逻辑也随之发生改变。由传统的商业逻辑产生的商业模式仅仅利用人与人或者是人与物的连接来获取更多的异质性资源, 而"互联网+"强调的是万物互联, 人与人之间和人与物之间本身就是一种信息资源。因此, 利用此类资源作为载体又可分为用户流量和用户社群。

从用户流量出发, 新商业模式的本质也在于如何获得连接所带来的资源。传统的商业模式下, 这种信息被蕴含于常见的商品交易中, 很难将用户的各种偏好、需求等清晰地表达出来。而互联网的应用使得用户可以通过多种渠道传递信息, 用户的偏好和需求会通过不断的交易和活动得以体现, 这为用户提供了明确的流量接口, 使得用户偏好和需求的信息可以得到不断积累, 当流量所传递出来的信息足够丰富时, 便可以将这部分流量进行变现。例如, 视频直播平台、短视频等新的商业模式。

从用户社群来看, 新商业模式的目标在于利用社群形成资源增值, 进一步增强信息资源的异质性。用户社群是消费者通过偏好、需求、兴趣等所形成的一个个聚集场所。在传统的商业模式中, 这种聚集往往通过不同的俱乐部形式所形成, 多采用实体场所形成聚集。相对来说, 用户资源和用户需求较为固定。而在互联网背景下, 随着信息技术的广泛应用, 用户可以通过网络形成虚拟聚集。受到网络效应的影响, 这种由用户偏好和需求产生的聚集往往还会不断改变, 用户社群也会不断地发生改变, 在同一个社群下可能不断形成新的子集。这种聚集带来了新的信息技术资源库, 使得企业可以进一步扩大其用户规模。例如, 微博、哔哩

哔哩等社交平台，形成了"互联网+"背景下的新商业模式。

三、"互联网+"背景下信息共享导向的商业模式创新

在"互联网+"时代，现代信息技术的快速发展减少了信息不对称性带来的负面影响，降低了企业的交易成本，推动了企业从传统的线下交易为主转变为以电子商务线上交易为主的经营模式（赵崤含等，2022），逐步由单一化发展转向多元化发展。网络信息技术既可以帮助企业提高内部运营绩效，又可以为企业实现资源整合、与客户互动等提供便利。然而，企业仍然面临着资源不足的难题。而且，在"互联网+"环境下，企业通过各种 APP、微信、微博与客户多点接触，面对的竞争更加激烈，而如何利用互联网进一步开发、整合创新的资源，更好地处理与其他企业、客户的关系，获取企业发展的关键资源，成为众多企业迫切需要解决的问题。因此，企业需要对传统商业模式进行创新以适应新的环境，具体体现在如下方面。

第一，以信息共享为导向的商业模式创新，可以缓和组织间信息不对称所造成的协调成本问题。从合作方来看，随着互联网信息技术的广泛应用，企业获取信息的渠道更加多元化。企业通过互联网与其他企业建立联系，不再需要因为资源局限于与单一企业进行互动。企业可以根据所掌握的更多的信息，和外部企业开展互动和合作，企业因为信息的缺失而导致的协调成本产生的资源依赖也会发生缓和。从被合作方来看，因为信息技术的使用，被合作方获得更多信息，可以和更多的潜在合作者展开合作，由此催生出新的合作模式——众包创新模式。众包是一种具有不同数量、知识背景及地域差异的个人、机构、非营利组织或企业群体通过网络平台公开征集或自愿承担任务的网上活动（郝琳娜等，2014）。企业的合作不再局限于正式组织之间，企业往往还会和个人或者非正式组织之间展开合作，企业的合作网络进一步扩大，企业的竞争能力也随之提高。

第二，以信息共享为导向的商业模式创新，便于企业获得战略联盟网络中的结构地位，使企业更容易加入多方联盟，形成竞争优势。在传统的商业模式下，企业之间联盟往往非常困难，企业为了维持自己的资源优势，往往会选择闭环模式，不会乐意进行分享从而影响企业创新。而在互联网背景下，随着信息技术的广泛使用，企业很难保持自己所掌握的信息优势，其他企业可以很轻易地获得众多信息开展活动。同时，由于外部竞争环境的改变，竞争性资源发生改变，企业由于受到对资源的制约而被动地进行战略变革，并且，企业会采取多种策略以减少资源拥有方的权力控制。随着策略的实施，通过整合内外部资源，形成了新的能力和竞争优势，另外，资源依赖关系的变化和关联组织的外延促使商业生态成员结构、相互关系以及功能发生变化，最终导致商业模式的重构（夏清华和陈超，2016）。因此，组织因为对潜在合作伙伴依赖性的减弱，越来越愿意联盟，从而更

好地控制资源,以便于更好地维持资源优势。

四、"互联网+"背景下虚拟价值链导向的商业模式创新

传统的实物价值链指出,"每一个企业都是设计、生产、营销、交货等过程及对产品起辅助作用的各种互相分离的活动的集合"(沙秀娟等,2017),这里所说的价值链更多的是由一系列线性连续的活动构成的实物价值链。而随着互联网的广泛应用,从本质上来看,"互联网+"代表的是"连接一切",而"连接一切"就使得原本按照既定规律运行的事物必将偏离以往的发展轨迹,摆脱传统发展模式,传统的设计、生产、营销、交货不再全部以实体交换的形式来储存,而是依附于虚拟价值链的连接效应开展信息活动。与实物价值链相似,虚拟价值链可用于实物价值链的各个阶段,水平地使价值增值,只是虚拟价值链需要在互联网上操作(杜义飞和李仕明,2004b)。由于虚拟价值链是对传统实物价值链进行信息提炼的结果,因此它可以更好地反映传统价值链的各个环节,增强了传统实物价值链的可视性,便于管理者对传统实物价值链各个环节进行协调管理,从而取得协同效应(尹美群和胡国柳,2005)。因此,企业应努力把实物价值链上的每个环节结合到它的虚拟价值链上,获取与传统价值链的协同效应,取得竞争优势(朱瑞博,2004b)。具体体现在以下三个方面。

第一,以虚拟价值链为导向的商业模式创新,将改变传统的采购、营销及售后服务活动的方式。互联网使得企业与客户、供应商、分销商实时联系,能够及时获得动态信息,变大量采购为"小批量、多批次"采购模式;同时由于互联网媒介兼顾了信息传播的广度与深度,营销及售后服务活动更多地采用线上信息传递、沟通(马秀丽和孙友杰,2004),在降低了信息传播成本的基础上,提高了信息传播的效率。

第二,以虚拟价值链为导向的商业模式创新,将改变企业的生产方式,并给传统行业带来一场革命。计算机辅助设计和制造技术不仅可以使企业降低新产品的设计和生产成本,还能够大幅度降低对现有产品进行修改或者增加新的性能的成本。此外,互联网还有助于企业与客户之间更好地互动,使得企业可以更为迅速地设计和加工产品,满足客户的不同需求(尹美群和胡国柳,2005)。企业与客户之间的信息传递加快,企业开始考虑根据用户需求展开定制化产品生产的新的商业模式。例如,家具类企业通过网络软件开展定制化服务。一是对用户需求在网络端呈现设计方案,二是根据所定制出的设计方案再进行生产。和先进行调研或者在销售之后进行反馈、改进生产的传统商业模式已经完全分离。

第三,以虚拟价值链为导向的商业模式创新缩短价值链环节,将改变传统实体价值链上下游关系,以虚拟价值链重构价值传递网络。首先,供应商等产业上游可以跳过下游分销商,通过互联网直接销售产品开辟新的市场。传统的商业模

式中，企业的价值链互动是横向展开，不可以跳过步骤直接进行，而在互联网背景下，信息和连接成为新的商业活动的主要载体，传统的横向的价值链转变为虚拟的立体的价值链。价值链的上下游都是相互连接的，企业可以根据所需，任意地进行上下游的互动，改变了原有的运营模式，其商业模式也因此而发生改变。其次，互联网的应用可以大大减少产业内上下游企业交通、通信等方面的非核心价值活动（黄敏学，2000）。企业通过虚拟价值链，构建统一的虚拟平台或者企业虚拟价值链网络，使得企业可以连接更多的资源，更丰富地开展新的商业活动。跨领域运营不再成为企业活动的障碍，越来越多的企业涉足更多的领域，"互联网+"背景下的再创业活动成为一种新的潮流。最后，进行价值创新。价值创造一开始只是涉及物质产品的制造方面，价值增值被认为只有通过大量的产品制造和装配技术才能实现，但是，互联网时代使得价值增值可以通过提供服务来实现，并且服务环节在很大程度上依赖于先进的信息技术（杨春立和于明，2008）。在电子商务情境下，信息的重要性使得虚拟价值链能够驾驭实物价值链，使得价值创新越来越多地建立在信息和知识上（陈荣和吴金南，2006）。电子商业使得价值链的边界变得模糊，竞争也可能来自价值链之外。除了在价值链中获取利益外，企业也可能通过互联网建立新的产品与服务流，互联网不只是一个直接连接顾客或价值链参与者的渠道，也是一个改革的平台。它不需要接触物质世界存在的复杂成本，如果企业选择通过互联网来提供一些之前由别人所供给的产品或劳务来创造新价值，那么这样的改革就会增强竞争力（迟晓英和宣国良，2000b）。

五、"互联网+"背景下价值共创导向的商业模式创新

在传统的商业模式中，企业需要依赖自己对外部环境的适应和协调能力，面对可能存在的风险。企业之间通过企业生态链进行联系，较为独立地开展商业活动。企业的价值创造也依赖于企业各自的商业活动互不相关。

在"互联网+"背景下，以价值共创为导向的商业模式创新使得企业的边界被打开，企业与企业之间的交集越来越大，而这种交集依靠生态链的联系形成了一个统一整体——互联网企业生态系统。互联网企业生态系统是去中心的网状结构，企业关系表现为网状、去中心、多向化、并发、实时、协同等特点，并且企业之间是强连接关系。互联网企业生态系统是互联网生态群落与互联网产业环境之间，通过资金、信息、技术、人才的流动，相互作用、相互依存而构成的一个整体。具体而言，它是由互联网企业生态主体、互联网企业生态环境、互联网企业生态调节机制三部分为支撑的相互作用动态平衡系统。

第一，互联网企业生态系统依托企业平台，进行信息资源共享，为企业价值创造提供保障。企业平台是互联网企业生态系统中的重要一环，通过企业平台，在相对统一的制度安排下，生态系统中的企业呈现一种稳定的结构，企业之间因为制度的一致性，可以有效地进行信息技术的共享和资源的有效传递。不同的企业之间可以通过企业平台获得信息，并且不同企业之间由于能力的差异，对于信息的理解程度也并不一致，企业通过平台可以共享自己的信息，从而更有效地利用信息。此外，外部环境是影响企业商业活动的重要因素，而互联网企业生态系统依托企业平台，提高了平台企业的应对风险的能力，有助于平台企业更稳定地进行交易活动，为企业价值创造提供条件。

第二，互联网企业生态系统通过企业平台，使得企业经营向多场景化发展，从而改变了企业交易模式和经营模式，进而促使企业创造更多的价值。企业平台的建立，使得企业生态系统有了一个稳定的载体，企业商业活动由独立开展向依托平台开展而转变。单一企业无法满足用户的多场景需求，而互联网企业生态系统通过企业平台以价值共创为目标，集合平台企业能力，能够更有效地满足用户对于多场景交易的需求，从而有利于保证价值创造活动的开展，使得企业创造更多的价值，并催生出更多的商业模式创新。

第二节 "互联网+"背景下商业模式创新路径

"互联网+"背景下商业模式创新成为一种必然的趋势。商业模式是描述企业价值创造、价值传递和价值分配的基本框架（Amit and Zott, 2012）。"互联网+"背景下商业模式创新的路径主要涉及两个层面：场景层面和用户层面。也就是说，"互联网+"一方面通过驱动场景价值创造、价值传递和价值分配来驱动商业模式创新，另一方面也会直接作用于用户层面，通过对用户价值的再创造从而推动企业商业模式创新。

一、"互联网+"通过驱动场景价值创造实现商业模式创新

"互联网+"背景下商业模式创新的第一条路径是通过在不同的场景中进行价值创造，从而打破企业的组织和知识边界，形成场景价值，最终实现商业模式创新。"互联网+"时代的来临，最显著的改变是时间、地点、需求已经不再是企业交易限制的核心内容。"互联网+"的连接，促进了企业不断地打破边界，企业的经营向多场景化转变。"互联网+"驱动场景价值实现主要基于以下三个方面。

第一，"互联网+"通过降低企业交易成本，促进企业打破组织和知识边界。信息技术的应用，使企业可以更广泛地获取信息，并改善交易中可能出现的信息不对称导致的成本升高的状况，使得过去交易中的核心要素搜寻成本和议价成本发生明显下降；另外，信息资源成为企业建立竞争优势的新的异质性资源，企业对于信息资源形成新的依赖性。由于信息技术是"互联网+"的核心要义，而信

息资源是"互联网+"的主要载体,所以企业为了能够建立竞争优势,信息技术的获取和利用成为企业需要解决的首要问题。并且"互联网+"的核心内涵是连接,意味着同一个信息技术往往连接的载体不同,这导致了其性质和作用也会发生明显改变。所以对于企业来说,打破传统知识边界,将信息技术应用到多场景,是企业建立竞争优势的重要条件。

第二,企业的组织边界和知识边界的打破,是企业进行多场景化价值创造的前提,因此,"互联网+"通过场景化运用,传递和分配价值。"互联网+"催生的全球互联,使得地理和空间的分布不再成为企业经营的限制条件,多场景化是企业经营的趋势所在。场景是时间、地点、情感等特定场景元素以及企业、用户及其他利益相关主体之间的关系,而场景化是指在通过信息技术以及用户需求的个性化的带动下,企业将场景元素与企业商业元素相结合,进行价值整合和利用的过程。传统的行业分类,使得企业的经营都是固定在一个场景内,经营方式较为单一,只能满足较为固定的用户需求,而"互联网+"的连接效应,使得单一的场景边界得到打开,传统的价值传递和分配不再能满足现实的需求。同时,新的情境要求企业的经营理念发生改变,由传统的以满足市场需求为主转变为以满足场景需求为主。场景需求意味着企业需要根据不同的用户、不同的使用情境开展可定制化服务。企业的价值链也不再简单地通过流水线产生标准化产品,之后再进行价值传递和价值分配,而是运用信息技术在需求个性化的带动下,将企业的商业元素和不同的场景元素相结合,根据场景需求进行价值传递和分配。

第三,企业的价值传递和分配,是企业能够不断地进行场景价值创造的内在动力,也是企业再创造价值的重要前提,所以"互联网+"通过商业模式与场景化相融合,进行场景价值创造。商业模式是企业创造价值、传递价值和分配价值的基本框架,价值创造是商业模式得以形成的重要条件。场景价值创造主要包含交易价值、使用价值和场景价值三个方面(江积海,2019;江积海等,2022)。交易价值是指"凝结在产品上的抽象劳动",使用价值是指用户愿意为产品支出的意愿。传统的价值创造仅仅会关注交易价值或者使用价值,即将抽象劳动变现或者以满足用户需求为产品生产目标,以此实现经济价值。而在"互联网+"背景下,商业的多场景运行,成为企业转型的重要方向,因此,场景价值成为企业商业活动需要关注的重要元素。场景价值依赖于商业模式与场景化的结合,商业模式主要包含了用户需求以及用户的价值主张,而场景化包含了时间和空间,两者结合,主要分为四种模式:用户需求的时间场景化、用户需求的空间场景化、用户价值主张的时间场景化以及价值主张的空间场景化。用户需求的时间场景化,指的是从时间维度来理解用户需求。传统用户需求需要时间才能传递给企业,所以满足用户需求具有延时性,而"互联网+"的应用,使得这种局限被打破,用户需求可以通过信息技术即时进行传递;另外,通过大数据分析用户活动,可以对用户需求进行一定程度的预测，所以用户的需求可以随时得到满足，体现了即时性，促进了场景价值的创造。用户需求的空间场景化，指的是从空间维度理解用户需求。传统用户需求和具体的地点、空间密不可分，用户的价值创造依赖于具体的场地得以实现，而"互联网+"的应用，使得实体空间向虚拟空间转移，用户需求可以通过虚拟空间得到满足，不再局限于具体的场地，从而不断创造场景价值。用户价值主张的时间场景化，指的是用户的价值主张嵌入时间维度的过程。传统的价值创造，需要用户将自己的价值主张与企业的价值主张进行匹配之后才能达成，而在"互联网+"背景下企业的价值主张得到扩充，企业在随时随地的交易互动中不断积累信息，使得用户价值主张滞后于企业所拥有的价值主张，用户已经产生和未来将产生的需求，都可以得到满足，体现了随意性，由此场景价值不断被创造。用户价值主张的空间场景化，指的是用户价值主张嵌入空间维度的过程。主要体现为产品突破过去单一的产品边界形成产品组合形式。传统的价值创造过程，只是单一的产品满足用户单一的价值主张，而在"互联网+"背景下，产品边界得到延伸，企业希望满足的不仅仅是用户单一的产品需求，而是对产品需求的不断延伸，以此来创造更多的场景价值。

因此，"互联网+"通过降低交易成本，打破企业组织和知识边界，通过场景化运用，传递和分配价值，将商业模式与场景化相融合，实现场景价值创造，最终产生商业模式创新。

二、"互联网+"驱动构建平台价值创造机制实现商业模式创新

"互联网+"背景下商业模式创新的第二条路径是通过构建企业平台，并通过企业平台赋能，形成稳定的组织生态系统，进行价值共创，最终实现商业模式创新。

第一，通过企业平台构建稳定的组织生态系统，形成合理分工，为价值创造提供原始条件。根据资源基础观和资源依赖理论，企业平台赋能指的是企业平台可以凭借其所处组织生态中的核心地位，以及自己所拥有的独特的信息资源，通过强大的资源整合能力和交易匹配能力，实现价值链上的所有增值服务，并优化平台上的经营企业的运营模式，有助于平台企业增强对环境的适应能力和调节能力，促进整个企业平台价值创造能力的不断提升。企业平台赋能包含两个层面的含义。一是以其所拥有的竞争优势，获取组织生态系统的核心地位，并以所掌握的异质性资源成为其保持核心地位的重要支撑。平台企业在双边市场中占据着核心位势（Evans and Noel，2005），根据结构洞理论，无疑会使得企业掌握更多的知识和信息，并且增强对于其他利益相关者的影响。二是在同一个组织生态下赋予平台企业以能力为导向，使得组织成员努力提升组织能力，获取对环境变动能够显著适应的动态能力，促进整个平台企业价值创造能力的提升。平台赋能的结

果表现为推动平台上的所有组织获得更高的动态能力，提升对环境的适应性和自我调节能力。企业平台与平台企业之间形成了价值共同体，通过对资源的整合、信息的交换以及共同的制度构建来实现价值的创造、传递和分配。企业平台是制度的制定者，而平台企业是制度的执行者，通过对价值创造过程的分析，可以发现双方所扮演的角色并不一致：其一，企业平台主要负责制度的制定，负责为平台企业提供情境价值，而平台企业所提供的产品和服务的交易价值以及使用价值的变现都离不开情境价值的创造；其二，企业平台通过平台治理确保与平台企业之间保持良好的分工，形成更加稳定的组织生态结构，企业平台和平台企业互相获取互补性资源，为价值创造提供基础条件。

第二，企业平台推动平台企业形成合力，实现价值共创。价值共创被划分为"共同制定计划""共同解决问题""灵活调整"三个维度（Claro and de Oliveira Claro, 2010）。当企业平台赋能完成后，价值共创成为这个稳定组织生态需要解决的核心问题，主要体现在三个方面。①在"互联网+"背景下，企业平台掌握的信息资源成为重要的战略性资源，平台通过大数据、云计算等手段，将包含市场变化，用户需求信息的资源共享给平台企业，有利于平台企业利用动态能力，对市场的变化进行感知，调整自己的目标，以此保证资源的合理分配。②价值共创体现在平台企业的联合参与行动上，而这种联合参与行动，需要建立在企业平台赋能所形成的共同影响的基础之上。企业平台赋能使得价值共创的参与方通过虚拟契约形成深度融合，形成合力，共同解决可能出现的各种问题，避免资源的浪费，使得资源转换的效率更高，更容易产生平台价值。③在企业平台赋能的情境下，开放的竞争策略、共享的信息及共同的制度框架，使得资源的整合更加便利，有利于平台企业在多变的外部环境中，更有效地应对风险，提高风险转换能力，并形成更强的竞争优势，实现更多的平台价值创造。

三、"互联网+"驱动建立用户信用价值创造机制实现商业模式创新

"互联网+"背景下商业模式创新的第三条路径是通过建立完善的信用体系创造新的用户价值，最终实现商业模式创新。"互联网+"驱动建立用户信用价值创造机制，主要体现在如下两个方面。

第一，"互联网+"用户信用信息与场景的深度接入，促进交易的产生。对用户信用信息的了解程度，有利于保证交易的开展，从而促进价值创造，主要体现在两个方面。一是从交易成本理论来看，交易成本存在于社会关系中，从中观层面来看，是企业与个人之间的互动，而从微观层面来看，是个人与个人之间互动产生的。首先，从中观层面来看，企业所有权的分配取决于交易成本的大小，企业决定是否签订契约完成交易，需要对交易成本、风险和时间三个方面进行衡量。从微观层面来看，交易是否发生，取决于个人之间对于双方信息的了解，信

用是交易能够合理开展的重要因素。利益最大化和成本最小化，是交易能够产生的重要条件，对于信用信息的掌握，可以减少交易过程中产生的直接成本以及交易可能产生的沉没成本，从而促进交易的产生。二是从契约理论来看，在信息的动态博弈中，契约不一定会导致敲竹杠行为，如果声誉效应超过敲竹杠效应时，经济行为就会趋向于更有效（Simon，1997）。用户和企业对于契约的相互遵循是交易发生的根本保障，企业对于用户信用信息的了解程度会对交易的发生产生影响，若用户信用较好，则企业更愿意和用户保持持续的交易行为，而当用户处于较差的信用状态，则企业不愿意与用户发生交易，就会阻碍价值创造。所以用户信用体系的建立，有助于保证交易的合理产生。因为"互联网+"的应用，时间和空间不再成为限制用户活动的因素，交易可以产生的情境更加多元化。当用户信用信息接入更多场景中，交易的发生将变得更加频繁，从而为价值创造提供了沃土。

第二，通过企业平台，共享用户信用信息，实现用户信用价值创造。虽然，用户的信用体系可以介入多场景中，促进交易的开展，为价值创造提供条件，但这种交易更多地表现为交易价值和使用价值，难以产生商业模式的创新。而通过企业平台，可以通过大数据和云计算等信息技术，对于用户信用信息在多场景的应用中进行分析，更有效地了解包括用户的个人情况、交易的频繁程度、交易的偏好、交易的需求以及交易的信用，可以促进平台企业在多场景中对用户需求和意愿进行满足，从而产生更多的场景价值，有助于商业模式的创新。基于对用户交易信用的调查与了解，企业可根据用户信用开展更多形式的交易互动，例如，产生共享、借贷消费等新的交易模式，将用户信用逐渐变现形成新的价值。用户信用的变现所产生的价值创造主要体现在两个方面。一是从资源基础观来看，用户信用本身是一种用户信息，是一种资源，所以对于企业来说，获取用户信用信息，会使得企业积累资源优势，并且企业可以将用户信用资源变现。例如，给高信用的用户提供定制化服务或者针对不同信用等级的用户，匹配不同的交易模式等，使得企业创造更多价值。二是从信息不对称理论来看，交易双方的信息不对称是阻碍交易产生和价值创造的不利因素。而用户信用信息是企业缺失的重要信息，当企业接入企业平台获取用户信用信息，可以帮助企业更有效地了解交易方信息，而且可以针对交易方情况，有选择地开展业务和服务，便于交易的稳定。与此同时，企业可以通过用户信用信息与用户需求等其他信息进行匹配，可以开展新业务或者产生新的交易模式等，实现用户信息的价值创造。

因此，"互联网+"通过实现用户信用信息与场景深度接入，促进交易的产生，并且将用户信用信息与企业平台接入，产生更多形式的交易场景和交易模式，从而创造用户信用价值，最终实现商业模式的创新。

第七章 "互联网+"驱动传统产业企业转型升级

第一节 互联网与传统企业转型升级

一、企业转型升级的内涵和影响因素

（一）企业转型升级的定义与内涵

企业转型升级主要涉及"转型"和"升级"两个方面。其中，转型直接来讲就是企业状态的切换和转变，也就是说企业从一个产业转换到另一个产业或者企业从一种发展模式切换到另一种发展模式，前一种产业的转换体现为企业进行跨行业转换，而后一种发展模式的转换则体现为企业在原来所在行业发展轨道的转换（吴家曦和李华燊，2009）。国内外众多学者围绕企业转型这一话题进行了广泛的关注和讨论，关于企业转型的定义众说纷纭，对于"什么是企业转型"这一定义尚未达成一致意见。贝克哈德从组织行为学的角度提出企业转型是一种企业在组织形式、组织结构以及组织的根本性质等方面发生的改变（齐振宏，2002）。与这一观点类似的是，Levy 和 Merry（1986）提出企业转型需要对组织核心流程、文化、管理、创新和演化等各个方面的问题进行彻底性的改变和变革。也有学者对这一观点提出了质疑。例如，Shaheen（1994）提出企业转型起始于组织自身认知的跳跃性转变，在认知转变的基础上随之会发生组织战略、组织架构、组织权力配置方式以及组织商业模式等多方面的改变。针对企业转型，我国学者也进行了相关的探讨。例如，王吉发等（2006）提出，企业转型起始于企业在所处行业之中的竞争力下降从而迫使企业进行战略变革，或者是企业所处的行业处于衰退的状态，由此企业发展也会受到限制，从而迫使企业进行跨行业转移来激发企业的活力并重新开始新的生命周期。在进行跨行业转换的过程中，企业既可以保留原有行业的业务通过进入新的业务领域来实现多元化的发展，同时也可以选择完全退出原来所在的行业，开展全新的业务来进入新行业，从而实现转型发展。

关于企业升级，Gerrefi（格雷菲）在1999年最早对企业升级的概念进行界定，他通过采用全球价值链的分析模式提出企业升级本质上是企业获利能力跃迁的一个过程，也就是企业从低获利的业务领域转向高获利的业务领域的过程。与之不同的是，Humphrey 和 Schmitz（2000）切换到组织学视角，指出企业升级就是企

业在获得以及提高自身的技术研发能力和市场营销能力的基础上,来提升自身竞争优势从而获取更高的附加价值的过程。在此基础上,Humphrey 和 Schmitz 于 2002 年又从价值链的角度对企业升级进行了进一步的阐释,他们指出任何能使发展中国家的企业获得收入、维持收入以及提高收入的业务活动都是企业升级。企业升级包括部门升级、功能升级、产品升级和过程升级四种类型。并且,Humphrey 和 Schmitz 在 2004 年又进一步提出,企业升级涉及企业范围的升级、升级的程度以及升级的过程和路径等,而这一系列的活动都会受到价值链治理模式的深刻影响。而 Kaplinsky 和 Morris(2000)采用了实证研究的方式,通过探索发现企业升级的过程其实具有相似性,企业的升级过程是企业从具有低附加价值的劳动密集型生产过程转向具有高附加价值的资本密集型或是技术密集型的生产过程,这种附加值攀升的过程就是一种升级的本质。从总体上而言,传统企业转型升级主要包含两种方式。第一种是传统企业通过进入一个新的行业来进行转型升级。当传统企业原先所在的行业成为"夕阳产业",进入产业的衰退期时,企业可以采取"劣势转型"的战略,从一个"夕阳产业"转而进入一个新兴的处于成长期的行业,从而激发传统企业的活力,开启新的"生涯",进入一个新的生命周期。第二种是企业进行价值链升级。传统企业需要进入并掌握高附加价值的环节。例如,传统的"微笑曲线"理论指出,生产制造是价值链中的低附加值环节,而研发设计和营销售后环节则具有较高的附加价值。而我国传统企业就往往处在具有低附加价值的生产制造环节,要进行转型升级就要进行技术优化、流程优化、产品优化,向具有高附加价值的环节进行攀升,才能获取更大的收益和利润,也才能在行业竞争中"脱颖而出",获取竞争优势,实现长期的可持续发展。

传统企业转型升级有六大特征,包括战略性、时段性、阶段性、方向性、风险性和全局性(陈江勇,2012)。一是战略性。企业的转型升级并非仅涉及一般意义上的产品研发和产品设计,而是企业在面对外界变化(如市场环境变化和研发技术变化等)所带来的压力时对企业现有的经营业务进行战略性思考并做出进入一个新的行业的战略性决策。因此,企业转型升级对于传统企业而言是具有战略性的,涉及企业战略决策的调整和变更,并对企业未来的运行轨迹、发展目标以及企业运营的模式等各个方面都具有战略性的影响。二是时段性。时段性是指,企业转型升级并非一项频繁性的行动,也并非一个"点",而是需要结合所选目标行业的特征以及现在所处行业的劣势进行考虑,从而做出合适的战略规划并予以执行的一个过程。从转型升级计划的制定、计划实施到进入一个新的行业再到在新行业中建立竞争优势的整个过程耗时较长,具有长期性,这也使得企业转型升级具备了时段性。三是阶段性。企业转型升级是企业在现在所处某个阶段的基础之上进行升级,而在企业完成升级之后,随着企业发展的不断深入,企业可能又会面临一定的困境等情况需要进行转型升级,也就是说,只要是企业面临效益不高等情况,企业在条件允许的情况下就能够进行转型升级。转型升级带给传统企业的活力和效益并非能一直维持,而是需要企业源源不断地将新的资源和要素投入其中,才能维持企业运行和发展。四是方向性。传统企业转型升级的方向性是指企业在做出转型升级决策时会根据企业的现状准确评估,然后选定某一个方向进行转型升级。五是风险性。传统企业要进行转型升级需要投入大量的资源,这些资源很大部分都需要从企业其他的生产研发、设计制造等环节进行资源调配,而这一资源调配的过程可能会导致企业现有的运营出现障碍,从而可能导致企业转型升级失败。不仅如此,企业的外部环境处于不断变化的状态当中,外部环境的动态性会对企业造成较大的挑战,并且要进入的新行业中的竞争对手也会对企业造成威胁。因此,传统企业的转型升级具有较强的风险性,在做出转型升级的决策之前,企业需要进行充分的市场调研,评估市场风险,制定完备的计划,并要做好承担风险的准备。六是全局性。传统企业在做出转型升级的决策时不仅要考虑自身的优势和劣势,也要考虑到现有行业以及要进入的新行业中的竞争对手可能会带来的挑战和威胁,准确、全面地评估外部环境给企业带来的威胁和机遇。不仅如此,企业转型升级不仅涉及企业战略方向的转变,在决定进行转型升级之后,企业还需要对组织架构、组织流程、组织文化、组织管理等各个方面都做出调整。因此,传统企业的转型升级需要具备全局性。

(二)企业转型升级的影响因素

关于企业转型升级的影响因素,国内外学者进行了一些探讨,但现有研究还停留在初级阶段。通过对现有研究进行梳理,企业转型升级的影响因素主要分为企业内部和企业外部两个方面。影响企业转型升级的外部因素主要包括市场竞争程度、环境保护、政府政策等方面。影响企业转型升级的内部因素主要包括企业的人力资源管理、组织文化、组织营销能力、企业自主创新能力等。

从企业外部的角度来看,企业所处的宏观环境,包括经济、社会文化、法律、环境以及政策等都对企业的转型升级有着直接的影响(马小援,2010)。其中,政府政策对于企业转型升级的影响尤为明显和突出。有学者指出,政府对于企业所处区域创新环境的建设,以及对企业转型升级的引导与推动都能够在很大程度上促进企业转型升级取得成功(Gans and Stern, 2003)。陈洪涛(2009)也提出,政府对于产业政策和金融政策制定、市场规则的执行以及产业相关服务平台的建设和支持都对整个产业的发展和企业转型升级战略的制定等有着举足轻重的影响。另外,也有学者从国际环境的角度对企业的转型升级进行了分析和探索。例如,毛蕴诗和汪建成(2009)指出,国际贸易环境的变化,如环境保护程度的变化、通货膨胀的变化、原材料供应情况的变化、劳动力成本的变化以及国家与国家之间贸易往来是否遭遇摩擦等都可能会对企业的发展带来影响。当国际贸易环境对企业的发展形成压力时，就可能迫使企业不得不进行转型升级来应对其带来的压力和挑战。而在国际贸易环境发生变化的过程中，不单单可能会对企业形成压力，也可能会为企业的发展创造一些机遇，而此时企业就要充分抓住并且利用国际环境变化所带来的机遇。比如，可以进行跨国际的产业转移，开展跨国际的企业合作，并且利用国际合作的机会借鉴吸收不同国家、不同企业的先进技术与管理方法，促进自身技术创新能力、自主研发能力的提升，最终加快自身进行转型升级的步伐，提高转型升级成功的概率。此外，企业所在行业的竞争环境也可能会影响到企业的转型升级过程。当企业所在行业的竞争趋向同质化时，企业所面临的压力可能会更大，由此也会迫使企业做出转型升级的决策（刘志彪，2000）。

从企业内部的角度来看，企业自身因素对于企业转型升级的影响更为直接。众多学者指出，企业自身与技术相关的能力对于企业转型升级有着关键性的影响，与技术相关的能力包括技术引进能力、技术吸收能力、技术创新能力等。这是由于技术相关的能力是一个企业竞争优势形成的核心，会影响后续的产品创新、流程创新等，从而对企业转型升级起到重要影响（史忠良和何维达，2004）。王一鸣和王君（2005）也指出，我国企业转型升级目前遭遇困境的一个原因就是我国传统企业的自主创新能力较弱。自主创新能力的不足导致我国企业过于依赖技术引进，也会影响企业开发新产品、研发新技术的主动性，这类企业一般也不太倾向于改变现状，从而阻碍了企业的转型升级。另外，企业的转型升级需要对组织内的资源、人才、架构等进行重新调整和建构，而在这一过程中也需要企业其他相关支持性系统作为支撑，如人力资源支持系统、资金支持系统等，从而能够保证企业转型升级的顺利实施和实现，不仅如此，企业的组织架构也会对企业的转型升级产生较大的影响，如果企业现有的组织架构较为复杂，那么企业转型升级的实施要打破原有的组织架构就可能会面临更大的阻碍（李海东和林志扬，2012）。沈正和魏文斌（2012）指出企业的组织文化也会影响到企业的转型升级过程，当企业的文化具有较强的开放性和创新性时，企业可能会对组织变革也持有一个更为开放的态度，企业转型升级的实施也更为顺利。此外，在一个组织中，企业家是一个组织决策的制定者，因此，企业家的特质也会对企业的转型升级产生非常深刻的影响。例如，企业家的抱负会影响着一个企业进行自主创新的倾向以及对外界的开放性程度，从而影响企业的转型升级过程（Cyert and March，1964），而企业家的创业导向等会在很大程度上决定企业的冒险倾向，从而影响企业组织变革的实施，影响企业的转型升级。

二、"互联网+"背景下传统产业企业转型升级的态势

随着信息技术的迅猛发展，"互联网+"广泛地渗透到了经济活动和社会文化的各个方面。我国的经济发展处在转型过渡时期，我国传统企业也一直处在低

速的发展状态。而"互联网+"的到来彻底改变了我国的经济社会环境，对传统企业也造成了极大的冲击。总体而言，在"互联网+"时代下，传统企业受到了极大的挑战，同时也面临一些机遇，而转型升级成为我国传统企业迎接挑战、抓住机遇要采取的重要措施和手段。

（一）"互联网+"背景下传统企业转型升级的优势

在"互联网+"的背景下，传统企业受到了极大冲击，而传统企业由于历史悠久也有着自身独特的优势，其最大的优势就在于企业的品牌优势。相对于随着互联网发展带来的一些新兴行业而言，传统企业一般已经发展了较长时间，在市场中已经取得了一定的知名度，并且企业所采用的组织体系也相对较为成熟，在为顾客提供产品或者服务时能够更好地保证质量。不仅如此，相对于现在新兴的互联网企业而言，我国传统企业直接与客户进行紧密接触，所提供的产品或服务也是直接面向用户，这有助于企业能够及时准确地采集到客户需要的相关信息，更及时地掌握用户需求，为用户提供及时的售后服务，这可以在很大程度上提高客户的忠诚度和满意度。另外，传统企业相对于互联网企业而言有着更久远的经营历史，因此在经营模式等方面也会有着更为丰富的经验，企业内的组织文化也相对更稳定，在组织中渗透得更为深入，由此传统企业在经营管理和稳定性等方面也会更具有优势。

（二）"互联网+"背景下传统企业转型升级的劣势

在"互联网+"背景下，传统企业转型升级也存在一些劣势。传统企业相对互联网企业经营时间更长，经验更丰富，但这也会使得其在管理模式等方面故步自封，企业内的人员较为稳定也可能会使企业缺乏一定的活力，由此会导致传统企业在"互联网+"的背景下要实现转型升级也会更为困难。另外，我国传统企业在掌握互联网相关技术方面相对落后，企业内部掌握互联网技术相关的人才稀缺，并且互联网所带来的新媒体运营经验方面也会有所不足，难以满足"互联网+"所催生的新媒体方面运营的需求，从而阻碍了传统企业进行转型升级。此外，传统企业的经营优势和与用户接触的优势主要体现在线下运营方面，而在线上运营方面的经验则较为欠缺。尽管"互联网+"使得市场环境发生了翻天覆地的变化，但目前仍然有很多传统企业的管理者依旧保持原来的认知模式，对外部环境变化视而不见，甚至毫无察觉，企业依然坚持既有的运营模式，对组织变革保持敌对的态度，因此，我国传统企业要想推动和实现转型升级需要长时间的努力和坚持。

(三)"互联网+"背景下传统企业转型升级的威胁

"互联网+"时代的到来彻底改变了人们的生活,互联网广泛地渗透到了人们日常生活以及工作的方方面面。在这一背景下,诸多企业在互联网技术的助力之下快速发展,而这对认知模式还处于传统状态的企业造成了极大的威胁。例如,传统企业以往是采用线下零售的方式来销售产品,而网络购物平台的出现使得人们开始广泛地使用线上平台进行购买,这使得传统零售企业的销售体系受到冲击。不仅如此,"互联网+"所带来的最直接的变化就是信息传播渠道和工具的变化。例如,微信等聊天工具的出现。而这又会对传统的通信企业造成最直接的影响。另外,传统企业以往的危机主要在于其面对的统一行业的竞争者,而随着"互联网+"时代的到来,传统企业一方面由于地理限制被打破,面对的竞争者由区域内扩散到全球范围,另一方面还要面对网络平台带来的日益增加的产品替代者,这些变化都给传统企业带来了威胁和挑战。尤其是网络平台所带来的日益增加的产品替代者,它们一般都依托于互联网技术平台,需要的运营成本相对传统企业来说大大降低,由此其生产的产品也会以较低的定价销售给用户,并且所采用的营销渠道也更为便捷,这一系列的优势都会对传统企业转型升级造成极大挑战。

(四)"互联网+"背景下传统企业转型升级的机会

"互联网+"为我国传统企业造成威胁的同时也为传统企业转型升级带来了一些机会。随着"互联网+"时代的到来,互联网经济在我国 GDP 中的占比与日俱增。而互联网经济的快速发展也为我国传统企业转型升级创造了良好的环境条件。"互联网+"的到来伴随着大数据、云计算等一系列信息技术的迅猛发展,而这也为传统企业的转型发展提供了一些工具和渠道。我国传统企业可以将信息化技术融入产品生产或服务之中,并且借助互联网技术采集、获取广泛的市场信息,并利用这一机会开发国际化业务。在"互联网+"的背景下,每一个企业都能够利用互联网所带来的机会,将互联网技术与自身产品特点、组织管理等进行充分结合,从而生产出能更好地满足用户需求的产品,并将企业自身的优势最大化,最终促进传统企业进行转型升级。

第二节 "互联网+"背景下传统产业企业转型升级的障碍

"互联网+"彻底改变了传统企业所处的市场环境,而转型升级是企业适应环境变化的一个主要方式,能够帮助企业在新环境中重新构建新的竞争优势并在市场中寻求可持续性的发展,然而在企业实践中,企业的转型升级往往很难取得成功,这是组织惰性导致的。众多学者指出组织惰性是制约组织实施变革完成转型升级并实现企业持续成长的一个关键因素（白景坤和王健，2016；Christensen and Bower，1996；姜忠辉等，2018）。企业的成长与发展过程总是伴随着组织惰性现象（白景坤和王健，2016）。组织惰性是指组织面临巨大的环境变化时，仍然坚持原有行为模式不变或无力采取适当的行为（Morgan and Page，2008），是组织抵制变革的趋势与倾向（Larsen and Lomi，2002），会限制组织的知识搜索过程，并抑制组织绩效的增长（Gibson and Birkinshaw，2004），也会限制企业对外部环境变化的响应，约束企业做出适应性的调整，使得企业在变化环境下无法做出最优决策（Tripsas，2009），由此会阻碍企业通过变革完成转型升级的进程（白景坤和王健，2016）。对于传统企业而言，其最大的优势就在于所积累的丰富经验，而这一点又恰恰会使得传统企业形成路径依赖，过分依赖于以往的认知模式、行为路径和所构建的资源网络，并保持与以往一致的组织形态。因此，总体而言，在"互联网+"的背景下，传统企业进行转型升级的主要障碍就在于传统企业的组织惰性，具体包括组织认知惰性、组织结构惰性和组织资源惰性。

一、组织认知惰性

组织认知惰性是"互联网+"背景下传统企业转型升级的第一大障碍。Stainback 等（2010）指出组织认知惰性的形成基础来源于认知偏差或者认知偏好，组织认知惰性构成了组织惰性的核心，是其他组织惰性生成的基础（白景坤等，2016）。孟庆伟和胡丹丹（2005）也指出，组织惰性的最根本原因就在于组织在认知上的障碍。组织认知惰性分为组织中群体成员的认知惰性和组织中管理者的认知惰性，其中管理者的认知惰性对于企业转型升级的影响更为深刻（朱方伟等，2018）。欧阳桃花等（2016）指出认知是企业进行转型升级的起点，而管理者的认知在很大程度上影响着整个组织进行转型升级的方向并决定着组织转型升级的成败。这是由于当企业所处的外部环境改变时，认知惰性会使管理者受到其自身知识结构、职业经验等方面的限制，管理者处于有限理性的状态，从而导致管理者对于外界环境的改变无法识别或者对于变化的识别存在一定的滞后期。管理者无法识别外部环境的变化会使得管理者缺乏组织变革的意识，企业无法顺应外部环境的变化趋势，这也必然会使得企业转型升级无法实现，而管理者对于外部环境变化识别滞后则会导致企业的变革没有及时发起和实施，从而使得组织变革达到的效果也不尽如人意（白景坤和王健，2016）。另外，组织中群体成员也存在着认知惰性。企业的主体是人，企业中的各项活动和目标都由组织中的成员来执行和实现。而组织为了便于管理，保持组织内部的稳定性和保证组织中活动的顺利开展，会制定一系列的制度来约束和规范组织中各个成员的行为，并且对于不遵循企业规章制度、不符合组织规范的行为会采取一定的惩罚措施甚至予以开除，从而来避免该类行为的再次出现。这种方式会使得组织群体成员的形成呈现趋同的特征，从而形成组织内统一的文化与价值观，这最终会形成组织群体成员统一的认知模式，而这种认知模式的趋同会导致组织群体成员的认知惰性。组织群体成员的认知惰性反映在组织成员对于组织开展变革的抗拒和抵制。当组织群体成员认知惰性较强时，会表现为严格遵循企业内的规章制度，行为模式趋同，而这会导致企业内创新氛围缺乏，组织成员也不太会有开展创新活动的想法，并且不会倾向于采取创新性行为。另外，由于组织群体成员认知惰性较高，企业内成员对于组织变革会表现出抵抗的态度甚至行为，由此企业要开展转型升级的战略也难以在组织中实施和执行。因此，总体而言，组织成员的认知惰性，尤其是组织管理者的认知惰性，对于企业的转型升级具有举足轻重的影响（张钢和张灿泉，2010）。

认知的形成是个体根据现有的知识结构对所输入的信息进行加工、分析和阐释，然后将这些知识吸收为默会型知识的过程。知识来源于实践活动，人类现有的知识来源于以往实践活动所积累的经验，因此以往的实践活动形成了认知基础。而认知并不是独立发生的，是对以往路径的延续，是对假说的验证和总结，是对过去经验和规律的归纳，具有较强的稳定性。因此，人们的认知模式对既往的知识和经验有较强的路径依赖特征，这种路径依赖特征就表现为认知惰性也称认知惯性。只有当外界的变化对人们的认知模式产生强大的冲击时，人们才会对现有的知识和经验重新审视、重新反思，也才可能会对现有的认知进行修正。企业的发展也遵循同样的原理。企业中的活动由员工来执行和完成，企业的行为也依赖于企业中成员的认知、选择和判断。因此，企业的行为和战略选择也会受到企业中群体成员认知惰性的影响。企业中群体成员认知对于企业的影响主要体现在塑造了企业中行动执行者的行为模式、习惯和风格，从而使得企业行动执行者形成了一致性的行动策略和行动风格，这种行动策略和行动风格具有较强的稳定性，当外界环境没有发生重大改变时，企业中群体成员的认知模式也不会主动进行调整和改变。正因为如此，认知的这种路径依赖性特征也使得企业的认知和行为路径必然会表现出惰性或者惯性的特征。此外，认知对既有的知识和以往经验的路径依赖性构成了组织认知惰性形成的基础。组织认知惰性会导致企业对于信息的采集、获取、吸收、处理和使用等方面表现出较强的局限性，从而使得企业在做出转型升级的决策时具有有限理性。有限理性是个体固化认知模式和学习模式的结果。在个体对外界认知和学习时，个体的认知具有选择性，也就是说，个体只会对部分信息进行选择性的关注与保留，这种选择性的注意会导致个体缺乏对信息和事物全面性和系统性的认识，并且可能会选择性地忽略环境变化中对现有的认知形成冲突或矛盾的因素，从而不断地强化既有的认知和看法。由此可见，不论外界环境发生变化与否，选择性的注意使得个体的认知和观念在一定时间内都具有较强的稳定性。而在稳定的认知基础上，认知所决定的心理和行为也会保持一定的稳定性，从而使组织认知惰性得以产生。在"互联网+"的背景下，信息技术的飞速发展彻底颠覆了企业所处的市场环境，改变了信息传递的方式和途径，对传统企业产生了强有力的冲击。在这种冲击之下，当前复杂多变的环境使得传统企业难以为继，这就要求企业具备相应的环境扫描能力以适应变化，然而传统企业由于路径依赖依然会保持原有的运行方式，组织中管理人员由于认知惰性的存在会保持原有的认知模式，依赖于以往的经验和知识来进行决策，而对于外界环境变化的认知会有一定的滞后性，从而使得企业难以及时制定出响应外部环境变化的决策，与此同时，认知惰性所导致的管理人员的有限理性也会制约其制定出的转型升级战略方案的有效性和完备性。何一清等（2015）也指出企业高层管理者的认知惰性是制约企业在不确定环境下进行战略更新乃至变革的最重要的因素之一。另外，当"互联网+"带来的变化使得组织不得不进行转型升级时，组织中群体成员也会产生一定的抵制心理甚至行为，这也是由群体成员倾向于保持既定的行为模式、具有较强的认知惰性导致的。因此，传统企业的组织认知惰性（包括管理人员的认知惰性和组织中群体成员的认知惰性）都会导致组织形成过度路径依赖，无法适应"互联网+"所带来的变化，从而阻碍传统企业进行转型升级。

二、组织结构惰性

组织结构惰性是"互联网+"背景下传统企业转型升级的第二大障碍。Hannan 和 Freeman（1984）最早基于组织生态学视角提出了结构惰性的概念，认为结构惰性是组织结构内生的维持稳定并抵抗外部变化的特征。组织不能及时识别外部变化并做出相应反应，就是因为组织结构存在这种无法随意改变的并维持原状的惰性特征（荀婷，2016）。国内学者刘海建（2007）提出组织结构惰性具有四个方面的特征，包括组织制度的制定、对规章制度的严格遵守、正式化的沟通渠道和高度集权化。从企业生命周期来看，企业处在不断发展当中，而随着企业的不断成长和发展，组织中会形成大量的惯例，组织架构也会逐渐趋于正式化，这种正式化的过程最终会导致企业无视组织外部环境的变化，因而产生组织结构惰性（Levinthal and Myatt，1994）。随着企业的成熟与发展，企业中的组织结构从不稳定的、灵活的柔性状态逐渐变为稳定固化的、不易改变的状态，而组织结构惰性就是组织流程、规章制度、资源配置等多方面稳定固化的结果。这种稳定性为战略的实施提供了一个高效的基础体系和支撑框架，但也为其他组织惰性的形成和滋生创造了条件。当外界环境保持不变、相对稳定时，稳定的组织结构能够大大提高组织运行的效率，为组织创造较高的效能，但一旦环境发生变化，组织结构惰性的存在会使得企业无法及时有效地对外部变化做出反应，从而进行调整（李海东和林志扬，2012）。也就是说，组织结构惰性会使得组织具有一个稳定不变的组织运作体系和结构，从而会大大降低组织应对外部环境变化的响应能力和对组织内部进行资源重新配置的能力，企业无法对当前战略进行及时调整，就会阻碍组织变革的顺利实施（Hannan and Freeman，1984），不利于企业进行转型升级。白景坤（2014）也提出组织结构惰性会阻碍组织变革，这是由于，组织结构惰性意味着企业内部遵循既定的组织规章制度并且保持稳定的结构特征和要素配置格局，而这会大大降低企业进行创新性行为以及组织变革行为的积极性，而当外部环境呈现动态变化时，企业也依旧保持既有的组织惯例，并不倾向于对组织现有的结构进行改造来实现转型升级从而适应外部环境。因此，总体而言，结构惰性作为组织结构不易改变、维持现状的特征（Hannan and Freeman，1984；白景坤，2014），容易使得企业受到组织惰性的束缚而难以灵活调整内部流程和结构等以适应新的环境要求（欧锦文等，2021），对企业转型升级会产生极大的负面影响。

Hall 和 Saias（1980）认为，企业的组织架构会影响企业战略的制定，而组织架构的形态不仅会影响企业对于外部环境的认知，还会影响到企业对于外部环境变化的响应方式。一般而言，随着企业的不断发展，组织会在与外部环境交互的过程当中不断创造出各种相关的结构和系统，而这些结构和系统又会在企业活动的开展当中不断进行交互，从而使得企业的组织结构最终形成复杂稳定的特征。当外部环境保持不变时，这一系列复杂的结构和系统为企业活动的开展提供了支撑和保障，从而促进了企业效率的提升和企业绩效目标的实现（许小东，2000）。然而，一旦外部环境发生动荡变化，组织结构惰性就会导致组织无法及时进行变革，从而带来较大的沉没成本，而这可能会对企业造成致命性的打击。根据企业生命周期理论，组织处在不断发展的过程当中，当企业处于创建初期时，变化的环境对企业不断提出新的要求，企业不断学习以促使企业能力演化与环境变化相适应（陈扬和陈瑞琦，2011），此时企业的组织结构惰性相对较小，而随着企业规模日渐扩大，结构逐渐趋于稳定，较难变动，组织结构惰性也就会变得越来越强，战略变革也变得难以实施。尤其是对于中国的传统企业而言，传统企业往往有着久远的历史和丰富的经验，其往往处于成熟期，所采取的组织架构也往往趋于稳定。中国传统企业通常采用的是最传统的科层式组织架构，这种科层式组织架构将权威和责任明确分离，人员聘用主要根据其技术和专业资格来确定，通过详细的规章制度对员工的工作方式进行严格规定，确立科层晋级制度（贺武华和方展画，2009）。科层式组织架构最显著的特征就是等级严格，实行科层制，通过一层一层的行政隶属关系，企业内的成员完全遵照行政命令来完成组织的内部交易（惠国勤和刘丽珠，1999）。在稳定的环境中，科层式组织架构通常能为组织带来高效率和高绩效，但是科层式组织架构也伴随着强大的组织结构惰性，从而会大幅降低组织对外部环境变化的反应能力（李海东和林志扬，2012），换句话说，尽管科层式组织架构通过分工的细化和权责的明确界定大大提高了组织的运行效率，但与此同时也正是由于这种规范化、程序化的运作方式，组织惰性在科层式组织架构中会体现得尤为明显。朱方伟等（2018）也指出结构惯性主要来自科层组织、制度、流程及运行机制。从系统-权变理论来看，组织是一个由若干子系统组成的开放的超系统，组织从环境中接受投入，对其中某些投入进行转化，并把它们作为产出送回环境中去，组织各方面的活动都要适应外部环境的要求，科层组织体系也不例外（惠国勤和刘丽珠，1999）。尤其是随着"互联网+"的到来，环境的变化具有不确定性与复杂性的特征，客户需求趋于多样化与个性化，同时组织与环境之间的界限变得模糊与不稳定，组织与环境建立了互动融合的系统，这一系列的变化都要求组织所拥有的与这些要素相关的知识内容更加复杂。而传统企业一般采用的是科层式组织架构，科层式组织架构存在着较大的结构惯性，从而使得传统企业无法适应快速变化的外部环境，最终导致企业陷入严重的困境之中。科层式组织架构具有较低的组织柔性，各个职能部门之间协调合作的难度大（周翔等，2015），当"互联网+"对传统企业形成冲击时，传统企业无法及时响应，科层式组织架构又进一步制约了企业对内部人员和资源的调动和配置，各部门之间也无法及时统一步伐协调合作来应对外部冲击，由此，科层式组织架构所能带来的效率优势反而变成了阻碍企业发起组织变革的障碍，使得企业在结构、行为、运营等方面缺乏柔性，从而导致战略变革目标与落地执行之间出现较大偏差、企业流程僵化、业务模式陈旧等问题。因此，在该种情境之下，传统企业无法进行及时有效的组织变革，完成转型升级。

三、组织资源惰性

组织资源惰性是"互联网+"背景下传统企业转型升级的第三大障碍。当企业将资源投入某个设备、技术或者产品研发时，这一投资方案就会对企业战略资源形成锁定，如若对这一投资方案进行任何调整都可能会导致已投入的成本无法回收的风险，因此，即便外部环境发生变化，需要企业对现有的产品和能力进行革新时，企业已投入使用的资源、所执行的投资方案可能并不能随着外部环境的变化做出调整，而这可能会成为阻碍组织变革的关键因素，从而不利于企业进行转型升级。而企业要打破资源锁定的这种困境，就需要对现有的组织战略进行重新定位，对现有的投资方式进行重组（Bower and Christensen，1995），Gilbert（2005）将这种现象称为组织资源惰性或组织资源刚性。总的来说，组织资源惰性就是指这样一种现象，即企业将资源投入某个设备、技术或者产品研发当中后，就会对企业战略资源形成惰性效应，即便外部环境发生改变，企业需要改变现有的能力和产品，或者企业之前所依赖的资源路径的有效性降低，而由于资源具有专用性和非流动性等特征，因此已经执行的资源投资方案也会阻碍企业资源使用方式的改变，从而阻碍企业对战略行动方向进行调整和改变。对此，吕一博等（2016）将资源分为有形资源、无形资源和人力资源，这三类资源具有较强的难以转换性，而这恰恰构成了组织资源惰性。例如，有形资源具有高度的资产专用性，因此，当投入资源来购买有形设备时会产生很高的沉没成本，而无形资源需要长时间的积累，因此具有很高的时间成本，人力资源的学习曲线也会带来很高的学习成本，这一系列的特性构成了企业资源的难以转换性，而资源的难以转换性又会阻碍企业对组织资源进行变革。总体而言，企业的资源惰性会使得组织对已经投入的资源形成较强的路径依赖，当外部环境发生变化时，难以对现有的资源进行合理的调整和重新配置，从而实施组织变革达到转型升级的目的。

Pfeffer 和 Salancik（1978）从资源流量的角度指出，企业在获取资源的来源上存在资源依赖性，外部的资源提供者会对组织的战略选择形成约束。企业从外部获取资源不仅包括资本市场还包括消费市场。而当企业在某一战略目标下形成较高的资源承诺时就可能会使得企业避免选择其他战略。例如，当企业所在的行业出现了新的技术的时候，如果企业现有的技术能够满足客户和市场的需求，那么企业一般不会倾向于对新技术研发进行投资，而会倾向于停留在现有技术上，并遵循现有的资源路径对现有技术追加投资，从而在市场中参与竞争。由此可见，企业对现有的资源获取渠道所形成的依赖会造成组织的资源惰性，从而使得企业无法灵活转换资源获取渠道，进行合理的调整和变更以匹配变化的外部环境，这在根本上阻碍了企业的转型升级。不仅如此，从资源存量的角度来看，企业资产的专用性决定了特定的资源难以转为他用。专用性资产是在某一特定的战略目标之下而设立的，并且专用性资产具有较强的黏性，无法将其运用在其他地方或者当用在其他地方时其价值就会大大降低。资产专用性投资可以是用于特定途径的设备或者设施，也可以是企业特定的技术或者诀窍。企业的专用性投资以及在此基础上进行的追加投资会形成深厚的沉淀资产，而沉淀资产越多，企业进行资产更新的概率也会越低，资产更新的难度也会越大。不仅如此，企业在制定战略时会倾向于将现有的资源分配在已有的资源路径上，当制定的战略并未达到想要的效果时，企业可能也并不会考虑战略决策是否恰当，而可能会将其归因于战略执行不力（Levitt and March，1988）。在"互联网+"的背景下，环境的动荡程度大大增加，不确定性也大大增强，而环境变化的速度越快，战略资源的风险也就会越大，而当组织拥有松弛资源时就可以缓冲战略资源的风险。松弛资源和资源刚性是一种相互制衡的关系。当组织拥有较多的未被吸收资源时，组织的松弛资源就较多，资源刚性也就变弱。而 Voss 等（2008）指出，组织中的松弛资源能够帮助企业有效应对外部的威胁和压力，也能促进企业开展具有探索性和创新性的活动。例如，当企业拥有较多松弛资源时，企业可能有更高的意愿和倾向将资源投入于新产品的开发当中，更好地服务于客户，从而在很大程度上缓解了资源刚性，降低了组织资源惰性。但是，如果企业将松弛资源用在现有资源渠道上，追加对现有战略的投资，那么反而会强化组织资源惯性。如果从更极端的角度来看，当企业对某一特定项目进行投资之后，如果发现该项目并不能获得目标收益甚至发现可能会带来负面效应，但企业由于受到资源路径依赖的限制和影响，考虑到沉没成本，可能依旧会对该项目追加投资，而这就会形成投资行为的承诺升级。投资行为的承诺升级源于心理沉没成本。投资决策者不愿意承认或者面对投资失败，而可能会继续坚持现有的投资决策，而这会导致企业出现极大的风险。即便企业拥有较多的松弛资源，通过松弛资源来一定程度地缓解外部环境带来的压力，但如若依然坚持现有的投资方案也无法将企业从风险中解脱出来，企业也无法实现转型升级。尤其是对于我国有着久远和丰富历史的传统企业而言，碍于资源渠道转换的成本以及组织关系网络的限制，其资源获取的渠道已经相对固化，因此会更容易形成这种组织的资源惰性。另外，我国传统企业通常处于"微笑曲线"的低附加值区段，所进行的设备、技术等投资都具有较高的资产专用性，例如，传统制造型企业所用的设备通常都具有较强的专用性，投入的成本也相对较高，传统企业出于成本的角度考虑也不会倾向于对现有的生产设备等进行更换和调整，由此也使得我国传统企业在资源方面形成强烈的路径依赖。因此，不论是从资源流量的角度还是从资源存量的角度来看，传统企业都具有较强的组织资源惰性，而这种组织资源惰性会导致企业无法进行及时的战略资源调整和革新，从而阻碍企业实现转型升级。

第三节 "互联网+"背景下传统产业企业转型升级路径

"互联网+"背景下大数据、云计算等技术的迅猛发展快速地推动了实体经济与虚拟世界的结合，也正深刻改变着中国传统企业的运行模式。我国企业的发展动力不再单纯地依赖土地、人力等生产资源要素，而是更多地依靠信息技术、智能硬件进行创新驱动。由此，在"互联网+"的冲击之下，依旧保持既有的认知模式、组织架构和资源渠道的传统企业受到了极大的挑战，寻求转型升级之路已经迫在眉睫。而"互联网+"在为我国传统企业带来挑战的同时也为其转型升级提供了助力。"互联网+"所带来的信息技术、大数据、云计算中心等一系列的工具以及在信息传播方式、信息传播规则等方面的改变都为传统企业的转型升级提供了方向，具体包括三个方面："互联网+"通过驱动传统产业企业生态化从而实现转型升级；"互联网+"通过驱动传统产业企业平台化从而实现转型升级；"互联网+"通过驱动传统产业企业一体化从而实现转型升级。

一、"互联网+"驱动传统产业企业生态化

"互联网+"背景下传统企业转型升级的第一条路径是"互联网+"通过驱动传统企业跨界融合,以吸收多元化知识进行认知重塑,打破组织认知惰性,创造网络化生态,从而实现转型升级。组织认知惰性是阻碍我国传统企业进行转型升级的第一大障碍。组织认知惰性是基于特定的教育、职业、行业背景,所形成的固定思维模式,是认知有限理性的结果,主要包含组织中群体成员的认知惰性和管理者的认知惰性两个方面。员工的认知模式会影响其对组织变革的态度,并最终影响员工行为。而管理者的认知惰性不仅影响着组织未来战略的制定、内部资源的流动配置,更是组织文化和价值观形成的基础。由此可见,组织认知惰性是其他组织惰性形成的基础,也是克服组织惯性的前提和核心。朱方伟等(2018)指出,知识的缺失是认知惰性形成以及难以克服的根本原因,而依据社会学习理论,经验和知识的获取能够提升个体的自我效能,进而实现自身能力与自信心的提升(Bandura,2001),从而最终能够影响和改变个体原有的认知模式,进行认知重塑。在"互联网+"的背景下,知识和组织边界逐渐趋于模糊化(丁雪等,2017;余鲲鹏和郭东强,2020),越来越多的企业也纷纷开始借助信息科技的力量谋求跨界发展,从而使得跨界颠覆的现象层出不穷(张骁等,2019)。例如,阿里巴巴跨界进入了支付行业,并且颠覆了传统的消费和支付模式,之后又跨界开展互联网理财业务,并且颠覆了传统的理财模式。而传统企业谋求跨界发展的过程也为其输入异质性信息提供了多元化的"通道",这也是传统企业进行组织学习的一个契机。朱方伟等(2018)指出组织学习是克服组织认知惰性的一个有效策略。组织学习过程包括体验式学习与替代式学习,前者反映了干中学的过程,而后者则强调通过观察、获取、记忆等过程进行知识的获取。通过学习新知识,企业管理者能够完善并改变既有的知识体系,并以此改变原有的认知结构,克服认知惰性(Crossan et al.,1999)。不仅如此,组织中的员工群体也可以通过组织学习实现知识技能的更新与提升,深入了解新知识的内涵与价值,以此消除对未知的恐惧,提升变革的信心(周浩和龙立荣,2011),从而有效更新旧有的知识结构,实现思维模式的转变,进行认知重塑,拥抱组织变革。

认知重塑是组织实施战略变革从而实现转型升级的起点(欧阳桃花等,2016)。"互联网+"驱动企业通过跨界融合进行认知重塑的过程也会进一步推动企业对原有的组织外部网络进行扩张,重构形成一个更加多元化的网络,创造一个网络化生态,从而实现企业的转型升级。具体而言,在"互联网+"的背景下,新一代信息技术为传统企业跨界提供了基本的工具,云计算、大数据和人工智能等新一代信息技术支撑并促进企业进行跨界融合。传统企业跨界融合建立在开放共享的价值使命、协同创新的战略思维以及工具性赋能作用的新一代信息技术基础之

上（余鲲鹏和郭东强，2020）。在"互联网+"的推动之下，企业跨界现象层出不穷，而"互联网+"视域下的企业跨界本质上是一种创新（赵振，2015），并且表现出开放性创新的特点。从封闭性创新到开放性创新，创新范式的演化是创新主体多元化、创新线路网络化、创新影响复杂化的过程，在这个过程中，创新主体及各方利益间互利共生、互依互存、价值共创、合作共赢（Chesbrough and Crowther，2006；Giudice and Maggioni，2014；蔡双立和马洪梅，2023）。"互联网+"使各企业主体在虚拟空间聚集，外部经济性不因地理区位而受限，分工与专业化不因交易成本而降低，超大规模的精细化分工促进知识多样化，多样化知识带来多样化的知识组合，借助互联网突破边界桎梏，形成企业生态圈（赵振，2015）。这样一系列通过迭代创新所构建的系统性企业生态圈彻底颠覆了企业原有的认知和行为体系，改变了传统企业的运行模式以及企业和外部的互动模式，实现了传统企业的转型升级，从而顺应"互联网+"时代下的新环境与新趋势。

二、"互联网+"驱动传统产业企业平台化

"互联网+"背景下传统企业转型升级的第二条路径是"互联网+"通过驱动传统产业企业智能化进行流程重塑，突破组织的结构惰性，转向平台化发展，从而实现转型升级。组织结构惰性是阻碍我国传统企业进行转型升级的第二大障碍。组织结构惰性来自可复制和稳定的组织结构，制度化、标准化和惯例化是其基本构成要素。组织结构惰性的存在会弱化组织对外部环境的反应能力，无法将组织内部倡导的先动性落实到组织行为层面（荀婷，2016）。我国传统企业最典型的组织结构形式是科层式组织架构，在这种组织架构之下，组织内分工明确，权责清晰，行政流程及业务流程固化。而在"互联网+"的冲击之下，我国传统企业的组织形态由一体化科层逐步向垂直分离的网络化、模块化、智能化演进（韩江波，2017）。在"互联网+"向传统企业融合的过程之中，大数据、云计算等信息技术使得组织内部的业务流程数字化，为组织体系的数字化变革提供了一系列的技术支撑，具体的数字化变革包括："数字化+物流"构建了企业内的智能物流系统；"数字化+生产制造"构建了企业的大规模定制化的智能生产模式；"数字化+管理体系"构建了企业内的智能管理体系等。这一系列的数字化变革颠覆了传统企业的科层式组织架构，推动企业内进行流程重塑，并促使传统企业向网络状的组织体系发展。网络状的组织体系并不是无序的，而是按功能模块划分和整合，形成功能化的网状结构。这一网状结构包括：决策组织体系、研发组织体系、生产组织体系、市场组织体系等。其中，决策组织体系是企业制定重大决策的基础，如制定战略目标、制定战略规划、制定管理体系和规则等。研发组织体系是企业进行技术研发和创新升级的基础，如改进现有技术、开发新技术等。生产组织体系则是企业改善现有的生产流程的基础，如引进数字化技术实现大规模

定制化生产。市场组织体系是企业与客户沟通的基础，如建立线上沟通渠道、构建线上品牌社区等。企业内的决策组织体系、研发组织体系、生产组织体系、市场组织体系之间互联互通，构成一个开放式的循环回路（杨凌波，2018）。另外，随着互联网的飞速发展，行业与行业之间、区域与区域之间、国家与国家之间的边界被打破，同时推动消费者需求趋于多元化和个性化，传统以生产为中心的企业组织模式无法再适应市场的要求，以用户需求为中心的生产模式才能有效生产出高质量的产品或服务，也才能获取并维持企业的竞争优势。而由于生产模式从以生产为中心向以用户为中心进行转变，传统企业的组织结构也不得不进行调整和改变，协同化生产成为其发展的趋势，而平台化就是实现协同化生产的一个有效途径，因此传统企业有必要进行平台化结构改造。

在知识信息的传递增值和互联共享背景下，平台化改造帮助企业契合数字经济时代下快速连接（去中心化）、高效供需匹配（去中间化）和突出产业边界（去边界化）的商业发展趋势（罗贞礼，2020）。从本质上来讲，平台型企业提供的是一种交易的中间层（场所、媒介、空间等），该中间层能够促使其各方群体相对高效又理想地达成交易。与此同时，平台型企业也能够通过提供平台相关服务或产品获得回报。不过，要想促成双边群体的交易，平台型企业必须实现多方共赢，进而构筑双边或多边市场独特的生态体系（李海毅，2019）。数字技术的应用有助于实现用户深度参与产品的设计与生产，赋予用户对产品的自主选择权，这也使得市场力量从供给端转移到需求端（肖旭和戚聿东，2019），企业如何有效组织资源跟上用户点击鼠标的速度成为对企业能力的新要求（王钦和赵剑波，2014）。当企业向平台化转型之后，平台会将多个利益主体联系在一起，从而使得价值创造主体呈现出多元化趋势，即平台化企业在价值共创网络中不仅纳入了传统市场中的供需双方，同时也向互补方、分销商等全方位延伸，且基本不存在边界限制（Gawer and Cusumano，2014；李海舰和李燕，2019），从而以平台为基础构建了一个商业生态系统。在所构建的这样一个商业生态系统之中，平台化之后的传统企业作为一种支持性的力量将供应商、用户等各方主体连接在一起，借助于信息技术能够实时监测到用户需求的变化，并将所获取的信息进行共享，然后相关主体根据这一变化进行实时的调整，并且在整个系统中用户能够进行全流程参与，实现个性定制的可视化，从而使得平台化之后的传统企业能够根据用户需求变化实时获取信息，并将这一信息在整个平台系统中进行共享和发布，形成快速有效的协同效应，最终生产出高品质的产品或者服务，有效应对"互联网+"所带来的挑战和变化。吕妮（2019）也指出，消费升级时代下，消费者需求变得愈加多样化、个性化，而传统企业普遍存在着运作效率低、渠道与需求不匹配、适应市场变化比较困难等问题，逐渐成为制约传统企业发展的关键因素（翁群芬，2017）。而平台化，即通过互联网技术与传统企业的融合，利用大数据、云计算等技术手段则有助于解决以上问题，实现高效运行（吕妮，2019）。因此，平台化转型是传统企业在"互联网+"时代克服传统科层制的组织结构惰性，完成流程重塑、突破瓶颈、实现转型升级的可行之道。

三、"互联网+"驱动传统产业企业一体化

"互联网+"背景下传统企业转型升级的第三条路径是"互联网+"通过驱动传统企业裂变创业进行任务重塑，突破组织的资源惰性，完成一体化整合，从而实现转型升级。组织资源惰性是阻碍我国传统企业进行转型升级的第三大障碍。组织资源惰性来源于企业各类资源的难以转换性，是企业难以改变资源投入模式的一种状态（Gilbert，2005）。公司为某项技术、产品进行资源投入之后，这项投资决策方案就会把公司战略资源锁定，对此项投资方向的任何调整都有可能造成无法收回成本的风险。即使市场环境发生改变，要求企业必须彻底改变过去的核心能力培育方向时，企业资源的使用方式也可能无法改变，甚至成为企业通过战略变革实现转型升级的主要阻碍因素。企业只有通过战略重新定位，进行彻底的重组或处理原有投资的方式来打破这种锁定（Bower and Christensen，1995；张江峰，2010）。而企业通过裂变创业来进行任务重塑就是突破组织资源惰性的一个途径。裂变创业是进入市场的一种重要方式，它通常被用来指从已经存在的事物中形成新事物的过程或现象（Wallin，2012）。企业进行裂变创业是指公司将一部分业务单元剥离出去，而被剥离的这部分业务单元作为一个独立的主体进行运营但同时又与母公司保持一定的所有权和控制权关系（Vidal and Mitchell，2018；Bergh et al.，2008）。与一般创业活动不同的是，公司裂变具有显著的遗传属性（李志刚等，2012）。具体而言，由于母公司和裂变新创企业之间有着错综复杂的嵌入关系，这种特殊的嵌入关系为母公司与新创企业之间的资源流通搭建了一个桥梁和渠道，为新创企业的经营和发展提供了很好的资源禀赋，而这种资源禀赋能够在很大程度上帮助裂变新创企业解决资源供给不足、缺乏合法性、商业模式不成熟等问题（Oviatt and McDougall，1994）。企业进行裂变创业是企业通过"再创业"的方式实现战略转型的重要手段，而战略转型涉及对公司层、经营层和职能层三个层次内容和关系的调整与变动（李小玉等，2015），因此，公司裂变涉及组织战略的更新、业务模式的调整以及人员关系的重新配置等多个方面，是一项复杂的系统工程。而这一过程要对公司内部全方位调整，也必然会推动企业内进行任务重塑。任务重塑是个体调整任务数量、范围或类型从而改变工作边界的一个方式，任务重塑通过选择做更多、更少或差异化的任务从而创造一个全新的工作。而从组织层面来看，组织的任务重塑是对组织层面的任务范围、任务类型等方面的重塑过程，会对企业的愿景、使命、方针等进行重新调整和重新界定。组织

裂变创业必然会涉及对组织战略内容、组织内的业务流程等各方面的调整，改变企业固化的资源投入方式，通过进行不同层面的任务重塑突破传统企业的组织资源惰性。

公司裂变创业能够帮助企业整合内外部资源，开发新产品或新市场，进入新的业务领域，同时通过将新进入的业务领域与企业原有的业务形成一种互补的模式（李志刚等，2016），从而促进一体化的整合，最终帮助企业实现战略变革和转型升级。具体而言，我国传统企业往往有着久远的历史，一般已经处于企业发展的成熟期或者衰退期。从企业生命周期理论来讲，企业的生命周期可以划分为初创期、成长期、成熟期、衰退期或复苏期等阶段，企业在不同的成长阶段呈现出不同的特征，导致企业在不同的生命周期阶段应采用不同的经营管理政策。通过建立新的业务模式进入一个新的生命周期则是企业实现转型升级的一个重要途径。而企业从原先经营的产业进入一个全新的产业发展，需要选择好进入的方式和渠道，好的进入渠道和方式对于企业利用转型升级的外部优势和发挥企业内部优势有促进作用。渠道和方式的选择必须要建立在充分把握自身能力的基础上（陈江勇，2012）。而其中裂变创业就是企业进入新的生命周期的一个有效途径。裂变创业有多种不同类型，而业务互补型裂变创业则是能有效帮助我国传统企业克服组织资源惰性实现企业转型升级的一个适当的策略。业务互补型裂变创业是裂变创业中一种基于关系网络延伸和价值链分工协作的创业活动，通过裂变创业所形成的新创企业可以通过充当母体企业上游供应商或下游经销商等角色，以业务互补的形式创建，进而基于分工与合作融入母体企业的价值创造网络，依托网络嵌入关系和资源整合优势有效克服新企业的生存和成长劣势（李志刚等，2017）。Parhankangas 和 Arenius（2003）也指出，裂变新创企业可以获得资产的质量和数量在很大程度上取决于其与母公司资源基础之间的相似或互补程度，建立在母公司现有"资源池"基础之上的裂变新创企业会有更好的资源禀赋、更快的学习过程以及更少的阻力，因此母公司庞大的资源基础有助于缓冲裂变新创企业的初始失败风险。不仅如此，从知识流动的角度来看，知识会从母体企业流向裂变新创企业从而帮助新创企业的生存和成长，与此同时，知识也会从裂变新创企业反向流动到母体企业（Corredoira and Rosenkopf，2010），从而帮助母体企业进行战略整合。在"互联网+"的背景下，传统行业的市场竞争变得愈发激烈，与此同时，一些新兴产业也应运而生，这也对我国传统企业的生存和发展带来了极大的压力，企业仅靠自身单一的力量在市场中举步维艰。而通过业务互补型裂变创业，我国传统企业可以沿着价值链向上或者向下进行延伸，从而进行一体化整合，构建一个全价值链的业务模式。这种通过业务互补型裂变创业所形成的一体化整合方式能够在很大程度上帮助传统企业向多元化发展，提高传统企业在市场中的竞争优势，抵御"互联网+"的冲击所带来的风险。不仅如此，通过业务互补型裂变创业也能够推动传统企业拓展新的业务领域，进入新的生命周期阶段，进而有效激发传统企业的活力与创造性，通过裂变出多个新创企业将业务进行一体化整合，对传统企业现有的业务模式进行重塑从而实现转型升级。

第三篇

"互联网+"驱动产业集群转型升级

第八章 互联网时代的产业集群转型升级

第一节 产业集群的定义与基本特征

一、产业集群的定义

与产业集群相关的早期研究主要来源于亚当·斯密所著的《国富论》，这本书中详细阐述了有关劳动分工和市场范围、行业发展和竞争环境之间的关系。而与产业集群有密切关联的经济学思想最初的形态就产生于对这些关系的研究中，但是由于当时的市场环境与社会整体经济发展情况的阻碍与限制，并没有出现一个真正意义上的产业集群，由此也使得相关的研究难以进展，而学者大多围绕着这些关系做一些表层研究，缺乏更深层次的探究。

随着马歇尔对产业集群做出了进一步的开创性研究和一系列经典理论的诞生（表 8-1）（如外部经济理论，该理论认为产业集聚主要原因是外部经济，外部经济这一概念首次出现于马歇尔 1890 年的《经济学原理》一书，主要指由于消费或者其他人和厂商的产出所引起一个人或厂商无法索取的收益；产业区位理论，该理论认为需要专注于生产过程本身；地域生产综合体理论，该理论认为应该根据自身自然资源确定发展方向；增长极理论，该理论认为形成增长极可以带动整个区域经济的发展），产业集群这一课题才真正地走进学术的视野。

到 20 世纪 70 年代，产业集群逐渐引起主流经济学家的重视，主流经济学、区域经济学、经济地理学、管理学、产业组织学、社会学等不同学科的学者纷纷从不同角度对产业集群展开了研究。随之陆续出现了皮埃尔和赛伯的新产业区理论、克鲁格曼的解释了经济活动在空间上集聚扩散的动态演变过程的新经济地理学以及以格兰诺维特为代表，强调社会网络、根植性和制度三个基本主题的新社会经济学派等新兴理论。其中以波特于 20 世纪 90 年代提出的新竞争经济学对于相关研究领域的影响力最大，正是该理论率先提出了产业集群这一新说法，并且前所未有地指出比较优势并非国家与国家之间竞争的焦点，产业集群上的竞争才是国家与国家之间的主要竞争焦点，国家的竞争优势主要来源于产业集群的竞争优势。

表 8-1　产业集群形成相关经典理论

经典理论	时间	代表人物	主要观点/特点
外部经济理论	19世纪90年代	马歇尔	外部经济是产业集聚的主要原因；开创性；对集群功能进行分析，没有描述集群过程
产业区位理论	20世纪初	韦伯、胡佛、巴顿	工业区位演变规律影响区位选择因素；主要论述产业区位的选择，专注生产过程本身
地域生产综合体理论	20世纪30年代	涅克拉索夫、彭德曼	地域生产专业化和综合发展相结合，根据自身自然资源确定发展方向
增长极理论	20世纪50年代	佩鲁	植入推动型产业，形成增长极，带动整个区域经济的发展
新产业区理论	20世纪70年代	皮埃尔、赛伯	新产业区现象、产业集群成长的社会文化环境、弹性专精
新经济地理学	20世纪80年代	克鲁格曼	解释了经济活动在空间上集聚扩散的动态演变过程
新竞争经济学	20世纪90年代	波特	国家的竞争优势是靠产业集群的竞争优势获取的，产业集群核心问题是产业集群竞争优势的形成与发挥；提出产业集群概念，推动了集群理论的研究

资料来源：胡娟, 梁胜民. 2017. 物流产业集群形成相关理论综述[J]. 物流工程与管理, 39(2): 21-23, 27

　　1990年，波特在《国家竞争优势》一书提出了"产业的集群现象"，并且首次出现了"产业集群"这一名词，阐述了"因地缘而集中"的集群（cluster）理论，列举了四大案例，分别是德国的印刷机、美国的医疗检测仪器、意大利的瓷砖产业和日本的工业机器人（王如玉等，2018）。但是在此书中波特并未对产业集群做出具体的定义，仅指出"集群是一个特别领域，这个特别领域存在于某一个特定的地理区域中，并且包含着一群具有相互联系的企业、原材料供应商、相关产业以及具有专门制度的协会或机构"。在考察了10个工业化国家中的发达经济体后，波特发现产业集群是国家工业化发展中的一种普遍现象。同样在我国，产业集群可以说是中国经济发展的奇迹之一，在"中国崛起"中扮演着非常重要的角色（段浩和刘月，2015）。2022年工业和信息化部公布的45个国家先进制造业集群名单显示，2021年，45个国家级产业集群主导产业产值达19万亿元，布局建设的国家制造业创新中心占全部国家级创新中心数量的70%，培育创建了170余家国家级单项冠军企业、2200余家国家级专精特新"小巨人"企业[①]。然而，最初提出"产业集群"概念的学者并未对其做出详尽的解释，在很长一段时间内，随着这一名词的广泛运用，各种学者、教授对其做出的解释层出不穷。

　　直至1998年，产业集群这一名词的提出者波特在论文《集群与新竞争经济学》中详细、清晰而权威地解释了产业集群的含义，即"产业集群是指在特定区域中，

---

① 资料来源：https://www.miit.gov.cn/jgsj/ghs/gzdt/art/2022/art_fa5bd57e9f364b65ae48de37a319046f.html。

具有竞争与合作关系,且在地理上集中,有交互关联性的企业、专业化供应商、服务供应商、金融机构、相关产业的厂商及其他相关机构等组成的群体"(王磊,2010),并在此定义基础上全面延伸出了新竞争经济学中的产业集群理论。原创者的定义通常是对于概念本质的一针见血的见解,让后继的布道者有醍醐灌顶之感。产业集群的本质在于将某一合适大小的地理区域内,处于同一产业链中的各种具有一定相关性的企业聚集在一起,提高一定地理区域范围内的产业集中度,从而降低企业的生产成本,并增加企业的规模经济效益和持续创新的能力,最终使得企业与产业产生互促互进的效应,提高企业与产业的综合竞争力。

二、产业集群的基本特征

(一)产业集群在地理范围上集聚性

尽管在产业集群的定义中并没有限定产业集群的地理范围,但是研究者普遍承认集群内部的企业必须在地理上呈现一种集聚的趋势。无论是产业集群的内部企业之间还是企业和相关协会或机构之间,都需要在地理范围上呈现一定的相近性。地理上的集聚带来了以下好处:首先,地理上的集聚可以让集群内部的企业之间共同使用一定区域范围内的种种基础建设措施,从而有助于企业降低相应的运营成本和生产成本,进而提高企业各自的外部规模经济效应;其次,地理上的集聚可以促进集群内部企业之间在劳动力资源、专业技术知识资源等方面的交流与学习,进而提高了企业间的外部范围经济效应;最后,地理上的集聚可以帮助集群内部的企业之间进行一些无形的知识共享活动,有助于企业间形成良好的氛围,使得企业可以更高效地运转。

(二)产业集群内部企业具有根植性

根植性这一概念来自社会学,主要是指集群内部企业以及相关具有专门制度的机构或协会在文化层面上要融入所属的地区,与当地文化达成一定程度的融合与交汇,并且在文化一致的基础上进一步根植于该地区,从而加强企业与当地有形或无形的联系,最终形成一定规模的企业网络关系。一定程度的根植性可以帮助产业集群以最快的速度得到所属地区政府以及普通居民的接受和认可,进而使得集群内企业间的隐性知识交流更加频繁,最终成为一种企业常态。只有当集群真正扎根于当地社区,这种存在但难以言述的隐性知识才有机会在有机的企业网络中自由传播,从而形成一种良好的产业氛围。

(三)产业集群内部的企业与相关机构之间具有一定的联系

尽管产业集群内部企业及相关机构之间是相互独立的个体,但这种独立性是相对的,在某种程度上,集群内部企业之间是相对独立但又具有一定联系的。一方面,集群内部企业与相关机构都是一个个独立的个体,各司其职、各负盈亏。另一方面,这种独立性不是绝对的,而是相对的。内部企业与相关机构之间有着密切的联系,它们并非各种不相干的企业简单地在地理区域层面上集中在一起,而是出于特定产业链上的企业与相关机构的有机结合体,这些企业与机构具有相似的和当地氛围融合的文化,可以产生相互的信任与共同的愿景目标。

(四)产业集群有助于提高集群内企业的创新能力

产业集群内部企业如果具有较高水平的创新能力,就可以在全球市场中拥有较强的竞争力,进而获得较高的市场份额。根植于当地文化的企业在产品生产过程中具有更高的本地化水平,这种本地化的产品生产程序有助于提高企业的专业化,使得每个企业可以专注于其核心化产品或服务,而让周围企业提供相应的配套辅助性业务。正是这种集中在较小地理区域内所形成的高度聚焦化的产业集群提高了开发新方案的可能性,并且这种新方案是区别于以往范式的一种成本更低的方案。不仅更容易满足产业链中上游供应商和终端消费者的需求,还可以给企业带来渐进的创新性。而这种新方案的产生以及相关能力的提高又会进一步增强企业的创新性,增加企业的创新机会。

第二节 "互联网+"影响传统产业集群转型升级的内部机制

一、互联网时代传统产业集群转型升级的必要性

自改革开放之后,中国利用经济体制改革,凭借土地优势、劳动力成本优势、低环境约束等政策红利,充分释放了国内生产制造能力。我国产业集群的兴起与发展主要起源于传统的手工业优势、市场化的制度环境以及不断扩大的内外市场需求,而后两者与我国的经济对外开放有着密不可分的内在联系。在改革的过程中,长三角与珠三角等地区出现了大量的产业集群,嵌入式的产业集群凭借着地理区域上的集聚、生产成本较低、信息自由流动等优势在价值链与产业链中承担着重要的角色。这些具有多种优势的产业集群从根本上释放了我国生产力,使得我国成为全世界制造大国。但是,随着改革开放的逐渐深入,我国的改革也必然要进入更深层次的阶段。传统产业集群早已实现了资本的原始积累,然而集群内部缺乏创新性使得集群发展问题不断:传统产业集群在国际市场中缺乏竞争优势;不同区域之间的集群发展差距较大;传统产业集群长期处于价值链低端等。中国传统产业集群的发展已经进入瓶颈期。

（一）中国现有产业集群的竞争能力不足，缺乏竞争优势

波特的产业集群理论提到，国家与国家之间竞争优势的主要来源就是产业集群的竞争优势，而非传统理论中所提及的比较优势。在中国，产业集群的主要竞争优势来源于较低的劳动力成本与廉价的土地资源，生产活动大多处于产业链和价值链的低端，因此容易受到产业链中上游企业以及整体国际市场的竞争环境的影响（吴利学等，2009）。曾经的中国是世界有名的人口大国，低廉的劳动力成本吸引了无数企业争相在中国建立工厂，然而随着中国劳动力数量逐年下跌，中国的人口红利正在慢慢消失，依托于人力资本的比较优势也在逐渐消失；同时土地资源的不断开发使得曾经低廉的土地成本逐日递增，投资带来的边际报酬递减，源于低要素成本的竞争优势不复存在。

（二）中国产业集群的发展十分不均衡，地域之间差距较大

我国现有的产业集群主要分布在东南沿海地区，特别是集中于江苏、浙江、山东和广东四省。而中西部地区尚处于发展期，其中中部地区的河南、湖南、湖北和西部地区的四川所分布的制造业产业集群数量也相对较多[①]。有研究结果表明，我国的制造业最容易形成集群化发展，并且是大量集中在轻工业上，而重工业领域的产业集群则主要集中在技术密集型的高新科技产业。由此可见，产业集群在我国的发展呈现出极为不平衡的特点，具有明显的地区差异。

（三）中国的产业集群绝大部分处于生产制造环节价值链中低端，附加值低

我国产业集群广泛分布在第一、二、三各个产业中。第一产业如山东寿光蔬菜产业集群、云南普洱茶产业集群；第三产业如北京、上海、深圳等大城市的金融、物流、文化创意产业集群；第二产业的产业集群数量最多，分布最广，绝大部分为制造业产业集群，多为传统的劳动密集型产业和中低端的生活消费品，如纺织、服装、家具、机电等，整体上处于全球价值链中低端。由此可见，中国虽然是世界知名的制造大国，但大部分产业的附加值低。

中国信息通信研究院发布的《全球数字经济白皮书（2023年）》指出，2022年，全球51个主要经济体数字经济占GDP比重为46.1%。[②]截至2023年6月，中国的网民规模已经达到10.79亿人，中国已经形成了一个庞大而快速发展的互联网经济体。[③]互联网技术对社会经济与社会发展的影响在过去10年比之前的50

[①] 资料来源：https://wenku.baidu.com/view/2f3d6a68ae1ffc4ffe4733687e21af45b307fe58.html。
[②] 资料来源：http://www.caict.ac.cn/kxyj/qwfb/bps/202401/P020240109492552259509.pdf。
[③] 资料来源：https://www.gov.cn/zhengce/jiedu/tujie/202308/content_6900648.htm。

年还要明显,传统工业化与信息化接踵而来,大多数发达国家已经顺利完成了工业化的发展历程,进入信息化时代。然而中国正处于工业化进程尚未彻底结束,信息化时代已经悄然到来的一个重要的历史转折点,中国在走好传统工业化进程的同时,更要注意与时俱进,以应对互联网技术带来的巨大变革。同时,互联网技术已经与人们的日常生活交汇互融,不但时刻改变着人们的生活、学习和工作方式,而且对于整个社会的发展进程产生了深刻而长远的影响。传统产业与互联网紧密结合将是使得传统产业重焕生机的最佳选择。

互联网与信息技术正不断地影响着社会经济的方方面面,其对产业集群的影响不再仅仅局限于渠道,而是扩展到了整个供应链;不仅仅表现在传统行业,而是延伸到了新兴产业。"互联网+行业"这一公式正通过对产业价值链的重构这种路径对中国产业集群的发展产生着深远的影响(段浩和刘月,2015)。因此,就中国目前的产业集群发展程度而言,与互联网结合对产业集群进行转型升级势在必行。

二、互联网时代传统产业集群转型升级的充分性

互联网是一种集信息、通信、计算机等技术于一体的网络系统,从诞生起就因为其具有及时、成本低、高互动性、传播范围较广等特点成为企业发布商业信息、发现商机的重要途径。作为连接个人、企业和设备的媒介,其本质就是数据和信息的流动。由此可见,互联网时代中企业的营销方式及消费模式与互联网的发展息息相关,企业的发展过程更是和计算机技术紧密联系在一起。信息时代的来临为中国传统产业集群转型升级提供了前所未有的可能与机遇,其中,云计算、物联网以及大数据平台等新兴互联网技术更是为中国传统产业集群的转型升级指明了全新的技术发展方向,并且提供了相应的增长机会。与此同时,在政策战略方面,国家更是密切关注市场环境的变化,对互联网背景下的传统产业集群转型升级给予了大力支持,为互联网时代中国传统产业集群的转型升级提供了大量的政策便利与官方保障。

(一)互联网时代改变了人们的交流方式,重塑了全新的消费观念与方式

互联网技术的广泛运用,不仅使得人们日常交流的方式和个人行为习惯发生了变化,而且重新塑造了消费者的消费观念与消费方式。这种消费观念与方式的改变又随着互联网的高互动性而传递到了企业内部,顺着价值链的方向逐渐影响到了整个产业集群的运作管理方式与服务模式。尽管消费观念与方式以及消费的地位都在随时随地发生深刻的变化,但仍然可以通过观察消费者全新的消费行为以及根据消费者的心理与需求总结出一些新的特点和趋势。一是个性消费成为主流的消费方式,定制化服务逐渐取代标准化服务。在消费互联网逐步转向产业互

联网的进程中，从产品功能研发到产品包装设计、从以企业为核心到以客户为核心，每一步转型的背后都强调满足顾客的个性需求（段浩和刘月，2015），提高客户的参与度，争取更广泛的互动。互联网以其高互动性的优势进一步增强了企业提供定制化服务的能力，从消费者的角度而言，他们有机会对从产品的设计源头到产品的发货方式的全过程提出自己的看法和建议；从企业的角度而言，可以大量、广泛地收集消费者的建议与要求来提取出一些共性的观点进而调整产品和服务，为顾客提供更加优质的产品与服务。二是企业与消费者的互动性大大增强，售后服务更加全面、完善和人性化。在信息时代席卷全球经济之前，消费者进行的消费行为通常是钱货两讫，交易完就结束。但是在互联网时代，企业可以通过在平台上展现产品或服务的图像、提供商品详细参数信息等方式来推销商品，这种新型的图文并茂的展示模式不但使得消费者更加深入地认识了产品，而且实现了企业与消费者的互动式双向沟通。在销售过程中为精准定位顾客群体，促进消费者需求，商家借助互联网服务平台进行大数据营销，互联网购物平台通过对消费者过往消费记录进行数据挖掘、云计算等技术推算消费者消费偏好，为消费者个性化推荐所需产品以提高消费需求（马德青和胡劲松，2019），使得新时代的线上购物集社交、生活体验于一体。

（二）互联网技术带来的数据资源成为信息时代中企业的主要生产要素之一

数字经济时代的一个显著而重要的标志就是生产要素发生了改变，这也是数字经济时代不同于工业经济时代的主要区别。工业经济时代中企业的生产要素主要是土地资源、劳动力资源和相关的一些资本，而数字经济时代中一种全新的生产要素横空出世：数据资源。互联网时代的经济发展核心在于数据，数据本身的特点是可以无限地复制，可以让无数终端共享，并且能够不限额、不限时地进行供给与增长。数据还可以在自由市场上进行交易从而为社会的经济做出一定贡献。同时数据除了本身的这些特点外，其汇聚形成的数据信息流更是引领着技术流、物质流、资金流和人才流，为经济可持续发展提供了新的动能。随着互联网及计算机信息技术不断地融入人类的日常生活与生产制造过程中，世界范围内爆炸式的知识增长与海量集聚的信息数据对于社会的经济发展产生了显著的影响[①]。大数据不但增长速度惊人，并且影响范围广泛。数据与信息资源似乎在人们尚未察觉的时候就悄无声息地渗透到各行各业中，逐渐成为信息时代企业的重要战略资产，产生了极大的商业价值。这种新型的生产要素不但为企业的生产过程提供了重要支持，而且为中国传统产业集群的转型升级提供了新的技术发展方向和增长机会。事实上，仅仅靠互联网技术本身并不能为企业带来一定的经济效益，只有

---

① 资料来源：http://www.cac.gov.cn/2019-01/30/c_1124062570.htm?from=singlemessage&isappinstalled=0。

促进数据的交流和拉动新消费才能为企业带来大量的经济收益,而互联网技术背后带来的大量数据信息对拉动新消费产生了明显而突出的影响。大数据的发展关键动力来源于提高人类测量、记录、分析和预测世界的能力(段浩和刘月,2015)。以知识、信息和数据作为载体,人力资本、现金资本及其他传统生产要素的流动速度也大大提高了。生产工具创新和生产要素融合从不同方面对生产效率产生了一定程度的影响。数据资源作为信息时代生产结构中必不可少的要素之一,正在一步步取代传统的稀缺资源而作为推动当代经济发展的重要动力之一。在我国经济发展新时代,数据信息是推动我国产业优化升级、实现跨越式发展的基础性战略资源。用好数据资源,积极推动数字经济的发展,是新时代推动经济高质量发展的现实路径[①]。

(三)政府为互联网背景下的产业集群转型升级提供了方向指引与政策支持

近年来,我国在信息技术领域的战略布局已经逐步完善,这进一步推动了社会经济的融合发展。互联网技术的应用是促进传统产业加速发展的新动力,要充分发挥信息技术在产业转型升级、产品开发创新等方面的优势。应用现代化信息技术对经济社会的各行各业进行全方位、多角度的改造和升级,并在此过程中加速新一代数字技术与实体经济相互融合。互联网技术可以引领农业数字化、网络化、智能化发展,推进农业实现现代化(刘海启,2019);大数据技术帮助传统工业化企业对用户习惯、市场环境进行了更加深入的分析,使得日常生产经营过程变得更加智能、高效;互联网技术还与人们的日常生活紧密地联系在一起,改变了人们的生活方式,为消费者提供了更加个性化的产品和服务。互联网技术有助于发展信息化来带动工业化最终实现两化融合,并且在提高全要素生产率的同时,还有利于提高各行各业的现代化发展水平。现在,数字经济作为我国经济必不可少的重要组成部分,已经成为经济发展的核心引擎,不断推动着国内经济的发展。据中国信息通信研究院测算,2017 年,中国数字经济规模达到 27.2 万亿元,占 GDP 比重为 32.9%,数字经济领域就业人数超过 1.7 亿,占当年总就业人数的 22.1%,成为吸纳就业的重要渠道[①]。在 2017 年"一带一路"国际合作高峰论坛开幕式上,习近平总书记指出,"我们要坚持创新驱动发展,加强在数字经济、人工智能、纳米技术、量子计算机等前沿领域合作,推动大数据、云计算、智慧城市建设,连接成 21 世纪的数字丝绸之路"[②]。2016~2020 年,中国产业数字化规模逐年上升,其中 2020 年中国产业数字化规模约为 31.7 万亿元,同比增长

---

① 资料来源:http://www.cac.gov.cn/2019-01/30/c_1124062570.htm。

② 资料来源:http://www.cac.gov.cn/2020-01/19/c_1580982285394823.htm?ivk_sa=1024320u.html。

10.3%[①]。面对数字经济领域激烈的国际竞争，党的十九大对建设网络强国、数字中国、智慧社会等做出了战略部署。习近平总书记指出，"新常态要有新动力，数字经济在这方面可以大有作为"[②]。党的二十大进一步提出要加快发展数字经济，促进数字经济和实体经济深度融合，打造具有国际竞争力的数字产业集群。[③]各地区为促进当地产业集群的发展提供了便利与服务，加强了对符合本地区经济发展战略的特定产业集群的培育与扶持，引导集群内产业分工与升级；塑造了区域的集群优势，为产业集群发展创造出良好的外部环境；构建了符合产业集群发展所需要的支持系统，如集群产业协调系统、创新支持系统、服务系统等，促进了产业集群的发展。

三、"互联网+"影响传统产业集群转型升级的影响机制

2013年11月的第五届移动博览会上，易观国际董事长于扬首次提出了"互联网+"的概念，于扬先生认为在未来互联网会改变所有的服务与传统产业[④]。由此产生了一个全新独特的公式："互联网+所处的产业产品与服务"。然而对于企业而言，更加重要的问题则是如何找到自己所处行业的"互联网+"。2014年11月，在首届世界互联网大会上，李克强总理强调，互联网是大众创业、万众创新的新工具[⑤]。2015年3月，全国人大代表马化腾在两会上提交了《关于以"互联网+"为驱动，推进我国经济社会创新发展的建议》的议案，希望制定推动"互联网+"全面发展的国家战略[⑥]。同年3月，在第十二届全国人大三次会议上，李克强总理首次在政府工作报告中正式提出"互联网+"行动计划。李克强总理在作2018年《政府工作报告》时，提出要发展壮大新动能，做大做强新兴产业集群，实施大数据发展行动，加强新一代人工智能研发应用，在医疗、养老、教育、文化、体育等多领域推进"互联网+"[⑦]。自这一连串的事件之后，全国的目光都投向了"互联网+"这一全新的转型路径与革命形式，各行各业争相解读"互联网+"，试图寻求互联网与本行业相结合的新模式，其中，传统行业更是上下求索，力图改变行业态势，打造传统行业新生态。总而言之，随着"互联网+"这一战略选择上升到了国家层面，互联网已经不再是单纯的新式科技，而成为一种颠覆行业的新路径。这条路径的终点就是促进互联网与各行各业，特别是传统行业的深层

---

① 资料来源：https://xw.qianzhan.com/analyst/detail/220/211216-0d651469.html。
② 资料来源：http://www.cac.gov.cn/2019-01/30/c_1124062570.htm?from=singlemessage.html。
③ 资料来源：https://www.gov.cn/xinwen/2022-10/25/content_5721685.htm。
④ 资料来源：http://www.cb.com.cn/index/show/gx/cv/cv13499981338。
⑤ 资料来源：https://www.gov.cn/zhengce/2015-01/06/content_2801288.htm。
⑥ 资料来源：https://finance.cnr.cn/gundong/20150306/t20150306_517911345.shtml。
⑦ 资料来源：http://finance.ce.cn/rolling/201803/12/t20180312_28436935.shtml。

次的跨界融合，自上而下地改造传统产业的全产业链，最终提高传统产业的自我创新能力，变"中国制造"为"中国创造"。在国家战略层面的指导下，互联网与信息通信技术的高速发展也使得人们逐渐发现，"互联网+"作为推动中国经济转型升级的新引擎，对传统产业集群的作用越发突出明显。

（一）"互联网+"有助于促进产业集群内部企业相互间的学习与知识共享

集群内部企业之间频繁的交流与学习提高了企业由于在地理位置上的集聚而带来的规模经济效益。地方化环境与开放系统进一步促进了信息交换和知识分发，形成技术溢出效应（汪明峰和李健，2009）。随着互联网的发展，蓬勃发展的信息和通信技术带来的一个重要的转变便是编码化，即知识还原成比特，以"数字化存在"，从而转化为一种更容易被大众接收的形式。传统意义上产业集群内部知识交流的形式包括经验交流会、培训、高管讲座等，在增加了领先者与学习者双方的时间成本的同时，无法保证有效的知识可以在两者之间自由真实地流动，很有可能使得学习者在耗费了大量成本之后仍然一无所获，甚至在多次重复这种毫无收益的知识交流活动之后，学习者对于领先者所分享的知识真实性与有效性产生怀疑，最终导致产业集群内部具有互补关系的企业之间失去彼此的信任。然而，互联网作为知识扩散的载体之一，在传播形式和传播速度上有着传统知识载体所不曾拥有的优势。还原成比特的知识通过二进制的存在方式快速地在网络上穿梭，不仅在快捷性上表现出众，更是满足了大部分用户对于真实性与安全性的要求。当无形的知识可以具象化地呈现在网络上时，一方面可以提高学习者的学习效率，使得知识交流并非一锤子买卖，而是一种可以多次回顾的学习过程；另一方面拥有具体形式的知识有助于提高学习者对于领先者的信任，从而进一步加强双方的合作交流。互联网的广泛运用提高了知识传播的速度和效率，降低了知识交流与分享的成本，因此产业集群内部的各成员更愿意加强相互之间的合作，促进企业之间的资源共享和非正式的知识交流，有助于新产品研发的创新实践（汪明峰和李健，2009），最终达到降低生产成本，提高持续创新能力的效果。

（二）互联网技术的快速发展有助于传统产业集群中企业间的信息流动

信息在集群内部的快速流动可以降低企业的生产与运营成本，从而利于企业迅速准确地抓住市场机遇。随着互联网技术的发展，中国互联网更加地规模化、多元化。互联网时代发展出来的大数据、云计算等技术帮助企业高效地从集群内快速流动的信息流中攫取主要信息，抓住市场机遇。市场是瞬息万变的，即使是处于同一产业集群内部的各个企业之间也属于竞争与合作并存的关系。广泛运用的信息通信技术使得信息成为一种随处可见的资源，这也是信息化带来的一种巨大便利。然而，如何在互联网中广阔无边的信息海洋里快速、准确地筛选出符合本企业要求的信息对于企业抓住潜在的市场机遇至关重要。信息抓取实际上就是将与目标相关的信息从网站中抓取出来并且保存到规范的内部数据库的过程，信息抓取是企业走向信息化的第一步，也是重要的一步，只有利用好互联网技术帮助企业更好地进行信息抓取，才能获得信息化最大的价值。

（三）互联网增加了产业集群中企业基于互联网平台所进行的透明化交易数据联通的速度

交易数据的透明化以及在集群内部企业之间快速传递可以提高企业提供定制化服务的能力。传统产业集群中的企业无可避免地被卷入互联网的浪潮中，采购、支付、销售等各个环节由于依附于互联网平台而失去了原本的隐蔽性，企业的生产要素采购量、产品生产量、销售价格等数据都更加透明可视。由于产业集群中大多数企业是为了生产某一种产品或者围绕某条产业链而集聚在一起，因此相互之间呈现出一种互补的关系。在这种情况下，各种数据一定程度上的透明化有助于提高各企业对其资金的分配、减少库存储备，而当资源的利用效率提高后，企业应对不确定性风险的能力也会相应地增加。此外，数据之间的高效联通有助于增加企业提供定制化服务的能力。产品的规格、大小、数量与质量不再仅仅依靠企业往年的数据与经验，而是可以实时获得最新的数据信息，从而使得位于产业链中的企业为其上、下游企业提供更具有个性、更符合客户需求的定制化服务。

（四）互联网技术降低了产业集群因地理聚集而产生的负面效应

尽管产业在地理区域上的集聚会带来很多优势，但是生产要素总是趋于集中到中心位置来追求更高的利益。然而地理空间总是有限的，生产要素的集聚作用使得中心位置的生产要素密度过高，因此产生了土地资源短缺、中心地区环境恶化、交通成本提高等问题，最终导致各种生产成本提高，产业集群的整体利润降低。互联网的技术为产业集群提供了另外一种选择，无须在地理空间上集聚就可以获得集群所自带的规模效应，还可以避免因为生产要素中心化而产生的负面效应。首先，通过互联网和现代化信息科技将生产和生活空间进行数据化、网络化，实现生产要素的互联互通，推动物理世界、网络空间与生产关系网络的数字化与高度融合。其次，通过发挥互联网与物联网在生产要素间连接的跨界渗透能力，推动线下与线上的高度融合；借助供应链与大量消费者间的海量实时互动数据，依托大数据与云计算等ICT（information and communications technology，信息与通信技术），利用大数据来改善资源配置方式，提高生产、服务与资源的配置效率。最后，全社会各个层面依托互联网和物联网，极大地拓展了整个社会资源的储能空间，更好地实现资源的空间配置和有效利用（王如玉等，2018）。

第三节　互联网发展影响中国产业结构转型升级的实证分析[①]

党的十九大报告明确指出:"中国经济已由高速增长阶段转向高质量发展阶段。"[②]党的二十大报告指出:"我国迈上全面建设社会主义现代化国家新征程,高质量发展是全面建设社会主义现代化国家的首要任务。"[③]这意味着当前中国经济正处于转型升级的关键时期,持续的结构调整尤其是产业结构调整是经济增长的必要条件,更是中国保持高质量发展的重要前提(袁航和朱承亮,2018)。而如何实现产业结构转型升级一直是学界和业界普遍关注的焦点。在全球新一轮科技与产业变革中,互联网正在不断与经济、社会和生活的各个方面融合,已成为推动中国社会经济创新驱动发展的强劲引擎,也是中国产业结构转型升级的重要抓手。近年来,互联网不断快速发展,《中国互联网发展状况统计报告》显示,中国互联网普及率由2006年的10.43%增长到2022年的75.6%。那么,快速发展的互联网是否对产业结构转型升级起到了推动作用?其中可能的作用机制是什么?此外,中国经济转型期的一个重要特征是各地区市场化水平不均衡,互联网作为一种新兴的产业结构驱动力,其对产业结构转型升级的推动作用是否还会受到地区市场化水平的影响?

从目前来看,也有文献涉及了互联网与产业升级之间的关系,Pisano等(2015)认为传统服务业可以通过移动互联网技术,基于互联网平台的分享经济模式实现传统服务供需的瞬时精准匹配,提升传统服务业的个性化和精准化程度(黄群慧等,2019)。徐伟呈和范爱军(2018)、曾繁华和刘淑萍(2019)实证检验发现,"互联网+"显著地促进了中国制造业的升级。段军山和余点点(2013)、左鹏飞等(2020)基于我国面板数据研究发现,互联网对产业结构转型升级具有促进作用。由此可见,现有文献主要从微观和中观层面研究互联网对产业升级的影响,缺少从宏观层面的实证检验,也未考虑市场化水平在互联网发挥作用过程中的影响。因此,本章基于中国31个省区市的面板数据,实证检验互联网与中国产业结构转型升级之间的关系,并考察市场化水平对二者关系的调节作用,结果表明互联网可以带动产业结构转型升级,证实了互联网已成为新时代中国经济转型升级的新动能。

[①] 本节内容整理自项目负责人张骁(第二作者)2021年发表在《经济与管理研究》的论文:互联网发展、市场化水平与中国产业结构转型升级。

[②] 资料来源: https://www.ccdi.gov.cn/special/zmsjd/zm19da_zm19da/201712/t20171212_113648.html。

[③] 资料来源: https://www.gov.cn/xinwen/2022-10/25/content_5721685.htm。

一、文献回顾与机制分析

（一）文献回顾

近年来，随着互联网的快速发展与普及，学术界开始陆续开展有关互联网的研究。通过文献梳理，现有文献主要集中在互联网对宏观经济、产业部门、微观企业的影响研究。

互联网对宏观经济影响的研究主要涵盖互联网对经济增长、经济效率、区域创新等维度的影响研究。关于互联网对经济增长的影响，现有研究普遍认为互联网能够促进经济增长。Koutroumpis（2009）基于欧洲国家2003～2006年的数据研究表明，互联网可以显著促进经济增长。Czernich 等（2011）采用 OECD（Organization for Economic Co-operation and Development，经济合作与发展组织）国家 1996～2007 年的数据研究发现，互联网普及率每提高 10 个百分点，人均GDP 年增长率增加 0.9～1.5 个百分点。Chu（2013）基于 201 个国家和地区的数据实证表明，互联网渗透率提高10%，人均 GDP 可以提高 0.57～0.63 个百分点。严成樑（2012）利用我国 31 个省区市 2001～2010 年的面板数据研究发现，互联网使用频率每增加 1 个百分点，实际产出可增加 0.074 个百分点。韩宝国和朱平芳（2014）基于我国 2000～2011 年的省级面板数据研究表明，宽带渗透率每增长10 个百分点，能带动人均 GDP 年增长率增加约 0.19 个百分点。关于互联网对经济效率的影响，早在 1987 年，索洛（Solow）曾提出"生产率悖论"，即虽然企业在 IT 方面投入了大量的资源，然而从生产率的角度看，收效甚微。但是，随着互联网的不断创新和发展，多数研究已经证实了互联网可以提升经济效率和劳动生产率。Shao 和 Lin（2001）实证检验了 IT 投资和生产率的关系，表明并不存在"索洛悖论"。郭家堂和骆品亮（2016）基于中国 2002～2014 年省级面板数据研究发现，互联网可以显著促进属于技术进步推动型的中国全要素生产率，并指出"索洛悖论"产生的原因，即索洛忽视了互联网对经济的作用问题。韩先锋等（2019）基于我国省级面板数据实证检验发现，互联网既可以直接促进区域创新效率，也可以通过加速人力资本积累、金融发展和产业升级间接对区域创新效率产生积极影响。

互联网对产业部门影响的研究主要包括互联网对劳动就业、金融、国际贸易的影响。在互联网与劳动就业的关系研究方面，Stevenson（2009）、Kuhn 和 Skuterud（2004）等学者研究发现，互联网降低了劳动力市场的信息不对称性，增加了失业者重新就业的机会，也增加了已就业者的跳槽机会，因而互联网提升了劳动力市场的流动性。周冬（2016）、马俊龙和宁光杰（2017）等学者研究发现，互联网可以显著促进农村非农就业。毛宇飞和曾湘泉（2017）研究发现，互联网使用能促进女性的整体就业，且对非自雇就业的作用效果要大于自雇就业。在互联网与金融的关系研究方面，Sato 和 Hawkins（2001）研究认为，互联网企业有可能打破银行、保险等传统金融部门对客户信息的垄断，通过互联网等数据智能管理技术为客户提供更好的服务（黄群慧等，2019）。李炳和赵阳（2014）认为互联网金融通过提高资金配置效率、提升金融系统的基本功能来促进经济增长。谢平等（2015）认为，互联网对金融的影响是深远的，不能简单地把互联网当成一个在金融活动中仅处于辅助地位的技术平台或工具。在互联网与国际贸易的关系研究方面，现有研究普遍认为互联网促进了国际贸易的发展。Clarke 和 Wallsten（2006）、Vemuri 和 Siddiqi（2009）、Meijers（2014）的研究均表明互联网与国际贸易之间具有正向关系。施炳展（2016）基于双边双向网址链接数据研究发现，互联网提升了中国企业出口价值量，认为互联网具有信息平台功能，能够降低交易成本、扩大交易规模、优化资源配置水平。

互联网对微观企业影响的研究主要集中在企业创新、企业出口、企业分工等主题上。关于企业创新，国外学者已较早证实了互联网对企业研发创新能力具有促进作用（Kafouros，2006；McGuire et al.，2012；Glavas and Mathews，2014）。国内部分学者从理论层面探讨了互联网对企业创新的积极作用（程立茹，2013；李海舰等，2014；赵振，2015）。王春燕和张玉明（2018）实证表明，互联网整合性、互联网灵活性、互联网开放广度对创新绩效产生显著的正向影响。沈国兵和袁征宇（2020）研究发现，企业互联网化对中国企业创新及其出口活动有着显著的促进作用。关于企业出口，李兵和李柔（2017）采用合并后的工业企业数据库和海关数据库研究发现，互联网显著促进了企业出口。岳云嵩和李兵（2018）利用 2000～2009 年"阿里巴巴"中国站付费会员数据、中国工业企业数据和中国海关数据实证检验发现，电子商务平台通过提高生产效率、交易匹配效率和降低出口门槛三条路径促进企业出口。关于企业分工，施炳展和李建桐（2020）基于中国制造业企业的数据实证检验发现，企业互联网普及率的提高可以显著促进中国制造业企业分工水平的提升，其理论机制是降低企业的搜寻成本。

综上可知，现有文献从宏观、产业、微观企业层面研究了互联网对经济活动的影响，取得了丰富的成果。但仍存在一些不足之处：①多数研究采用单一指标度量互联网发展水平，不够客观，也不够全面；②现有文献缺乏从宏观层面实证检验互联网发展对中国产业结构转型升级影响的研究，也未考虑市场化水平的调节作用，而市场化水平是地区创新协调发展和经济高质量增长的重要影响因素。因此，本章借鉴韩先锋等（2019）的研究，采用互联网综合发展水平指标，基于中国 31 个省区市的面板数据，实证检验互联网发展与中国产业结构转型升级的关系，并考察市场化水平对二者关系的调节作用。

(二) 作用机制与理论假说

1. 互联网与产业结构转型升级

产业结构转型升级主要包括产业结构高度化和产业结构合理化两个维度，因此，互联网只有同时促进了产业结构高度化和产业结构合理化，才意味着互联网可以显著推动中国产业结构转型升级。其中，产业结构高度化是产业结构从低水平状态向高水平状态演进的过程，它包括量的增加和质的提升两个方面，量的增加是指非农产业比重的提高，质的提升是指劳动生产率高的产业所占的份额较大。产业结构合理化是指产业之间的比例均衡和关联协调程度。

互联网发展主要通过以下机制影响产业结构高度化。从产业结构高度化的量来说，互联网是一种重要的生产工具和应用工具，推动数据成为新的生产要素，蕴含着巨大的数字化新动能，能够有效驱动资本、劳动、技术等生产要素的优化和再配置，进而推动产业技术创新，形成新的经济增长点。同时，互联网的使用扩散也能提高传统产业的生产要素配置和使用效率，促使其提升供给品质，推动产业链向中高端升级，催生出更多的新模式、新产品和新业态，加速新产业的形成和出现（韩先锋等，2019）。因而，互联网能带动第一产业向第二、第三产业演进。也就是说，通过促进生产要素再配置，互联网发展可以增加产业结构高度化的数量。

从产业结构高度化的质来说，一方面，互联网加速了信息技术在全球社会的转移、传播与吸收，从而起到了促进科技进步方面的作用（Mathews and Cho，2000）；另一方面，依托互联网，人们能够及时地获取、理解和分享信息，快速掌握新技能、积累新知识，从而加快了全社会的人力资本积累的进程（郭家堂和骆品亮，2016；韩先锋等，2019），而人力资本水平的普遍提高则会进一步推动技术进步。推动产业结构升级的有效途径是技术创新，尤其在中国经济转型时期，产业结构升级的关键在于企业形成技术创新能力（徐康宁和冯伟，2010），已有研究证实了互联网对企业创新具有促进作用（王春燕和张玉明，2018；沈国兵和袁征宇，2020）。因而，互联网能够通过推动技术进步促进产业结构高度化的质。

互联网发展主要通过优化资源配置机制影响产业结构合理化。首先，互联网作为一种通用技术，促进了信息、知识、观念的广泛传播（Harris，1998），打破了信息不对称的壁垒，提高了效率（罗珉和李亮宇，2015），因而能够缓解外部市场信息不完全和不对称，避免盲目投资和生产过剩的情况，从而减少产业结构不合理变动的摩擦，促进产业间资源的合理配置，降低要素重置成本，促进产业结构合理化。其次，互联网作为一种平台，具有强大的泛在连接能力，能够有效促进劳动、资本、技术等要素的跨时空流动，加快产业间的资源配置速度，带动产业结构合理化。最后，互联网的不断发展，将会催生更多新业态、新产业、新模式，进一步加深产业之间的关联程度，推动产业结构合理化。

综上所述，本章提出如下假设：

假设1：互联网发展能够显著推动产业结构高度化；

假设1a：互联网发展有利于提升产业结构高度化的量；

假设1b：互联网发展能够显著促进产业结构高度化的质；

假设2：互联网发展能够显著推动产业结构合理化。

2. 市场化水平的调节作用

各地区市场化水平不均衡是中国经济转型期的一个重要特征，不同的市场化水平意味着不同的地区市场运行效率，进而会影响互联网在推动中国产业结构转型升级中的作用大小。

就市场化水平在互联网与产业结构高度化的关系中的作用而言，市场化水平会强化互联网对产业结构高度化的促进作用效应，具体原因如下。一方面，市场化水平越高的地区，创新动力和创新压力也更大，进而能够激励企业家提升要素组合能力（成力为和孙玮，2012），促进生产要素再配置，推动传统产业转型升级，形成新的经济增长点。因而市场化水平在互联网与产业结构高度化的量的正向关系中起着强化作用。另一方面，市场化水平越高的地区，知识生产和共享的效率越高，有助于人力资本积累，加速技术进步。同时，市场化水平越高的地区，竞争秩序更规范，市场竞争环境更良好，鼓励创新行为，推动技术进步，进而带动产业升级。因而市场化水平在互联网与产业结构高度化的质的正向关系中起着强化作用。

就市场化水平在互联网与产业结构合理化的关系中的作用而言，市场化水平会强化互联网对产业结构合理化的促进作用效应，具体原因如下。一方面，市场化水平越高的地区，产品市场和要素市场发育程度越高，市场秩序更规范，进而能够有效引导资源在不同产业之间的流动与配置。另一方面，市场化水平高的地区，市场在资源配置中起到核心作用，受到政府的干预较少，制度环境更加完善，因而能减弱政府干预对资源配置效率带来的负面影响，提高市场对资源的配置效率。因此，市场化水平能够通过优化资源配置进而在互联网与产业结构合理化的正向关系中起着强化作用。

综上所述，本章提出如下假设：

假设3：互联网对产业结构高度化的促进作用大小，受到地方市场化水平的影响，地方经济市场化水平越高，则互联网对产业结构高度化的促进作用越强；

假设3a：地方经济市场化水平越高，则互联网对产业结构高度化的量的促进作用越强；

假设3b：地方经济市场化水平越高，则互联网对产业结构高度化的质的促进作用越强；

假设4：互联网对产业结构合理化的促进作用大小，受到地方市场化水平的影响,地方经济市场化水平越高,则互联网对产业结构合理化的促进作用越强。

二、计量模型、变量与数据

(一)计量模型

为检验互联网发展水平对产业结构高度化的影响,本章构建如下模型:

$$\text{ais1}_{i,t} = a_0 + a_1 \text{int}_{i,t} + a_2 \text{controls}_{i,t} + \varepsilon_{i,t} \quad (8\text{-}1)$$

$$\text{ais2}_{i,t} = a_0 + a_1 \text{int}_{i,t} + a_2 \text{controls}_{i,t} + \varepsilon_{i,t} \quad (8\text{-}2)$$

式中,模型(8-1)是检验互联网发展水平对产业结构高度化的量的影响,模型(8-2)是检验互联网发展水平对产业结构高度化的质的影响;ais1 表示产业结构高度化的量,ais2 表示产业结构高度化的质;int 表示互联网发展水平;controls 表示控制变量,$\varepsilon_{i,t}$ 为随机误差项;i 表示不同地区,t 表示不同时期。

为检验互联网发展水平对产业结构合理化的影响,本章构建如下模型:

$$\text{theil}_{i,t} = a_0 + a_1 \text{int}_{i,t} + a_2 \text{controls}_{i,t} + \varepsilon_{i,t} \quad (8\text{-}3)$$

式中,theil 表示产业结构合理化,其他变量同模型(8-1)和模型(8-2)。

为检验市场化水平对互联网发展水平与产业结构转型升级之间关系的调节作用,构建如下模型:

$$\text{ais1}_{i,t} = a_0 + a_1 \text{int}_{i,t} + a_2 \text{int}_{i,t} \times \text{market}_{i,t} + a_3 \text{market}_{i,t} + a_4 \text{controls}_{i,t} + \varepsilon_{i,t} \quad (8\text{-}4)$$

$$\text{ais2}_{i,t} = a_0 + a_1 \text{int}_{i,t} + a_2 \text{int}_{i,t} \times \text{market}_{i,t} + a_3 \text{market}_{i,t} + a_4 \text{controls}_{i,t} + \varepsilon_{i,t} \quad (8\text{-}5)$$

$$\text{theil}_{i,t} = a_0 + a_1 \text{int}_{i,t} + a_2 \text{int}_{i,t} \times \text{market}_{i,t} + a_3 \text{market}_{i,t} + a_4 \text{controls}_{i,t} + \varepsilon_{i,t} \quad (8\text{-}6)$$

其中,market 表示市场化水平,int×markert 表示互联网发展水平与地方市场化水平的交互项,其他变量同模型(8-1)、模型(8-2)和模型(8-3)。

(二)变量设定

1. 被解释变量

本章的被解释变量为产业结构转型升级,包括产业结构高级化和产业结构合理化。其中,产业结构高级化分为产业结构高级化的量(ais1)和产业结构高级化的质(ais2)。根据克拉克定律,产业结构高度化的量被定义为非农产业的比重提高,可以用产业结构层次系数来度量,即从份额比例上的相对变化刻画三大产业在数量层面的演进过程,具体计算公式如下:

$$\text{ais1}_{i,t} = \sum_{n=1}^{3} y_{i,n,t} \times n, \quad n = 1, 2, 3 \quad (8\text{-}7)$$

式中,$y_{i,n,t}$ 表示 i 地区第 n 产业在 t 时期占地区生产总值的比重。

另外,借鉴刘伟等(2008)的研究,定义产业结构高度化的质(ais2)为产

业之间的比例关系与各产业劳动生产率的乘积加权值，具体计算公式为

$$\text{ais2}_{i,t} = \sum_{n=1}^{3} y_{i,n,t} \times \text{lp}_{i,n,t}, \quad n=1,2,3 \tag{8-8}$$

式中，$y_{i,n,t}$ 同式（8-7），$\text{lp}_{i,n,t}$ 表示 i 地区第 n 产业在 t 时期的劳动生产率，计算公式为

$$\text{lp}_{i,n,t} = Y_{i,n,t} / L_{i,n,t} \tag{8-9}$$

式中，$Y_{i,n,t}$ 表示 i 地区第 n 产业 t 时期的增加值；$L_{i,n,t}$ 表示 i 地区第 n 产业在 t 时期的就业人员。$\text{lp}_{i,n,t}$ 存在量纲，本章采用均值化方法消除量纲。

产业结构合理化（theil）是指产业之间的比例均衡和关联协调程度。借鉴袁航和朱承亮（2018）的研究，采用泰尔指数来衡量产业结构合理化，具体计算公式为

$$\text{theil}_{i,t} = \sum_{n=1}^{3} y_{i,n,t} \times \ln(y_{i,n,t} / l_{i,n,t}), \quad n=1,2,3 \tag{8-10}$$

式中，$y_{i,n,t}$ 同式（8-7），$l_{i,n,t}$ 表示 i 地区第 n 产业在 t 时期从业人员占就业人员的比重。产业结构泰尔指数反映了中国三大产业的产值结构及人员就业结构，若该值为 0，说明产业结构处于均衡状态，若不为 0，说明产业结构偏离均衡状态，产业结构不合理。

2. 解释变量

本章的解释变量为互联网发展水平（int）。关于互联网发展水平的度量，已有多数学者采用单一指标如互联网普及率（韩剑等，2019）、网站数（郭家堂和骆品亮，2016）、电子邮箱数（施炳展和李建桐，2020）等来代替互联网发展水平；也有部分学者构建指标综合评价体系来综合评价地区互联网发展水平。由于单一指标不够客观和全面，本章借鉴韩先锋等（2019）的做法以及基于数据的可获得性，基于互联网的普及、商务应用、基础设施、信息资源和发展环境五大维度来度量互联网发展水平。本章通过全局主成分分析法，经计算得到互联网综合得分即为互联网发展水平指数。具体指标测度见表 8-2。

表 8-2 互联网发展水平测度体系

一级指标	二级指标	指标解释
互联网普及	网民普及率（%）	体现省际互联网普及程度
	网民总数（万人）	衡量省际互联网服务需求能力
互联网基础设施	IPv4 地址比重（%）	刻画省际 IP 地址资源分配事实
	万人域名数（个/万人）	描述省际域名资源配置情况
	长途光缆线路长度（千米）	反映省际光纤基础设施投资建设情况
	互联网接入端口数（万个）	体现省际互联网接入设备的建设水平

续表

一级指标	二级指标	指标解释
互联网信息资源	企业平均拥有网站数（个）	刻画省际互联网信息资源的配置水平
	每个网页平均字节数（KB）	反映省际互联网信息资源的丰富程度及多寡
互联网商务应用	快递业务总量（万件）	表征省际网购产业的发展水平
互联网发展环境	人均GDP（元）	衡量省际互联网建设能力和发展方向
	城镇居民人均可支配收入（元）	体现省际居民互联网消费支付能力

3. 调节变量

本章的调节变量为市场化水平（market），采用市场化指数测度地区市场化情况。

4. 控制变量

在现有文献的基础上，产业结构转型升级的控制变量主要包括：①经济发展水平（lnpergdp），采用地区人均生产总值的对数来表示；②城镇化（urban），采用地区城镇人口与地区年末总人口的比值来表示；③政府干预（gov），采用地区政府一般预算支出占地区生产总值的比重来表示；④外商直接投资（lnperfdi），采用人均FDI（foreign direct investment，外商直接投资）的对数值表示；⑤固定资产投资水平（fairatio），采用地区固定资产投资总额占地区生产总值的比重来表示。表8-3为各变量的描述性统计。

表8-3 变量定义及描述性统计

变量类型	变量名称	变量说明	样本量	均值	标准差	最小值	最大值
被解释变量	产业结构高度化的量（ais1）	$ais1_{i,t}=\sum_{n=1}^{3}y_{i,n,t}\times n,\ n=1,2,3$	279	2.3209	0.1252	2.1400	2.7720
	产业结构高度化的质（ais2）	$ais2_{i,t}=\sum_{n=1}^{3}y_{i,n,t}\times lp_{i,n,t},\ n=1,2,3$	279	1.0237	0.4286	0.3883	2.2239
	产业结构合理化（theil）	$theil_{i,t}=\sum_{n=1}^{3}y_{i,n,t}\times\ln(y_{i,n,t}/l_{i,n,t}),$ $n=1,2,3$	279	0.2411	0.1418	0.0186	0.6616
解释变量	互联网发展水平（int）	综合指数法	279	0.3720	0.1842	0.0620	0.9757
调节变量	市场化水平（market）	市场化指数	279	5.9746	2.0207	0.0200	9.9400
控制变量	经济发展水平（lnpergdp）	地区人均生产总值取对数	279	10.5168	0.5116	9.4018	11.6531
	城镇化（urban）	地区城镇人口与地区年末总人口的比值	279	0.5326	0.1429	0.2271	0.9009

续表

变量类型	变量名称	变量说明	样本量	均值	标准差	最小值	最大值
控制变量	政府干预（gov）	政府一般预算支出与地区生产总值的比值	279	0.2619	0.1973	0.1027	1.2914
	外商直接投资（lnperfdi）	人均 FDI 取对数	279	9.0154	1.1911	6.6896	11.8081
	固定资产投资水平（fairatio）	地区固定资产投资总额与地区生产总值的比值	279	0.7431	0.2283	0.2536	1.3422

（三）数据说明

本章以我国 31 个省区市 2008～2016 年的数据为样本，其中，计算互联网综合发展水平的数据来源于历年《中国互联网络发展状况统计报告》，市场化水平的数据来源于王小鲁等编制的《中国分省份市场化指数报告》，其他变量的数据来源于历年各地区统计年鉴、中国经济信息网或国泰安数据库。

三、实证结果及分析

（一）基本估计结果分析

经 Hausman[①]检验发现，固定效应方法优于随机效应方法，因此本章采用固定效应方法进行估计。表 8-4 报告了模型（8-1）～模型（8-3）的回归结果。结果显示，互联网发展显著促进产业结构高度化的量、产业结构高度化的质以及产业结构合理化。

具体来说，依据模型（8-1），互联网发展水平（int）与产业结构高度化的量（ais1）的回归系数为 0.1661，在 1%的水平上显著，表明互联网发展有利于提升产业结构高度化的量，验证了假设 1a。依据模型（8-2），互联网发展水平（int）与产业结构高度化的质（ais2）的回归系数为 0.4741，在 1%的水平上显著，表明互联网发展有利于提升产业结构高度化的质，假设 1b 得到验证。综上，互联网发展能够显著推动产业结构高度化，假设 1 得到验证，其中可能的作用机制是互联网通过促进生产要素再配置以及推动技术进步来带动产业结构高度化。依据模型（8-3），互联网发展水平（int）与产业结构合理化（theil）的回归系数为-0.0785，在 5%的水平上显著，表明互联网发展能够显著促进产业结构合理化，假设 2 得

---

① Hausman 检验是一种用于比较两种估计方法的一致性和有效性的统计检验方法，比较固定效应模型和随机效应模型的适用性，它也可以用于检验内生性问题，比较普通最小二乘法和工具变量法的结果是否一致。

到验证。由此可见，无论是以产业结构高度化还是以产业结构合理化为被解释变量，互联网发展水平均能起到促进作用，因此，互联网发展能促进地方产业结构转型升级。

表 8-4 互联网对产业结构转型升级的影响效应

变量	模型（8-1）ais1	模型（8-2）ais2	模型（8-3）theil
int	0.1661***	0.4741***	−0.0785**
	(6.39)	(4.88)	(−2.19)
lnpergdp	−0.0546***	0.7214***	0.0490*
	(−2.89)	(10.22)	(1.89)
urban	0.7056***	−0.7553	−0.4453**
	(4.75)	(−1.36)	(−2.18)
gov	0.1060	−0.7149***	−0.1187
	(1.46)	(−2.63)	(−1.19)
lnperfdi	−0.0026	0.0634**	−0.0162
	(−0.31)	(2.03)	(−1.40)
fairatio	0.0216	−0.2390***	−0.0633**
	(0.96)	(−2.85)	(−2.05)
cons	2.4365***	−6.5434***	0.2153
	(15.91)	(−11.42)	(1.02)
N	279	279	279
F	63.4848	196.6811	19.6872
R^2	0.6115	0.8298	0.3280
Adj-R^2	0.5537	0.8045	0.2280

注：括号中的数值为 t 检验统计量

***、**、*分别表示在 1%、5%和 10%的水平上显著

从控制变量来看，经济发展水平能够促进产业结构高度化的质，但不利于产业结构高度化的量以及产业结构合理化。城镇化能够增加产业结构高度化的量并显著促进产业结构合理化，但对产业结构高度化的质没有显著促进作用。政府干预负向影响产业结构高度化的质，对产业结构高度化的量以及产业结构合理化的正向作用不显著。外商直接投资能够促进产业结构高度化的质，对产业结构高度化的量以及产业结构合理化作用不显著。固定资产投资水平负向影响产业结构高度化的质，对产业结构高度化的量的促进作用不显著，但可以显著促进产业结构合理化。

（二）调节效应分析

本章依据模型（8-4）、模型（8-5）、模型（8-6）实证检验市场化水平对互联网综合发展水平与产业结构转型升级之间关系的调节作用，回归结果见表 8-5。结果显示，市场化水平正向调节互联网综合发展水平与产业结构高度化的量、产业结构高度化的质之间的关系，但在互联网综合发展水平与产业结构合理化之间未起到正向调节作用。

表8-5 市场化水平对互联网与产业升级的调节效应分析

变量	模型（8-4）ais1	模型（8-5）ais2	模型（8-6）theil
int	0.0977***	0.2206**	−0.0843**
	(3.84)	(2.32)	(−2.18)
int×market	0.0201***	0.0945***	0.0056
	(3.29)	(4.12)	(0.61)
market	0.0180***	0.0538***	−0.0010
	(4.09)	(3.28)	(−0.15)
lnpergdp	−0.0741***	0.6537***	0.0483*
	(−4.25)	(10.03)	(1.82)
urban	0.8057***	−0.3366	−0.4273**
	(5.91)	(−0.66)	(−2.06)
gov	0.2620***	−0.1428	−0.1065
	(3.77)	(−0.55)	(−1.01)
lnperfdi	−0.0111	0.0305	−0.0171
	(−1.44)	(1.06)	(−1.46)
fairatio	0.0324	−0.1712**	−0.0568*
	(1.48)	(−2.09)	(−1.71)
cons	2.5305***	−6.2052***	0.2213
	(18.08)	(−11.86)	(1.04)
N	279	279	279
F	64.0658	184.9704	14.7164
R^2	0.6811	0.8604	0.3291
Adj-R^2	0.6306	0.8383	0.2229

注：括号中的数值为 t 检验统计量
***、**、*分别表示在1%、5%和10%的水平上显著。

具体来说，依据模型（8-4），互联网综合发展水平与市场化水平的交互项（int×market）与产业结构高度化的量（ais1）的回归系数为 0.0201，在 1%的水平上显著，表明市场化水平越高，互联网对产业结构高度化的量的促进作用越强，假设 3a 得到验证。依据模型（8-5），互联网综合发展水平与市场化水平的交互项（int×market）与产业结构高度化的质（ais2）的回归系数为 0.0945，在 1%的水平上显著，表明市场化水平越高，互联网对产业结构高度化的质的促进作用越强，假设 3b 得到验证。综上，互联网对产业结构高度化的促进作用大小，受到地方市场化水平的影响，地方经济市场化水平越高，则互联网对产业结构高度化的促进作用越强，假设 3 得到验证。依据模型（8-6），互联网综合发展水平与市场化水平的交互项（int×market）与产业结构合理化（theil）的回归系数为 0.0056，且不显著，表明市场化水平不能调节互联网与产业结构合理化之间的关系，假设 4 未得到验证，其中的原因可能是：市场机制在引导生产要素在不同效率生产部门之间进退时，并非期望的高效和顺畅，可能会面临该进的进不去、该退的退不出（赵庆，2018），不利于资源合理配置，阻碍产业结构合理化（袁航和朱承亮，2018）。

（三）稳健性分析

为保证结果的稳健性，本章分别更换解释变量与被解释变量重新估计来进行稳健性检验。

（1）更换解释变量。借鉴现有研究，本章采取最常用的互联网普及率（intp）这一单一指标作为互联网发展水平的替代变量，回归结果如表 8-6 所示。结果显示，除假设 4 未得到验证外，其他假设均得到了检验。

表 8-6 稳健性检验 1：更换解释变量

变量	ais1		ais2		theil	
	模型（8-1）	模型（8-2）	模型（8-3）	模型（8-4）	模型（8-5）	模型（8-6）
intp	0.4574***	0.3642***	0.5310*	0.1631	−0.2732***	−0.2790***
	(6.22)	(5.46)	(1.86)	(0.63)	(−2.72)	(−2.73)
intp×market		0.0276**		0.1527***		0.0141
		(2.52)		(3.59)		(0.84)
market		0.0201***		0.0576***		−0.0048
		(4.31)		(3.17)		(−0.68)
lnpergdp	−0.0993***	−0.1221***	0.7796***	0.7065***	0.0839**	0.0872***
	(−4.17)	(−5.66)	(8.45)	(8.41)	(2.58)	(2.63)
urban	0.4238***	0.5468***	−1.1360*	−0.6475	−0.2810	−0.2724
	(2.75)	(3.95)	(−1.90)	(−1.20)	(−1.33)	(−1.28)

续表

变量	ais1 模型（8-1）	ais1 模型（8-2）	ais2 模型（8-3）	ais2 模型（8-4）	theil 模型（8-5）	theil 模型（8-6）
gov	0.0635	0.2304***	−0.6506**	0.0053	−0.0849	−0.0752
	(0.86)	(3.31)	(−2.26)	(0.02)	(−0.84)	(−0.70)
lnperfdi	0.0049	−0.0038	0.0826**	0.0522*	−0.0198*	−0.0193*
	(0.58)	(−0.50)	(2.55)	(1.78)	(−1.74)	(−1.67)
fairatio	0.0091	0.0222	−0.2714***	−0.1765**	−0.0571*	−0.0442
	(0.40)	(1.00)	(−3.12)	(−2.03)	(−1.86)	(−1.29)
cons	2.8835***	2.9951***	−7.1616***	−6.8416***	−0.1355	−0.1623
	(13.61)	(15.72)	(−8.72)	(−9.22)	(−0.47)	(−0.55)
N	279	279	279	279	279	279
F	62.6751	67.2116	178.5513	175.0762	20.3183	15.2512
R^2	0.6084	0.6914	0.8157	0.8537	0.3350	0.3370
Adj-R^2	0.5502	0.6425	0.7883	0.8306	0.2361	0.2321

注：括号中的数值为 t 检验统计量

***、**、*分别表示在1%、5%和10%的水平上显著

（2）更换被解释变量。借鉴现有研究（韩先锋等，2019；时乐乐和赵军，2018），本章采用第三产业产值与第二产业产值之比度量产业结构升级，回归结果如表8-7所示。结果显示，互联网综合发展水平可以显著促进产业结构升级；市场化水平越高，则互联网对产业结构升级的促进作用越强。

表 8-7 稳健性检验 2：更换被解释变量

变量	模型 8-1	模型 8-2
int	1.1059***	0.7426***
	(8.11)	(5.59)
int×market		0.3391***
		(4.24)
market		0.0769***
		(3.36)
lnpergdp	−0.3620***	−0.4589***
	(−3.66)	(−5.04)
urban	1.4360*	2.0368***
	(1.84)	(2.86)
gov	−0.0438	0.7758**
	(−0.12)	(2.14)

续表

变量	模型 8-1	模型 8-2
lnperfdi	0.0059	−0.0413
	(0.13)	(−1.03)
fairatio	0.0976	0.1952*
	(0.83)	(1.71)
cons	3.5215***	4.0060***
	(4.38)	(5.48)
N	279	279
F	25.8101	30.5802
R^2	0.3902	0.5048
Adj-R^2	0.2995	0.4264

注：括号中的数值为 t 检验统计量

***、**、* 分别表示在 1%、5% 和 10% 的水平上显著

四、研究结论

本章基于中国 31 个省区市的面板数据，实证检验互联网发展与中国产业结构转型升级的关系，并考察了市场化水平对二者关系的调节作用。主要研究结论如下：①互联网发展能够显著推动产业结构高度化，即互联网发展显著促进产业结构高度化的量和产业结构高度化的质；②互联网发展能够显著推动产业结构合理化；③互联网对产业结构高度化的促进作用大小，受到地方市场化水平的影响，地方经济市场化水平越高，则互联网对产业结构高度化的促进作用越强，即市场化水平越高，互联网对产业结构高度化的量和质的促进作用更大；④市场化水平对互联网与产业结构合理化之间关系的调节作用不显著。

基于上述结论，结合我国互联网发展实际以及市场化水平，为更好地推动产业结构转型升级，本书具有以下几点政策启示。

第一，加大互联网建设力度。本章研究表明，互联网可以驱动中国经济结构转型升级。因此，为提升中国互联网发展水平，未来可以进一步从加强互联网基础建设、加大对互联网高端技术和应用平台的投资、提高互联网普及率三方面着手。具体来讲，首先，要接入和覆盖更广泛的无线网络，打破互联网使用的时空限制，进一步加快高度宽带、5G 网络、数据中心、人工智能、工业互联网等"新基建"的建设，为高质量发展注入新动力。其中，特别要加强农村地区的互联网基础设施建设和政策支持，以加快缩小城乡数字鸿沟。其次，要继续增加有关互联网高端技术和应用平台的研发与生产投入，并加强信息网络基础技术和短板技术研究，不断丰富基于互联网的应用服务内容，促进互联网产业及相关衍生产业

的发展。最后，要继续加强互联网使用的宣传和培训，提高企业和居民使用互联网及其相关应用的意识和意愿。

第二，深化市场化改革。市场化水平可以为互联网促进产业结构转型升级提供更好的外部条件，从而使得互联网可以更好地发挥作用，对产业结构转型升级的推动力更强。故应提高市场自主调节能力，培育市场主体竞争活力，壮大个体、民营和外资企业等非国有经济的力量，以市场经济机制鼓励各企业参与市场竞争，进行更多创新行为。同时，要加快市场中介组织建设和法律制度环境建设，为促进我国市场化建设提供全面的组织和法律保障。

第九章 "互联网+"背景下的虚拟产业集群

第一节 虚拟产业集群的概念、特征与优势

产业链的上游和下游之间由于生产规模效益的递增与知识溢出收益，不仅形成了地理上的集聚，而且加强了上游企业与下游企业之间的竞合关系，产业中的地理空间集聚十分寻常。如在电子信息行业中，上游企业生产电子元件来为最终生产电子产品的下游企业提供所需要的电子元件，进而形成了繁荣昌盛的电子信息产业集群。这是产业空间集聚在传统产业链下所形成的一种典型模式。然而随着信息技术的产生与发展，上游企业与下游企业之间的地理空间距离的影响逐渐减弱，企业间的地理关联也逐渐减弱。更进一步来说，企业更可能在互联网技术的高速发展背景下由过去的地理空间层面的集聚转变为以数据和信息实时交换为核心的网络虚拟集聚模式。尤其是大数据、物联网等信息技术的产生，都在很大程度上降低了产业链中上下游企业在地理空间上的联系与依存性。此外，线上销售这一全新商业模式的诞生在一定程度上满足了消费者的异质性需求，这就使得产业链中所有的企业之间通过任务型的连接来确定彼此之间的竞争、合作关系而不是必须按照确定的生产顺序。这种任务型的连接，在"互联网+"战略指导的情况下，从以往需要依靠地理空间层面上的接近来规避交易成本的行为转变为自发自动地规避较高的交易成本，实现自主选择成本的模式。

一、虚拟产业集群的概念

产业集群的虚拟化这一新概念的研究始于1997年由巴西圣保罗大学、墨西哥蒙特雷科技大学、德国亚琛工业大学、瑞典圣加仑大学、意大利威尼斯大学和英国纽卡斯尔大学等七所大学组成的一个网络化研究课题组，该课题组将产业在虚拟空间集群的现象称为"虚拟产业集群"（virtual industry clusters，VIC）（陈小勇，2017），并将虚拟产业集群定义为：快速构建与运作虚拟企业的基础平台，是由具有一定专长的企业组成的集合体，主要功能是通过提供与调节成员企业的核心能力，促进具有核心能力的成员企业之间的协作来参与虚拟企业运作，从而使成员分享市场机遇（李帅等，2003）。1999年由瑞士洛桑大学、瑞士伯尔尼大学、瑞士信息技术联邦委员会和瑞士电信股份有限公司共同开发了一个合作项目——虚拟企业的普遍应用（virtual enterprise generic applications，VEGA）。他们把VEGA

看作基于网络合作的向虚拟企业（virtual enterprise）提供支持的合作平台。因此，虚拟企业的普遍应用即基于商业网络支持的具有相互依赖性质的特定企业（公司），能够聚集在一起，并快速灵活地形成虚拟企业的潜在成员池。

陈剑锋和唐振鹏（2002）认为，虚拟产业群是利用组织接近来取代传统的地理接近，前者主要是虚拟产业集群形成的动力来源，而组织接近的形成方式则是利用供应链管理与客户关系维护来实现的。这种组织接近的方式突破了传统地理层面集聚的空间限制，充分发挥信息技术的便通性，使得产业集群可以处于全球化的市场环境中，开拓了集群内部企业活动的范围。李毅（2016）认为，虚拟产业集群是在新经济背景下，利用现代信息技术与全球经济一体化的机遇产生的一种新的集群形态。基于网络技术的虚拟产业集群具备互补能力，能够克服区域产业群的地域限制，从而集成全球范围相关业务与相关组织的核心能力。它比市场稳定，比层级组织灵活。借助于这种特殊的组织结构，组织之间建立基于信任和承诺的相对稳定、长期的交易关系，能获得群外组织难以模仿的竞争优势。宋华和卢强（2017）认为虚拟产业集群是在信息与网络技术的推动下，依托各个企业核心竞争力，突破地域限制的专业化分工明晰以及整体协作的产业发展新形式。当中小企业或小微企业基于互联网的连接形成虚拟产业集群后，不仅分享了知识外溢等地理产业集群带来的优势，还可以形成有效的网络治理，提高信息传递质量与效率。

二、虚拟产业集群的特征

（一）虚拟产业集群内部企业提供相似的产品或服务

虚拟产业集群实际上是一些在生产制造过程中产出的相同或相似的产品或服务，这些成员企业具有某些共同属性。而共同属性之一就是生产出的产品具有一定的相似性，虚拟产业集群基于企业间的相似性形成。

（二）虚拟产业集群内部信息的线上特质突出

虚拟产业集群与传统的产业集群一个重要的区别就在于经营活动的重点并不是线下，而是主要集中在互联网平台上。通过万物相连的互联网和物联网技术，将集群内部重要的信息和数据搬到线上进行实时共享，使得集群内部位于产业链上下游的各个企业之间、企业和客户之间得以进行随时随地的沟通与交流，实现多个终端的二十四小时不间断交互，从而促进产业集群内部的产业链上各个环节之间以及不同产业之间的深度交融。这种精准、深度的信息交融过程正是促使新产品、新商业模式和新产业生态的必要条件。

（三）虚拟产业集群聚集了大量终端消费者

网络技术为各行各业提供了一个不限制交易时间、交易地点以及交易对象的交易平台，在这个网络交易平台上进行交易的人们很有可能在地理空间上相隔万里。正是这种使得交易变得更加自由广泛的平台存在，使得网络两端的生产者和消费者可以在世界各地、全天二十四小时无限制地进行沟通交流，最终让整个产业链的上下游终端在地理空间上形成广泛分布的特征。基于上述原因，虚拟产业集群与传统的地理空间层面上的集聚极大的不同在于不仅仅拥有大量的生产者集聚在一起，而且终端的消费者也存在大量的集聚现象。

（四）虚拟产业集群使得线上数据信息成为一种资源

众所周知，信息和数据成为数字时代最重要的生产要素之一。与传统的在地理区域层面聚集的核心资源是物质资源和资本相比，虚拟产业集群则更加强调在整个产业链的不同环节中所需要的物质资源和资本背后所暗藏的信息和数据，并且虚拟产业集群认为这些隐藏着的数据和信息才是整个生产制造过程中最重要的资产。虚拟产业集群主要通过网络信息技术来对数据做一些加工处理，并且依靠大数据、云计算等计算机技术对这些数据背后的信息进行深度的整理、探索和挖掘，最终找到暗藏在大量业务数据下的客户需求。根据这些数据以及分析出来的信息来安排生产制造过程的资源分配以及优化各个环节的相应配置。

（五）虚拟产业集群通过对数据的监控更好地满足消费者的需求

与传统的地理集聚进行对比，虚拟产业集群可以通过网络在时间、空间以及终端的广泛性来扩大产品在生产环节、销售环节、使用环节以及售后环节等方面的反馈效应，最终推动产业链上下游的企业以及最终客户等多个主体之间可以快速、准确、及时地实现信息的传递和沟通。在这种背景下，以规模经济作用为优势的传统地理集聚将逐渐式微，其规模效应的影响在互联网时代将被减弱。与此相对的，市场将对消费者的个性化需求更加敏感，客户的需求也将被整个产业链所重视，并且尽力被满足。个性化的需求就意味着有多少消费者的存在，就有可能需要制订多少种方案，并且这些消费者需求之间也存在着一定的差异性。消费者的不同需求会导致数量少、品种多的柔性化生产的产生，而只有柔性化生产才可以最大限度地满足大量的个性化需求。在虚拟产业集群的产业链中，各个独立的价值链会自发地根据市场呈现出的需求进行调整，从而实现供需平衡。以柔性化的生产线和供应链体系来满足客户个性化需求会促使整个产业的组织架构倾向于扁平化，只有扁平化的组织架构才可以及时地应对瞬息万变的市场环境，使得整个生产线真正为了满足消费者的个性化需求而开展。

（六）虚拟产业集群是依靠先进的信息技术和网络作为技术支持来联系成员企业的巨型平台

在互联网技术和信息化时代的社会大背景之下，知识经济成为社会经济发展的主旋律。计算机技术的广泛应用在一步步地缩短企业之间地理区位上的距离，这不仅增强了企业之间的沟通和交流，而且极大地减少了企业间的交流合作成本，推动了产业集群的虚拟化转型。组成虚拟产业集群的成员企业之间依托于先进的信息交流技术，以公共网络服务平台为桥梁来实现高效有序的信息与数据的流通，最终实现资源互补，提高集群的竞争优势。传统意义上的地理层面集聚的产业集群也拥有相应的免费信息互换平台，但这些平台的作用范围仅仅在某一地理区域内，由这一地理区域形成的产业集群内部所有成员组织共享，或者是由产业集群中的龙头企业创建维护，或者是由当地政府与行业中的相关协会机构共同管理，这种公共服务平台的效率较低并且难以覆盖到产业集群的所有企业。而虚拟产业集群内的相关公共服务平台需要投入大量的资金、技术和人力资本，这些资源的汇聚和整合就必须通过数家行业内的大企业联合创办和维护，并且仅仅依靠制造业或者互联网行业是不可行的，必须要两者联合运营。最终形成的巨型平台投入资金较多、技术含量较高、使用功能齐全。

三、虚拟产业集群的优势

（一）缓解了地理区域集聚的产业集群内部企业资源短缺的压力

基于地理区域集聚的产业集群在享受到产业链上下游企业处于同一地区的优势后，同样会受到地理空间的限制，而同一地区的人力、资金、市场容量等资源是有限的，导致无法满足区域内所有产业集群的发展。一方面，虚拟产业集群可以通过万物互联的网络来交流从而获取和地理空间集聚一样的好处；另一方面，虚拟产业集群避免在同一地区集聚可以让集群内部的企业更高效地利用好不同地区的资源优势，实现不同地区之间的资源互补。此外，便捷智能的互联网所提供的免费高效的信息交流和互动平台可以降低集群内部企业的信息获取成本，让大量有价值的信息可以在集群内部自由流动。同时，单个产业集群的资金、人才和技术等创新性资源是有限的，这使得各个企业在产品设计和市场开发等方面都难以做到深入挖掘，以地理区域为基础集聚的产业集群由于创新性资源不足而难以更进一步发展。从整个集群的综合程度来看，每个集群所拥有的不同资源之间具有一定的互补关系，集群之间的相互合作可以弥补本集群资源的不足，通过信息交流技术来形成创新网络，最终在网络中进行高度的专业化分工使得集群之间的核心技术可以处于虚拟的学习环境中，增强各个集群的综合竞争力。

（二）在传统地理集聚的基础上扩大了未来的发展空间

传统的地理集聚要求集群在同一地理区域内进行互动和交流，但是区域内部的资源是有限的，这就使得传统的地理集聚所产生的集群难以突破创新，整个集群的发展受到限制，集群发展的缓慢与落后也反过来对当地的经济产生消极的影响。随着经济全球化趋势的蔓延，只有不断地更新企业内部的知识资本，与集群外部环境进行频繁的信息与资源的交换才可以保持集群的活力，提高集群内部的创新力。增强和外部环境的交互就需要集群内部的企业拥有开放共享的精神，对产业进入者持有积极欢迎的态度，这样才可能不断地促进集群内部学习氛围的产生。Eng（2004）认为可以通过互联网技术来构建覆盖全球范围的创新性网络，从而为集群的发展提供广阔的空间（吴文华和张琰飞，2006）。虚拟产业集群通过与外界产生直接联系的方式使得集群内部成员不得不对外界的新知识、新思想和新技术产生关注与思考，从而帮助企业改革与创新。因为虚拟产业集群是在广阔的虚拟网络空间中构建了创新关系网络，充足流动的信息流与数据流极大地降低了企业选择机会主义行为的可能性；同时合作创新又有效地避免了由于过度竞争而产生的"囚徒困境"，为企业之间公平有序的竞争创造了良好的环境。

（三）虚拟产业集群形成了更广阔的创新网络

当虚拟产业集群形成之后，其关系网络就不仅仅限制在某一固定的地区内，而是在集群与集群之间甚至是集群与外部环境中的其他机构或组织共同构建的一个覆盖面更广的网络，这种全新的创新网络可以辐射到全球的企业。创新网络是指多个企业特别是中小企业为了获得和分享创新资源而在达成共识和默契的基础上相互结成的合作创新体系。构建创新网络的关键就是鼓励参与者投入各自企业或地区的创新性资源，通过彼此之间创新性资源的互补性提高各自企业或集群的竞争优势，并利用相互之间高频的交流合作获取高于从前的协同效应。网络中各个节点之间的线性联系为企业之间相互学习提供了可能渠道和良好环境。创新网络中的成员自身条件和能力影响着网络的整体创新能力与水平，因此虚拟产业集群提升了集群的开放性与包容性（杜丹阳和郑方，2008），有利于吸纳实力较强的外部组织或机构进入集群，整体提高集群的创新能力。

第二节 "互联网+"对虚拟化产业集群的影响

一、降低物流与运输成本

地理集聚所产生的规模效应之一就是显著降低运输成本。地理空间集聚形成的产业集群降低运输成本的方式是因为价值链中的上下游企业通常处于同一地区，然而虚拟化的集聚方式则是让终端消费者和始端生产者在虚拟的网络空间中集聚在一起，从本质上改变了传统的市场结构，从而改变了物流方式和降低了运输成本。在传统的市场结构与商业模式中，商品的运输成本一般隐藏在"冰山成本"中，进而体现在了商品的价格上。互联网技术的诞生使得生产消费的模式弱化了中间商的作用，使得生产者可以与消费者进行直接的联系与沟通。商品的物流成本主要受到整个社会物流产业的平均成本的影响，传统的商业模式下单件商品的运输成本高于以商场为核心的销售方式的产品运输成本。一方面，运输成本会随着企业经营活动范围的扩大而增加；另一方面，利用互联网的电子商务平台鼓励生产者直接与消费者对接，按需供货，这种不需要库存和押金的方式弥补了单件运输的成本。此外，由于互联网技术的发展推动了物流产业的创新，随着新物流模式的诞生，运输成本也随着整个社会物流产业成本的降低而下行。

二、降低交易成本

依托互联网技术将企业按照产业链整合形成虚拟产业集群（朱春阳和曾培伦，2020），这些成员企业在产业集群中属于高度专业分工化的，个别企业甚至聚焦于某一种产品，这种分工化细致的高聚焦型协调化网络大大地降低了集群内部成员的生产成本。而互联网技术的产生和影响使得集群中的上下游企业由以往的必须在一定地理空间范围内的面对面交流转变为可以随时随地进行的虚拟空间交流。这种可以忽视地理空间距离的交流方式就在原有的基础上大大降低了交易成本，并且提高了市场的交易速度和交易效率。与此同时，多次交易中产生的业务数据可以无限制地保留和分享，这种数据的长久保存有助于交易双方了解彼此过往的交易记录，进而积累未来的交易信用，最终帮助交易双方降低交易过程中的风险成本，同时提高市场交易速度与效率。

三、降低信息匹配与选择成本

产业集群具有一定的信息交互与选择的效应。通过互联网，消费端的需求量与生产端的供给量可以高效地匹配在一起，并且这种匹配的过程非常迅速、成本极低。生产者的生产量可以根据消费者在互联网上所下的订单数量来按需生产，对生产商来说，便捷高效的网络信息技术帮助他们扩大了产品市场，使得生产企业的产品可以销售到以前难以达到的市场区域。生产规模的扩大有助于产生规模效应，提高企业的竞争优势，同时按需生产可以减少库存成本，有助于企业走向个性化定制的道路，根据消费者的个人需求制造产品，走精品化路线。对消费者来说，线上购物给他们提供了更多的选择。处于买方市场的主动权使他们可以以较低的价格买到较好的产品，这种性价比极高的购物方式提高了消费者的购物体验，使得消费者群体越来越大，潜在的消费者市场也逐渐显露出来。

四、降低知识溢出效应的地理限制

在知识经济成为主导的时代里，产业集群最大的优势之一就是信息分享、知识溢出。由于知识是无形的、不可视的，学者人为地将知识划分为了显性知识和缄默知识两种。缄默知识的传递性和传播性较显性知识来说更弱一点，只能靠面对面的交流或沉浸式体验才能感受到。而知识属于不可编码信息，在空间的传递中具有一定的局限性，缄默知识的不可编码性可以随着网络信息技术的发展而不断降低，同样地，互联网技术和新兴信息技术的发展也有助于降低所有类型知识的空间局限性。例如，曾经在地球两端的人们难以进行及时的交流和沟通，但是现在他们可以通过先进的科技使得双方毫无障碍地沟通，缄默知识在网络空间焕发了新活力，可以被所有的人"面对面"地接受。由此可见，知识溢出效应在虚拟空间中是实时的、市场化的，互联网技术的发展使得信息的交换突破了文字和语音的形式，多媒体技术、VR/AR等技术的诞生使得不可编码信息能够快速、实时地交换。这些信息的实时交换性以及分享的便利性都帮助知识溢出突破了地理上的限制，增强了集群内部的知识溢出效应。

第三节 "互联网+"背景下产业集群虚拟化的优势

一、提高内部成员的风险承担水平

首先，产业集群的虚拟化推动了产业链的融合发展，使得产业链中上下游企业之间的联系更加紧密，将各个企业的资源在整个产业层面进行了整合，最大限度地降低了集群内部成员的日常经营风险，增强了集群内部成员自身的抗风险能力（王山和奉公，2016）。其次，虚拟产业集群内的各个企业、机构组织和个体工商户之间都是主动加入并且具备相关专业知识的专业技术人员，相同的知识文化背景有助于他们建立起相似的企业文化，最终形成一定的产业氛围，提高彼此的信任度。对于较为弱势的个体商家而言，通过虚拟产业集群中的公共服务平台可以有效地降低由信息不对称而产生的市场风险。另外，由于虚拟产业集群具有一定的知识溢出效应,有价值的信息可以在集群内自由流动,这就有助于个体商家以较低的成本学习相关专业知识,通过对于行业相关知识的学习可以有效地降低个体商家在生产销售过程中产生的技术风险。最后,由于虚拟产业集群在一定意义上缩短了企业之间的组织距离,企业之间的数据信息等资源的流动更加方便顺畅,沟通交流的效率也更高,大多数企业都可以以较低的成本获得足够的市场信息,这就可以帮助企业更好地应对瞬息万变的市场环境,针对市场上的不确定性迅速做出相应的决策,从而降低了企业的经营风险。

二、整合集群内部优势资源

以计算机技术为代表的信息技术的推广与普及,不仅降低了企业的交易成本,而且拓展了企业的市场范围。通过产业集群的虚拟化可以帮助位于不同地区的企业或组织将生产制造所需要的优势资源在虚拟网络空间中整合起来,并将网络空间中聚合在一起的资源所产生的大量的数据信息发展为产业集群内部的共享资源。这种集群内部在虚拟空间中的优势资源整合以及伴随着整合资源衍生出的大量虚拟数据信息是产业集群虚拟化的重要动因之一。

三、促进新一代信息技术产业化

产业的发展和市场的作用是相辅相成的,大多数网商行业的发展离不开以淘宝、京东为代表的公共电子商务平台的技术支持,但是这些平台的快速发展也得益于越来越壮大的网商群体。任何产品如果不进行市场化和商业化,就难以取得技术的突破与发展。只有经受了市场的考验,实验室出来的产品才能被大众所接受,才能克服自身只适用于小场景的局限性。新一代的信息技术同样如此。随着视频技术的不断成熟,网红直播带货已经成为可以与平台售卖相媲美的销售方式。以抖音、快手为代表的小视频社交软件已经在市场的调节作用下突破了本身记录生活的功能,转而变成了一种社交方式和带货渠道。这种全新的营销方式正是全新的信息化技术产业化的一个具体表现。产业集群的虚拟化给这样的信息技术提供了广泛的应用市场,也不断地推动计算机技术更新发展最终形成产业化。

第十章 "互联网+"驱动农业产业集群转型升级

第一节 案例背景——以沭阳花木产业为例

一、沭阳花木产业历史背景

沭阳地处黄淮平原,坐东拥西,承南接北,是亚热带和暖温带过渡地带,也是我国南花北移、北木南迁的优质驯化过渡地带,具有悠久的花木种植历史,自古就享有"花乡"美誉[①]。老一辈革命家李一氓誉之为"胡家花园秀,淮海第一家",当年在沭阳大地指挥战斗的陈毅元帅,也留下了"浪迹天涯烽烟路,唯见沭地马前花"的美好诗句。

20世纪80年代初期,沭阳县当地的农业发展仍然是按照人民公社时期的种植粮食作物为主。以颜集镇为例,整个镇子用来种植粮食的土地高达4万亩(1亩≈666.7平方米),其中虞姬沟南以小麦和玉米轮作,北以水稻和小麦轮作为主,水稻面积2.2万亩(曾亿武,2018)。因为沭阳县的农民数量众多而赖以生存的土地较少,并且坚持以粮食种植为主的生产策略,使得当地的农民一直处于贫困阶段,难以致富。直到80年代中期,才开始有部分目光卓绝的农民在农闲时节细心培育花木,并将种植得较好的盆栽带到外界寻找买家以改善家庭的生活质量。这些先行者胆大心细、不怕吃苦,只要能将花木卖个好价格,他们甚至可以搭火车远去北京,一去便长达数十天,直到手中的花木盆栽卖完才返乡。虽然售卖花木产品的利润远远高于粮食作物,但是由于时间和距离的限制,以及外界市场中的不确定因素较多,此时的花木产业发展仍然较为缓慢,没有形成较大的规模和市场。

20世纪90年代之后,主动种植花木盆栽并外出售卖的农户数量不断增多,特别是胡家花园的坐落地——新河镇周圈村以及享有"虞姬故里、花木之乡"美誉的颜集镇堰下村(陈永富等,2018)。在20世纪80年代,沭阳就开始了花木的商品化生产(杜丽群,2016),在1994年新河镇周圈村建立了盆栽走廊形式的花木专业市场,这就表明周圈村已经成为专业花木种植村(曾亿武,2018),并且以其独特的魅力不断地吸引外地消费者前往选购参观。堰下村则是颜集镇最先开始

---

① 资料来源:http://www.wendangku.net/doc/1542a9ff700abb68a982fb41.html。

种植花木产品的地区，不但全村内 1000 余亩的土地均用来种植花木，而且还大手笔地在村外承包了 1 万多亩的土地对花木进行扩种。当地花木市场的蓬勃发展也带动着花木经纪人这一群体的不断壮大。相关资料记载，在 20 世纪 90 年代初，当地的花木经纪人规模约为 3000 人，而部分种植规模大、发展速度快的花木种植户更是成立公司，注册商标，向现代化企业转型发展。

沭阳县于 1996 年召开了主题为"加强农村农业生产"的座谈会，从而对下一年的全县农业规划做出了指导。县委县政府决定规划具有地方特色的种植区域，也包括以河岸为边缘的花木种植区。沭阳县的花木产业从 1997 年开始有了进一步的提升，进入了一个全新的发展时期，这些成果都源于人民群众不断的努力和政府的大力支持。颜集镇村干部起到了带头作用，充当先锋模范，率领全村村民带头种植花木，不断增加花卉品种，扩大花木的种植面积，使得全镇经济效益越来越好，村民的腰包也逐渐鼓了起来。到 21 世纪初，全镇花木种植面积扩大了 10 倍多，花木种植面积每年新增近万亩，花木品种由百来种增加到一千多种，花木的产值不仅增加了农民的收入，也提升了当地人民的幸福感。颜集镇人民也通过辛勤种植花木和开拓创新的努力，注册了属于自己的花木商标，建设自主产业示范园，成为名副其实的"中国花木之乡"。到 2003 年，颜集镇仅用了 3 年的时间就达到了年产值超 5 亿元，花木种植面积达 5 万亩的规模，全镇的花木从业人员超过 5000 人。有的花农在周边乡镇及北京、山东等地方承包种植花木，使得颜集镇的花木远销全国各地，赢得消费者的喜爱。2005 年，颜集引进了超过 300 种花木品种，建成百亩以上示范园 50 个，让当地的花木行业更加丰富和完善，"科学种植、科技兴业"的口号也在当地成为花木从业者一致的心声。同样快速发展的还有新河镇的花木产业，新河镇人民立足花木品种根基，不断创新研究品种育苗技术，建成了超过 3000 亩的花木精品示范园。越来越多的老百姓都加入花木种植行业，无数村民通过自己努力提高了自己的生活水平，也让新河镇改变了原有的面貌。新河镇更是通过加快农业产业升级，提升农业副业的软实力，连续两年获得"优秀先进乡镇"称号。

二、沭阳花木产业电商发展概况

沭阳县的花木产业电子商务发展历程最早可以回顾到 2001 年，最早的电子商务产业起源于简单的网上发布消息。当时部分农民在接入互联网之后尝试在论坛、贴吧或公共网站中发布消息，推销自己种植设计出来的花木产品。这种仅仅包括信息的发布和获取等基础功能的电子商务形式对于当地花木产业的促进作用十分有限。可以看出，在电子商务的浪潮还没有席卷全国之前，沭阳县的农民对于新事物的接纳性和敢于突破传统、寻找创业致富路径的精神奠定了沭阳县花木产业未来的辉煌前景。

随着淘宝网在2003年成立,互联网应用于社交购物场景的时代真正来临。配套线上交付软件"支付宝"的推广、双十一购物节的营销形式确立等一系列火遍全国的举动促使淘宝网成为当之无愧的亚洲最大的购物平台。淘宝网以其当下国内最大的消费者人群、先进安全的支付软件、全面可靠的规则制度等优势为农民电子商务创业行为提供了必要的技术支持和有力保障。截至2014年底,淘宝网拥有的活跃用户平均每日超过1.2亿人次,在C2C(consumer to consumer,顾客对顾客电子商务)市场中淘宝网占据高达95.1%的市场份额;在农产品销售方面,2014年淘宝网完成农产品销售288.12亿元,同比增长54.61%[①]。庞大规模的消费者使得电子商务平台拥有了充足的潜在市场份额(孙亚娟,2016),再加上消费者偏好的多样性,细分市场潜力巨大。因此,在2006年,一些目光如炬的农户就开始踊跃使用淘宝网、1688等第三方电商平台开展花木的线上销售,这也掀开了沭阳县花木产业电子商务发展的帷幕。先行入驻电商平台的花木农户犹如发现新大陆,不仅学会将自己的产品销售到更远的地方,而且不囿于自家种植花木,创新性地将全国各地的知名花木种类引入沭阳,开辟了一个又一个全新而广阔的线上市场。

2013年,首批中国淘宝村名单揭晓,颜集镇堰下村成功入选,标志着沭阳县电子商务进入了一个新的发展阶段。在沭阳县的农产品淘宝村,农民网商虽然销售的是同一类产品,但透过线下产品品种和规格的多样性,竞争的集中度得以摊薄,从而让多数网商能够同时成活和发展。以周圈村为例,全村共有631户家庭,网店数量达到560多个,这与花木盆景的产品特性有关。培植盆景的树苗品种本身多元化,培植之后的景观可谓千形万状,异质性程度极高,给消费者的视觉感受各不同,因而任何网商都无法垄断这个市场。

2014年,新河镇的周圈村和颜集镇的堰下村入围第二批中国淘宝村。阿里研究院发布的《阿里农产品电子商务白皮书(2014)》显示,沭阳在阿里零售平台农产品交易额的县域排名中位居全国第三。2015年,新河镇、庙头镇、颜集镇共22个村入围第三批中国淘宝村,并且3个乡镇入围中国淘宝镇,其中,新河镇所辖的11个村全部都是淘宝村,沭阳县也成为全国最大的农产品淘宝村集群;在阿里研究院发布的《阿里农产品电子商务白皮书(2015)》中,沭阳连续两年在阿里零售平台农产品交易额的县域排名中稳居前三位;这一年,沭阳县还荣获"国家电子商务进农村综合示范县"称号。针对沭阳县淘宝村村干部的问卷调查结果显示,沭阳县2015年入选的22个淘宝村所拥有的网商规模、网店数量和交易额的总和呈连年快速增长的势头,从2011年的1012户网商、2222个网店和1.67亿元电商交易额迅速增加到2015年的4246户网商、7898个网店和12.19亿元电商交易额,

---

① 资料来源:http://www.sohu.com/a/218555411_796374。

年均增长率分别达到43.7%、37.4%和64.4%。2016年，新河镇、庙头镇、颜集镇和扎下镇共31个村入围第四批中国淘宝村名单，沭阳县不仅是全国最大的农产品淘宝村集群，也是全国十大淘宝村集群之一。据江苏省农业农村厅2021年公布的数据，沭阳花木面积60万亩，有15个淘宝镇、84个淘宝村，2个国家级重点龙头企业，1个国家级现代农业产业园，已成为全国花木集散中心，"花乡沭阳"在全国有较高的知名度。在2022年农业农村部管理干部学院和阿里研究院联合发布的《"数商兴农"：从阿里平台看农产品电商高质量发展》报告中，江苏沭阳在农产品数字化"百强县名单"中位列全国第二。目前，沭阳县各类活跃电商达5万家集聚淘宝，京东60%的花木类卖家，花卉直播销售额占全国1/3，农村电商工作获得国务院大督查激励表扬，蝉联全国"电子商务进农村综合示范县"，位居"全国电商示范百佳县"第六位、"江苏农村电商十强县"首位，平均每秒15件快递从沭阳发往世界各地。[①]

如今，沭阳已经形成了一个拥有较大电商发展规模、优质产业基础、完善电商生态、良好发展前景的特色花卉苗木类电子商务产业集群，同沭阳特色花木产业集群相辅相成，共同促进沭阳县域的经济社会发展。近年来，沭阳借力"互联网+"，推动"大众创业，万众创新"的浪潮蓬勃兴起，走出了一条独具特色的电子商务发展新路径。

第二节 "互联网+"驱动农业产业集群转型升级的动因

一、农村的经济发展背景发生变化

中国农村的经济在发展过程中一直存在着各种问题，但是最主要的问题还是在于受到地理空间和农民文化水平的影响而引起的制造行业生产规模不够大以及外界市场的需求大于供给。如果想振兴农村经济，实现农村现代化，最重要的着眼点就在于解决农村产业供不应求的问题。在传统的工业化阶段，中国将经济的发展重心放在了重工业上，希望依靠重工业来带动整个国民经济的发展，在这种强调工业化的时代背景之下，中国农民的奋斗目标除了通过发展农业来满足人民的日常生活以外，剩余劳动力都被投入工业化发展中。如今，时代的主旋律已经改变，在这个数字化时代中，单纯依靠工业化已经不能够满足中国发展的需求。瞬息万变的互联网和信息化技术已经取代了工业化的发展而成为中国农村现代化的中坚力量。信息化发展将取代工业化发展而成为新的时代背景，在这种新的时代大背景之下，以信息化技术为基础支撑的新兴产业成为中国经济发展的支柱性

---

① 资料来源：http://www.shuyang.gov.cn/shuyang/fzgzdt/202402/38953812a06048c89d4fd1edef6454ab.shtml。

产业和战略性产业,而重工业则从以往的经济发展高地跌落到和农业地位相当的基础性产业。由此可见,现在的中国农村现代化必须要通过先进的互联网技术来实现,只有这种网络信息化技术才可以引导和促进中国农村经济进一步发展。我国为了更好地在这种全新的时代大背景下获得机遇和发展,提出要坚持推进新型工业化、信息化、城镇化、农业现代化"四化"协同发展,切实推动信息化和新型工业化深度融合①。但是在实际社会中,中国农村的现代化之路并非想象中的在方针的指导下按部就班地顺利进行,农村现代化发展中无论是政策的跟进还是农民的思维都难以追上现代化发展的实际情形。因此,在这种情况下,通过对中国农村现存发展状况领先的产业进行分析和调查,从而摸索出一条适合现在国情、满足市场要求、符合当代背景的全新的农村现代化发展道路,这对于实现"数商兴农"具有重要而特殊的意义。

二、全新互联网电子商务模式诞生

电子商务模式不仅拓宽了商品的销售渠道、降低了商品流转过程中的成本与时间周期,更是在很大程度上解决了消费者与生产商之间的问题,为双方提供了更好的保障,加深了商业社会中供应链各环节之间的信任与合作,从而使得传统的商品市场变得更加透明化、责任化以及国际化。

电子商务模式的主要组成部分为网商、商品与网络规定。其中主体为网商,客体为商品,网络规定为主体与主体之间的约束关系。据商务部公布的《中国电子商务报告(2022)》,2022年全国电子商务交易额达43.83万亿元,按可比口径计算,比上年增长3.5%。截至2022年12月,我国网络购物用户规模达8.45亿,较2021年12月增长319万,占网民整体的79.2%。2022年,全国网上零售额达13.79万亿元,按可比口径计算比上年增长4.0%。②

三、农村电子商务理论研究的滞后

与城市相比,农村的电子商务发展水平相对滞后,这主要是因为我国城乡之间信息技术的普及与应用存在着较大的差异,技术的推广与应用方面的滞后同样制约着理论发展水平,因此,我国农村电子商务发展理论发展水平较低。而沙集家具业这一产业集群的产生为研究农村电子商务的发展提供了现实的案例,为相应的亟待解决的农村电子商务发展与农村产业信息化的问题提供了新的理论视角与研究方向。在我国农村发展网络电商业务还存在着许多的理论性问题有待学者去思考和解决,比如,关于农村的现代化如何推进、农村的农业如何实现产业化

---

① 资料来源:https://finance.sina.com.cn/jjxw/2023-06-02/doc-imyvwfim1884218.shtml。

② 资料来源:http://dzsws.mofcom.gov.cn/article/ztxx/ndbg/202306/20230603415404.shtml。

布局、农村的基础设施如何改造升级、如何使得农产品保质保量地进入外部市场中、如何扩大农产品的销售渠道、怎样提高农民的收入水平以及如何培养出现代化新农民等。除此之外，还有一系列与全新的商业环境相关的理论问题需要进行深入探讨，其中包括网络平台的生态和制度、网商人群的思想和意识以及网络销售产品的质保等问题。

第三节 沭阳花木产业存在的问题和转型路径

一、沭阳花木产业存在的主要问题

（一）土地流转速度减缓，土地资源紧张

尽管沭阳县兼具着优越的地理优势和丰富的文化底蕴，但是作为一个以花木产业为传统产业的县级市，土地资源成为沭阳县扩张产业的头等问题。如新河、颜集等老花区，虽然一直在扩大花木的种植面积，且大部分花农基本上实现了花木产业的原始资本积累和种植、经营经验的累积，但在土地的流转与租赁等过程中仍存在着若干问题，从而导致当前花木产业的经营规模难以扩大。

第一，随着国家政策改变与扶持，虽然种植花木的收益高于种植粮食的收益，但国家严格控制耕地"非粮化"，稳定粮食生产。粮食价格的上涨不但使得农民种植粮食的收入提高，也使得土地资源更加紧张。此外，当前交通条件大大改善，大部分地区都实现了路路通门口，这也加快了土地租金的增长速度，大规模的土地出现闲置的现象，流转速度减慢。

第二，部分拥有土地的农民担心将自己的土地出租之后，自己会没有工作可做，从而失去收入来源；同时也担心将土地租借给种植花木的农户之后，随着大量花木的来回搬运，其根部所携带的部分土块积少成多，导致表土缺失，土地的质量日益下降，因此不愿意让土地出租或者是参与流转。

第三，花木的种植与普通农作物的种植存在着本质上的区别，对于土地的深浅、湿润度、含水量等指标都有着严格的要求。目前适合种植花木的土地资源渐渐变少，而要想将普通土地改良成适宜种植花木的土地又需要投入大量的成本，这也会极大地打击种植花木的大农户、企业的积极性，并最终影响到土地流转的速度。

（二）缺乏科学经验，花木种类大众化

沭阳县的花木产业属于传统产业，很多技术和经验都是口耳相传、家族继承的。这就造成当地产业规模很大，但是大企业很少，更多的是各家各户独立经营，开办家庭式作坊。大多数花农缺乏科学知识，只依靠经验来种植与管理，生产手段滞后，经营方式较为粗放，所种植的多数花木皆以扦插法来繁殖扩大，不但成本比较高，而且大部分品种新、质量佳的花木并不适合通过扦插法来繁育。因此需要引进、教学、推广设施栽培和容器育苗等科学的繁育技术。此外，有些花农并未对花木所适宜的种植环境研究清楚，就盲目地引入了外来的树种，最终因为缺少科学生产技术和专业养护经验，导致部分外来树种生长不良、死亡，甚至影响到了当地树种的生长繁育。沭阳花木产业的花木培育种类多为黄杨、洒金白等常见的花木，全国各地种植基数大，随着整个花木市场的需求产生重要的变化、多数销量高的花木种类发生改变，原本常见的花木市场竞争力减弱，销量下降、销路不畅，价格也在不断地降低，导致部分花企或花农的收入下降。总体而言，沭阳县花木产业的产业科技基础较为薄弱，科学经验较少，科技人员短缺。

（三）品种结构不合理，基地特色不突出

首先，当地花木产业的苗木产品种类结构不合理。一般的品种很多而珍稀的品种较少，灌木较多而乔木较少，自然生长的树木较多而人工修饰的造型树较少，绿叶树较多而非绿叶树较少，小型苗木较多而大型苗木较少，综合型苗圃较多而专业型苗圃较少。家庭作坊式苗圃的特点是地方小种类全，个别农户还拥有一些特殊的苗木修剪技艺从而形成专属于自己的品牌，但是从大多数作坊式苗圃的角度来说，由于规模较小，无法产生规模效应，在价格、产品种类、产品质量等方面都难以形成雄厚的市场竞争力，没有办法保证产品大批量出售而只适用于自产自销，而且部分产品由于销售不及时而产生滞销。其次，花卉数量较少也是因为规模难以扩大，生产成本高，对技术也有着较高的要求，风险比较大，从而难以吸引大量的投资者。最后，花木产业的特色也不突出。大多是常见的花木品种，缺乏名贵的或特色的花木，稀有性太低而可替代性又太高。对于消费者而言，购买沭阳的花木与购买其他地方的花木并无太大区别，顾客的黏性较低。同时，主流花木种类依旧停留在绿化苗木的阶段，并没有在全国范围内享有盛誉的特色花木基地，如洛阳的牡丹、宁波的杜鹃、青州的菊花等。

（四）龙头企业较少，综合实力不足

沭阳县的花木产业多是以家庭为单位进行生产销售，缺少大型的行业带头企业。当前沭阳县具有国家园林绿化一级施工资质的企业只有1家，二、三级资质的企业接近40家，工商注册的花木企业276家。由于缺乏具有带头作用的龙头企业、综合实力较弱，难以促使全县60余万亩的花木产业更快、更好地发展。家庭作坊式的生产方式总体而言规模较小、生产种类不够齐全、园林绿化施工资质不够突出，导致沭阳县的花木产业难以承载大型的工程，各个企业没有足够的实力承揽大型园林绿化工程，只能做一些提供苗木，售卖树种的零活散活。

（五）组织化程度较低，产业链较短

沭阳县花木产业总体上组织化程度较低，产业链较短。首先，沭阳县的花木主要的生产方式和销售方式就是各家各户自产自销。花农与花企之间没有达成利益一致，有些花农相互压价或者向顾客漫天要价，导致量多利寡或者生意大量流失，最终形成了恶性竞争，不但减少了花木生产经营行业的整体利润，更是扰乱了市场秩序，难以维持花木市场健康有序的发展。其次，沭阳县的花木产业缺少具体的行业规则与约束。沭阳县花木协会、花木开发示范区管理委员会等机构对于广大种植花木的农户缺少有效的协调与指导，不仅对于花木市场的商品价格缺少管控、对于花木的质量与规格也缺乏统一而有效的标准。在花木的生产与交易过程中，花农的随意性比较大，部分花农在交易的过程中仅凭个人的喜好、价格的波动而调整花木的种植种类与价格，以至于效益较高的盆景、高档的鲜切花等管理较为精细的花木涉足人员较少，收益利润较高的并且成本较高的名贵特色品种逐渐退出市场，大量的种植资源流向普通花木种类。最后，衍生性周边行业发展较慢。与花木产业密切相关的行业发展过于缓慢，如遮阳网、花盆容器、浇水机械等，阻碍了当地花木产业的发展与扩张，使得产业链难以延伸，产业难以向纵深发展，最终制约了花木产业综合收益的增加。

（六）人员素质较低，信息渠道较窄

沭阳县是县级市，其下属的颜集镇周圈村等地属于农村，众所周知，农村的人才梯队存在断层，即高层次、高素质人才普遍短缺。从事农业科研、技术推广和经营管理的农村人才主要集中在行政机关、事业单位、企业或高校，在农村基层极度缺乏。初级、中级专业技术人才相对数量较多；传统学科人才较多，新兴学科人才较少；单一生产型、技术型人才较多，复合型、创新型人才数量较少。从新型职业农民受教育程度分析，呈现总体文化程度不高，以初中文化程度为主的特点（农业农村部农村经济研究中心课题组，2018）。除了上述问题外，花木产业的生产与经营人员的专业性也需要进一步提高；当地标准化生产的水平较低，管理者的管理水平与管理经验更是有待进一步提升。有些花农目光短浅，只能看到眼前的蝇头小利而忽视了长久的可持续发展，在花木销售与经营的过程中不能遵守规则，甚至存在以次充好、强买强卖等不文明手段；部分花木经纪人在投标的时候采取一些恶性竞争的手段，不仅影响了企业的中标率，更加破坏了沭阳花木产业在全国范围内的花木市场中的声誉和形象。信息不对称现象在农村地区尤为突出、更为普遍。与农业发展相关的信息不对称问题主要体现在农民获取政策信息的渠道过于狭窄。他们对政策资讯和公共信息的获取主要依靠农村干部的宣

传以及简洁的电视新闻播报，往往仅能初步了解某一政策，无法进一步获取详细内容。沭阳县内的传统花农还存在依靠"一张嘴两条腿"跑市场的现象，获取信息的渠道过于狭窄，不会从广阔的互联网信息海洋中筛选、发布供求信息，从而难以及时、高效地把握市场变动与行情变化情况，只依靠采购商主动上门收取花木树种，缺少主观能动性，最终难以扩大产业规模与经营范围。

二、沭阳花木产业的主要转型途径

淘宝、京东等大型互联网平台的诞生逐渐提高了农民电商的收入，平台影响力也慢慢地吸引了更多农户的目光，越来越多的农民电商加入互联网创业的浪潮中。但与此同时，伴随着加入电商浪潮的农民电商队伍规模的不断扩大，一系列的问题也逐渐出现。新进入市场的农民电商为了提高产品的销售份额而大幅度降低产品价格，从而扰乱了市场秩序，形成了恶性竞争的局面，造成了极度不良的影响。假冒伪劣、同质化竞争严重等问题正严重伤害着沭阳花木产业的健康良性发展。然而最适合花木产业发展的路线就是集约化生产，只有走集约化路线才可以降低整个花木产业的生产成本、提高产品的利润。利润增加，整个行业就可以正常地运转下去，长此以往，形成良性循环。因此，沭阳县政府意识到，单纯依靠个体农户和企业独自发展并非长远之计，仅仅凭借着农民电商自发形成的力量难以解决这些随着规模扩大而产生的问题，必须加入政府的力量整个花木行业才有可能健康、长远地发展下去。出于对行业整体发展的思考，从2014年开始，沭阳县委员会、县政府在多个有关文件和场合强调花木产业发展战略要逐渐由以规模扩张为主转向以质量提升为主，转高速发展为高质量发展，力求实现产业转型升级。从2014年至今，沭阳县花木产业的整体转型升级主要体现在以下几个方面。

（一）推动专业园区的改造升级

中国沭阳国际花木城于2014年成立，是一个包含了花木展览、数据交流、线上销售、花木健康防控、运输渠道拓展等多种功能于一体的综合大型花木市场。该花木市场的存在不仅改变了当地原有花木市场的销售模式，也提高了整个县城在花木行业的地位，使飞速发展的花木行业为沭阳县的经济建设注入了新的活力。2014年完工建设的苏北（沭阳）花木产业示范园占地3000亩，建设之初的标准就是专业化、严格化、高端化发展，从而可以吸引国内外诸多主营花木盆栽、植物修剪等业务的各类企业来沭阳投资与合作。通过加强与国内外优质企业的交流与合作来不断提升花木行业的生态活力、完善产业布局、促进花木行业朝着健康、绿色的方向发展。花木行业内众所周知的沃彩互联网园艺基地是一个综合的大型园艺基地，基地内部设有花木栽培、绿色植物、园艺商店、高端花木、繁殖与健康、大宗物品分类、创新园艺产品、优质项目培养等诸多细分区域，为当地以及周边地区提供了真实可靠的货物来源。不仅大大地增加了当地的订单购买数量，而且有越来越多的购买订单要求送货上门，这一突破传统购买方式的销售路径也解决了一部分人的就业问题，拓宽了与花木配送相关的其他配套业务。

（二）促进当地领头羊企业改造升级，引入高档苗木种类

支持和引导本土优秀企业进行资本和金融创新一直是沭阳县所倡导和落实的扶持政策之一。鼓励带头优秀企业进行产业升级，研发出更多新的苗木产品和学习更先进的培育技术使得传统的繁殖栽培技术得以传承和发展。2014年8月20日，苏北花卉股份有限公司作为江苏省乃至全国优秀农业企业在新三板挂牌上市成功，并荣膺江苏省内第一家上市成功的园林企业。不仅如此，县里一直把招商引资工作作为重中之重，落实具体项目如开拓花木资源，引进各类园林项目约3000亩以上，在增加了当地花木产业的种类同时也吸引了更多的外资进来，增强了当地花木产业软实力，使得沭阳县在花木产业的整体优势越来越突出。

（三）重视花木行业相关协会机构的创办，举办各类展会和培训会

随着花木行业越来越受到大众的重视和欢迎，沭阳县的花木产业协会也在不断学习加强自身发展和建设。由花木、苗木、盆景三个种类所组成的行业协会连同这三个支柱性产业中的领头羊企业一起构成了沭阳县线上销售和网络创业的综合体系。协会的成立不仅让更多人了解和熟悉了花木行业，也为沭阳县的花木走向城外、走向世界铺设了道路。用户至上、团结协作、服务为本，一直是沭阳花木行业协会的宗旨。这样的宗旨不仅为沭阳县花木行业积极、健康、高速创新的发展历程贡献了很多精神力量，也为其他行业的进步与成长起到了先锋模范和借鉴作用。此外，花木协会还举办各类特色活动。如在2014年9月，沭阳县顺利举办了第六届中国盆景学术研讨会。研讨会邀请了诸多花木行业大咖和专业鉴赏人员，在经过多场论坛和实物展览之后，研讨会顺利落下帷幕，会后也受到了外界的一致好评。美丽、好客的沭阳形象深深地刻在了来沭阳的参会人员和游客心中；2017年9月，沭阳县在沭阳国际花木城举办第五届中国沭阳花木节，同步举办首届网上花木节，并公布了首批政府认证诚信网店名单[①]。2020年，沭阳苗木交易博览会成功举办，进一步促进了行业供需对接，加强了业内互动交流[②]。2022年9月，沭阳成功申办2023年国际盆景大会年度主展览，这是展览会首次落地县级市[③]。行业内外人士对沭阳县举办的活动和对花木行业的不断创新和追求表

---

① 资料来源：https://www.sohu.com/a/195526753_809280。
② 资料来源：https://www.1818hm.com/news/show-4627.html。
③ 资料来源：http://www.shuyang.gov.cn/shuyang/syyw/202304/1d6ad8f80b7e4e759cfc4af8e46d0ceb.shtml。

示高度的赞赏。

（四）关注网商行业发展，完善花木产品结构体系

沭阳县加大政策扶持力度，助力沭阳花木产业集群建设，推动花木产业（沭阳县）纳入国家优势特色产业集群①。这些政策具体落实到了以下方面：一是在拓宽运输渠道、开设创业培训、增强栽培教育、激励优秀企业等方面进行补助奖励；二是各乡镇都会建立电商服务站，这些服务站包含培训、会议、娱乐等功能于一体，致力于为广大农户电商提供专业的农业信息咨询、线上网店的搭建、花木栽培技术讲解、资金借贷和互惠金融等多方面、全方位的服务；三是努力建设大型优良的花木创业基地，吸引更多优秀企业入驻，提供更多互惠利民的优惠政策和措施。在互联网行业大放异彩之前，沭阳县的花木品种比较单一，主要覆盖绿植、盆景、工程苗木等，但是目前比较流行的家庭园艺产品并不是很多。伴随着互联网技术和电子商务的发展，越来越多的微型花卉在沭阳县得到关注和青睐，同时受到了大量商家和用户的一致好评。这种花木种类的大力引入也使得整个花木的版图越来越完整，花木的种类从1000多种增加到超过3000种，一个又一个全新市场的发掘也让很多经营者看到了更多潜在的商机。有经营者表示，以前种类少、可选择性低、经济效益也低，现在在互联网的技术不断完善和政府各项政策的大力支持下，花木花卉的品种越来越多，客户的可选择性增强，普通消费者对花木的认知也越来越深。花卉培育方式有室内或室外的多种选择，一年销售额可达几百万元，花木种植商的利润也在不断增加。

（五）促进苗木产业应用先进的培育技术

《沭阳县国民经济和社会发展第十四个五年规划》中指出，强化先进制造业和现代服务业深度融合，放大沭阳"花木之乡"农业品牌效应，全面实施数字赋能，构筑全产业链综合优势，争创全省转型升级高质量发展示范县②。只有坚持精品化和特色的方针、围绕产品自身的特点，才能打造出属于沭阳自己的受消费者欢迎的花木产品。随着越来越多的花木产品一味地追求精美和本土特色，沭阳要想脱颖而出就必须学会在经济效益面前追求科技含量，必须不断地研究和开发新的花木种类。当地政府和花木行业协会都鼓励各类企业与单位和各大开设相关专业的中专院校进行合作，建立起长期信任和协作的关系。企业通过积极开发新的产品种类、组建花木研发和栽培中心、学习更多的培育技术和繁育方法来促使花木

---

① 资料来源：http://www.suqian.gov.cn/cnsq/shywjj/202211/483480b49cb54bf1a89314ff12019dfa.shtml。

② 资料来源：http://www.shuyang.gov.cn/shuyang/zcjd/202108/42b2609327124745b4a34c41adea98bc.shtml?eqid=cb39fd 3600009cf600000004645320b4。

行业内部更加丰富多彩；拓宽网络服务和宣传的平台，建立和完善全县的花木信息档案，并且与外界保持紧密良好的联系从而及时获取有效的花卉市场信息；在花木的宣传和推广方面，要更加面面俱到，无论是新技术还是新方法都要及时、高效地传递和反馈给一线的花木从业经营者。

在新河镇干花工业区内，经过花农的精心制作，一堆原本废弃的农业作料变成了市场上炙手可热的产品。负责人乔杨介绍，"我们花农手工制作的干花在外面很受欢迎，许多其他国家的人民也喜欢我们的产品，进口我们的干花。"在沭阳生产和加工干花的企业已经高达上百家，干花产品种类超过300种，当地的干花工艺品早已畅销海内外许多国家。[①]干花更是成为沭阳花木行业一个新的经济增长点，不仅解决了一定的环保问题，更是使得花农找到一个新的致富方式，真是一举两得。沭阳已经成为全国的花木之乡，每年从业人员约20万人，对于当地的就业率产生了极大的积极影响，最终实现年产值50亿元以上，沭阳已经成为花乡的代名词。政府方面也在不断努力打造沭阳的花木产业群，从产品培育信息的获取到花木成品的流通已经形成一个完整的产业链。此外，沭阳也在不断地学习和吸取外界优秀和先进的花木技术与经验，通过引进新的品种来丰富当地花木的种类，各类品种已达3000余种。尽管过去栽培的大规格花木种类比较单一，然而现在的草坪、盆景、各类花木、多肉等诸多品种都已经面世畅销。好的产品离不开沭阳人民的努力和勤劳，沭阳县花木产业大力推广和实验深根套浅根、高套矮等立体繁育新技术，通过嫁接换根、无土栽培等新技术来实现花木产业的规模化和集中化，使得越来越多的经营者能够在一起交流花木繁育技术以及产品方方面面的专业知识。众所周知，过去花木的销售比较讲究季节性，一般每年只有两个季节在销售。但是现在每个月都有很高的销售量，实现了销售季节性的转变。不仅如此，花木的技术创新力度也不断增强。陇集镇引进美国俄勒冈苗木繁育公司投资约1000万美元的苗木繁育基地已经初具规模，除了学习诸多北美技术之外，陇集镇还引入120个品种和20万株北美受欢迎和独具特色的洋苗木。这些树苗的培育技术不仅智能先进，而且更加节能、生态。沭阳县利用得天独厚的自然优势，以吸引外资、引进外面技术为基础，最终实现了本地花木的创新。这种敢于创新、主动创新的精神指导着沭阳县花木产业越做越大，而该地区也连续两年被评为先进典型示范区，成为全县花木发展标杆。

沃彩互联网园艺基地已经成为国内规模最大、最著名的干花生产基地，这家中国盆景培训基地更是早已名声在外。随着花木节、盆景节、盆景技术培训等诸多活动在沭阳县的举办，沭阳已经成为花木行业的一面旗帜。沭阳县通过不断提升自身硬实力、加快新老产业升级、成立诸多关于花卉的研究院、培育新型花木

---

① 资料来源：http://lyj.jiangsu.gov.cn/art/2017/6/20/art_7085_3011642.html。

产品、提升花木文化软实力、加强国际交流合作、建立国际交流中心等措施，成为名副其实的"花乡"。从苗木的栽培到园艺花卉的展示，从线下种植到线上销售，从地面栽培到盆景栽培，这些都是沭阳人民不断努力的结果。沭阳，在加速花木行业发展历程、不断拓宽产业集群规模的过程中，使得一个又一个产业成为广大人民致富的"摇钱树"。

第十一章 "互联网+"驱动家具产业集群转型升级

第一节 案例背景——以沙集家具产业为例

一、沙集家具产业历史背景

沙集的家具产业集群属于"无中生有"的产业集群，它并没有十分悠久的产业历史，也并非原材料出产地或者是技艺传承地。仅仅依靠个别先行者的带动开启了整个家具产业的发展，并且搭乘着互联网的新浪潮蓬勃发展。

沙集家具产业集群的产生历程还要从东风村的经济发展进程说起：在找到新的经济发展方向之前，生活在东风村的居民主要的生计就在于种地与外出打工。但是由于地域原因，苏北的土地大多都是盐碱地，导致当地居民可以用来种植的土地很少，人均土地甚至不足一亩，生活非常贫苦，许多年轻人选择外出打工。尽管打工所得到的工资在城市中并不算充足，但是大多时候他们还是可以在年底的时候带上数万元钱回乡过个愉快的春节。然而随着年龄的增长，在老人和孩子的抚养压力之下，沙集镇的村民逐渐不满足于务农和外出打工所获得的收入，他们不断地尝试新的赚钱方式和生存路径，在一步步的试错中走出了一条"农户+网络+公司""农民自发+政府服务""工业化+信息化"的农民创业致富新路（卢霄和李晓辉，2016）。东风村的经济发展主要经过了三个阶段：家猪养殖业、废旧塑料回收加工业和网店销售及加工业。

（一）家猪养殖业（1982年起）

在农村家庭联产承包责任制实施后，东风村出现了生猪养殖户。生猪养殖给农民带来了种田以外的额外收入。最赚钱时，每头肥猪的利润可以达到400~500元。到1995年，养猪业发展到最高峰，全村养殖户多达300余户，当年出栏肥猪达150头，全村每户养猪10头以上。养猪业给农民带来了收入，然而，1998年东南亚金融危机让生猪价格一路下滑，由于生产能力持续扩张，供过于求，生猪价格从每斤（1斤=0.5千克）6块多一路掉到每斤1块多，养猪业利润空间变得越来越狭小，加剧了生猪养殖行业亏损，大大影响了养殖户的生产积极性。于是，东风村的生猪养殖户开始转行，养猪业开始萎缩。

（二）废旧塑料回收加工业（1995年起）

从1995年开始，东风村部分农户受耿车镇村民的影响，开始从事塑料回收加工业务。他们到全国各地，特别是到南方比较发达的地区回收废旧塑料。从2000年起，农户们纷纷转型从事废旧塑料回收和加工双业务。塑料回收再加工，作为工业材料用于制造业，然后用于成品出口。到2005年，全村塑料回收加工业务达到最高峰，全村从事该产业农户达250户，年产值达5000万元，利润率达10%~20%。然而，2008年的国际金融危机使得废塑回收加工陷入低谷。国际金融危机导致外贸下滑，进而导致需求急剧萎缩，东风村的废品收购业受到直接影响，价格明显下滑，塑料价格从每斤4块多跌到了每斤2块。东风村塑料回收加工业务出现大规模亏损。而且，废塑回收加工环境污染严重，政策风险越来越大，很多废塑回收加工企业面临减产甚至停产的困境。

（三）网店销售及加工业（2006年起）

在2006年，东风村有位年轻人从县城中的移动营业公司辞职，开办了当地的第一家网店，这位年轻人就是孙寒。孙寒的网店主要是销售一些简易的拼装家具，并且承担一些简单家具的加工。搭乘着互联网的春风，孙寒的网店在短短的四年时间之内就扩大到一定的规模，更重要的是带动了当地的互联网销售风潮。东风村的线上销售从无到有，这种成本低、操作简单的互联网线上开店新模式开始在东风村广泛传播，越来越多的村民学习了这种模式。东风村的互联网家具生意也因其聚集效应而远销北上广乃至全国各地，这种物美价廉的简易拼装家具甚至受到了邻国的欢迎，韩国、日本等海外的销售额也是年年上涨。值得称道的是，这种全村聚集做某一产业的方式不仅使得当地成为有名的家具产业集群，而且带动了整个产业链上下游企业的发展和兴旺，如板材生产、五金配件加工、物流行业等。到2010年底，整个沙集镇共有板材加工厂6家，五金配件2家，物流快递15家，电脑专卖店7家。2022年沙集镇持续深耕电商家居、物流两个主导产业，在招商引资中精准发力，不断推进"强链、补链、延链"。沙集镇的农民通过在互联网上开设虚拟店铺提高了当地的整体收入水平，大大地提高了当地的就业率，解决了就业难的问题。这种成功的商业模式在改善了当地人民的生活水平和精神面貌的同时，更是吸引了大量的人才在当地扎根。这些人才里除了返乡创业的大学生，还有慕名而来想要寻找致富机会和工作岗位的外乡人返乡创业。由此为沙集镇注入了人才动力，促进了沙集镇的发展[1]。

---

[1] 资料来源：https://www.sohu.com/a/314975469_661205。

二、"沙集现象"及其特点

"沙集现象"特指沙集镇当地居民在网上经商过程中自发式产生、裂变式成长、包容性发展的现象。自发式产生,主要是指木质家具网销的成功引起了周边村民的效仿;裂变式成长,是指在政府帮扶引导和网商互助下,沙集镇电商快速复制裂变,形成规模化、多样化与独特性的完整产业链;包容性发展,主要是指信息化与工业化深度融合,产品逐步实现品牌化和创新常态化,网销产业、网商环境与社会环境之间良性互动,形成了和谐、稳定的生态圈(董坤祥等,2016)。

"沙集现象"的特点主要表现在以下多个方面:网店的数量呈现爆发式增长、农民的收入不断突破前高、从事电商的群体逐步扩大、电商来源种类多样化、从业人群低龄化、销售加工产业一体化、发展速度与产品创新三步走。

1. 网店的数量呈现爆发式增长

自2006年沙集镇东风村的第一家网店成立之后,当地线上店铺的数量逐年增加。2007年全镇只有10多家,到了2008年初就达到了100家,这样的店铺数量增长速度在2009年底突破1000家,最终达到1200家。截至2010年10月,网店数量已经超过2000家,从事网络销售业务的达到400余户。根据统计,在从事简易家具生产销售的农户中,投资50万元以上的有100户,投资100万元以上的有6户,投资200万元以上的有4户(董坤祥等,2016)。由此可见,东风村的线上家具产业仅用4年经历了从无到有、从小到大的发展过程。在2006~2008年,沙集镇的线上家具产业商业模式逐步形成,经过了诞生、发展、探索和初步成型的过程后,最终形成了包括原型设计、线下生产、线上销售、快递配送等一条龙配套具体的运行模式。这种成型高效的商业模式也被大量村民不断地学习复制,使得东风村的网商呈爆炸式增长,形成了家具产业集群。

2. 农民的收入不断突破前高

沙集镇的家具种类多样、款式齐全,涵盖了各种书架、鞋架、花架、衣柜、茶几等。沙集镇的家具消费人群除了二、三线城市的普通居民之外,不乏一线城市的白领人群。随着沙集镇家具在家具市场的知名度不断提高,便捷的互联网通道更是帮助东风村的家具走出国门,远销到了韩国、日本乃至世界各地。自2010年以来,邻边国家如韩国和日本的销售订单逐年增加。销售量的剧增更是让从业的农民收入倍增,沙集镇作为一个只有1.3万户的小镇,2010年整体销售额超过3亿元[①]。据悉,镇上网店平均每月利润为2000~4000元[②]。日益兴旺的产业在增加当地居民普遍收入的同时,也创造出了大量的就业机会。劳动力的短缺除了吸

[①] 资料来源: https://www.wenmi.com/article/q022g1050mjx.html。

[②] 资料来源: http://www.360doc.com/content/11/1205/20/6694728_169931596.shtml。

引了大量人才扎根外,还提高了当地劳动力的平均报酬水平。

3. 从事电商的群体逐步扩大

随着当地家具产业知名度的不断提升、产业链条日益加长,沙集镇的家具行业规模逐渐扩大。从事线上销售的电商们发动全体家庭成员加入自家的作坊式工厂中,很多农民不仅是自家网店的老板,还是管账的会计、负责储备的库管、一线生产的工人等。尽管每家每户都投入行业中,整个市场上对于劳动力仍然有很大的需求。即使外出打工的年轻人近年几乎都选择回乡,劳动力缺口仍然有数千人(汪向东和张才明,2011)。东风村的街头巷尾都可以看到很多招聘广告,在这种情况下,某些劳动力稀缺的大工厂除了雇佣当地村民之外,还雇佣了许多来自徐州、宿迁等大城市的外地劳动力。日积月累,从事家具线上销售的人群规模日渐增长。根据网上的数据,当地的网店每户雇佣劳动力6人左右,规模更大点的则雇佣了10人左右,而最大规模的工厂中雇员的数量甚至多达50人。有些网店是由年轻人创办经营的,年轻人负责在线上与消费者进行对接、与原材料供应商进行沟通、在线上购物平台上做一些运营工作,而对外发货、搬运货物、包装擦洗等技术含量较低的工作就交给父母去做。

4. 电商来源种类多样化

沙集镇的家具产业虽然存在着众多的参与者,但是各个参与者的最初加入方式各有不同。经过调查了解,当地的电商来源可以分为以下几个种类。①由孙寒等领头的最初发起者。沙集镇的家具虚拟销售模式的最初诞生离不开沙集"三剑客"的努力。正是这三个先行者在沙集镇率先开起了网店,在宜家家居产品的启发之下,他们决定试水互联网销售——在线上售卖简易的拼装家具,最终掀起了当地线上开店的浪潮。更为可贵的是,掘到第一桶金的他们并没有藏私隐瞒,而是毫无保留地将自己的经验和技巧传授给了想要开店的村民。②向"三剑客"学习的目光独到的学习者。大多数的人们总会对新鲜事物抱有谨慎的态度。沙集镇东风村的村民一开始也是如此,对于先行者所创办的事业并不看好。但是随着产业规模越做越大,除了秉持旧观念的老人,大多数年轻人也都看到了这一产业搭乘互联网春风后的广阔前景,开始向"三剑客"取经学习。"三剑客"也并没有敝帚自珍,而是毫无保留地将自己的想法经验分享给了前来学习的亲朋好友。这些亲戚朋友们学会了如何在网上开店、如何销售产品、如何与消费者和供应商们沟通等必备技能之后,又将这些技巧加上自己的个人见解传递给了向他们学习的人。就这样通过口耳相传的方式,很快全村的大多数村民都加入了线上销售家具的产业中来。③原本从事传统加工制造业,在认识到线上销售的巨大前景后转型做家具的新进入者。东风村的经济发展上一个阶段是废旧塑料回收加工业。一方面,废旧塑料回收加工业对于环境的污染极其严重,社会各界对于这一产业的环保要求极高,要想达到全社会所认可的环保水平,必须投入大量的人力、物力来提高产业中从业人员的环保意识以及改造生产制造过程中使用的环保设施。另一方面，废旧塑料回收业受到市场限制和经济大环境的影响，该产业的边际报酬率也在逐年递减，从业人员的收入相对于日益增加的通货膨胀率在不断降低。在这种情况下，越来越多的废旧塑料加工业从业人员在目睹了线上家具销售行业的快速发展之后，争相转入互联网新行业的浪潮中。而线上虚拟店铺的形式也因为其成本低、风险小、利润高、市场份额大等诸多优势成为行业转换者的首选。④兼职人群。产业集群所在的地方除了主要产业之外，还需要很多的生活配套设施，如餐馆、超市、手机运营商等。根据了解，沙集镇街道两边的各种实体店铺，80%都在兼营网店（王艳华，2011）。这些实体店铺平日里的主要功能就是提供必要的生活用品给镇上的居民用户，但在闲余时间，他们就在电商平台上注册一个虚拟店铺来主营简易家具，这些兼职人群的网店主要负责与消费者、平台客服进行沟通和协商，在接到订单之后再去厂家拿货。甚至很多外地求学的大学生也会在网上注册一个店铺进行运营管理，当这些大学生收到订单之后，就会将相应的订单要求发给居住在家乡的父母，让父母从沙集镇将货物发出。这样就将劳心者和劳力者的工作远程结合在了一起。

5. 从业人群低龄化

沙集镇的线上家具产业依托于互联网的销售平台。在老一辈的思想里，他们很难想象在家里对着电脑就可以开店铺。一辈子面朝黄土背朝天的他们始终坚信着一分耕耘一分收获，庄稼人最重要的资产和本领就是田地和务农。因此，大多是中老年人对于线上销售就持有怀疑抗拒的态度。但是"90后"的人群普遍受过良好的教育，他们更容易接受新兴的事物。相比于他们的祖辈父辈，他们更愿意去尝试新的方法和路径来改善自己的生活，改变下一代的命运。根据相关的抽样调查，沙集镇的电商们大多数都是"90后"，年轻人对新事物接受能力较强，尤其是返乡青年能够把城市的生产经营模式带回农村（魏延安等，2016），结合着传承于祖辈的勤勤恳恳和自身在外闯荡所形成的勇往直前、积极进取的精神，最终产生了沙集镇线上家具产业集群这一令人感叹的商业奇迹。

6. 销售加工产业一体化

东风村的线上家具销售有三种方式：加工销售一体化、仅加工和仅销售。加工销售一体化是当地较为普遍的具有特色的模式之一。这种模式主要是以家庭为单位的，一个家庭中较为年长的成员就负责打包发货、生产包装等加工方面的工作，较为年轻的家庭成员则负责与网络上的买家进行沟通等线上销售的工作。这种模式下的作坊通常都是前店后厂式的，不仅节约了生产成本，而且有效地利用了家庭中的所有家庭成员，实现了利润最大化。截至2013年底，沙集镇内拥有家具生产厂180余家。东风村拥有加工厂的户数也已经超过100家。不考虑生产加工规模的大小，按家数初步统计，三种模式所占的比例大致为30%、2%、68%。

7. 发展速度与产品创新三步走

沙集镇的电商内在动力较足，发展速度较快。在发展规模、家具样式以及产品创新等方面实施三步走战略。从发展规模的角度来看，第一步主要是家庭式作坊，主要的工作人员是家庭成员，整个作坊的设计呈前店后厂式。前面主要是多台电脑组成的简易办公室以供家庭成员在电商平台上与消费者进行沟通，后面主要是几台机器构成的工厂来完成订单供货。第二步是投入数十万元的资金来建设相对专业的厂房，雇佣几个工人。第三步是投资数百万元的资金来建设标准化厂房，雇佣几十名工人。从家具样式的角度来看，第一步是简易的拼装家具，这种简易拼装家具的生产主要就是在家庭式作坊中进行的，由家庭成员作为工人将一些简单的木料、板材切割成一块块大小合适、可以拼装的木条木块，这些原材料根据相应的图纸就可以组装成一个个简单的书架、鞋架或衣柜等。这种简易拼装家具不仅可以让消费者得到成本较低的家具，还可以让他们在拼装的过程中获得一种亲自动手的愉快感，因此销量较高，十分受欢迎。通过简易拼装家具的产销，电商们获得了扩大规模的原始资金，在购买了更为专业的设备和建设了专业厂房之后，家具样式的发展便进入第二步——实木与钢构家具。在投入了数十万元购买相应的基础设施和雇佣一定的工人之后，家具样式也发生了质的变化，从简单的木质拼装家具变为了实木和钢构家具。这种转型的动力除了网商主观意愿上想要寻求更大的发展空间和更高的利润之外，市场的客观因素也是不容忽视的推动力之一。简易拼装家具的技术含量和资金门槛较低，在享受完先入者红利之后，过于饱和的市场就拉低了行业进入者的平均利润，在这种情况下，只有转型做实木和钢构的家具才可能提升产品的差异化水平，扩大相应的利润空间，在细分市场上寻找更多的发展机遇。第三步则是在投入数百万元购入设备、建设标准化厂房以及雇佣大量的员工的基础上，离开原有的实木和钢构家具市场，向更高层次的全屋个性化定制发展，探求更大的利润空间。在个性化定制的市场中，消费者只要将自己的要求和想法告诉厂家，厂家就可以利用专业化的制图软件来绘制出符合消费者预期的个性化家具。随着我国经济的发展，人均收入不断提高，消费者对于生活品质的要求不断上升，更愿意在千篇一律中寻求特别，这种消费者需求趋势的变化则对家具产业提出了更为严格的要求。基于产品创新视角，沙集的家具产业随着发展规模、家具样式的不断变化而经历了复制、改进和创新这三步。在对沙集镇家具产业的发展历史进行追溯的过程中可以看出，沙集镇家具最早的诞生思路就来自复制宜家家具的样式风格，这种价格低的仿宜家式拼装家具给那些喜欢宜家产品但没有足够的资金的消费者一个全新的选择。随着产业规模的不断扩大，低端市场的生存空间被不断挤压，网商仅仅靠模仿复制爆款难以维持有效的运转，只有根据大多数客户的需求以及对市场的整体变化的判断来进行产品创新改进，才能最终形成属于自己的风格。

三、"沙集模式"的内涵、基本特点及贡献

（一）"沙集模式"的内涵

"沙集模式"是对"沙集现象"的提升和总结，借助表面的"沙集现象"探寻深层次的理论意义并总结出来，这种透过现象看本质的研究意义就在于通过对现象的理解总结提炼出内在的事物本质规律，进而将具有普遍意义的理论推广出去以供更多的人去学习，让这个成功的商业奇迹帮助其他更多地方的经济重焕生机。

首先，"沙集模式"中的商家是基于自身的内生动力来自主地运用互联网成为电商，直接与市场面对面；互联网的浪潮下的电商群里产生了爆炸式的增长，农民电商们一个带动一个，不仅扩大了整个产业的规模，还促进了整个产业链的发展，形成了产业链上下游供产销各主体协作共生的产业模式（刘建军，2019）；这种产业模式加速了农民电商的创新行为和当地农民的全方位发展。这种互联网、企业和商家联合的方式不仅促进了产业内部的自我完善和相互作用，更是在不断地改进中形成了信息化时代中农民发家致富和大众创业、万众创新的新路径。

其次，形成"沙集模式"的三个主要因素（商家、企业、互联网）都含有一定的独特性。这些对于商家而言，他们并不是远离产品市场、需要通过中间商来获取相应的市场信息的被动而盲目生产的弱势群体，相反，他们通过互联网可以足不出户地获取市场上充足的信息、可以直接与消费者对话来把握住消费者最新的需求，他们就是按照市场需求自主生产的自由主体；对于企业而言，他们并非传统的凌驾于乡村产业和经济之上、控制着农户和消费者之间的信息沟通渠道的企业，而是由农民电商一步步发展壮大而形成的企业，企业的本质就是负责生产的农户，这种全新的企业形式作为商业模式的基础结构更有利于促进其他市场因素的发展，最终打造出农民电商和企业互惠共赢的新市场氛围；对于互联网而言，沙集模式中的互联网单单指那些以京东、淘宝为代表的互联网销售平台，这些平台可以提供给农户商家免费的操作指导和交易空间，并且主要是民间自发运营、自主运转而不需要国家投入财政补贴。

最后，形成"沙集模式"的三个主要因素之间包含有一定的因果关系。在商家和互联网之间展示出了"沙集模式"是由农户商家自发组织、自主运用和由民营企业所支持的免费电子商务平台的特性。这种免费的电子商务平台与常见的由政府主导、自上而下的线上销售推广模式不同，他们的主要资金和技术支持者属于民营企业，是一种自下而上的网络化平台。在互联网和企业之间展示了"沙集模式"通过网上销售来推动传统加工制造业，通过发展网络信息化来推动乡村产业化和现代化。这与过去乡村中常见的工业化、信息化依次发展的方式大有不同，

网络信息化不再是作为辅助手段来促进乡村的经济发展，而是改变农村原有基础生产结构的重要路径之一。在企业和商家之间展示了新的商业模式改善市场环境，提高了市场服务水平并且推动了农民电商的全面发展，这与过去企业凌驾于农民商家之上的非对等关系有很大的差异。这三者之间的相互关系促使着整个商业模式的良性循环，最终使得这个以农民电商为主体的家具线上销售产业集群发展迅速，规模越来越大。

（二）"沙集模式"的基本特点

1. 以家庭为单位

"沙集模式"的生产家具企业多数为家庭作坊式（温辉，2017），基本单位为家庭，这种形态激发了当地居民的电子商务从业积极性，同时家庭成员集体劳动，共享收益、共担风险，实现了真正意义上的利益一体化。此外，家庭作坊式的经营方式便于家庭成员根据市场的状况与需求随时对所经营的产品种类与价格进行调整与控制。据调查，东风村中约 3/4 的网商开店时的初始资金来自家庭积蓄；家庭中的年轻人大多负责网店的运营与管理，父母辈的老人则负责打包装盒等简单、易上手的活计；此外，家庭作坊式的场地布置则多见于家中，除了少数规模较大的网店选择租借较大的厂房之外，一般是采用"前店后厂"的模式进行生产和销售。

2. 从下到上自发聚集

"沙集模式"发展的主要动力来自当地居民的自我意识觉醒，属于内生动力。无论是初始的发起人、随之复制的学习者、有所升级的转型者还是兼营者，都是受到内生动力的驱使与激励，一切生产经营的行为和方法都来自自发自觉的市场反馈，完全是对市场需求的回应（王艳华，2011）。这种自发性也得到了一些调查的数据支撑。关于网商开店的初始动机，一半的人表明是相信电子商务的发展具有极大的潜力；1/4 的被调查者认为想要尝试创业；剩下的被调查者则是想要通过开网店来发家致富。产业链中的其他参与者则是看到了农村网商的广大发展前景而自觉自发地聚集到了沙集镇来提供服务，分得农村电商红利。

3. 吸引外出人才回归

电子商务的网上经营模式核心为网商，而沙集家居产业中的网商大多数为回乡建设的农民工。这些农民工在城市工作的过程中接触到了新生事物，对于大城市流行的趋势以及当前商业发展前景具有自己的理解。与未离过乡的当地居民相比，他们拥有更广阔的视野、参与过一些增加自身技能的培训活动，并且积累了一定的原始创业资本与技术经验，从而为他们回乡创业奠定了一定的基础并提供了相应的条件。特别是在外地上大学之后就留在城市发展的大学生选择回乡建设，这在相当程度上提高了当地网商的整体知识水平与综合素质能力，为农村电子商务应用的进一步发展提供了更可靠的人才基础。

4. 信息化带动产业化

农村网商的快速发展更是推动沙集镇家具产业集群产生和壮大的重要因素之一。沙集家具产业集群属于"无中生有"的产业，在最开始，当地并没有从事过家具加工的经验，同时也不具备催生家具产业的某些客观条件——木料、技术、资金或者交通网络等资源。仅仅是由几位网商尝试者率先涉足家具加工业，并看好电子商务的发展前景，自发自主地开办网店，并通过模仿知名家具设计产品的形态来销售简易拼装家具。在最初几位尝试者挖到第一桶金之后，更多的当地居民进行了复制学习，最终越来越多的网店出现了，随之各种各样、规模不一的家具加工网店在这个小镇上蔓延开来。自此，沙集家具产业集群从无到有。家具产业集群的形成也使得整个产业链逐渐成熟，网上销售所带来的大量订单使得当地产业集群对于原材料、零配件以及物流配送服务的需求逐步上升，外界商人看到其中巨大商机，争相进入这片商业沃土，最终产业链上下游逐渐充实，各种产业元素陆续发展扩大。

5. 推动生态模式的发展

"沙集模式"的核心主体是当地的农民网商。他们通过网上销售中低端板式家具，并快速推动由家具网销带动的板材生产加工、五金配件、物流快递、电脑销售、网站服务等家具产业链的发展（周月书和公绪生，2013）。随着沙集家具产业规模的扩大，家具制造产业链也逐渐出现分工，原本原材料的采购都是各厂家单独联系外地木材厂家拿货，所有生产环节都是在单个企业内部完成，而现阶段原材料采购环节已经实现了规模化（薛洲和耿献辉，2018）。这种通过某一产业来推动整个地区生态模式的完善和发展是沙集模式极具特色的贡献。

6. 示范作用较强

在我国很多县级以下的地方，电子商务平台并没有从实质上对当地经济产生影响，更多的都是充当辅助手段来发展当地的经济，并没有对基础的生产结构产生作用。相比之下，"沙集模式"的重要贡献就在于当地的电子商务实实在在地对农村基础生产结构产生了较大影响，并且通过对沙集现象抽象概括出来的沙集理论具有广泛的指导作用。沙集镇和众多农村地区一样并不属于经济发达地区。发达地区的电子商务产业大多具有一定的产业基础，是在各种资源堆砌基础上发展起来的，而沙集镇等欠发达地区并没有扎实雄厚的产业基础，当地的电子商务与产业之间的关系实际上是因果关系。可以看出，网络信息化使得沙集镇发生了翻天覆地的变化。沙集模式的准入门槛较低、可学习性较强，适用于全国大部分农村，在不久的将来，这种模式将在我国大多数乡村地区推广开来。

(三)"沙集模式"的贡献

在互联网时代,农民的创新力将会对信息化发展产生极大的影响,通过线上销售形成一种全新的产业模式。"沙集模式"就是农民电商创新力的实践证明,为广大中国农民创业致富指明了方向,对助力乡村振兴致富有划时代的重要意义。"沙集模式"的贡献具体体现在以下方面。

1. 为缓解"三农"问题摸索出了一条新道路

"沙集模式"为缓解网络信息化时代的"三农"问题提供了一种新的思路,帮助新时代农民更好地认识经济社会、抓住发展机遇。在以往的乡村经济发展中,企业和农民商家之间往往是对立的关系。企业垄断了农民商家和消费者之间沟通的信息渠道,农民商家处于信息不对称的弱势地位。在这种情况下,农民商家不得不让利给企业以求得交易的顺利进行。然而"沙集模式"的诞生打破了企业的高信息优势,它让企业和农民商家之间多了互联网的因素。通过互联网的交流,农民商家可以和消费者"零距离"沟通,企业再也无法垄断商家和消费者之间的沟通渠道。这种免费的电子商务平台使得农民商户足不出户就可以了解到消费者的最新需求以及相应的宏观政策等信息,给原本农民处于信息弱势的信息不对称问题寻找到了一个较好的解决方案。没有了企业这一"中间商"从中赚取差价、两头得利,产品的成本更低,相应的产品定价和利润更高。农民的收入和就业率提高,生活方式发生重大变化,外出务工的人口减少,由此,不但提高了农民的生活水平和幸福感,而且解决了当前农村空心化的问题,为缓解"三农"问题提供了一条新道路。

2. 提供了一条改变发展模式的新路径

在党的十四届五中全会中提到了"两个转变":一是经济体制从传统的计划经济体制向社会主义市场经济体制转变;二是经济增长方式从粗放型向集约型转变[1]。这种经济制度和发展模式的转变不仅体现在发达地区,更重要的是欠发达地区的转变。大多数情况下,农村地区由于存在当地居民文化水平较低、企业重生产而轻环保等问题,很难做到真正地转变发展模式。以沙集镇东风村为例,在家具线上销售产业发展和壮大之前,当地主要的支柱性产业是废旧塑料回收加工产业。废旧塑料回收加工行业虽然使得当地居民的收入有所提高,但是对于环境的破坏巨大,再加上当地居民的意识不够,对于环保问题缺乏足够的重视和了解,这一行业的兴盛使得东风村被称为"破烂村"。"沙集模式"的产生则直接改变了当地的基础产业结构,家具线上销售行业的广阔发展前景使得大多数废旧塑料回收加工从业者纷纷转型。自 2009 年起,当地的家具线上销售行业从业人数就超

---

[1] 资料来源:https://www.gov.cn/govweb/test/2008-07/10/content_1041274.htm。

过了废旧塑料回收加工业的从业人数,这种产业模式的转变不但改善了居民的生活方式和提升了居民的生活品质,更是符合了党在十七届五中全会提出的"坚持把经济结构战略性调整作为加快转变经济发展方式的主攻方向"的要求[①]。

3. 拓展了一个推动网络信息化建设的新视角

通过信息化来推动工业化最终实现两化融合是我国发展战略层面的指导方向[②]。农村地区的网络信息化是我国推动两化融合的工作重点,虽然我国对于推动农村地区信息化做了许多工作和努力,但是由于农村居民信息化素养较低、普遍文化程度不高等客观因素进展缓慢、见效不显。探寻农村地区网络信息化发展工作进展缓慢的本质原因可以发现,以政府为主导的自上而下的信息化发展方式和农民自发自主学习、自下而上的信息化需求存在本质上的差异。"沙集模式"就诞生于农民自觉地通过对市场环境和消费者最新需求的探究,应用公共电子商务平台获取有价值的一手数据的过程。这样的过程是由农民内生性动力推动形成的,在农民商家和消费者完成交易的同时,也实现了乡村基层的信息化发展。

4. 走出了一条发展地区经济的新途径

从发展国家经济来看,要想整个国家的经济得到快速的发展,除了重视发达地区的特色产业之外,更重要的是要发展地方经济,尤其是发展地区经济。在过去,发展乡村经济的最主要的方式就是招商引资,通过当地政府给予一些政策上的优惠来吸引有识之士来投资,从而推动整个地区的经济发展。但是需要发展的乡村过多而可以投资的项目却有限,这种僧多粥少的现况使得各个乡村之间为了吸引大项目落户而造成了一定的恶性竞争。此外,越来越多的研究发现,花费大代价吸引过来的投资项目并没有像预期的那样推动本地其他产业发展,反而很多项目的投资人在各个地区之间来回摇摆,享受了某地政府给予的优惠政策之后就转换地方继续投资。"沙集模式"则是由当地居民自己摸索总结出来的,这种源头动力的内生性使得这种商业模式深深地根植于当地经济中,不仅很少占用当地的公共资源,还对地区的经济做出了较大的贡献。一旦市场环境发生变化,这种模式会联合当地的企业、商家共同抵御可能存在的市场风险。

5. 为推动社会包容式发展树立标杆

近年来"包容式发展"受到了广泛的关注和重视,它强调各地的发展在强调经济增长的同时,要注意方式和目标的包容性。"包容性增长"包括了注重发展方式的转变、缩小社会的贫富差距、增强企业的社会责任感以及提高居民的普遍素质等。不仅要求在政策层面上鼓励发展方式从粗放型向集约型转变,而且要让

---

① 资料来源:https://news.sina.com.cn/c/2010-10-19/031121302059.shtml。

② 资料来源:https://www.miit.gov.cn/ztzl/lszt/zgzz2025/zcjd/art/2020/art_c7a715c19dd047f0930f036a57c371f9.html。

每个人都能享受到改革的成果,使得老有所养、幼有所教、贫有所依、难有所助。"沙集模式"的实践证明了当农民体会到信息化所带来的利益和好处之后,他们就会发挥自己的主观能动性和内在积极性,每个人都可以在"两化融合"的过程中实现自己的目标,最终整个社会都可以实现"包容式发展"。

第二节 "互联网+"驱动"沙集模式"成功的动因

一、宏观层面的外部动因

（一）我国信息化基础建设的完善和普及

我国乡村地区的信息化基础设施健全,互联网的普及速度较快。这种全国范围内的信息化基础设施全覆盖为农村地区的居民应用电子商务提供了重要条件。我国也在持续投入电信基础设施建设,截至2009年,我国共建成光缆网络线路总长度达826.7万千米;99.1%的乡镇和92%的行政村接通了互联网,95.6%的乡镇接通了宽带;3G网络已经基本覆盖全国。互联网基础设施的完善大大促进了互联网的普及和应用[1]。截至2010年12月,中国网民规模达到4.57亿,互联网普及率攀升至34.3%[2]。2010年我国农村网民规模达到1.25亿,占整体网民的27.3%[3]。信息化基础设施的完善成为"沙集模式"成功的外部动因之一。

（二）线上产品市场发展前景广阔

随着互联网的普及和发展,线上购物的便捷性和选择的多样性使得在网上购物的人数不断增多。根据中国互联网络信息中心报告,2010年进行网络购物的网民占35.1%,达到1.61亿人[4],网购规模持续增长。根据艾瑞咨询数据,2010年,我国网络零售交易额为4980.0亿元,同比增长89.4%;网购交易额占社会零售总额的比重达到3%,网络购物市场的发展进一步促使"沙集模式"的形成。

（三）快递业务和线上支付更加便捷

随着物流服务和线上支付的技术逐步成熟,货物配送和免现金支付的便捷性促进了沙集镇家具线上销售行业的迅速壮大。不只是沙集镇,从全国来看我国的

---

[1] 资料来源：https://www.gov.cn/jrzg/2010-05/01/content_1597257.html。
[2] 资料来源：https://www.gov.cn/jrzg/2011-01/19/content_1788022.html。
[3] 资料来源：https://tech.sina.com.cn/i/ec/2012-07-24/10537422423.shtml。
[4] 资料来源：http://www.360doc.com/content/11/0901/14/464275_144992936.shtml。

快递业务呈指数式增长，而快递业务和电子商务的联系也是密不可分的，全国物流服务业的相关订单多数都是与电子商务捆绑进行的。与此同时，线上支付对于电子商务的发展具有必不可少的促进作用。在线上支付的技术完善之前，支付问题一直是线上购物发展最重要的阻碍之一，绝大多数消费者对于虚拟世界都缺乏信任。然而随着各大银行线上软件的开发和推广以及第三方平台的政策完善，线上支付的安全性和可信任度已经获得了大众的认可。

（四）电子商务平台的带头作用

以京东、淘宝为主的民营免费电子商务平台逐步完善，在促进中国特色线上销售发展的过程中起到了引领作用。这些免费的市场化公共平台不仅仅为广大的消费者和商家提供了一个交流和沟通的平台，而且以其逐步成熟的交易政策和愈加规范的交易法则保证了买卖双方的利益安全。电子商务平台帮助农民免费开设虚拟商铺，并且提高了各种各样的辅助服务水平，如配套的物流服务选择、必要的法律咨询等。根据相关的调查数据，一半以上的东风村农民商家认为是公共电子商务平台的出现使得他们有机会加入网商行列，最终形成了规模庞大的家具线上销售产业集群。

（五）售卖产品选择的正确性

对于网店的销售情况来说，选对售卖产品是最基础、最重要的第一步。在最初发起者选择简易拼装家具进行销售之前，他们也尝试过售卖女性饰品和家用小电器，但是销售情况却不见起色。通过不断尝试更改售卖的产品类型，最后才确定将简易拼装家具作为销售重点。而后来"沙集模式"的诞生更是证明了他们这种产品选择的正确性。简易拼装家具的市场准入门槛较低，只需要较少的启动资金就可以进入市场；市场需求量较高，不用担心在短时间内市场容量达到饱和程度；家具类产品的保质期很长、方便存储并且适合各种形式运输；由于家具样式、种类和材质繁多，家具产业发展前景广阔且具有一定的快速扩张、增值的性质。

（六）产品总体市场需求较高

由于便捷性、低成本性等特点，简易拼装家具受众很多。无论是大城市的上班族，还是中小城市的中等收入家庭，他们的居住条件有的是多人合租，有的是住房面积较小。这些人群对于家具的要求主要是价格优惠、功能齐全、体积较小、方便运输、质量可靠、样式简洁大方。因此，简易拼装家具就是这类消费群体的首要选择。沙集镇的木质家具首次在网上出现，就受到了很多消费者的欢迎，收到的订单也是源源不断。

（七）产品市场准入门槛低

沙集镇的家具线上销售行业发展逐步成熟，线上店铺的开设流程简单易操作。当地农户商家总结了线上销售的几大环节：设计、加工、销售、配送等。一是虚拟店铺的开设成本就很低，在公共电子商务平台上注册一个店铺只需要店主的身份证明和一千元的押金即可；二是对于加工制造并销售的商家而言，加工制造过程只需要掌握切板、封边和钻孔这三个核心步骤即可，而对于只负责接单发货，不包括加工制造过程的店家来说就更简单了，他们只需要与供应商约定好货物的发送时间。这种较低的产品市场准入门槛给家具电商产业带来了极佳的发展机会，使得当地产业规模越来越大，沙集镇生产出的各种简易拼装家具已经遍销全国，甚至远销国外。

（八）产品适合远程运输配送

电子商务和物流行业有着密不可分的关系，所有的长途线上销售产品都必须具备相应的运输条件，如所占体积较小、货物包装较为严密、产品保质期较长等。沙集镇的简易拼装家具符合这些利于长途配送的条件，有效地降低了农民电商花费在物流过程中的成本。家具生产厂家只需要将尺寸确定的家具按照图纸拆卸成木板并配上相应五金配件和安装图纸之后就可以发货给消费者。这种拼装简单、易于操作的家具与完整的大型家具相比运输成本更低，配送效率也更高。

（九）产品有利于提高消费者的幸福感

简易拼装家具有利于提高消费者的参与感和亲手操作的幸福感。在消费者收到货物之后，他们可以按照安装图纸自己动手组装。在这种亲自动手的过程中，消费者投入在拼装过程中的时间成本将会在以后的使用过程中转化为一种归属感和幸福感。这种亲自组装的过程实际上就是消费者自我创造的过程，而现在十分流行的个性化定制正是抓住了消费者想要与众不同和创新独特的心理，使得年轻消费者的成就感得到满足。

（十）勇往直前的年轻从业者

"沙集模式"的形成和当地积极向上、勇往直前、奋发进取、开拓创新的年轻从业者有着密不可分的关系。这群敢于拥抱新时代、接受新思维的创新型农民商家是发展沙集家具线上销售产业的中流砥柱，正是他们不同于祖辈的卓越品质促使沙集现象一步步提炼总结为"沙集模式"。一是年轻从业者的勤劳与坚持。对于最初的发起者来说，为了寻找到价格合适、质量可靠的原材料供应商，他们跑遍了全国各地的知名木材生产地，很多时候为了节省成本或者节约时间，他们甚至会在车上或者商家厂房中过夜。对于后来的学习者来说，尽管线上销售的操作简单、流程固定，但是仍然需要花费时间和精力去学习。有些年龄稍微大一点的网商没有受过良好的教育，他们对于电脑的使用仅仅停留在开关机的层面，然而这些困难并没有打倒他们。他们有的参加了政府免费提供的网商培训课堂，有的主动向周边邻里的年轻人请教，先是一根手指一根手指地打字，慢慢地通过练习变成了双手打字。对于沙集镇的网商来说，为了和消费者沟通交流熬夜到凌晨两三点都是常有之事。正是这种不怕吃苦、坚持不懈的精神造就了今天的"沙集模式"。二是从业者们不藏私、开放共享的无私奉献精神。正是这种无私品质使得沙集家具线上销售产业的规模迅速壮大，由此而形成的规模效应更是促进了产业规模的扩大、降低了家具运输过程和原材料供应方面的成本，在这种良性循环中，沙集镇的家具产业才达到了今天这种声势和品牌。三是整个行业周到全面的服务和诚信经营的商家口碑。在行业萌芽阶段，诚信经营的口号就深入人心。长久积累所营造出来的整个行业诚信、不欺客的经营氛围和交易环境孕育出了当地以诚信为首要前提的行业价值观。随着沙集镇家具线上销售产业集群的日渐壮大，流传在外的品牌效应更是不停地对沙集镇家具产业进行正反馈调节（汪向东，2010）。

（十一）简单的地区性关系网络

沙集镇整个地区面积不大，因此当地居民之间存在着千丝万缕的联系。由于世世代代都居住在同一地区，邻里乡亲之间都知根知底，对彼此抱有较高的信任度，并且由于活动范围较小，人们的生活娱乐比较单一，很多时候都是通过在一起打牌、闲聊来消磨时间。这种简单的地区性关系网络在家具产业规模最初的扩张过程中起到了非常重要的作用。开设网店、售卖家具赚钱这样的信息在当地居民闲聊中迅速传播，根据美国学者埃弗雷特·罗杰斯所提出的创新扩散理论，当少数的自发创新者率先涉足某一领域并获得一定的成功经验时，他们会将自己的经验传输给少数的意见领袖，由于意见领袖在群众中拥有一定的威信，意见领袖的看法和观点将更容易被大众所接受。一部分容易接受新事物的大众成为早期的学习者，随着信息的影响性逐渐增加，直到最后的保守者也接受。"沙集模式"的信息扩散过程就是依靠口碑传播。

（十二）政府的支持与鼓励

任何地区经济的卓越表现都离不开党和政府的正确领导与大力支持。沙集镇家具线上销售产业的迅速壮大更是离不开当地政府在政策和资金上的支持与鼓励。沙集镇的电子商务产业主要的动力是当地农民电商的自我意识觉醒，是自发自主的，但是任由市场去调节和管理是不合理的。当产业扩大达到一定规模后，仅靠农户商家通过自我约束和自发组织的协会机构难以解决资金、土地等层出不穷的问题，政府的支持和引导是必不可少的。

尽管党和国家一直在强调在互联网时代要注重信息化和工业化的两化融合，但是大多数地区政府依旧难以摆脱过去重工业的惯性思维。我国很多地区为了发展当地的经济而一味地对外招商引资，制定了很多倾向于大项目的优惠的政策和措施。这种重工业化的传统思维在当今互联网飞速发展的时代是行不通的，得到的结果不仅与初衷相悖，而且会对互联网催生出的新事物产生消极作用。沙集镇家具线上销售产业的空前成功也和当地政府与时俱进的思想有关，发展经济并不一定要先工业化再信息化，而是可以通过信息化促进工业化发展。对于沙集镇的家具产业，政府的态度一向是有所为，有所不为。一方面尽量不打扰农民日常的经营交易活动，避免影响到农民电商主动创业的积极性；另一方面对当地的家具电子商务产业给予了充分肯定并高度重视，在税收方面给予了大量的优惠政策，并且提供了一定的资金支持吸引大学生返乡创业或乡贤回家投资。同时，政府在改善整个当地电子商务交易环境方面做出了很多的努力，比如，建设信息化基础设施，保证各乡各户通上互联网；开设网商培训课堂，帮助文化程度较低、对计算机的使用不太熟练的农民商家学会使用互联网；制定针对互联网交易的有关规则规定，避免让互联网成为"法外之地"，给商家和消费者一个安全放心的交易环境。在提供良好的居住环境方面，政府对于各大家具生产厂家制定了严格的环保要求，力保在发展经济的同时，不影响当地的生态和环境。此外政府还单独建设了电子商务产业园区，以供当地网商群体可以在更加专业舒适的环境中成长壮大。

二、产业层面的内部动因

沙集家具产业的转型升级的主要动力是内生动力，来自当地居民的意识觉醒以及对于财富的渴望。这种内生型的模式本质是依靠在农村地区兴办非农产业来推动，而不是靠城市工业的扩散。它的特殊之处也在于走了一条信息化带动工业化发展的新型城镇化之路。长期以来，小农生产与大市场之间的矛盾制约着农村经济的发展和农民收入的提高。农村电子商务的出现和发展，一定程度上解决了这一矛盾，农户在自己家中，通过市场化的公共电子商务平台，可以直接对接市场，不仅拓宽了销售范围、减少了交易成本和周期，也解决了农民信息弱势的信息不对称问题（熊丽芳和甄峰，2016）。

（一）家具产业链与电子商务产业集群

截至 2020 年底，沙集镇域共在全网开店 15 891 家，占沙集农户总数的 80.6%。网上销售带动了相关产业的发展，沙集镇内已拥有木材原料供应商 88 家、物流快递门店235家，以及若干家木材板材贴面批发销售、家具配件、木工机械配件、木方等原材料配件门市和网店专业服务商[①]。以线上销售为核心的包括加工—网销—售后等多个环节的家具产业链在沙集镇形成了一定规模的产业集群，其中支撑整个产业集群有序健康发展的中坚力量也包括相关的协会等。除了产业链中的各个行业外，整条产业链和外界相关企业之间的各种信息和物质的交换与联系也不断增加，相应地推动了金融银行、餐饮服务、酒店零售等各行各业的繁荣兴盛。

沙集镇电子商务产业集群与外界的交流频繁，除了原材料的采购输入涵盖华东地区以及其他如山东、广东等地区，产品输出涵盖了全国乃至韩国、日本等地区之外，还以沙集镇为中心向外辐射到周边城镇。他们为家具生产商提供所需要的各种零配件，如木材原料、五金配件等。这种与外界密切的联系加强了沙集镇与外界交换信息、物质、技术等，推动外界的劳动力和原材料不断地流入沙集镇内部，并且拓展了外部产品市场、提高了整体的市场份额，促进沙集镇电子商务从产业集群不断地发展壮大。

（二）互联网销售产业集群

沙集镇的电子商务产业集群以家具的互联网销售产业作为依托，整个家具行业的产业链包括了当地板材加工企业以及家具生产商从外地购入的原材料，相关配件的生产包括五金配件也大多是从外地购入的，当地并无相关原材料资源，在家具生产商完成了家具的生产制造后，要么是自产自销，通过"前店后厂"的方式对外直销；要么是只做生产，将成品批量销售给当地的互联网销售企业，由互联网销售企业与消费者进行沟通和交流，最终实现商品的变现环节。产业链的完整吸引了更多的企业进入市场来分享巨大的利润，由此形成了以互联网销售为主的产业集群。沙集电子商务产业集群主要以家具网销产业为核心依托。沙集家具网销产业链主要包括当地板材加工企业或家具制造直接从区域外进口原材料，辅料生产如五金配件也主要从区域外进口，家具制造完成后或直接自产自销，或供货给当地网商，由网商直接与最终消费者进行对接，完成销售环节。从整个产业链的角度来说，沙集家具互联网销售产业链较为低端，产业链的上游原材料的产出与供应总体依靠外地市场提供，当地家具生产制造商的自主研发设计能力较为薄弱，知名自主品牌更是难以与市场中竞争力较强的大品牌相比。

（三）物流行业的繁荣与发展

沙集镇独特优越的地理位置促使着当地物流快递服务行业蓬勃发展，各大快

[①] 资料来源：http://www.aliresearch.com/ch/information/informationdetails?articleCode=3186224030011940352&special=小微企业。

递网点分布广泛而且费用较低。2020年,沙集镇辖区内共有快递物流130余家[①]。仅东风村一地而言,众所周知,大部分的快递网点受限于成本投入而只能设在市区或县城里,很少会将分货点设立在农村或者镇上。但是东风村由于快递流量巨大而吸引了各大快递企业入驻其中,并且在关于利润是否可观等相关问题上,各大快递企业纷纷表示,虽然向当地居民所收的费用较低,但是各家的物流都有各自的分工,不会出现过分竞争的情况,同时由于数量巨大,积少成多,最终以量取胜,可获得较为可观的利润。各大物流企业纷纷入驻的另一个主要原因则是看好当地物流发展前景,并期望通过提前进行相应的战略布局来抓住发展机遇。

沙集镇的物流行业最开始是因为当地互联网销售繁荣,被当地的巨大市场所吸引,而各大物流企业的聚集和发展,又进一步提高了当地的物流便利性,对当地的电子商务发展产生了正向的积极作用,促进了当地互联网销售的进一步发展,最终形成了正向积极的循环效应。即由于物流快递收取的费用较低,降低了当地产品外销的物流运输成本,使得当地商品在互联网销售过程中取得了价格优势,从而反过来促进了产品的互联网销售量,销售量的提高又进一步加快了当地物流行业的繁荣与发展,降低了物流的成本,长此以往形成了一个良性互促的循环。

第三节 "沙集模式"存在的问题、优势及转型路径

一、"沙集模式"存在的主要问题

当前沙集镇家具线上销售产业已经逐步成熟,但是在其未来的可持续性发展问题上还存在一些阻碍,如缺少领头羊企业、产品同质化现象严重、人才短缺、创新品牌较少等。

(一)行业生产水平过于均衡,缺少行业领头羊

沙集镇家具线上销售产业的整体生产水平过于均衡,由于特殊的作坊式加工形式限制,缺少行业领头羊企业。沙集镇的家具行业规模庞大,但是质量却不高;尽管网店数量很多,但是成立时间都不长,无论是从消费者黏性上还是从供应商关系方面,都不具有一定的优势。此外,当地的网店有一半以上仅仅是参与了销售发货的环节,而缺乏独立生产制造的能力。绝大多数的从业人员都是以家庭为单位单打独斗,少有整合在一起的大企业。当前整个沙集镇成规模的,可以影响整个行业规则制定和维护良好市场环境的领头羊企业仍然较少,这些都是影响整个行业健康发展的潜在隐患。

---

① 资料来源:https://www.163.com/dy/article/F6L38P1S053469KC.html。

（二）产品同质化程度过高，容易造成恶性竞争

沙集镇的家具行业在最初规模扩张过程中极具优势的一个因素就在于产品工艺简单、技术含量不高、模仿复制的门槛极低，基本上只要是有一点木工基础的人看一眼产品就知道如何制作。大多数的商家直接将网上其他商家的产品图片进行复制生产，导致市场上的产品千篇一律。这个特点使得沙集模式的网店数量在初始阶段可以呈现爆炸式增长，但是在行业最初的先入者利润被分薄之后，各个商家业务难以增长，整个行业发展后继无力。当市场上的产品毫无差异的时候，想要在销售量上取得一定的突破就只能通过压低价格来获得一定的优势。价格的降低不仅破坏了整个家具市场和谐宽松的竞争氛围，而且使得商家利润持续下降，这些降低的利润变相地转嫁到消费者身上。有些消费者收到的产品质量大不如从前，这主要是因为商家为了保证自己的利润而选用了一些劣质原材料以降低产品的成本。这样的劣质产品大量进入市场之后，导致沙集镇长久以来积累的诚信经营的口碑一落千丈。此外，沙集镇的家具线上销售产业集群属于典型的马歇尔式产业集群，主要靠低廉的劳动力产生的低成本优势远销国内外，而随着生产要素的成本逐渐提高，这种优势在全球市场的考验下逐渐消失，越来越多的订单流向了印度、越南等人口较多、原材料更为丰富、劳动力成本更低的国家。在多重因素影响之下，沙集镇家具线上销售产业的竞争环境愈加严峻紧迫。

（三）行业整体文化程度较低，缺乏高端人才

人才是第一资源。沙集镇属于欠发达地区，高端人才的储备水平较低。地区总体文化程度滞后于整个产业的发展需要。目前面临的人才方面问题主要有以下几点。一是缺少人才。虽然沙集镇的家具产业发展状况良好，但是受过高等教育的知识分子更愿意去拥有较多工作机会和较高的工作待遇的一线大城市。二是从业人员流动性较大。由于市场的准入门槛低，大多数员工只要工作数月就可以掌握大致的操作流程，这就导致很多员工在学会如何操作之后就自立门户。三是从业人员素质较低。尽管有各种各样的吸引人才回归的政策，但是整个小镇上人员容纳度是一定的，大量未受过高等教育的中老年人占据了行业内的岗位，拉低了行业总体的文化水平。

（四）存在知识产权纠纷，缺少自我创新能力

由于大多数网店没有自己的品牌和设计，这些店铺中的产品基本上都是模仿复制其他大型店铺中产品的款式。尽管已经慢慢地有一些规模较大的农民网商开始创办企业、注册商标、设计家具，但大部分商家还是通过低端仿造来营利。受到自身的教育背景和知识层次的影响，大多数的农民商家并没有与知识产权相关

的知识储备，知识产权意识薄弱。专利权的意识缺乏导致商家在日常经营过程中存在着大量的侵权违法行为，但是由于市场的欠规范性以及国家在电子商务方面的相关法律政策的欠缺，大部分侵权行为并没有被制止或者并没有受到相应的处罚。

二、"沙集模式"转型发展的核心优势

（一）地理区位有利于发展电子商务产业

沙集是徐州的重要卫星城，具有优越的位置区域条件。西靠全国重要的铁路交通枢纽徐州，东临欧亚大陆桥东桥头堡连云港。高标准的徐宁（机场）路、104国道、省市县一级公路纵横交错，徐（宿）宁高速公路横贯东西；京沪、霍连高速公路与睢宁擦肩而过。内河航道紧连京杭大运河，徐沙河、徐洪河直通洪泽湖。国家民航一级干线机场——徐州观音机场坐落睢宁境内，架起了睢宁通往外界的空中桥梁，形成了水、陆、空立体交通网络，交通十分便捷。

运输成本是影响经济活动和产业布局的一个重要因素。沙集东临宿迁，距宿迁市区18公里，西靠徐州，距徐州市区100公里，距观音机场40公里，南接安徽，北望山东。徐宁（机场）路、徐（宿）宁高速公路、324省道、徐洪河和徐沙河贯穿境内，高速公路出入口距镇区200米。高速公路、徐州铁路网、徐洪河航道和徐州观音国际机场构成了水陆空立体交通格局，是徐州连接沿海诸市县的门户。优越的交通区位，较为低廉的运费，为电子商务在沙集的发展提供了有利的条件（熊丽芳和甄峰，2016）。

（二）我国农村独有的社会关系

在农村，农民大多数以血缘村落聚居。亲朋邻里间交流比较频繁，联系比较紧密，关系也比较和谐融洽，往往是一种相互合作、亲密无间的生活方式。正是农村特有的乡土情谊衍生了这种特殊的社会关系，使得带头者将开网店的技巧倾囊相授给亲朋邻里。沙集电子商务发展的最初是一帮返乡创业具有企业家精神的年轻人，他们受宜家家具的启发，执着学习且敢于实践，并能够开放、交流和分享，是构成发展链条上的重要历史人物。而后村民们富有学习的DNA，彼此之间互帮互带，信息互通互享，加之简单纯朴的农民电商诚信的服务，最终沙集农村特有的社会土壤为该地电子商务裂变式发展提供了沃土（熊丽芳和甄峰，2016）。

（三）地区传统产业与所选产业契合

沙集电子商务所卖产品以网销型家具为主，进而衍生家具生产制造业，这与当地生产基础有着密切的联系。沙集毗邻的宿迁耿车等地，板材原料资源丰富，

可直接供应于家具制造业生产加工。而最初网商带头者选择生产和销售拼装家具，除了其市场需求大、适合长途配送等，也充分利用了当地多能工巧匠，而拼装家具生产加工过程相对简单这一特点。此外，当地农户之前从事养殖和塑料回收加工等，多数都有一定的经商基础，也使得农户对学习网店生意流程以及运营管理网店生意等驾轻就熟。

（四）信息技术的普及与应用

信息技术的广泛普及与应用，现代网络电子商务基础设施的日益完善，使农村地区发展电子商务成为可能。克鲁格曼等经济学家认为，市场外部经济的因素，是经济个体的集聚到产业的集中的动力来源之一，即市场规模的变化可以通过生产商的前向和后向联系导致生产商的集中或分散。电子商务给沙集带来的发展契机就在于，信息技术的影响与颠覆带来结构性的变化，而网络外部性所带来的社会资本，使得农户能够充分利用网络、对接市场，进而市场能够产生激励创新的积极作用，比如，虚拟市场被扩大，农户内在的积极性被激发，电子商务产业得以集聚。沙集开辟了农民在家创业致富、直接对接市场、繁荣经济社会的新路径。

（五）地方文化环境与居民自我意识的影响

沙集当地的社会文化环境提供了其发展的基础和可能。沙集重商文化浓郁，所处的睢宁历史文化积淀深厚，人文荟萃。据今日夏圩村沙庄沙姓族谱记载，沙集是有集市贸易渊源的集镇。重商作为文化精神而非简单的意识，促使其形成浓厚的文化氛围，催生注重务实、实利和世俗的生活态度以及讲求平等和等价交换的价值观念。可见，沙集重商文化渗透于市民当中，深刻影响着人们的观念和行为，在一定程度上为农村电子商务的蓬勃发展奠定了思想基础。此外，土地资源丰富和劳动力廉价等也是沙集地方经济发展的有利条件（熊丽芳和甄峰，2016）。

三、"沙集模式"转型发展的根本路径

互联网时代的到来以及信息技术的高速发展促使着全新的家居理念的形成，全屋定制、个性化制造等新概念层出不穷，也引起了消费者极大的关注与热情。综合当前的经济形势与市场需求，可以总结出沙集家具产业未来的发展方向与趋势必将向着定制化模式转变。

（一）利用大数据分析技术，提高企业实现生产部门与销售团队在定制化方面的配合度

沙集家具产业中的企业需要使用适合本企业发展特点与前景的企业资源管理

计划软件，从而整合整个企业各方面的资源，对传统的生产计划与生产控制活动进行全方位的变革与创新。将企业的财务、生产、人事、质量检测、机器设备、原材料采购、销售终端等各个不同职能部门中的相关资源与大数据技术结合在一起，综合各方面的信息与潜力搭载物联网的新兴技术平台，通过柔性生产线与智能流水线的加工，最终实现传统家具产业的资源整合，以及生产与销售的无缝对接，更好、更全面地满足市场的需求以及消费者的个性化定制要求。

（二）加强深化"全屋定制"概念

随着中国改革开放的程度不断加深，中国的 GDP 也不负所望在世界上名列前茅，中国人民的生活水平逐渐提高。在基本生存的需求得到满足的情况下，人民开始进一步追求更高层次的需要的满足，反映在日常生活中则表现为对于衣食住行等方面的需求升级了。除了质量与安全方面的要求之外，人民也更注重个人思想的解放与个性化需求的满足。由此定制化消费成为市场上一股全新的流行浪潮，个性化定制产业有着广阔而光明的前景。在未来，整个家居行业将与个性化定制紧密地结合在一起，并在此基础上与各行各业之间有着更为密切的合作，从而发展出"全屋定制"这样一个完整、全面的体系。成品家具、定制家具、电器、软装饰与建装建材等部分将联系在一起成为一个统一协调的有机整体。

（三）定制化家具将与先进制造技术和新兴信息技术紧密结合

按照国家发展战略方向的指导，中国传统制造产业逐渐向着自动化、智能化、无人化和信息化方向转型升级。在国内，部分企业依靠超前的意识与能力率先完成了工业 4.0 的转型改造，如尚品宅配、索菲亚这些知名品牌，直接推动中国传统的家具制造产业中的定制化衣柜行业转向智能化、自动化生产，不但较为彻底地完成了工业 4.0 的改造，而且助推中国家具定制化产业步入了工业 4.0 时代。在领头企业与时代形势的双重影响之下，沙集家具行业的未来发展趋势更应该朝着工业 4.0 的方向发展，以工业 4.0 为行业标准，及早满足时代需求。

（四）品牌设计与研发以及相应的设计研发人才是关键

定制化家具与普通流水线上生产出来的家具最大的区别就在于新颖独特，满足不同消费者各种各样的需求。这对产品的设计与研发环节提出了更高的标准与要求。众所周知，定制化家具的设计研发环节主要由三个部分构成：产品研发设计、产品结构设计以及店面整体家具设计。以消费者为中心始终是定制化家具产业最关注的核心点，同样也是定制化家具企业是否盈利的关键所在。一群有新颖想法的研发设计人才所组成的设计团队更是定制化家具企业不可缺少的灵魂，所以对于沙集家具产业未来的转型道路而言,培养、吸收、留住一群有才华、有想法的研发设计人员是必不可少的。

(五)绿色环保为定制化家具行业注入可持续发展的动力

健康问题是涉及民生的重要问题。近年来,家具安全问题层出不穷。各种以次充好的劣质材料在污染着家具行业的环境,同时也影响着人民的健康。消费者在挑选家具时也更加注重安全环保等相关的问题,市场也根据消费者的需求对生产厂家提出了新的要求和标准。不仅要求外观样式的新颖好看,更加要求用材的绿色、健康。由此可以看出,沙集家具产业的定制化家具除了要有自己的设计思想与理念之外,还需要注入绿色、环保、健康等关键原则,在履行一定社会责任的时候,也需要打造自己的品牌,树立良好的品牌形象,获得更多的消费者信任。只有这样,才能保证沙集家具产业未来的可持续发展,在更激烈的市场竞争中保住自己的市场地位与份额。

(六)关注营销方式,利用互联网营销提高产业的核心竞争力

定制化对人们来说并非一个完全陌生的概念,而这个概念加上互联网营销之后便犹如长了翅膀,飞向了千家万户。家具行业的定制化营销更是定制行业的一种全新营销模式,主打的便是私人订制、私享服务。与传统的个性化定制相比,其更加注重与消费者的实时沟通,随时随地可以按照消费者的想法与要求来调整整个家装的设计,从而给客户提供了一种无微不至的服务体验,最终有助于提高产业的核心竞争力。

第四篇

"互联网+"驱动价值链重构

第十二章 "互联网+"驱动传统产业价值链重构

第一节 产业价值链的概念与内涵

一、产业链、价值链、供应链的概念与内涵

（一）产业链

在产业经济学中，产业链是一个基础的概念，主要是指各产业部门相互之间所形成的一种链条式关联的关系形态，这种关系形态以技术经济关联为基础，以一定的逻辑关系以及时空布局关系进行排列和布局（李想和芮明杰，2008）。不同地区之间客观的区域差异是产业链形成的基础，其目的是通过在不同区域市场之间进行协调实现专业化分工，促进跨区域的产业合作，并以产业内容为合作载体，从而解决多维度需求方面的差异和矛盾，最终发挥不同区域的比较优势（刘志彪，2019），概括来讲，它主要包含了四个方面的含义：①产业链所处的层次为产业层面；②产业链体现的是产业相互关联和链接的程度；③产业链的实质是以专业化分工为基础对于资源的深度加工；④产业链的目标是对多维度需求的满足。产业链分为接通产业链和延伸产业链（刘贵富和赵英才，2006）。接通产业链是指采用一定的产业合作形式，把一定区域范围内断续的产业部门（通常是产业链的断环和孤环形式）串联在一起。延伸产业链则是以现已存在的产业链为基础向上、下游延伸所形成的产业链。若是将现已存在的产业链向其上游进行拓展则意味着将产业链引入技术研发的环节或者是基础产业的环节，而将产业链向下游延伸，则意味着将市场拓展的环节也纳入现有的产业链之中。企业之间的跨产业关联就是产业链的实质，而这种关联的实质在于跨产业的企业之间的供需关系（张晖和张德生，2012）。产业链是一个相对较为宏观的概念，它是被用来描绘由于一定关系而连接在一起的企业群结构，因此产业链包含结构和产业两个方面的属性（刘贵富，2007）。在产业链中，不仅存在着大量的上游企业和下游企业之间通过传递产品（或服务）和反馈信息所产生的相互关联，同时也存在着不同产业之间的相互交换。

（二）价值链

迈克尔·波特在 1985 年首次提出价值链这一概念，他认为正是产品设计、生产、营销、交付等一系列的活动形成了每个企业创造价值的过程，而价值链就是对这一过程的表达。企业价值创造的一系列活动可以被划分为基础活动和辅助活动两种类别，其中基础活动主要指的是生产活动、营销活动、产品交付活动等，辅助活动则是指产品采购活动、技术研发活动及人力资源管理活动等（迟晓英和宣国良，2000a）。这些活动之间各有不同但彼此连接，从而构成了一个动态的价值创造过程，也就是价值链（吴海平和宣国良，2003）。

价值链广泛存在于各种经济活动当中，并且囊括了各种不同的类型。例如，行业价值链就是由经济活动中的上、下游企业进行相互关联和链接所形成的（林岩等，2010）；而企业中，各个不同业务单元之间的相互关联就形成了企业价值链（邵婧婷，2019）。在一条价值链上的任意一项价值活动都会影响整个企业最终所能够实现的价值（邱国栋和白景坤，2007）。迈克尔·波特在提出价值链理论时表示"消费者心目中的价值由一连串企业内部物质与技术上的具体活动与利润所构成，当你和其他企业竞争时，其实是内部多项活动在进行竞争，而不是某一项活动的竞争"。换言之，企业间的竞争并不是价值链单一环节所决定的，而是企业价值链整体之间的竞争（贾俐俐，2008），整个价值链的价值创造力决定了企业实际的竞争能力。企业通过生产和创造具有价值的产品或者服务，并将产品或服务交付给客户，从而获得利润，而这一系列的经济活动（或是价值活动）就是价值链（屠年松和易泽华，2018）。将这一系列的价值活动称作价值链的原因在于，在经济及技术方面这些价值活动相互之间有所不同又彼此关联，在逻辑上形成一个价值创造的动态化链条。在价值链上，各个价值创造环节之间通过物流、资金流及信息流进行相互连接，并与企业整体的价值创造有着直接或者间接的关联，而各个价值创造环节上的创新最终构成了一个企业整体的核心竞争力。进一步地，价值链上的价值活动也可以被划分为基础价值活动和辅助价值活动，其中，基础价值活动与生产相关的活动直接关联，可以向顾客提供价值，主要包括生产和销售等活动。而辅助价值活动则建立在基础价值活动的基础之上，主要是为基础价值活动提供资金和基础设施方面的支持（杨依依，2004）。这两类价值活动广泛存在于企业从原材料的获取到产品或服务的最终交付的一系列活动过程当中。基础价值活动和辅助价值活动相互之间进行有机组合就构成了企业的价值链，企业也正是利用价值链的价值创造来获取边界利润或者边际收益（余江和方新，2002）。

（三）供应链

价值链是供应链这一概念形成的基础。Stevens（1989）指出，供应链是从原材料获取开始，经过一系列价值增值活动之后，通过一定分销渠道将产品或服务交付给终端客户的过程，从本质上来讲，供应链是从供应商的供应商到客户的客户之间的流，其终点就是消费者。Ellram（1991）认为供应链是通过成员共同的计划和管理，对从供应商到终端用户之间的整个环节进行组织、计划、整合以及物流控制的一系列组成活动。而 Londe 和 Masters（1994）提出，供应链是由制造产品并把产品交付给终端顾客过程中所涉及的一系列企业所构成，其中包括了原材料的供应商企业、产品组成部件的制造商企业、产品组装企业以及负责零售的企业。与 Londe 和 Masters 的观点类似，Lambert 等（1997）指出供应链是从产品或服务设计，到生产、运输及最终交付的过程中所涉及企业形成的联盟。综上所述，供应链是从原材料供应、产品或服务生产、运输、交付等一系列活动所涉及企业以及终端消费者相互关联所构成的集合（Christopher and Gattorna，2005）。Cooper 等（1997）指出，从本质上看，供应链不仅包含了物质流，还包含了信息流、资源流等，而供应链管理就是对这些一系列"流"的管理与控制。

二、三链演化视角下产业价值链的概念与内涵

价值链通过战略成本分析方式对企业中价值创造各个不同环节进行解析，从而形成企业整体的竞争优势；对于供应链，有序且经济的物流是它最原始的一个目标；产业链则相对拓展了时空范围，原因在于其打破了不同区域之间的空间限制。而随着技术的不断进步，用户需求也在不断发生变化，因此也驱动着价值链和供应链进行改变和调整，而企业为了应对这一系列的变化也需要进行重构形成新的竞争优势，才能在新的环境下得以生存和发展。除此之外，全球化步伐的加快也打破了地理空间的限制，使得价值链、产业链以及供应链在全球范围内进行重新配置，而在这种趋势下，企业所面临的环境也具有了更大的不确定性。因此，企业为了在这种高不确定性的外部环境中谋求发展，必须建立一个具有较强组织柔性的内部结构（吴琴等，2019）。仅仅聚焦于某单一方面，如改善价值链中不同环节的价值创造环境或者是促进供应链中各环节之间的流通，是无法充分实现减少经营成本的目标的。产业链更广泛来讲是价值链和供应链两者的有机组合。要构建一条竞争力强、完整性高的产业链，用户需求是不容忽视的一个重要因素（刘烈宏和陈治亚，2016）。一方面，用户需求要被融入产业链的研发设计环节和终端销售以确保生产出具有市场的产品或服务；另一方面，供应链上各个流程之间的运转和流通效率也要加以提升，从而减少成本。

1998 年，供应链管理被全球供应链论坛界定为从最初始的供应商到最终客户的一系列关键性的业务环节的整合，主要是通过产品、服务或信息为客户或是其他的利益相关者提供价值增值（何文章，2013）。全球供应链论坛所提出的这一定义反映出供应链并不仅仅着眼于提高供应链上各个流程的效率或者减少供应链各

流程的成本,更体现出整个供应链管理流程对于价值增值的追求。供应链对于价值增值的这一追求使得其与价值链之间的差异变得模糊,因而,在这一趋势下这两个概念逐渐相互融合,开始向一体化方向发展。迈克·埃斯丘(Mike Eskew)作为美国联合包裹速递服务公司的 CEO,曾经将第二代供应链管理刻画为对最优化成本的追求,并且在这一基础上提出第三代供应链管理应该聚焦于和用户之间的互动过程,借助消费者需求的力量通过不同环节与消费者之间的互动来驱动供应链进行同步变化。这一观点充分反映出了价值链与供应链的共同演化过程和本质(Abrahamson and Fairchild,1999),由此可见,将价值链和供应链割离开来当作不同实体看待是不合理的,而应当将这两者进行融合(Cox,1999)。第三代供应链要求将用户需求与产品设计、产品生产、产品交付充分进行融合,换言之,就是要实现原材料供应、生产制造活动、产品或服务交付这三者的实时同步,在这一同步的过程中,信息流和资金流需要充分及时地整合,因此,企业也应该有能力对同时发生的供应流和价值流进行整合(Feller et al.,2006)。正如 Christopher 和 Gattorna(2005)所提出的,供应链就是一个由处于上游和下游的诸多企业相互连接而形成的网络,每个企业参与到诸多业务环节和业务流程当中,而这些流程最终以产品或者服务的形态产生出价值。这一定义体现出供应链不仅仅将资金流包括在内,还蕴含着价值增值、价值传递、价值实现等一系列的活动。由此,综上所述,价值链就构成了供应链的本质,而供应链则构成了价值链的物理形式(张琦和孙理军,2005)。

如上所述,在一定意义上,价值链和供应链的相互融合就形成了产品链,由此,产业链包含了供应链和价值链,在价值创造系统中位于更高层次上,包含着更丰富的内容,而价值链和供应链则处于价值创造系统中相对低一级的层次,反映着各个不同的经济活动单元(如材料供应商、生产制造商、终端用户等)在各个不同的环节中发挥着不同的价值创造功能。价值链和供应链可以被不断改进、完善并进行整合,从而实现更高的价值创造。与供应链的结构相似,产业链的结构也呈现出网链状的特征,产业链是从宏观战略层面实现产业化而集成的利益共同体,并以供应链作为核心部分。供应链和产业链的目标都是通过价值链系统的价值增值从而促进价值链系统竞争力的增强。随着价值链理论的不断发展,供应链和产业链逐渐融入其中,由此产业链表现出持续价值化的趋势。价值链理论强调生产环节与垂直分工、整合相互对应,强调组织与组织之间形成的社会网络以及该网络产生的规模化的经济关系和经济效应,而产业关系正是由这种经济关系而产生的,因此产业链的相关研究往往也需要从微观的企业视角进行切入。鉴于此,李一鸣和刘军(2006)指出,从微观上来看,产业链由设计、生产制造、运输交付以及售后反馈等一系列活动所组成,其涵盖了价值利润进行分配的一系列过程。不仅如此,迈克尔·波特也曾提到,在企业之外可能有着一个更广泛的价值体系，它涵盖了组织外部的供应商、销售和用户等价值链。杜义飞和李仕明（2004a）也提出产业价值链是把价值链理论的观点应用到产业层面上，延伸到产业链上探讨和研究价值创造的组织形式。

总体而言，从狭义的角度来讲，产业价值链是价值链在产业层面上的延伸，是以某个核心技术或工艺为基础，能够满足客户需求的相互连接的企业集合（杜义飞和李仕明，2004a；丁雪和张骁，2017）。从更广泛的含义来讲，产业价值链是涵盖了一切满足用户需要的效用系统的组织的集合，既包含直接满足客户需求的企业，也包含了间接满足客户需求的企业，而狭义的产业价值链则将其中间接满足客户需求的企业排除出去，仅包含了直接满足客户需求的企业。在现代工业的产业流程中，一条具有完整性的产业价值链涵盖了原材料加工、各个部件的生产、部件组装形成成品、产品销售以及售后服务等一系列环节，处在各个环节上的企业承担不同的责任，履行不同的职责，完成不同的任务，从而创造相应的价值，获取相应的效益（王迎新和刘学智，2014）。综合来看，产业价值链包含四个特征：满足用户需求、创造价值、各环节价值非均衡分布、以产业价值系统为基础（李平和狄辉，2006）。第一，产业价值链的主要功能或者说目标是满足用户的某种需求，用户的需求是产品价值链的核心所在，也是产业价值链赖以存在的基础和前提，因此，用户的需求直接影响着产业价值链的形成和重构。当用户需求发生变化时，价值转移便会随之发生，如用户需求向个性化定制发展、用户需要全面的解决方案、用户对于响应速度和服务柔性提出更高的需求等。第二，产业价值链的核心在价值创造上。参与到产业价值链之中的企业获取价值的一个必要条件就是附加价值，但是附加价值并不是充分条件（Brandenburger and Stuart，1996），因此，价值的创造方式和创造过程是开展产业价值链研究的一个重点。对于微观企业来说，它们需要具有一定的思维和能力来对价值创造的区域进行识别、判断和利用，从而对企业在产业价值链上的位置进行准确定位。第三，各价值环节分布的非均衡性。1992年，施正荣作为中国台湾宏碁集团的CEO提出了"微笑曲线"理论，并详细地描绘了产业价值链上各价值环节的非均衡分布现象。而近些年来，产业价值链中价值分布的状态发生了一些改变，主要表现在：产品销售企业和售后服务企业的总体数量大大增加，从而导致各企业趋同，利润也大大降低，而掌握一定技术核心的企业以及生产关键性核心模块组件的企业仍能获得较高利润。这一现象说明，产业价值链上各环节的价值不仅处于非均衡分布的状态，并且在不断发生着变化。第四，产业价值链是以产业价值系统为基础而产生的自组织行为，它将价值放在更大范围的价值结构当中，构成了一种更宏观的价值创造的形态。通常来讲，当处在产品的创新时期时，各个企业的价值链相互连接的强度较低，并未形成产业链。而随着产品的发展不断成熟，在产业整合的推动下，各个企业根据其本身的作用和角色被融合到产业链上的某一专业环节之中，而在此基础上企业价值链与企业价值链之间的连接就形成了产业链。

三、产业价值链与价值链重构

产业价值链进行解构并和其他部分进行重组时，一方面会对产业中现有的企业带来一定的挑战性，另一方面也为该行业的新进入者创造了一个机会。刘贵富（2006）最先对产业价值链的内涵进行描述和阐释，他指出产业价值链重构是对现有的产业链进行修缮的一个渠道或者一种手段，产业链重构就是根据价值链分析对各个价值链环节进行再定义、再调整、再调换的一系列活动，通过对各环节进行重构从而形成独特的、差异化的、具有竞争力的生产管理流程，最终促进产业链的价值增值并形成产业链的核心竞争优势。这一定义体现出价值链重构的"价值"，但是却忽略了产业链的空间结构等因素对于产业价值链重构可能产生的影响。而一般性企业其实无法对产业链结构形成关键性重大影响，只有核心企业才能够对产业链中的资源流进行控制、集成和调配，并能有效协同和组织各价值活动，这里的核心企业就相当于整条产业链的"掌门人"，是发起产业价值链重构的关键作用者。因此，综合来看，产业链重构是为了应对外部环境动态变化，而核心"掌门人"企业通过开展产业价值链分析，对产业链结构中的各个价值环节进行再定义、再调整、再调换，从而形成独特的、差异化的价值创造模式，最终形成产业链核心竞争优势的过程（王宏强，2016）。

过去关于价值链以及价值链重构的研究认为，价值链的形成和变化受诸多因素的影响，主要涉及两个方面的因素。一是相对稳定的系统性因素。也就是说，这种因素会作用于任意一条产业价值链，如用户的需求、产业的生命周期（潘成云，2001）等。二是相对偶然的因素。也就是说，这类因素并不会影响到所有产业价值链，可能仅仅会作用于某一条或者某几条产业价值链，比如，产业中技术的更新速度、政府对于某些产业的政策变化以及产业环境的改变等（Porter，1985；马秀丽和孙友杰，2004）。任意产业价值链发生变化或者进行重构都是由必然因素和偶然因素这两类因素共同作用所形成的影响。

第二节 "互联网+"对传统产业价值链的影响

"互联网+"依托于移动互联网、云计算、大数据、物联网等信息网络技术的渗透和扩散，以信息的互联互通和信息资源的开发利用为核心，促进信息网络技术与传统产业的深度融合，创新生产方式和产业内企业组织形式，对设计、生产、流通、消费等产业价值链的各个环节进行"跨链"优化重组（赵振和彭毫，2018）。"互联网+"的核心本质是"连接一切、跨界融合"（李海舰等，2014；李晓华，2016a；赵振，2015；赵振和彭毫，2018），通过移动互联网、大数据技术对产业上下游企业以及企业与客户的消费需求的连接，以及在此基础上信息不对称性的改变或将促进、推动传统产业价值链的重构。具体而言，"互联网+"将物与物连接在一起形成了物联网；"互联网+"将人与人之间连接在一起形成了用户社区；"互联网+"将场景与场景连接在一起形成了产品生态网络；"互联网+"将企业与企业连接在一起形成了新型产业集群；"互联网+"将行业与行业连接在一起形成了行业生态。总体而言，"互联网+"对于传统产业价值链的影响主要体现在三个方面，包括促使传统产业全价值链向数字化转型、重塑了传统产业价值链曲线形状以及加速传统产业价值生态系统的构建。

一、"互联网+"促使传统产业全价值链向数字化转型

随着互联网时代的到来，信息技术迅猛发展，人类社会逐渐步入了以人工智能、大数据、机器学习等数字化技术的创新和融合发展为特征的数字化经济时代。互联网时代下数字化的飞跃式发展打破了传统的信息不对称局面，将人与信息之间进行无限连接，从而也使得以往建立在信息不对称基础上的商业模式瞬间坍塌（严若森和钱向阳，2018）。根据马化腾（2015）的总结，"互联网+"的基本特征包括：跨界融合、创新驱动、重塑结构、尊重人性、开放生态、连接一切。互联网时代的到来使得企业原有的商业模式、生产模式、管理模式和营销模式遭遇影响，甚至被颠覆（张骁等，2019）。与此同时，也给传统产业的发展带来了极大的挑战。在互联网时代的冲击下，为了顺应新时代的发展，传统产业在整个价值链和整个产品生命周期也都逐渐开始向数字化转型（常玉苗，2016）。

数字化，又被称为"信息的 DNA"，是指使用 0 和 1 两位数字编码来表达和传输工作和生活中的一切信息活动（Huang et al.，2017），是数字技术全面应用于生产生活各个领域各个阶段的过程，能不间断地连续产出数据，形成支撑创新与发现的海量大数据（曹玉娟，2019）。数字化技术体现了三个方面的重要特征：信息数字化、计算能力大幅度提升、通信技术迅猛发展（谢平等，2015）。相对于传统环境而言，数字化环境下的创新元素、场景、渠道、机制等都产生了翻天覆地的变化，其形态主要包括技术脉冲和数字经济，而其本质特征是自由链接和高度数据化（曹玉娟，2019）。具体而言，在互联网的驱动作用下，大数据成为企业的关键性资源，营销进入消费者主权时代，企业竞争优势的来源也从过去的人力、实物资源，转变为大量的用户基础、海量的信息资源和大数据。在"大数据"背景下，出现了超越地理空间，在世界范围内寻找最佳合作伙伴的新的合作方式，企业生态系统的合作方式呈现出多元化。因此，在互联网时代，以协同为核心的价值观打破了传统组织的封闭式价值观（郑湛等，2019），企业原有的价值链形态正在被颠覆。而企业价值链是产业价值链形成的基础（丁雪和张骁，2017），企业价值链形态的变化也使得传统产业价值链经受着挑战，不得不进行数字化转型。

具体而言，在产业价值链上游端，互联网驱动着传统产业研发模式的再造过程。传统产业价值链在研发设计方面更多的是以产品为导向，并且缺少将顾客纳入并参与其中进行价值共创的机制，因此，在传统的产业链中，价值上游端常常与价值链中端和下游端处于一种割裂的状态，容易产生信息不对称问题（王海杰和宋姗姗，2018）。而在互联网的影响下，产业价值链上游端正逐渐向数字化转型，这主要体现在两个方面：一方面，互联网的本质在于其"连接"一切的特征，这一特征打通了研发与消费者之间的通道，消费者可以随时参与到研发的过程当中，贡献其在价值创造中与供给侧互补的需求侧力量，在客户参与的基础上，客户的需求和行为的数据可以被有效地获取从而可以进行量化分析，因此，用户需求可以被精准地定位和挖掘，进而指导价值链上游端的研发设计环节；另一方面，互联网背景下大数据、云计算、物联网等信息技术为传统价值链上游端的数字化提供了基础，使得虚拟环境下产品协同设计以及仿真和模拟功能的使用等得以实现（王海杰和宋姗姗，2018）。产业价值链中游的数字化则主要体现在由"推"到"拉"的生产方式变革（谢莉娟，2015）。以制造业为例，在传统价值链中，制造环节虽然是价值创造来源的一个重要环节，但并不是高附加值环节，尤其是以加工制造环节最为明显，其原因就在于传统价值链中这一环节更倾向于劳动密集型、技术含量较低的企业。而互联网在产业链生产环节的渗透，为传统生产模式向工厂数字化和智能化生产转型提供了契机，驱动着生产环节由劳动密集型向技术密集型转变，由低技术向高技术转变（王海杰和宋姗姗，2018）。借助于互联网技术，产品在生产过程当中所产生的一系列数据都能够被敏锐快速地获取，然后这些数据被传输到云计算中心进行深度加工和分析，与此同时，员工通过移动平台能够了解订单信息和零件物流供应信息实现按单生产（李海舰等，2014），完全替代了传统生产当中的人工监控和传递，生产的实时情况都可以被监控，与此同时，数据经过快速处理，可以及时有效地进行问题的反馈和处理，从而优化和提高了整个工业控制和管理的质量和效率，实现制造流程的智能化。此外，在产业价值链下游端口，互联网也完全颠覆了传统产业与终端用户的对话模式，驱动着消费模式再造。传统的产业价值链中，消费模式是以生产为主导，供给方企业主要依据企业本身的资源和特性开展产品或服务的设计、生产和制造活动，然后借助于一些渠道传递到消费者手中（王海杰和宋姗姗，2018）。由此可见，传统产业链仅仅将消费者当作价值链的其中一个环节，消费者仅在价值与使用环节的所有者进行交换的环节中出现。因此，消费者的异质性在一定程度上被忽视，消费者更多的是承担着一个价值接受者的角色，对于价值创造过程的参与度较低。而在互联网的冲击下，产品全生命周期中各阶段均受到了较大影响，传统产业可以有效借助于互联网平台与客户实现"零距离"互动，并且可以依托大数据、云计算中心、社交媒体等数字化技术，广泛获取顾客需求相关信息，深入分析顾客特征和行为习惯,从而为顾客提供精准化的产品或服务。与此同时,在产品或服务的整个生产过程中,客户都可以随时提供反馈意见,极大地提高消费者的参与程度,不仅如此,数字化技术也能够通过准确检测产品安全问题,及时处理故障问题,从而在很大程度上提升最终产品的质量和性能。

二、"互联网+"重塑了传统产业价值链曲线形状

1992 年,宏碁集团创办人施振荣首次提出"微笑曲线"理论,因其在产业分工方面较强的解释力而受到了学术界和实践界的广泛关注和认可。传统微笑曲线理论认为产业链包含研发设计(上游阶段)、生产制造(中间阶段)和营销服务(下游阶段)三个区间或阶段,其中研发设计阶段和营销服务阶段能够给产品创造相对较高的附加值,而生产制造阶段对产品而言带来的附加值则相对较低(闫冰倩等,2018)。在这种附加值理论观念的引导之下,企业都倾向于向研发设计或营销服务这种具有较高附加值的区段进行攀升,从而获取竞争优势,实现可持续发展。而在互联网"入侵"式全面渗透到产业价值链各个环节的背景下,由信息形成的壁垒趋于瓦解,传统产业中各个环节的活动都需要围绕顾客需求而展开,并对顾客参与保持开放性,这种方式完全打破了传统以垂直分工为基础的生产体系,由此,传统的"微笑曲线"理论也遭受挑战(孙会峰,2014)。

以传统"微笑曲线"理论对产品区段的分工为基础,王喜文(2015)指出传统产业实现竞争优势的方式主要包括三个方面,即实现规模化制造、实施流程化管理、生产标准化产品。另外,秦月等(2014)从不同视角也对"微笑曲线"不同阶段分别进行了分析,他们认为原本处于价值链微笑曲线上高附加值区域的企业会有更大的品牌优势、资源优势等,而这种优势会形成其他企业进入该区域的壁垒和障碍,由此处于低附加值区域的企业会陷入"低端锁定"的困境当中。但是,王喜文(2015)以及秦月等(2014)未能从根本上清晰地阐明进入壁垒形成的本质,而仅停留在现象层面上。对此,吕乃基和兰霞(2010)从知识基础理论的视角提出"微笑曲线"中不同环节附加值存在巨大差异的根本原因在于其各个环节背后知识的差异,也就是说,"微笑曲线"的研发设计环节、生产制造环节、营销服务环节之间附加值的差异在于这三个环节本身所蕴含的知识差异。正是由于研发设计环节和营销服务环节包含着难以共享,并且有着巨大价值的隐性知识和嵌入式知识,而生产制造环节则包含的是显性知识和非嵌入式知识,由此形成了研发设计环节与营销服务环节所独有的垄断性优势。虽然吕乃基和兰霞(2010)基于知识基础理论视角的分析和观点能够为研发设计环节所具有的高附加值提供强有力的支撑,但却并不能充分解释为何营销服务环节也具有高附加值。卞亚斌等(2019)通过对以往的研究进行总结,指出知识的内核是信息,"微笑曲线"不同区域中的企业所拥有的信息是不同的,这些信息相对封闭,无法共享,具有一

定的排他性，而这种排他性就是研发设计环节、生产制造环节、营销服务环节之间附加值出现差异的根本所在。但是，互联网的到来改变了原本的信息排他性状态，在互联网背景下，信息在各个平台上可以零成本、实时地传播和分享（杨德明和刘泳文，2018）。这种信息传播规则的改变使得企业能够快速获得上下游企业的相关信息，大大增加了企业的透明程度，建立在信息不对称基础上的传统产业价值链的盈利模式趋于瓦解。不仅如此，其他利益相关方，如用户等可以全方位地加入价值链的各个环节之中，从而实现了企业与客户之间的零距离沟通，这种紧密的互动模式能够帮助企业充分掌握关于用户的一手需求数据，从而有助于产品设计和生产的优化、改善，这种方式又在某种程度上形成了一种新的价值创造方式，挑战了传统"微笑曲线"理论，改变了传统"微笑曲线"的形状，使之向水平状发展。

首先，随着互联网时代的到来，数字化技术飞速发展，大数据成为各类经济活动的核心，建立在大数据基础上的智能制造模式也广泛普及。智能制造建立在制造设备、智能部件、大数据这三大基础之上。智能制造帮助企业能够基于大数据的分析提前计算所需库存进行生产，借助于物联网实现了企业各个生产环节之间的高效协同，并将数字化技术融入生产流程的管理之中，实现了流程效率的提升以及对于产品质量的有效控制（赵振，2015）。因此，随着互联网的到来，数字化技术帮助传统产业实现大规模生产和个性化按需定制之间的平衡，从而形成了大规模定制化生产，这种新型生产模式在帮助企业满足顾客差异化需求的同时也大大降低了生产成本（吴义爽等，2016）。互联网下的大规模个性化定制生产模式颠覆了传统"微笑曲线"理论中以产品为导向的生产方式。一方面，在高度互联的开放式网络平台上，信息在包括顾客在内的全产业价值链环节之间得以顺畅地流通，各个环节的信息壁垒被全部打通，"微笑曲线"中原先研发设计区域和营销服务区域所拥有的排他性信息带来的优势逐渐消弭；另一方面，互联网打破了原来传统基于垂直分工的体系，用户可以参与到研发设计、生产制造、营销服务的各个环节之中，同时各个环节也根据用户需求同步变动，从而使得各个环节之间分隔的状态被逐渐打破（李海舰等，2014）。其次，互联网背景下信息获取的便捷性也在很大程度上减轻了企业与顾客之间的信息不对称问题，企业原本通过价值增值获取竞争优势的来源发生了改变。互联网创造了一个具有信息开放性的环境，信息的开放打破原本企业之间基于信息不对称所形成的优势，企业对顾客异质性需求的充分满足取而代之成为企业竞争优势的新来源。由此，由于信息差别形成的"微笑曲线"两端高中间低的状况趋于缓解，反映在曲线上就是曲率的降低，曲线趋于平缓，而与此同时，处于"微笑曲线"中端的制造企业在"互联网+"下通过在生产制造环节获得附加值的提升，"微笑曲线"底部提升，更进一步加大了曲线的平缓（丁雪和张骁，2017）。总而言之，随着技术的不断进步，互联网对于传统产业的渗透将会进一步加深。在"互联网+"作用的不断发酵下，传统的价值创造模式被完全颠覆，传统产业链上各个环节之间边界也逐渐模糊化，基于垂直分工而形成的生产体系被打破，以顾客个性化、异质性需求为中心依托互联网技术而形成的协同合作的生产模式取而代之成为价值创造的新模式（刘向东和陈成漳，2016）。随着信息在各制造环节间无障碍地流通，传统"微笑曲线"的形态将被重塑，而将向水平状的形态发展。最后，以顾客个性化需求为中心的大规模定制化生产模式相对于传统以企业自身为中心的标准化生产模式能够更贴合顾客需求，获得更高的顾客满意度，从而实现更大程度的价值创造。由此，随着"互联网+"驱动下价值创造系统的改变及所创造附加价值的不断提升，"微笑曲线"将会在原来的基础上得以进一步提升。

三、"互联网+"加速传统产业价值生态系统的构建

传统价值链理论认为产业升级的实现路径主要基于对内部不同活动的整合和一体化过程，但这一观点在互联网背景下遭受了挑战。在互联网背景下，组成传统产业的单一价值链逐渐被价值生态系统替代，产业升级的实现取决于整个价值生态系统（金帆，2014；令狐克睿，2017）。更具体一点来说，传统价值主要通过整合不同资源提高生产产品过程中各环节的流通效率从而实现产业价值的提升，而互联网背景下所形成的跨界融合趋势则催生了新兴产业和产品，构建起了以用户需求为中心的产业价值链生态系统（马化腾，2015）。价值生态系统本质上是通过广泛吸纳、整合不同资源从而形成的生态网络，这一生态网络打破了传统产业链线性的状态，而以"面"作为基础形态围绕用户需求开展生产活动从而实现产业价值的提升（令狐克睿，2017）。因此，"互联网+"正在驱动传统产业价值链呈现由"线"到"面"的变化趋势，加速传统产业价值链向网络化生态转型。

如上所述，随着互联网的不断发展和在经济活动中的广泛渗透，网络化生态整合取代了传统的内部一体化整合而成为产业价值提升和产业升级实现的核心（罗珉和李亮宇，2015）。网络化生态注重的是各个不同利益相关者之间通过协同合作从而实现价值共创，本质上是传统价值链与虚拟价值相融合之后不同价值链交织而形成的具有柔性特征的价值网络（杨学成和陶晓波，2015）。价值网络中所涉及的利益相关者主要包括各种原材料供应商、联盟合作的企业以及顾客等，这些利益相关者共同参与价值创造过程并实现价值提升（Pinho et al.，2014）。通过对实体价值链进行解构和再构，价值生态系统将各类资源整合在一起从而得以形成，它包含了价值链上游的研发设计环节、相关技术、生产组建、运输交付等一系列的活动内容（令狐克睿，2017）。价值生态系统的本质是通过将价值链上的活动进行深度分解，使每一项价值活动由特定成员专注负责，从而通过协同合作最终高效地实现产业价值创造最大化。

在互联网的催化下，传统产业逐渐向网络化生态进行过渡转型，从而构建形成价值生态系统。与传统组织模式完全不同，价值生态系统以开放性、平台化、模块化为特征。开放性是价值生态系统的基础特征，在这一基础上生态网络内的各个主体构成不同的模块，而不同模块之间则是借助平台进行相互连接，以耦合连接的方式进行协同合作。在传统产业理论中，组织有着明确的边界，产业价值链的各个环节之间有着明确的界限。而互联网时代下，组织逐渐向无边界化发展（丁雪等，2017），价值链各环节之间的界限也变得愈加模糊（赵振，2015）。价值生态系统在很大程度上打破了传统价值链所面临的地域、技术、行业限制，本质上是打破边界实现跨界连接的一种网络生态，在这一生态系统中，原本被地域、行业等限制的主体都连接在一起，如相互竞争的企业、各类供应商、第三方支持性机构等，从而形成以某一生产任务为目标相互协同的共同体。另外，在互联网的作用下，以社群为中心的平台模式也应运而生，形成了许多平台型的企业，例如，小米充分利用数字化技术构建了企业的平台生态圈。平台的出现带来了诸多益处，一方面，平台在很大程度上降低了信息传播的障碍，提高了信息的透明度，从而为参与主体创造了进行直接互动的机会和媒介，这就为企业开展跨界活动奠定了基础（刘江鹏，2015）；另一方面，平台也为制度的建立和完善提供了有利条件，专业化制度的建立能够保障平台生态圈的健康发展（汪旭晖和张其林，2015）。互联网是平台的基础技术支撑，而平台又是所有参与主体之间相互连接和协作从而创造价值的媒介和保障。此外，价值模块是构成价值链的基因，价值链条是由一组价值模块按照某一界面规则构成的基因组（余东华和芮明杰，2005）。具体来说，在互联网背景下，传统价值链被解构成为多个价值节点，而这些价值节点由于全社会范围内的资源进行重构形成了价值模块，不同价值模块的组合就构成了整个价值生态系统。因此，价值模块就是价值生态系统的核心单元，而这种模块化的方式能够在很大程度上提升生产运营等活动的效率，从而提升整个产业的核心竞争力。赵振和彭毫（2018）也指出"互联网+"模式的实质就是实体产业价值链环节解构并与互联网价值链"跨链"重组的共生现象，是两条原本独立的价值链条的若干个价值创造环节进行融合，重新排列和整合自身价值创造过程，并由整合所带来的新产品、新服务和新商业模式在原产业中创造出全新的价值创造方式的过程。由于互联网"连接一切"的特征，当互联网与传统产业价值链进行交织时，传统产业线性的价值链被打破，各个价值链环节之间通过互联网可以实现互联互通，信息也可以在各个价值链节点之间自由流通，价值链上的各个不同主体以及终端顾客都成为价值创造活动的主要成员（令狐克睿，2017），从而形成网络化的价值生态系统。

第三节 "互联网+"驱动传统产业价值链重构的机制

人类社会进入了互联网时代。互联网的发展改变了交易的场所、交易的环节、丰富了交易产品、提高了交易速度,对个人生活、企业经营、产业发展和国家经济都产生了重大影响(李海舰等,2014)。在互联网时代的背景下,企业所面临的用户需求更加多样化,竞争愈加激烈,整个市场环境都发生了翻天覆地的改变。而要在市场竞争中夺得一席之地,企业仅仅依靠自身的资源和能力是无法实现可持续发展的,因此,刘向东和陈成漳(2016)指出,价值创造活动正在逐步由个体企业的行为演变为网络成员的共同努力,企业与企业之间的竞争已经上升到企业所加入的产业价值链之间的竞争(贾俐俐,2008)。因而,在互联网的冲击下,传统产业价值链正经受着极大的挑战。互联网使得传统产业价值链形态、内涵等都在发生深刻的变化,驱动着传统产业价值链进行重构(董志良等,2018)。而"互联网+"是如何驱动传统产业价值链进行重构的呢?其中的机制主要可以从以下三个方面进行分析。

一、"互联网+"的去中心化特征缩短了传统产业价值链环节并改变了传统的消费模式

互联网技术的发展突飞猛进,人类已经进入了"互联网+"的时代。而伴随着人们的生活与互联网的联系越来越密切,企业的竞争优势来源以及产业价值链也在发生着悄然变化。"互联网+"实现了智能连接,其去中心化的特征将各个主体连接在一起,这样就使得传统产业链上一个产品从研发、制造、营销到最终消费者的中间环节或中间渠道被大大缩减,从而导致价值链的中间环节被大大缩减(杨德明和刘泳文,2018)。此外,"互联网+"背景下信息传播方式的去中心化也正悄然改变着生产者和消费者的互动模式(罗珉和李亮宇,2015)。华强森等(2018)指出"互联网+"正在颠覆并重构产业价值链,而去中心化是"互联网+"对产业价值链重构最主要的推动力之一。"互联网+"通过去中心化重塑传统产业价值链主要体现在两个方面,即产业价值链中间环节的缩减和传播方式的去中心化对营销和消费模式的影响。

第一,互联网的去中心化特征对传统产业价值链的影响直接反映在互联网减少了传统产业价值链的中间环节。在传统的商业模式中,一个商品从出厂到最终销售给消费者,需要经历很多中间环节或中间渠道,而每一个中间环节的经销商(或代理商)都需要支付一定的人工、物流等相关费用,并获取一定的利润,因此,在传统商业模式下,一个商品最终卖给消费者时,其价格往往比出厂价高出了许

多（杨德明和刘泳文，2018）。一般来说，中间环节或中间渠道越多，最终卖给消费者的商品的价格也会越高。而在互联网的背景下，传统产业价值链的中间环节被大大缩减（李海舰等，2014），这也在一定程度上减少了一个产品在中间环节之间的交易成本，降低了一个商品从生产到最终交付到消费者手中的溢价的程度。另外，"互联网+"加速和丰富了信息在价值链各环节之间的流动性，而一旦各个环节数据化和互联网化，信息就会映射到各个价值链环节，建立在信息不对称基础上的传统线性价值链就会坍塌，从而使得产业价值链进行分解和重构（周冰莲，2017），原来的中间环节被一定程度地缩减，形成各式各样的非线性、动态自适应的价值网络（邢纪红和王翔，2017）。

第二，互联网时代下传播方式的去中心化改变了传统产业价值链的营销和消费模式。由于互联网是去中心化的结构，人人都是服务提供商、人人都是媒介、人人都是众包，这大大降低了商业成本（罗珉和李亮宇，2015）。相对于中心化媒体，甚至与早期的门户和搜索互联网时代相比，如今的互联网已经从少数人建设或机器组织内容然后大众分享转变为共建共享。自媒体使得互联网的中心原子化，信息发生自传播。微信、人人、微博等更加适合大众参与的服务出现，信息由大众产生、大众参与、大众共有，使得互联网内容的来源更多元化（罗珉和李亮宇，2015）。正因为如此，如今很多品牌如小米公司不做广告，而是在线上构建消费者族群进行交流，线下进行产品体验。移动互联网时代，由于获得和传播信息的方式多样、成本降低，传播方式转向碎片化传播，传播呈两极发展，即在传统媒体弱化，中心化传播效率下降的同时，社群、平台、自媒体崛起，引发全民参与，每个人既是传播受众也是传播者。而移动互联网更是将网络的公众性和广泛参与性的特质发挥到了极致。传播方式的去中心化使得企业与消费者之间的界限消弭（赵振，2015），消费者在传统产业价值链中占据着越来越重要的位置，从而也促进了消费者的中心化和传统产业链的生产者"去中心化"过程。消费者中心化是指生产者的一切经营活动围绕消费者开展，一切价值创造围绕消费者进行，它是一场进化、一场回归，回归到"以人为本"的商业本质，即消费者实现了"多快好省"，服务更多，速度更快，质量更好，价格更省（李海舰等，2014）。因此，互联网下传播方式的去中心化驱动了消费者市场地位的中心化，打破了传统产业价值链的生产者中心化状态。

二、"互联网+"的极致化特征促使传统产业价值链模块化

随着互联网时代的到来，信息技术改变了经济社会的生产方式，促进了产业融合，提升了经济运行效率，极大地提高了社会生产力，并且创造出更多的价值与使用价值。同时，生产力的发展又使得经济系统的结构更加细微化，推动了分工式的深化，这主要表现在产品内分工领域的细化信息的提供、传输、企业间核

心竞争力的耦合等，都随着分工而独立成单一的功能部门，创造其独特的价值。信息技术不仅促进了分工细化，同时也促进了企业间的合作。信息技术将不同的生产领域联系起来，并改善生产领域之间的关系，使之在社会总生产中相互依赖。信息帮助企业缓解地域之间的障碍，扩大市场范围和市场容量。而模块化正是极致化分工与极致化合作的结果（李海舰等，2014）。日本学者青木昌彦（2003）也指出模块化是信息时代产业结构发展的趋势，并且"价值链模块化"已经开始成为某些产业的新型组织结构特征（Sturgeon，2002）。因此，总的来说，互联网所具备的极致化特征促使着产业价值链上节点更进一步细分，裂变出若干独立的价值节点，传统的产业价值链已经不适应现代企业的发展要求（孙莹丽，2009），而开始向模块化发展。

模块化的基本思想在于通过模块的分解和重组降低产业的复杂程度，并通过企业在模块内的竞争不断寻求产业价值链整体的优化（孙莹丽，2009）。互联网主要通过两个方面的力量来促使产业价值链向模块化发展。一是互联网催生的消费者需求多样性大大增加，拉动了产业价值链向模块化发展。以往研究指出，消费者对某个产业最终产品多样性需求越强烈，这一产业就越可能实现向模块化方向发展（胡晓鹏，2005），这是由于，当消费者需求多元化程度越高时，传统的标准化生产模式无法再满足消费者的需求，而需要把产品分拆成部件，然后把部件拆分成区段、环节，分要分到极致，直到分无可分，然后进行归类、组合，同时合也要合到极致，围绕不同环节、区段、部件组合成系统模块，再把模块归类为通用模块、专用模块，制定模块的界面联系规则和系统集成规则，最终组装成为产品（李海舰等，2014），这样才能以低成本的方式适应市场需求的动态化和个性化（芮明杰和李想，2007）。二是互联网通过连接一切所带来的投入品多样性的增加也是推动传统产业价值链模块化的重要力量之一。当消费者需求多样性较高时，投入品的可选择性越多，通过这些模块产品的配置就会获得更多多样化的产品以满足消费者的个性化需求（孙莹丽，2009）。如果市场需求是多样性的，但零部件很少或者不可能分解成足量的模块，就会使模块化的成本太高而不能从中获得价值（胡晓鹏，2005）。李海舰等（2014）指出，在互联网背景下，产品分工组合不仅沿着产品分类，还要在产品供应链上各个区段进行，即每一研发、制造、营销区段都要进行再分工，分工分到极致，各个区段四分五裂，成为自主经营的企业实体，这些区段暴露在整个社会之中，在网络化的商业体系中进行优化配置，然后在全社会范围内对研发、制造、营销等区段进行大规模的协同整合，获得效益。因此，互联网极致化的这一过程使得投入品在全社会范围内得以选择，大大提高了其可选择的多样性，从而推动了传统产业价值链向模块化发展。

产业价值链的模块化指的是对价值链的整体结构进行分解，形成一个个相互独立的价值链节点，然后通过各个价值链节点的部分集中或组合，从而组成相互独立的价值模块，各个模块之间以一定的接口和规则可以进行组合最终构成多样化的产品（孙莹丽，2009）。在这一过程中，企业分为核心企业和模块供应企业两类（梁军，2007）。核心企业主要是设定接口规则，将模块组合成不同的产品，而模块供应企业则是负责生产和设计组成产品的模块，不同模块的生产企业之间相互独立，互不干扰（朱瑞博，2006）。每一个模块具有差异化的特征，仅需遵循核心企业所设定的规则，其他则可以自行设计（朱瑞博，2004）。模块化产业价值链和传统的分工模式不同，传统价值链的分工模式建立在生产工艺之上，而模块化产业价值链则是建立在产品功能的基础之上。另外，传统价值链和模块化产业价值链的价值关联方式也有所不同，传统价值链是基于有形产品的关联，从而形成了资产关联的价值链整合方式，而模块化产业价值链则是基于知识关联，从而形成了契约式的整合方式（孙莹丽，2009）。这些分工模式、价值关联和价值链整合等方面的差异会导致产业价值链形态的改变。传统产业价值链基于生产工艺进行分工，以有形产品进行关联，进行资产关联式的价值整合，从而形成了纵向链条式的形态，而模块化产业价值链基于产品功能进行分工，以知识基础进行关联，进行契约式价值整合，从而使得产业价值链形态呈现出网络状的形态。

三、"互联网+"的非物质化特征促使传统产业价值链虚实一体化

随着信息技术广泛地渗透到社会生活的方方面面，信息化成为企业发展的一个必然趋势。信息化设备融入企业的生产和管理之中，企业的信息化程度不断提高，而企业中各类活动也以大数据的形式持续不断产生（王元元，2015），成为企业运营的核心元素和资源。随着互联网时代的到来，信息资源成为构成企业核心竞争优势的一个重要来源，并成为虚拟价值链中活动的映像（张罡等，2019）。由于信息具有无形性，因此，在信息这一元素的价值链就表现出了虚拟性，也就是非物质性。非物质性意味着企业或产业在市场空间不受传统生产要素，如土地、劳动力、资本的限制（王元元，2015），因而信息处理的能力成为决定企业或产业竞争优势的一个重要因素（曾德麟等，2017）。与此同时，信息资源的丰富性和易得性也使得企业的运营成本大幅度下降，企业甚至能够以零成本对信息进行处理和利用，产业各价值链环节之间的交易成本大大降低。因此，"互联网+"的非物质化重塑了传统产业价值链的模式，促使传统产业从物理价值链走向虚拟价值链和实物价值链一体化。

在传统的价值链理论中，信息仅仅是被看作价值增值过程中的辅助部分，而非价值本身的源泉（迟晓英和宣国良，2000b）。而Rayport和Sviokla（1995）首次提出了虚拟价值链的概念，并强调了信息在价值链中的重要作用，他们认为虚拟价值链通过对信息进行处理和加工进而获取附加值，是传统价值链在信息空间上的进一步延伸和发展。Rayport和Sviokla（1995）提出，在互联网时代，企业

与企业之间不仅在由物质资源所构成的物质世界中开展竞争，也在由信息所构成的虚拟世界中进行竞争。企业一方面在物质世界的物理价值链上进行有形产品或者服务的生产和加工（莫军和遇华仁，2009），另一方面也在虚拟世界的虚拟价值链上进行信息的收集和加工，从而为用户生产出无形产品或者服务（宋红梅和陶德馨，2008）。在虚拟价值链上，企业将信息与每一个价值链环节上的活动进行有效的结合从而构建自身在虚拟世界的竞争优势，而信息和价值链环节上活动结合的程度和有效性则在很大程度上决定了企业最终所建构的竞争优势的程度（任新建，2005）。与传统的价值链活动相似的是，虚拟价值链也是由两类价值活动构成。第一类是基本信息增值活动，如线上库存管理、线上服务等，第二类是附加价值活动，如在线采购、技术平台研发等（贾丽丽，2007）。

在互联网广泛渗入企业和消费的方方面面的同时，其非物质化的特征也强化了信息对于企业或产业的重要性，从而促使传统产业价值链向虚拟化发展。虚拟价值链通过借助信息技术的力量，采集所需要的信息并对所获取的信息进行处理和分析，从而实现信息价值的增值，不仅如此，虚拟价值链也借助于信息平台，对产品生产进行模块化处理，将一个整体的产品分解为若干个细小的模块并将其分配在多个不同的企业进行独立的生产和加工，然后再对所生产的模块进行组合和安装，这种生产方式完全颠覆了传统以系统性为特征的生产模式（杨林杰，2009）。由于这种模块化的生产方式，虚拟价值链充分发挥了信息的优势和价值，将每一个模块的生产都分配到具备该核心竞争力的企业，各个模块的生产企业之间进行独立的生产活动，最终根据产品的系统性规则进行有效整合形成完整的产品。在互联网的作用下，随着虚拟价值链的出现，传统产业必须要拥抱数字化，对虚拟价值链和物理价值链进行有效整合，以顺应大数据时代的潮流和趋势。金岩和王琦（2017）也认为，虚拟价值链和物理价值链并不相互冲突，而是相互联系，两者之间存在着基础和升华的关系。他们以餐饮业为例，指出了虚拟价值链和物理价值链有着各自的优势和劣势，传统的物理价值链过度重视销售活动并且企业之间的价值链同质化较为严重，而虚拟价值链对于从业人员的信息技术知识要求较高且部分产品难以实现标准化管理。而为了平衡和整合虚拟价值链和物理价值的特点，传统产业需要在传统价值链的基础上升华创新，对传统价值链进行重塑，有效地整合物理价值链和虚拟价值链，从而增强传统产业的竞争力，促进传统产业的可持续发展。同样，王元元（2015）也指出在互联网时代，信息已经成为虚拟价值链中必不可少的一部分，传统产业需要充分利用大数据和信息技术，使得虚拟价值链与物理价值链有机结合，这也正是目前传统产业所处的状态，即处于谋求虚拟价值链与物理价值链平衡的探索阶段。熊磊和胡石其（2018）指出，互联网与传统产业的融合发展是不可阻挡的潮流，二者的融合发展能够培育新兴业态和创新服务模式，不可避免地会导致产业价值链重构。而在价值链重构的过程中，物理价值链和虚拟价值链的有效融合将会带来发展的倍增效应（韩霞和吴玥乐，2018），这是因为在物理价值链的基础上，虚拟价值链将信息进行了广泛的收集和充分的利用，通过所收集的信息能够使管理者充分、系统地掌握物理价值链上任意活动的动态和实时情况，并且增强了价值链上各个环节之间的协同程度，大大提升了管理的便捷性和效率（尹美群和胡国柳，2005）。从一定程度上来看，虚拟价值链就类似于一个反射系统，对物理价值链上的各个活动进行映射，从而使得管理者能够明晰每一个价值链环节上活动的运行概况，充分把握所服务用户的需求变动，及时掌握上游企业和下游企业的变动信息，从而能够大大提升企业的组织柔性，在用户需求发生变化的基础上能够迅速响应和加以调整，最终实现整条价值链的有效协同，构成企业强有力的竞争优势（隆惠君和顾幼瑾，2005）。

第十三章 "互联网+"背景下传统产业价值链的新形态

第一节 价值链的主要形态

价值链的形态从物理价值链开始，经历了虚拟价值链、价值网、价值星系等多种不同形式（余长春，2012）。在传统的物理价值链中，产品的生产和制造被认为是价值增值的主要来源，而信息仅仅被看作价值增值过程中的辅助部分，并非价值本身的源泉（迟晓英和宣国良，2000a）。在互联网时代的虚拟价值链中，信息发挥重要作用，能够帮助企业在虚拟世界中构建竞争优势。物理价值链和虚拟价值链可以同时并行，相互补充。虚拟价值链借助信息技术的力量可以帮助物理价值链在每个价值链环节实现价值增值，大大提升物理价值链的运作效率。而随着社会的不断发展，企业仅靠自身的力量很难在竞争中获得一席之地，企业与企业之间的竞争慢慢转化为网络成员的共同努力（刘向东和陈成漳，2016），由此，价值网的概念被提出。价值网是一种借助于信息技术来满足用户多样化需求并获得超额回报的业务模式，也是根据用户需求的变动而进行及时快速响应的一种系统（Peppard and Rylander，2006）。另外，Kothandaraman 和 Wilson（2001）构建了价值网的一个系统模型，强调价值网实质上是一种生产服务系统，价值网在指定的价值传导规则之下对所要生产的产品进行深入的分工，将每个分工任务分配到相互之间处于耦合关系的企业，然后对各个企业所生产的产品进行整合和组装，最终形成一个整体的产品为最终顾客提供服务，满足顾客的需求。在价值网中，所包含的主体十分广泛，不仅包含为顾客生产产品的生产商、原材料供应商和最终用户，也包含了企业的竞争对手。随着价值链相关研究的不断深入和发展，在价值网这一概念的基础上，又有学者通过借鉴天文学中星系的概念提出了价值星系（Normann and Ramirez，1993）。Normann 和 Ramirez（1993）提出，价值星系是由多个利益相关者之间形成复杂的关系共同为用户创造价值的一种体系，其中，这些利益相关者包括产品的生产商、原材料供应商、最终用户、企业的竞争对手、企业的合作伙伴等。在此基础上，罗珉（2006）根据中国的情境提出了价值星系的概念，指出价值星系其实是企业之间的一种"中间人"，这个"中间人"通过"引力"将各个利益相关的企业集合在一起，共同为顾客创造价值。这个价值星系中包含了为顾客创造价值的生产商企业、经销商企业等一系列的利益相关者，这些利益相关企业之间以某种特定的关系相互作用、相互影响。价值星系在传统的价值链理论的基础上进行了极大的改进和扩展，包含了为顾客提供的任意产品和服务，并且充分关注最终用户，以最终用户为中心开展一系列的价值创造活动。不同利益主体之间形成价值星系的目的就在于将生产商、经销商、合作伙伴等连接在一起共同为最终用户创造价值，满足用户需求。在这个星系中的每个利益主体都具有其独特性，并且相互独立开展活动，但同时各个主体之间又相互合作，保持一种耦合关系，共同为最终用户提供服务并创造价值（徐玲，2011）。

第二节　传统产业价值链的特征

产业价值链根据所在产业类别的不同而具有一定的差异性，同时产业价值链是由企业所构成的集合，由于所构成的企业会发生改变，因而产业价值链也具有动态性的特征（王文亮和冯军政，2005）。产业价值链的动态性来源于两个方面。一方面，当用户的需求保持稳定时，组成产业价值链的企业之间的关系也是保持不变的，但企业的数量以及企业之间的相对位势可能会发生改变；另一方面，用户需求的改变会影响到构成产业价值链的企业数量、企业间关系等均发生质的变化，从而使得整个产业价值链也呈现出动态变化的特征。

从整体上看，传统产业价值链具有六大特征：①产业价值链上各个价值链环节相互制约，每个环节由具有同质性的企业集合构成，所有价值链环节进行联动（刘青，2014），价值递增，形成一个系统性的有机整体；②产业价值链上各个价值链环节之间在技术上具有一定的关联性，并且下游环节的价值链节点建立在上游环节价值链节点的技术基础之上（贺轩，2005），因此整体产业价值链呈现出技术层次递进性的特征；③产业价值链具有价值增值性，也就是说，从产品的设计、生产到最终交付给顾客的一系列环节具有价值递增的特征，也就是说，下一环节价值的增值建立在上一环节价值创造的基础之上，最终目标是为顾客创造价值（安海东，2007）；④产业价值链具有循环性，即产业价值链的价值增值的实现过程是一个不断循环的过程（陈柳钦，2007），良性的价值增值循环是企业实现可持续发展的关键所在；⑤产业价值链的"微笑曲线"与各个环节的盈利程度有差异性，也就是价值增值不等于盈利程度；⑥产业价值链上不同价值链节点所需要的条件和资源有差异性，产业价值链上增加值的分布成"微笑曲线"，而在产业价值链不同环节上的增加值和利润空间是不一样的，也就是说，不同价值链节点可能对技术水平、人力资本类型等具有不同的需求，有的价值链节点可能只需要普通劳动力，而有的价值链节点则可能需要的是知识密集型的劳动力（李云龙，2009），所需要的资源的不同也就导致节点之间类型、关系、位势等多方面的不同。

第三节 传统产业价值链的演变过程

一、最初的产业价值链

最初的产业价值链起源于18世纪70年代。在这个时期，单件产品的生产方式占据着市场的主流地位，而企业合作的表现形式为组织内部员工与员工之间和不同部门之间的分工与合作，在该时期"单体企业"是一种主要的组织形式（Chandler W M and Chandler M A，1987）。最初的产业价值链仅仅将一些处于核心地位企业的主流业务囊括进来，所包含的价值链环节的数量和种类也相对较少，价值链上不同环节之间的沟通与协作也相对较少。在该时期，信息技术还并不发达，产业价值链上不同节点之间沟通存在一定障碍，产业价值链整体的协同水平也相对比较低，需要依赖一些中间商来进行有效的协调和沟通，中间商一般能够融合并汇集各方的信息从而使得商业活动正常开展，整个产业价值链正常运作。而随着交通设施的不断发展和完善，经营活动的边界也在不断扩展，产品所供给的用户范围更广，用户需求也更加多样化，产品的数量和种类也都在不断地增多。在这种趋势之下，扮演着"中间人"角色的企业的作用逐渐弱化，一些专业性的企业取而代之接替了原本的中间商，而这在一定程度上推动了大型组织的出现和兴起。一些企业通过将上下游业务吸纳进来实现纵向一体化，并成长为大型企业，这种纵向一体化的方式成为当时市场中的一种潮流和趋势，由此，产业价值链也逐渐从小企业集合的构成演变为以纵向一体化的大型企业为核心的企业集合。

二、典型的传统产业价值链

在19世纪50年代之后，第二次产业革命颠覆了最初的单件产品生产方式，在生产中应用机械技术从而实现了生产的"流水线"模式。这种"流水线"的模式在很大程度上提高了产品生产的速度和效率，从而也大大增加了所生产产品的数量，原来扮演"中间人"的中间商企业失去了协调不同部件之间流转的作用（刘爱文和王碧英，2015）。这种新的生产模式相对最初的生产模式更具有系统性和完整性，生产的各个流程之间也具有较强的不可分割性。在这种情境之下，企业能够完成多元化的任务，从产品的设计研发、产品部件生产、产品整体组装到最终的产品交付和产品服务等一系列的活动都可以由单个企业独立完成。随着产业的不断发展，20世纪中期，通过纵向一体化形成的大型企业成为市场中的主流（杜传忠，2004），价值链的横向、纵向边界也都被大型企业拓展。在大多数情况下，当企业在市场中遭遇摩擦时会采用产权一体化的方式进行整合，而这种方式会使得企业与企业之间的边界消弭。企业一般采用的产权一体化方式都属于纵向式的，也就是一般企业也会选择上游的企业或者下游的企业进行整合（郑文军等，2000）。交易成本理论指出，这种产权一体化的方式本质上来看是将外部的市场转化到组织内部，用组织内部的管理和运行的机制代替了外部的市场化运行机制（孙莹丽，2009），而这种方式所形成的价值链就是 Porter（1985）所提出的典型的产业价值链。近年来，数字化技术迅猛发展，组织内的专业化分工进一步发展并深化，企业内的综合化管理也逐渐向专业化管理演进。在这种专业化分工深化的趋势之下，一些专业化的公司也开始出现并兴起，如专业的财务公司、专业的技术研发企业等。原来通过纵向一体化所形成的组织开始解体，这在一定程度上为边界消弭的价值链的形成和组织的无边界化发展打下了基础（李建华，2007）。

第四节 "互联网+"背景下传统产业价值链的形态变化

在互联网发展的早期，互联网更多地被视为工具，更多地强调硬件和基础设施，但是随着时间的推移可以发现，互联网在传统产业升级转型、业态创新、价值链重构等方面发挥着越来越关键的作用，互联网带来的不仅仅是技术层面的冲击，而且更深层次的是理念、思维、运作模式、发展路径方面的转变（李海舰等，2014）。随着信息技术的迅猛发展和数字化技术向生产过程和管理的渗透，原本劳动密集型的生产方式逐渐被知识密集型的生产方式替代。在这种趋势之下，经济表现出报酬递增的新特征，组织向网络状的形态演进，模块化技术将细小的模块进行有效整合和组装形成整体性的复杂产品（孙莹丽，2009），这一系列的变化都改变并颠覆了传统的产业价值链形态。总体而言，在"互联网+"的冲击下，传统产业价值链受到了较大的挑战，其形态潜移默化地发生着改变，逐渐从单一价值链向综合型价值链发展，从依赖型价值链向自主型价值链发展，从刚性价值链向柔性价值链发展。

一、从单一价值链转向综合型价值链

传统的产业价值链是一种线性的模式，多是以单一价值链为主。这种单一的线性价值链形态极为"脆弱"，对于外界的变化较为"敏感"，因此，其抵御风险的能力较弱，稳定性也较低。随着互联网时代的到来，尤其是移动互联网时代的到来，万事万物发生了改变。互联网并不再是简单的信息传递工具，而成为企业颠覆传统价值创造方式，改变竞争结构，对产业基础实施"创造性破坏"的利器（赵振，2015）。在互联网的影响下，越来越多的企业也纷纷借助信息科技的力量谋求跨界发展，从而使得跨界颠覆的现象层出不穷（张骁等，2019）。例如，阿里巴巴跨界进入了支付行业，并且颠覆了传统的消费和支付模式，之后又跨界开展互联网理财业务，并颠覆了传统的理财模式。中国互联网三大巨头之一的腾讯，

通过不断跨界建立起庞大的腾讯帝国，腾讯从社交软件 QQ 开始，逐渐跨界进入游戏、音乐、影视、支付等行业，并开启了一系列的跨界合作和并购。在互联网时代，跨界现象的层出不穷使得企业价值链形态发生改变，跨界促使其核心业务呈现多元化发展的趋势，其价值链环节也变得丰富化和多样化，而企业是产业链的基本单位，企业价值链形态的变化也会影响并改变产业价值链的形态。因此，作为产业价值链环节的重要组成部分，随着企业价值链向多元化和综合化发展，传统产业的单一价值链形态也发生着相应改变，向综合型价值链进行演变。以制造业为例。传统制造业的产业价值链多是以生产型的价值链为主，其形态呈现单一性的特征。而在"互联网+"背景下，实物产品得以数字化，消费者能够通过移动终端直接消费产品和服务，在这一过程产生的大量数据成为企业的一种资源禀赋。传统企业可以通过对大数据进行处理和分析，从而来细分新客户群，分析客户行为以及客户流失的原因，并据此来调整自身的市场定位，提高市场竞争力。在这一过程中，传统企业不仅可以对自身所生产的产品进行优化，也能通过所获得的信息对提供的服务加以改进，使得生产与服务能够很好地结合，最终形成生产与服务经营相结合的综合型价值链。

除了企业跨界驱动产业价值链向综合型的形态发展之外，企业平台化也是促使产业价值链形态从单一价值链转向综合型价值链转变的一个核心力量。在数字化时代，传统企业在组织结构、资源禀赋以及核心能力等各方面都面临着较大的挑战，传统组织形态在复杂无序的互联网时代遭遇了瓶颈，无法在外部动态变化的环境下进行快速响应，因此，在新时代的背景下具有动态能力的组织才能突破传统组织的瓶颈并应对新环境的变化，而平台型的组织正是这样一种极具动态能力的组织形态，能够很好地根据外界环境变化进行快速响应（胡国栋和王晓杰，2019）。Stabell 和 Fjeldstad（1998）指出平台型的组织正在逐渐成为市场中一个主流的组织形态。平台的主要作用是将不同的主体连接在一起，为不同主题进行价值交换活动提供一个接口或者界面（张小宁，2014）。胡国栋和王晓杰（2019）认为平台其实是一种思维或者模式，平台型组织就是采用平台的思维模式将多边的资源链接在一起从而产生网络效应实现单边无法实现的价值，因此平台型的组织使得组织之间的边界模糊化，甚至日渐消弭，这种边界的模糊化能够帮助企业进行跨边界的经营活动，将企业内外部的资源进行有效的对接和整合，优胜劣汰，择优发展，具有强大的演化能力，从而能够帮助企业灵活配置资源以应对快速变化的外部环境（韩沐野，2017）。传统企业进行平台化之后构建起了一个商业生态圈（张镒等，2018），平台型企业作为一种支持性的力量而存在，为处于这一生态圈中的商业伙伴提供"养分"，也制定相应的规则来管理这一生态圈。这种生态圈的形成使得原有的线性价值链向网状化发展，传统的单一价值链也不复存在，而形成了综合型的价值链。例如，近年来，小米网络社区的平台化商业模式就引起了广泛关注。首先，小米从技术和渠道入手，一方面开发性价比最高的手机和电视这些具有一定交互性的产品；另一方面打造小米粉丝社群，建设渠道。其次，从物联网入手，围绕智能家居为用户提供各种解决方案。再次，为了进一步提高与用户的黏性，小米整合更丰富的日常用品提供给客户，线上线下布局小米有品电商、小米之家和小米商城。不仅如此，小米也在布局互联网服务，进入娱乐、金融、内容、云服务等领域（贾培蕊，2019）。小米的这一平台化过程实现了大生态的布局，其价值链随着平台化的转型过程进一步丰富化，由线性向网状化发展，也颠覆了传统的产业价值链形态，使得产业价值链呈现出综合性的特征。

二、从依赖型价值链转向自主型价值链

相对发达国家而言，我国传统产业的核心技术依然处于落后的状态，往往需要通过从国外引入先进的技术或者工艺，这就导致了我国传统产业价值链表现出强烈的依赖性特征。传统产业的依赖性特征主要表现在两个方面：一是"上游依赖"，二是"最终需求依赖"。"上游依赖"是指在一个产业价值链中存在着诸多环节，而在价值链中处于某一生产环节的企业使用了从外部获取的中间投入品，因此会使得其生产的产品"镶嵌"在一个或多个上游企业的额外附加值之中，而上游企业的额外附加值又会流转到下游企业，从而导致下游企业对上游供应企业的依赖，也就是"上游依赖"（刘重力和赵颖，2014）。对于中国而言，传统产业的技术由于相对落后，依赖从国外引进，在全球价值链中往往会处于下游端，从而使得其对处于上游环节的其他国家具有较大的依赖性。"最终需求依赖"是指一个企业生产所创造的附加值可能会直接被最终需求吸收，也可能会以中间产品的方式经过多次"辗转"然后再被最终需求吸收，而这两种方式都会导致该企业对最终需求的依赖性，也就是"最终需求依赖"（汪芳，2008）。对于我国的传统产业来说，其生成的最终产品会最终输送给终端顾客，更准确地说，是交付给这些产品的需求者，因此，整条产业价值链上的各类活动都会受到终端客户需求的影响，对终端客户的需求具有极强的依赖性，从而形成了传统产业的"最终需求依赖"。正是传统产业价值链的依赖性特征，使得我国传统产业陷入"低端锁定"的困境。而造成我国传统产业陷入"低端锁定"困境的原因在于，我国传统企业通常技术研发能力较弱，一般充当着国外先进企业代加工工程的角色，仅开展一些生产加工等低价值水平的活动，因此，其所获取的利益水平也较低，国外先进企业则占据着研发设计、销售服务等高价值水平的价值链环节（郝凤霞和张璘，2016）。而随着互联网时代的到来，信息技术呈现飞跃式的发展，正在逐渐打破这一"低端锁定"的困境，促使传统产业价值链从依赖型价值链转向自主型价值链。

在"互联网+"背景下，产业价值链的中间环节被大大缩减，并且企业跨界现象层出不穷，从而打破了传统产业"上游依赖"的困境。具体而言，"上游依

赖"形成的主要原因在于，产业价值链中间环节过多，各环节之间存在着较大的信息不对称性，企业在从外部获取中间产品并投入使用的过程中，会极易形成对中间产品提供者的依赖性（熊敏和黄蕙萍，2018），从而使得处于下游价值链环节的企业变得极为被动。而在互联网时代，万物互联，信息技术的快速发展实现了信息资源的快速传递和信息的充分共享，在很大程度上减少了中间环节（李海舰等，2014）。正是由于中间环节的缩减，使得企业对于外部中间品的依赖性减小，并且互联网时代信息透明度的增加解决了企业间的信息不对称性问题，减少了企业寻求上下游合作者时的搜寻成本，也大幅度降低了价值链各环节之间的交易成本（李冠艺和徐从才，2016）。在这种情境下，企业可以更全面、更便捷地获取合作者的相关信息，然后进行比较和权衡，最终选择"心仪"的合作方，这一自主选择的过程大大降低了传统企业对上游价值链环节的依赖性。此外，"互联网+"也帮助传统企业逐渐摆脱了"最终需求依赖"。"最终需求依赖"形成的根本原因在于，传统产业价值链是以产品为导向的，整条产业价值链上的活动都受到最终产品的影响，一旦终端用户的需求发生改变，价值链所生产的最终产品将会失去其原有的价值（熊敏和黄蕙萍，2018）。而在互联网时代，数字化技术全面应用于生产生活各个领域各个阶段的过程，产业价值链上各个环节的活动都被数字化。随着产业价值链上活动的开展和进行，产出数据不间断地持续输出，从而形成海量的大数据，而通过对这一数据的监测，产业价值链上的活动可以随时根据最终需求的改变而进行调整。不仅如此，由于互联网时代万物互联的特征，顾客可以随时参与到产业价值链的各个环节之中，提供其在价值链创造中的需求侧的意见和想法（王海杰和宋姗姗，2018），从而极大地改变了传统产业价值链以产品为导向的被动局面，传统产业可以及时监测到最终用户需求的变化，对现有的活动进行调整，其自主性大大提高。以制造业为例（如彩电产业、空调制冷产业、现代汽车产业），我国传统产业中的工艺或产业技术大多是从国外引入，并且在我国经济体制的影响下，这些技术引进更多的是政府或部门行为，而非企业自身行为。产业技术或工艺在一定的地域范围内几乎不存在技术垄断问题，并且以生产为主；当国外出现新的工艺和生产技术时，只能再次引进以提高生产效率。因此，导致了我国传统产业价值链形态大多是生产型和依赖型价值链，难以获得技术优势和产业优势，在国际竞争中处于被动地位。此外，我国传统产业价值链的依赖性也使得它难以根据市场需求、产业生命周期阶段的变化而随机应变。互联网时代的到来打破了传统制造业所面临的这一困境。在"互联网+"背景下，数字化技术广泛渗透到传统产业的生产制造和管理流程当中，数字化技术与生产流程、管理流程深入融合（Huang et al., 2017），从而推动了传统产业生产和经营效率的大大提升，激发了传统产业的活力，并形成了以信息技术和创新相结合所构建的数字化创新的新社会发展形态。因此，"互联网+"背景为传统产业摆脱被动的依赖型价值链,重新构建自主型价值链提供了一个良好的契机。

三、从刚性价值链转向柔性价值链

我国传统产业具有较强的"上游依赖"和"最终需求依赖",而这种依赖性会使得产业价值链产生刚性,难以根据外部市场需求的变化以及产业发展周期的变化而进行调整和响应(贺轩,2005)。传统产业价值链的刚性特征不利于其敏锐地捕捉市场中客户需求的变化、动态地获取并调动所需要的资源和信息而进行及时的调整,从而使得整个产业价值链僵化,生产和运作的效率也大大降低(潘成云,2001),这也是导致传统产业价值链形成"低端锁定"状态的一个重要因素。传统产业价值链的刚性主要表现为价值链的结构刚性、信息刚性以及运作刚性三个方面。首先,结构刚性产生的根本原因在于传统产业价值链本身的结构属性。传统产业价值链在结构方面呈现出一种线性链式的形态,涉及产品从设计研发、生产流转到消费售后等一系列活动的全过程(黄建华和张春燕,2009)。正是由于传统产业价值链的这种链式结构,各个环节之间相互嵌入并产生相互依赖的关系,而如果外部环境发生变化,如处于终端的消费需求等发生改变时,下游环节需要一层一层向上游环节进行信息反馈,此时整个产业价值链就很难根据环境变化快速地进行响应,而只能逐渐地进行调整,这就会导致整个价值链效率极其低下。其次,传统产业价值链的信息刚性则是在结构刚性的基础上而产生的。正是由于产业价值链在结构上相互依赖、各环节之间需要层层反馈的这样一种特性,从而使得不同价值链环节的信息系统之间很难实现有效的整合,信息也无法在价值链各个环节之间快速、有效地传递。信息刚性的存在也会反过来导致结构刚性,进而影响产业价值链整体的柔性水平。最后,运作刚性是指产业价值链上各个价值链节点根据用户对产品数量和种类的需求而快速拼凑资源并进行响应的能力(齐懿冰,2010)。由于产业价值链结构刚性和信息刚性的存在,节点企业(尤其是处于产业价值链上游环节的节点企业)无法敏锐地捕捉市场需求的变化,并将市场需求的变化传递给价值链其他环节的节点企业,也无法快速地对资源进行重构和配置,从而根据新的需求对产品或服务加以调整,在此情况下,就导致了价值链的运作刚性。随着互联网时代快速到来,市场竞争开始加剧,经济节奏显著加快,消费者的需求快速变化,消费者对时间的要求也在不断提高,这些变化都使得传统产业价值链面临极大的挑战,也驱使着传统产业价值链突破现有的局限性,从刚性价值链向柔性价值链转化。

由于经济竞争的加剧及商业环境的复杂性,传统的产业价值链已经无法再适应不断变化的市场需求,而"互联网+"为传统产业价值链的转变提供了一个契机。在"互联网+"的背景下,信息技术的快速发展改变了传统产业价值链的结构属性,大数据时代的到来也改变了传统产业信息不对称的局面,完善了信息传导机制，信息在价值链各环节间传递过程面临的阻碍大大减小，信息的传递方式发生了改变（李海舰等，2014），也打破了传统产业价值链的运作刚性。在这种较为成熟的市场经济条件下，传统产业以往的刚性价值链逐渐变得柔性化。具体而言，在结构方面，"互联网+"改变了传统产业价值链的线性链式结构而向网络状的价值链形态转变（刘向东和陈成漳，2016）。在网络状的新形态下，产业价值链上各环节之间的嵌入程度降低，相互依赖性也大大减小，呈现出松散耦合的结构特性。不仅如此，各环节之间的反馈机制也不再是层层传递的状态。各环节都可以根据外部环境的变化及时地进行响应和调整，从而具有较强的结构柔性，大大提升了产业价值链的效率。而对于信息刚性，互联网时代信息技术的快速发展对其有着最直接、最深刻的影响。"互联网+"从信息沟通机制和信息系统这两个方面打破了传统产业价值链的信息刚性，而实现了信息柔性。从信息沟通机制方面来看，建立一个相对柔性的信息沟通机制是提升并实现价值链柔性的基础。信息沟通机制由信息的采集、加工、分析、传递和反馈等一系列活动构成，体现出价值链节点企业对于信息处理的能力水平（盖军，2008）。产业价值链上各个节点之间需要对用户需求的相关信息进行准确、快速的处理和传递，因此，价值链上节点之间信息沟通机制的有效性和准确性决定了用户需求信息是否能被及时、有效地处理，这也是整个价值链产生协同效应的关键所在（齐懿冰，2010）。从产业价值链内部来看，信息沟通机制能够实现信息在各个价值链节点之间进行高度的共享，将多个节点企业连接在一起形成一个具有动态能力柔性化的产业价值链，这在很大程度上形成了产业价值链的竞争优势；从产业价值链外部来看，信息沟通机制实现企业间的信息共享能够使得整个价值链网络都能及时、迅速地了解到不同市场的需求变化，掌控外部竞争环境动态，从而使得产业价值链能够根据外部变化进行快速响应，实现价值链柔性化（孟军和张若云，2007）。由于互联网时代互联互通的特性，信息几乎可以无障碍地进行流动和传递，改善了企业间的信息不对称，大大提升了信息处理的透明度，各节点企业之间可以进行无障碍的及时交流，信息共享程度也大大提高，因此提升了信息沟通机制的柔性。另外，信息系统是处理产业链信息并保持通信的主要工具，信息系统作为产业链运作的信息平台，必须能够及时、有效地为节点企业提供及时可靠的信息服务。而在互联网背景下，数字技术所具有的可再编程性（reprogrammability）和数据的同质性（homogenization of data）大大提高了信息系统的柔性（Yoo et al.，2010）。信息系统柔性反映的是产业价值链的信息体系对于外部市场信息在各价值链节点之间进行传递的准确性和及时性，以及根据外部变化做出调整的能力（齐懿冰，2010）。信息系统柔性包含了价值链节点与节点之间信息系统的可兼容性，以及信息系统在价值链节点之间传递信息时的稳定性和准确性。由于在数字化时代，数字技术通过采用二进制的方式实现了数据的同质性，并且也可以针对数据编写新的指令，从而实现了各信息系统之间的兼容性，提升了信息系统的柔性。与此同时，"互联网+"也大大提升了传统产业价值链的运作柔性。运作柔性是产业链根据市场和用户的需求，快速配置资产、改变制造过程、动态调节的能力，主要强调生产产品（包括新产品）和提供服务的资源配置的能力，在运作柔性中，一个很重要的方面就是产品开发柔性（张以彬和陈俊芳，2008）。产品开发柔性就是指价值链节点根据外部变化对现有产品进行快速修正的能力以及新产品的研发能力，产品开发柔性能够帮助价值链节点设计出精简的产品架构，并在精简的产品架构基础上根据用户需求变化有效、快速地增加新的工艺。由于互联网所具有的极致化特征以及信息技术对分工的细化，产业价值链上节点不断细分，向模块化发展。而在模块化的状态下，一个产品被最大限度地进行细分，形成不同的组件进行生产，最后再对不同组件进行组合从而形成多样化的产品。这种模块化的生产模式能够在很大程度上提升生产效率，通过不同组件的多样化组合能够研发多样化的产品或实现对产品的创新，从而能快速满足消费者多样化的需求，这也是目前"大规模定制化生产"得以实现的关键所在。

第十四章 "互联网+"背景下传统产业价值链重构的路径

第一节 产业价值链重构的内涵和影响因素

产业价值链重构能够帮助企业完成竞争优势的构建,并且对于产业发展而言也能重新分配产业资源,推动产业结构的改造和优化,最终促进区域经济的快速增长(王宏强,2016)。产业链价值重构的过程是在价值分析基础上,对企业战略环节进行重新定位的过程。产业价值链重构具有四个方面的典型特征:价值链中环节的增加、价值链中环节的消除、价值链中环节的功能发生变化以及价值链中环节的价值发生变化(余江和方新,2002)。而在产业价值重构的过程中,诸多因素都会对这一重构过程产生较大影响。

首先是产业链自身的特征,包括柔性化、模块化和标准化。产业链的柔性化体现为企业根据分工的不同负责产品不同部件的生产,但同时负责不同部件的企业之间又进行紧密的联系和密切合作,从而能够提高产业链应对外部环境变化的适应能力,当外部环境发生改变时,构成产业链的企业集合能够灵活改变相互之间的链接形式,进行快速重组,而这一过程也会影响到产业链原有的形态和结构。模块化是根据指定的接口和指令将一个完整的产品不断细分形成诸多的子系统的过程,而这些子系统之间独立生产但又保持着一定的联系。每个具有独立功能的子系统就是一个模块,各模块之间功能独立,以一定标准衔接,也不对其他模块的工序产生影响。在通过模块化所构成的产业价值链中,节点企业之间有着灵活动态性的连接方式,每个节点企业可以自主决策是否参与到这一条产业价值链之中,当原有的节点企业推出或者有新的节点企业加入产业价值链时,产业价值链就会进行重构(余江和方新,2002)。另外,标准化也是影响产业价值链重构的一个重要因素。标准化是多个活动的开展都采用同样规则,从而在一定程度上达到提高生产的有序性和生产效率的目的。产业链标准化程度取决于产品标准、技术标准和服务标准的统一性。产业链标准化程度越高,产业链各环节的管理和协调成本越低,产品生产工序的可分离性越强,产业链组织重构的效率越高。

其次是企业微观层面,主要包括核心企业的协调管理能力和企业间的交易费用。产业价值链是否能够实现重构在很大程度上受到价值链中核心企业本身的协调管理能力的影响,这主要是由于产业价值链上的核心企业占据着信息传递、产品传输、资金流动、需求反馈等多方面的中心，是产业价值链上各个节点企业之间相互联系的一个重要通道和桥梁。另外，企业间的交易费用也会对产业价值链的重构过程产生重要影响。企业间的交易费用来源于中间产品以及不完全契约下的机会主义（张立君，2000），主要包括信息搜寻成本、双方博弈成本以及为了防止机会主义所带来的监督成本等。当契约环境的完备性程度越高时，企业受道德约束和规制越强，企业出现机会主义行为的概率就越小，相应的监督成本也就越低，产业链重构的过程就会越顺畅。

最后是外部环境因素。产业技术的飞速发展、市场需求的变化以及信息化等因素都会对产业价值链产生重要影响。在互联网时代的背景下，信息技术飞速发展，对企业、产业等方方面面都产生着重大影响。信息技术向各个产业的渗透也加速了传统产业的技术更迭，从而缩短了产品的生命周期，对传统的经营模式提出了极大的挑战。在动态变化的市场环境中，企业在竞争中的取胜之道就在于速度，即企业能否相对竞争对手而言占据先发优势，快速推出新产品或服务，是取得成功的关键。另外，互联网技术的快速发展也使得生产加工活动变得愈加复杂，在这一背景下，生产环节的数量将不可避免地急速增长，同时生产环节的任务类别也将愈加多样化和复杂化，因此，企业如何将有限的资源重新分配到不同生产活动环节并获取最大收益成为一个亟待解决的问题。而解决这一问题的核心就在于市场需求，也就是说，企业需要根据对环境和市场发展趋势的把握，将资源进行整合并分配到符合市场发展趋势的产品开发活动上，持续不断地研发设计并推出满足市场需求的新产品，才能有效应对互联网带来的挑战。在新的时代背景下，市场竞争日益激烈，消费者的需求也在不断变化，更加趋于个性化和理性化。具体而言，消费者需求的变化主要表现在：第一，顾客对于产品或服务的类型、风格、数量、设计等表现出个性化特征，对产品的种类、规格、颜色和数量等表现出多样化和差异化；第二，顾客对于产品或服务的质量、效能、效率等也表现出更高的追求；第三，顾客愈加重视全过程体验，参与到价值链的各个环节当中，而不是仅仅作为产品或服务的被动接受者。在消费者需求发生变化的新趋势下，传统的标准化生产和服务模式也已经过时，无法再适应和满足新的市场需求，这也就使得价值链重构成为必然，只有改变原有的价值链模式才能顺应新的市场发展趋势。另外，信息化对产业价值链也具有极大的影响。传统产业价值链上的中间企业主要是依赖企业之间的信息不对称来获取利益，上下游企业需要承担产品的中间流转所带来的附加成本，不仅如此，企业对于顾客相关信息的搜集难度和成本也相对较高。而数字化技术则能够使信息无障碍地传播，打破企业与企业之间的信息不对称以及企业与顾客之间的信息不对称，从而使得企业能够准确获取顾客需求信息，并通过信息共享实现各环节之间协同合作，高效实现顾客价值创造。因此，信息技术的进步与发展对于产业价值链重构有着较大的驱动作用，也对价值链重构的过程产生关键性的影响。

第二节 "互联网+"背景下传统产业价值链重构的必然性

我国传统产业主要是指以传统技术开展生产和服务活动的产业（孙莹丽，2009）。我国传统产业生产技术水平相对低，生产设备相对落后，以劳动密集型为主要特征，并且所产出的效益也较低，但却在农业、建筑业等方面有较为丰富的管理经验。中国传统产业价值链是基于传统产业而形成的。"互联网+"的到来给我国传统产业带来极大的挑战，我国传统产业目前存在的问题包括：①传统产业整体性较强，缺乏专业化的分工与合作，从而导致产业与产业之间并没有形成关联和协同性；②传统产业之间呈现出同质化的趋势，形成相互替代的现状；③企业间深度合作不够，也就是说，传统产业价值链上节点企业之间的合作浮于表面，主要是从产品出发进行合作，而并未形成相互嵌入、有效对接的深度合作；④传统产业价值链上的节点企业间合作缺乏合理、有效的协作模式。正因为如此，中国传统产业的健康发展急需完整、高效、流畅的产业价值链条，而"互联网+"为中国传统产业价值链的完善和发展提供了一个很好的契机（孙莹丽，2009），使得传统产业价值链重构将在互联网技术的推动下必然发生。这种必然性主要体现在三个方面。

第一，信息技术的进步推动着产业价值链上节点企业拥抱数字化创新从而进行价值链重构。Porter（1985）明确指出了信息技术对于价值链的重要影响，他认为信息系统是产业价值链上各个节点之间进行信息传递和反馈的重要渠道，在很大程度上决定了信息传递的有效性和准确性，而这又会影响到产业价值链整体的竞争优势形成。信息技术的应用涉及产业链上节点企业的所有经济活动，它可以直接影响价值链任何一个环节。从本质上来说，在今天的互联网时代，并不是所传递的信息发生了变化，一切的信息本身就存在，而是信息技术发生了改变，信息技术的变化使得信息的传递更快速、更迅猛、更广泛，从而呈现出当今的信息爆炸状态。因此，正因为信息技术在当今社会的广泛应用和渗透，企业要想在这样一个信息化时代谋求发展也必须拿起信息技术的工具，将信息技术充分应用到企业的运营和管理活动之中，通过产品数字化、流程数字化和商业模式数字化来全面提升企业的创造力，构建企业独有的竞争优势（Fichman et al.，2014）。而产业价值链的构成单元就是企业价值链，企业通过拥抱数字化创新，促进数字化与企业价值链融合的过程，也必然会推动着传统产业价值链的重构和数字化发展。

第二，信息传播规则的改变打破了传统企业价值链和产业价值链的结构从而推动价值链进行重构。信息传播一般涉及两个指标，包括深度和广度。深度主要涉及信息的丰富性，而广度则涉及的是信息传播的范围或者说传播过程中涉及的主体数量（马秀丽和孙友杰，2004）。传统的信息传播方式是透过实体进行的，会受到传统价值链线性流程的限制,在这种情况下,信息传播的"深度"和"广度"之间是一种此消彼长的关系,也就是说,对于广度信息的传播,其在信息的深度上必须有所牺牲,如果信息需要传播的范围较大则可能会损耗一定的信息准确性,而如果要确保信息传播的深度,那么所消耗的成本一般会相对较高,因此信息的广度就必须有所牺牲。传统价值链结构建立在传统信息传播方式基础之上,为了防止信息的广度增加时在深度上会有所损失,传统价值链中增加了一些"中继站"以弥补这一不足,例如企业中的各管理层级、供应链上的中间代理商等。信息技术的高速发展打破了传统信息传播的规则,实现了"深度"与"广度"的兼容并存。在这种新的信息传播规则下,传统价值链上原先的中间环节失去了存在的价值,由此使得传统价值链的结构需要加以改变,在新的信息传播规则下发展出新的价值链形态和价值链结构从而顺应新时代的变化。

第三,信息不对称局面的改变缩短了价值链环节并颠覆了传统的价值创造方式从而使得传统产业价值链进行重构成为必然。传统的信息技术和信息传播规则使得信息不对称局面的改变尤为明显。在传统产业价值链中,中间的节点企业主要利用企业之间的这种信息不对称来赚取利润。而随着计算机技术的飞速发展,信息得以广泛传播,社会进入了一个信息爆炸的时代,人们借助于信息技术可以搜寻并获取到所需要的任何信息,尽管需要对信息的准确性和真实性加以辨别,但已在很大程度上打破了传统信息闭塞的状态。在这种状况下,传统的信息不对称局面在很大程度上得以改变。正因为如此,传统产业价值链上依赖信息不对称而存在的中间代理商企业就没有了存在的必要性,这种价值链的去中心化成为互联网时代下的一个趋势(杨德明和刘泳文,2018),而传统产业价值链去中心化的过程则必然会驱动着产业价值链重构。总的来说,在互联网时代下,信息不对称的问题在很大程度上得以缓解,企业在新的时代背景下要构建自身独特的竞争优势,就必须要进行价值链重构,而作为产业价值链单元的企业的重构也会必然推动着传统产业价值链进行重构。

第三节 "互联网+"驱动传统产业价值链重构的基本路径[①]

一、企业平台化:商业生态系统的维度

"互联网+"驱动传统产业价值链重构的第一条路径是通过驱动企业向平台化转型,构建以企业平台为基础的商业生态系统,从而促使传统产业价值链进行

---

① 本节内容整理自项目负责人张骁(第二作者)2021年发表在《江海学刊》的论文:"互联网+"驱动传统产业价值链重构的取向与路径。

重构。在"互联网+"背景下,环境不确定性和动态性逐渐增强,传统的组织架构体系由于决策效率低下等原因无法再满足需求,正在被逐渐颠覆。而扁平化的结构则能够更好地响应用户需求,适应动态变化的外部环境,并提升企业竞争力,因此,平台化为传统企业实现转型升级提供了一个方向。平台化之后的企业消除了其原始的组织边界,为位于平台上的供应商、合作者、用户等提供支持,构建了一种生态模式(李天健和苏勇,2018)。通过这种模式,企业能够跟用户进行充分接触和互动,直接了解用户需求,并根据用户需求开展价值链活动,而不再需要借助中间媒介,这就打破了传统产业价值链的线性形态,也使传统产业价值链从以产品为中心转向以用户需求为导向,由此驱动传统产业价值链重构。

互联网时代,企业获得竞争优势的关键就在于获取用户选择权。但是传统科层式的组织形式往往具有较多的组织层级、冗长的组织流程,信息传导效率较低,这就会导致用户需求的变化无法快速、准确、高效地传递给企业,同时企业也无法根据用户需求的变化立刻进行动态调整,从而导致组织僵化问题的出现。在这种困境下,传统企业不得不开始寻求解决之法,而向平台化发展则为企业提供了"指路明灯"。一方面,"互联网+"具有的去中心化特征为企业平台化提供了良好的基础。传统的商业模式往往包含着诸多中间环节,而每一个中间环节的存在都会产生一定的费用,这就会导致产品在从出厂到交付给终端用户的过程中价格被抬高许多。而"互联网+"的去中心化特征可以将产品"链条"上的各个主体连接在一起,大大缩减了传统产业价值链的中间环节,这也在一定程度上减少了产品在中间环节的交易成本,为企业的平台化奠定了基础。另一方面,"互联网+"去中心化也意味着信息传播方式的去中心化,即信息由多元化的主体产生和共有。因此,信息传播的去中心化模糊了企业和消费者之间的界限,消费者在传统产业价值链中扮演着越来越重要的角色,这进一步促进了传统产业价值链的生产者"去中心化"和消费者"中心化"的过程。在这种新的模式下,产业价值链各个节点企业都可以即时、快速地响应消费者需求的变化并迅速做出调整,而传统的科层式组织和链式的产业价值链无法做到这一点,因此传统企业必须向平台式的组织形态转型(宋立丰等,2019)。

在传统价值链中,只有企业是价值创造的主体,而平台化之后,价值创造的主体会更加多元化。这主要是因为平台化之后,企业间的边界被打破,需求方、互补方等各方主体均被连接进来、纳入平台化企业支持下的价值共创网络,实现多方的资源共享、互利共赢,从而以平台为基础构建了一个商业生态系统。在这个生态系统中,各主体各司其职,彼此同步交互,能够根据终端主体变化快速匹配出用户个性化需求的解决方案并进行同步调整,形成快速有效的协同效应,从而打破传统产业价值链线性的僵化结构(Gawer and Cusumano,2014)。从本质上来讲,这个生态系统其实是将各个细分的不同产业链包络在一起所构筑的非线性化的价值共创网络，这一网络的构筑实现了跨产品、跨企业、跨行业的纵横一体化发展。由此可见，企业的平台化将完全打破传统产业价值链的线性结构模式，重构一种网络状的形态。

二、价值链模块化：分工深化的维度

"互联网+"驱动传统产业价值链重构的第二条路径是通过驱动价值链向模块化发展，持续深化价值链各环节的分工并在全社会范围内进行优化配置，从而促进传统产业价值链重构。产业形态与时代变化具有很强的契合性，唯有"跟上时代"，产业才能获得生存与发展。随着互联网时代的到来，传统产业的形态、结构、内容等也都在发生着改变（李海舰和李燕，2019）。在"互联网+"背景下，用户本位主义成为市场运行的一个核心准则，产业价值链需要根据不同顾客的个性化需求，促进各个价值链节点企业之间实行极致化的合作，生产极致异质化的产品，而这种极致化分工和极致化合作的必然结果就是价值链的模块化。模块化使得产业链上各节点之间形成了一种互动互联的协同共生关系，根据消费者的需求随时进行调整，完全颠覆了传统产业价值链层级递进式的静态线性形态，推动了传统产业价值链重构的步伐。

模块化具备标准化界面接口规则，不同模块根据这一规则可以进行灵活自由的连接。在"互联网+"背景下，这种模块化的本质是将价值链分解为无数细小的环节，将每一个细小的环节做到极致，然后再进行组合，从而构建更大的竞争力。具体而言，"互联网+"具有极致化的特征，而模块化就是极致化分工和极致化合作的结果，因此，"互联网+"的极致化促使传统产业价值链条不断拆分，并向模块化发展。在这种模式下，每个企业只需要负责其中自己最擅长的某一个细小环节，然后再在全社会范围内将各个环节进行组合和优化配置。如此一来，就实现了整个产业价值链环节的分工细化并且变得极致化（李海舰和聂辉华，2002）。而技术的不断发展又会继续推动分工向各个不同层面不断深化，这种向极致化演进的分工模式会使得价值链中的节点企业越来越倾向于聚焦其中某一细小环节，从而促使整个产业价值链向模块化发展。

过去，传统产业往往通过将研发、制造、营销等各项活动进行内部一体化来降低交易成本，并规避经营风险，这就会使得整体效率较低。而传统产业价值链的模块化则解决了以往在交易成本和风险控制方面的问题。一方面，在"互联网+"背景下，信息技术飞速发展，搜索成本和交易成本等不断降低；另一方面，"互联网+"在很大程度上降低了信息不对称程度，企业的经营风险也随之降低。与此同时，由于市场环境动态性增强，传统内部一体化的方式所面临的风险也就大大增加，而借助市场的力量来配置资源并防控风险则是一种理性选择。模块化带来的交易成本优势和风险控制优势进一步促进并催化了传统产业价值链的重构。在模块化的产业价值链中，各价值链节点是极致分工之后形成的，因此最终的价值创造和实现需要依赖于各利益相关者之间的合作，从而使得各个价值链节点之间构成了一种网络化的形态，这种价值网络具有并行性、动态性和开放性，取代了传统产业线性、静态、封闭的价值链条。产业价值链在全社会范围内构建网络，并随时根据动态变化的需求信息来筛选出当下最为匹配的网络"节点"，从而保持整个价值链的最优化（刘向东和陈成漳，2016）。同时，产业价值链模块化所带来的这种动态化的价值网络也会对节点企业的行为产生一定的约束作用，因为一旦出现机会主义行为，就有可能会被"替代者"顶替掉。因此，产业价值链的模块化发展以其极致化分工和极致化合作的特征促使各节点形成了一种动态化的网络关系，颠覆了传统产业静态、线性的价值链条，从而促使传统产业价值链进行重塑。

三、价值链虚拟化：资源整合的维度

"互联网+"驱动传统产业价值链重构的第三条路径是通过推动价值链虚拟化，有效整合信息技术资源与传统资源，从而促进传统产业价值链重构。在"互联网+"背景下，消费者的需求逐渐趋于多样化、个性化，企业面临着准确把握、快速响应需求的挑战。在此背景下，企业单靠自身的力量难以满足多样化的市场需求，由此产业价值链上节点企业之间的协同合作变得越来越重要。但对于传统产业价值链而言，其基于实体要素的合作模式有较大的缺陷，容易受到地理距离、信息不对称等方面的限制，而信息技术的飞速发展通过具有同质性、可兼容的数据形式，可以进行无障碍传播和共享，从而突破传统实体形式的限制。因此，价值链的虚拟化成为一个重要趋势。虚拟价值链完全从市场需求角度进行价值环节划分，这种模式彻底颠覆了传统产业价值链根据所注入的生产要素来划分价值环节的方式。与此同时，虚拟价值链能够利用信息的灵活性和敏捷性来应对市场快速、多变的需求。由此可见，虚拟价值链与传统产业基于实体要素的价值链已经截然不同，这种灵活的结构模式必然会打破并重塑传统产业价值链。

信息的无形性决定了以信息为核心的价值链的虚拟性，即非物质性。非物质性是"互联网+"的一大特性，它打破了企业与企业之间合作的时空限制，强调信息作为企业新的价值增值来源的重要性。正因为如此，"互联网+"的非物质性也对企业的信息处理能力提出了较高的要求，企业信息处理能力成为决定其竞争优势的一个重要因素（Schilling and Steensma，2001）。而这种对于信息处理能力的要求使得市场上出现了信息技术的需求方和供给方，并在市场机制的作用之下形成了虚拟价值链。虚拟价值链是价值链在信息领域的延伸，它不仅能够通过对信息的加工来进行价值创造，而且也完全重构了传统的生产模式。借助于信息技术，虚拟价值链可以充分挖掘信息价值，将处于不同区位以及不同经济体的各

个工序环节连接在一起，并根据价值链组织模式将各个不同环节进行耦合，实现进一步优化（Rayport and Sviokla，1995）。因此，总体而言，"互联网+"的非物质化特征促进了信息价值领域的产生，而在信息价值领域中信息供给方和信息需求方的形成又进一步促进了价值链的虚拟化。

　　虚拟价值链主要从价值链的"动态性"和"结构形态"两个方面重塑传统产业价值链。在"动态性"方面，在虚拟化的价值链中，借助于互联网技术，顾客可以充分参与到价值链各个节点的活动当中，并进行信息交互。通过顾客与价值链节点交互及价值链节点间相互合作，可以实现在不同区位和不同经济体间的协同合作，从而在全社会范围内进行资源分配，根据消费者需求来进行产品设计与生产。在这种生产和合作的模式之下，虚拟价值链上各节点之间以一种松散耦合的方式进行连接。虚拟价值链随时可以根据终端用户需求的变化来进行价值链环节的"解构"和"再构"，从而形成一种极具动态性的形态，打破了传统产业价值链的静态模式。另外，在"结构形态"方面，虚拟价值链上的每个节点都是极致化细分后形成的，而由于虚拟价值链不受地理因素的"拘束"，每个节点从横向上来看都具有可替代性并在全社会范围内进行竞争，横向上同质性节点之间形成一个线性链条，而与此同时纵向上异质性的节点根据消费者需求进行链接也形成一个线性链条，每个节点都可以在下一层级的横向同质性节点链条中进行自由选择。虚拟价值链的这种链接模式最终形成一种网状的价值链，颠覆了传统产业价值链的线性结构形态。

第十五章 "互联网+"背景下价值链重构推动传统产业转型升级

第一节 传统产业升级的内涵与路径

一、传统产业升级的内涵

传统产业的内涵具有动态特征。随着研究的不断开展、研究视角的不断切换，传统产业的含义也在不断演化和发展。但传统产业如何升级是学者们始终广泛关注的一个核心话题。现有关于传统产业的研究主要涉及价值链视角、产业转移和集聚视角、产业结构视角三个方面，具体如下。

第一个是价值链视角。迈克尔·波特在 1985 年首次提出价值链这一概念，他认为正是产品设计、生产、营销、交付等一系列的活动形成了每个企业创造价值的过程，而价值链就是对这一过程的表达。但是 Kogut（1984）提出了不同观点，他认为价值链是一种由不同投入环节综合作用所形成的最终产品，这种产品通过企业与顾客的交易形成价值循环。而与以往以企业为视角的研究不同的是，Hines 等（1998）考虑到了顾客需求视角，他们将顾客与企业的各个投入环节加以结合，从而形成了对价值链的全新认识，他们认为价值链是企业生产价值、传递价值活动的运输线。Hines 等的观点极大地丰富了价值链的内涵。而价值链内涵的拓展也为产业升级提供了全新的研究视角。价值链视角下产业升级的核心观点是：产业升级就是"微笑曲线"两端进行延伸，向具有更高隐性知识和嵌入性知识的环境发展。例如，Gereffi（1999）提出产业升级本质上就是从劳动密集型向知识密集型转变和过渡的过程，其实质还是所蕴含知识价值程度的变化。全球价值链则是将视角放到全球范围的层次，它强调发展中国家的劳动密集型制造业要实现产业升级就需要从全球范围内来考虑，向发达国家的知识密集型企业进行学习，并建立全球生产和分销系统，从而实现自身的飞跃和发展（Gereffi et al.，2001）。另外，也有学者根据驱动模式的差异对于价值链升级进行更进一步的讨论。例如，张辉（2006）提出，在生产者驱动模式下价值链升级应向研发设计等上游方向展开，在消费者驱动模式下价值链升级应向运输与交付等下游方向展开，而在混合型驱动模式下价值链升级则应根据产业本身的特点，有的放矢地识别价值链延伸方向。

第二个是产业转移和集聚视角。Buckley 和 Casson（1998）通过对跨国企业的研究提出了内部化理论，他们指出企业在创造并获取利益的过程中会在组织内部进行知识的转移，而这种方式会导致母国的生产模式等发生变化。盖骁敏等（2011）提出劳动密集型的制造产业由于交通运输的成本较少，因而会向中部或者西部转移，而资本密集型的制造业则可能会向东部进行转移。另外，张宗斌和郝静（2011）认为企业采取"走出去"的国际化战略其实也是实现升级的一个有效路径。Humphey 和 Schmitz（2002）也从产业集聚角度分析了传统产业升级路径，他们基于对不同国家 19 个产业发展的实践观察总结出了产业升级的两阶段理论，认为产业升级会经历数量扩张期和质量提升期两大阶段。在此基础上，国内学者阮建青等（2014）将 Humphey 和 Schmitz 所提出的两阶段产业升级理论进一步进行细化，提出了三阶段产业升级理论，即数据扩张阶段、质量提升阶段和研发品牌创新阶段。

第三个是产业结构视角。有学者提出，产业升级的本质就是从低价值生产转向高价值生产的过程（Poon，2004），对于发展中国家的产业升级而言，就是要通过吸收新知识、提高技术创新水平、生产新产品从而缩短与发达国家之间的差距（Altenburg et al.，2008）对此，国内学者刘建江等（2004）也提出应该将具备先进信息技术的新兴制造业作为主导产业，通过促进具备先进技术的新兴制造业与传统产业融合从而促进传统产业转型升级。同样，李春景等（2006）也认为知识密集程度越高的产业在国内生产总值中占据着更大程度的比重，因此应该驱动产业向知识密集型产业过渡和发展。另外，有部分学者提出传统产业升级是宏观经济条件下形成的自然结果（刘志彪和王建优，2000）。这类观点认为实现传统产业升级的关键就在于解决产能过剩问题。例如，供给侧结构性改革，就是通过进行产业结构调整，增强根据市场需求变化进行调整的柔性能力，提升产品品质，从而最终实现整个社会生产力水平的提升。这种以市场为导向的升级方式其中心思想在于市场会对资源重构产生强大力量和关键作用。

综上所述，学者们基于不同研究视角对于产业升级的理解和阐释都不尽相同，呈现出百花齐放的状态。但综合来看，传统产业升级本质上就是从低附加值向高附加值、从劳动密集型向知识密集型过渡和转型的过程。

二、传统产业升级的路径

从本质上看，产业升级是从低附加值向高附加值、从劳动密集型向知识密集型过渡和转型的过程（Gereffi，1999）。基于此，Humphrey 和 Sehmitz（2002）对于产业升级的模式进行了更进一步的划分，提出了四大模式，即流程升级、产品升级、功能升级和链条升级。流程升级是通过引入新技术或者调整原先的生产工序从而提高生产流程的效率，降低生产中产生的成本，最终实现产业升级；产品升级是通过引入新技术或者进行自主技术创新从而研发出新产品或者开发原有产品的新功能，进而实现产业升级；功能升级是通过重构价值链的各个环节，削减低附加值环节，掌握高附加值环节，从而实现产业升级；链条升级是指产业原有价值链向更高附加值的产业链升级的方式。总体而言，产业升级的主要路径如下。

（一）从产品升级到链条升级的多重升级路径

在 Gereffi（1999）对价值链界定的基础上，Humphrey 和 Schmitz（2002）对于产业升级的模式进行了更进一步的划分，提出了流程升级、产品升级、功能升级和链条升级四大产业升级模式。另外，国内学者也对产业升级路径进行了探索。例如，张舒（2014）通过借鉴和总结发达国家的经验提出了产业升级，包含产品升级、设备更新、地理转移和组织改进四种模式，其中，产品升级是核心，是产业竞争优势的关键来源，因而产品质量升级就是产业升级的核心路径。另外，邓向荣和曹红（2016）指出产业升级的关键在于技术，核心技术的创新和开发是中国传统产业实现转型升级的关键。

（二）以比较优势为基础的升级路径

Hidalgo 等（2007）提出产业升级能否成功实现取决于产品间生产能力的相似性，当相似性越高时，产业升级实现的可能性就越大。但 Hidalgo 等的观点并没有将企业之间的影响考虑在内，也忽略了产业升级过程中可能出现的非线性分岔情况。对此，我国学者张其仔（2008）进行了进一步补充和完善，他认为一个国家产业升级的能力在一定程度上会受到其现有能力的约束，因此他借助产品空间分析方法，分析了中国产业发展的情况，发现中国正面临着比较优势陷阱的风险。具体而言，发达国家通常处于产业链的前沿位置，其会鼓励和支持未来有着发展前景的产业，这会有助于进一步强化发达国家的优势，而对于发展中国家而言，支持并投入相对稳定的产业则相对稳妥，也是发展中国家的偏好，但这样会导致大量的投资和企业都涌入同一类产业，从而导致发展中国家陷入比较优势陷阱（林毅夫等，2010）。针对以往研究，邓向荣和曹红（2016）提出，Hidalgo 等和张其仔的观点其实都存在着一个共同的隐含假定，即假定全球产品空间及其布局长期不变，而实现产业升级就是通过在全球产品空间布局中从低附加值的位置向高附加值的位置移动。但这一前提假定却并不合理，忽略了国家本身生产能力具有累积的特征，因为这一特征的存在可能会引发创新产品出现，而这会使原有产业升级路径发生突变。此外，宋巍和顾国章（2009）以产业升级的劳动力转移理论为基础，通过研究发现拥有比较优势的劳动资源密集型产业可能会存在比较优势断档的风险。

（三）以价值链为基础的升级路径

对于产业升级，国内有学者认为各国应该认清各自技术发展阶段，应该寻找适当的时机，通过低端嵌入、中端嵌入、高端嵌入进入全球价值链的适当位置（马云俊，2010），并且产业升级路径包含两种方式。第一种是通过发展比较优势的嵌入型路径，即通过将本国的资源与从国外引入的先进技术相结合从而逐渐进行自主学习，提升产业附加值，或者是通过与国外先进产业合作，以委托加工的方式提升产业链附加值，这种产业合作的方式能够在一定程度上降低引进先进技术的投资风险但却容易导致自身缺乏自主创新的动力。第二种是通过提高企业自身能力的内生型路径，即通过企业独立进行自主技术研发和创新生产模式从而实现产业升级，这对企业本身会有极高的要求，或者是通过建立行业联盟，促使企业相互之间共享信息和知识，联合进行技术研发的产品创新，这就能发挥不同企业的优势但却取决于企业间合作的程度。另外，何斌（2011）提出了产业升级路径首先从简单加工到复杂加工，到主要原材料和设备技术的加工，其次到人才、产品研发等合作，最后是自主研发设计，创立品牌，最终实现产业升级。

（四）以技术和市场为基础的升级路径

Abernathy 和 Utterback（1978）在 20 世纪 80 年代提出了产业升级的 A-U 模型，认为产业升级本质上要通过原始的技术创新进行推动，但 A-U 模型主要是以先发国家作为解释对象，对于后发国家却缺乏足够的解释力。鉴于此，我国学者从不同研究视角对于产业升级的路径进行了剖析。例如，朱翔（2010）基于要素禀赋视角提出传统产业升级是从流程、产品、功能到链条升级的循序渐进的过程。流程升级是通过引入新工艺或改进现有工艺；产品升级是通过引入新产品或者改进现有产品从而提升产品的附加值；功能升级是通过提高企业自身的要素发展配置能力从而使企业掌握价值链中的核心环节，或者是通过赋予企业平台化的功能实现企业功能升级；链条升级是产业升级的最后阶段，是价值链条的整体跃升。张昊一（2012）提出传统产业并不是无"无药可救"，关键就在于要对传统产业进行系统化改造，促使其进行技术创新，从而推动传统产业转型升级，使传统产业焕发出新的生机与活力。另外，徐康宁和冯伟（2010）也指出，我国与发达国家在技术方面还是存在着较大的差距，而如果仅仅依赖自主创新会存在较大的难度，因此应该走基于本土市场规模效应的技术创新这条路。

第二节　产业转型与产业价值链中的"微笑曲线"

一、产业转型的定义与内涵

学术界关于产业转型的概念及内涵尚未达成一致。邓伟根（2006）从动态视角提出了产业转型的定义，指出产业转型是某一国家或地区国民经济主要构成，如产业规模、结构、组织、技术等发生显著调整的过程。我国各产业在增长速度以及增长质量方面的非均衡性，以及产业转型对国民经济增长速度与质量的重要性，是我国产业转型的两个重要因素（凌文昌和邓伟根，2004）。过去关于产业转型的研究主要基于产业价值链视角。钱勇（2005）通过总结归纳美国、德国、南非等国家资源型城市产业转型的实践，指出我国产业转型是进行产业价值链初步延伸的过程。张米尔（2001）关于我国西部城市产业转型的分析指出，产业转型主要有产业延伸、产业更新以及二者复合的模式，这三类模式均属于在产业价值链上实现环节攀升。

二、产业价值链中的"微笑曲线"

至于产业价值链上的不同环节，学者则依据台湾宏碁创始人施振荣的"微笑曲线"（施振荣，2005）将其依次划分为技术、生产、营销三个环节，认为这三个环节的增值能力呈正"U"形曲线（图15-1）。前端技术环节的产品研发活动，以及营销环节的销售、品牌与服务活动的附加值较高；相比于技术及营销环节，生产环节的各活动附加值较低。生产环节又包括上游的零部件生产、模块零部件

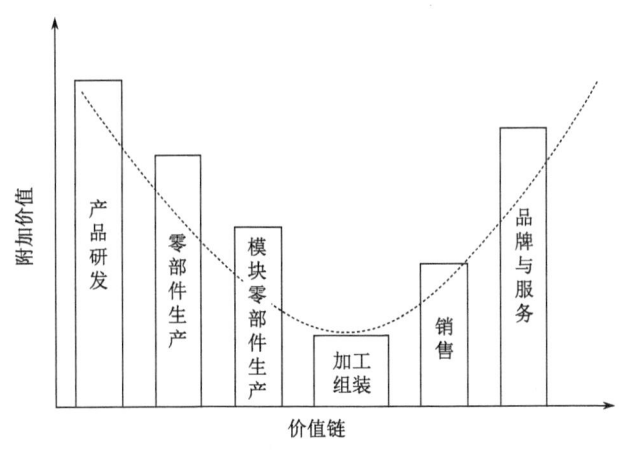

图 15-1　产业价值链中的"微笑曲线"

资料来源：根据文献绘制

生产和下游的加工组装活动。上游的生产由于与技术研究有较强的相关性，其附加值水平较高；下游的加工组装技术相关性较低，导致其附加值较低，从而导致该价值链环节具有较高的可替代性。此外，"微笑曲线"理论认为，先进的跨国企业基于自身竞争优势占据价值链高端的关键性环节，并由此获得绝大部分价值（Humphrey and Schmitz，2002）。

由于不同产业的附加值各异，其"微笑曲线"的形态有所不同，一般而言，资金、技术密集型产业的曲线位置较高、曲线弯曲度较大。制造业转型实际上是"微笑曲线"曲度变小，而使曲度变小有两种途径：一是提高获利水平，二是降低生产成本。因此，毛蕴诗和熊炼（2011）基于经济学生产与成本对偶性理论，提出"对偶微笑曲线"的概念，指出"微笑曲线"中生产环节的上移可以通过提升企业的制造能力、降低原材料投入与过程消耗来实现（丁雪和张骁，2017）。

第三节 价值链重构对传统产业发展的影响

价值链重构对传统产业发展的影响主要反映在三个方面，包括对市场结构的影响、对市场行为的影响以及对市场绩效的影响。价值链重构对市场结构的影响主要体现在改变了传统市场结构的集中度、满足了顾客对产品差别化的要求以及降低了传统市场的进入与退出壁垒；价值链重构对市场行为的影响则体现在促进企业核心竞争力的提升以及促使企业模块的行为更趋向柔性化和虚拟化；产业价值链重构对市场绩效的影响主要体现在促进了资源的优化配置、模块化外包明显提升企业效率以及模块部件的并行研发改善了技术创新效率。

一、对市场结构的影响

价值链重构对于市场结构的影响主要体现在市场结构集中度、顾客需求和市场的进入与退出三个方面，具体如下。

第一，价值链重构改变了传统市场结构的集中度。通常来说，在产业中处于领先地位的企业往往会不断扩充资本，从而最终导致市场结构处于相对稳定的状态。然而，模块化改变了市场结构会向相对稳定状态演变的这一规律。以计算机产业为例，计算机产业结构在20世纪60年代中期以前处于相对稳定的状态，但IBM在1964年发明的以模块化的360系统为基础的计算机设计完全打破了原本稳定的市场结构。自360系统发明后的五年之内，大量新兴企业开始具备模块化思维，并生产制造许多与360系统兼容的外界模块，包括存储器、软件甚至是中央处理器。这些企业精准地抓住了模块化本身的"分权"基因，即可将360系统与许许多多不同的具有其他功能的模块进行连接，而在这些外接功能模块的生产上，这些企业就能够创造出甚至比IBM自身更好的产品。计算机产业这一模块化的浪潮直接对 IBM 原本稳定的市场结构形成了冲击，IBM 的市场价值也急剧下跌，整个计算机产业的市场结构从原来的集中稳定状态在模块化的冲击之下转变为了分散化的状态。

第二，价值链重构满足了顾客对产品或服务的个性化需求。随着时代的发展，顾客对于产品和服务的需求越来越趋于个性化和多样化，在这种趋势的推动下，企业的生产模式也逐渐向大规模定制化转变。而模块化就是大规模定制化生产方式得以实现的核心。模块化最早出现时的动机是通过将产业链上各个环节进行分割形成不同的价值模块，从而能够实现每个模块的精细化生产，再将不同模块进行组合就可以大大节约生产成本，提高生产效率。顾客对于一个完整产品的异质化需求一般是对产品的某一项内容或者某一项功能或用途具有不同的要求，但要基于一个完整产品做出调整，难度较大，成本较高，可以做出的调整也极为有限。但模块化就很好地解决了这一问题，既保持不同模块的相互独立性，同时能对不同模块进行灵活组合，可以充分、及时地实现根据顾客的不同需求生产出个性化产品的目标。不仅如此，当市场需求发生改变，模块化中的某一个子模块已经过时的时候，就可以仅剔除或替换该特定的子模块，而不会对其他模块造成影响，大大降低了经营风险，提高了企业对变化环境的适应能力。

第三，价值链重构降低了传统市场的进入与退出壁垒。一方面，从市场进入方面来看，由于每个模块都可以委托专门的模块供应商进行生产和制造，潜在核心厂商就没有必要投入大量的资金和人力来建立厂房、购入各类设备，而这能够在很大程度上减少市场进入对于进入者的资本量要求。与此同时，由于每一个模块都由专门的模块生产商来生产，企业进入市场时仅需要专注于生产某一个模块，而不需要投入大量资金，这样会更容易实现规模经济效应。因此，这就大大降低了市场进入的壁垒。另一方面，从市场退出方面来看，传统产业价值链往往是基于垂直专业化的分工而形成的，这种分工形成能够扩大生产规模，但却较易使企业陷入专用性投资"锁定"危机，使得在面临生存危机时企业退出市场的难度也较大。但是模块化生产系统的出现打破了这种专用性投资的"锁定"困境，它将传统的垂直分工模式转变为由不同模块所组成的平行立体模式，不同子模块独立生产，具有标准化接口，并不相互影响，然后由核心厂商根据顾客需求将不同子模块以标准化接口为基础进行灵活组合，从而实现了企业的投资活动具有充分的灵活性。

二、对市场行为的影响

价值链重构对于市场行为的影响主要体现在企业竞争行为和模块化行为两个方面，具体如下。

第一，价值链重构对企业竞争行为的影响。传统市场环境中企业的竞争行为主要包含了价格竞争和非价格竞争两种方式，这两种方式的本质都是以产品销售扩张为手段获取更大效益。但随着技术不断迭代创新，模块化的出现使得企业的竞争行为发生了根本性改变。第一个改变是对规则标准的竞争，这一竞争过程主要是系统设计师和模块供应商之间的竞争。具体而言，模块化的本质是将产品的功能标准代替原先的技术标准，具有相同功能的单元被分离和提取出来形成一个个子模块，子模块之间相互独立，并有着标准化接口，而不同子模块的组合就构成了多样化的产品（胡晓鹏，2005）。模块化的这种功能分类特性反映了系统设计师所具有的关键性作用和影响，由此也引发了对系统规则制定的竞争。拥有制定系统规则权是企业在市场竞争中获得相对优势的核心和关键。第二个改变是模块供应商之间的规则竞争。专用模块供应商主要是为指定系统提供与其相匹配的具有特定功能的专用模块，如果专用模块商在竞争中脱颖而出成为系统规则的制定者，就能够充分发挥制定规则的优势，实现市场份额的大幅拓展，并在整个模块化系统中占据主动地位。另外，从竞争方式方面来看，模块化系统包含着与系统环境相关的显性信息以及与模块设计和生产相关的隐性信息。由于每个模块之间相互独立，每个模块生产过程都是不可见的，而新兴模块生产商和已有的模块生产商之间就会存在"背对背"竞争，即模块供应商之间一般不能观察到竞争对手的行为，只能观测到"看得见"的系统信息部分，在遵守共同界面规则的前提下，相互独立地完成各自的研发。

第二，价值链重构对企业模块化行为的影响。在价值模块化网络中，核心厂商和模块化供应商，都已经发展成为一种能力型组织。这时企业的边界不再取决于厂房、设备、资金、土地等有形资源，而是由技术、制度、理念、平台、体系、系统等企业自身的核心能力所决定。由于核心能力可以在不同的领域进行延伸，乃至在不同的价值网中无限次地重复使用，因此，企业的能力边界是无穷的（李海舰和原磊，2005），这就使得企业模块行为变得更加柔性化和虚拟化。

三、对市场绩效的影响

价值链重构对市场绩效的影响主要体现在资源配置、企业效率和技术创新效率三个方面，具体如下。

第一，促进了资源的优化配置。在模块化的价值网络中，企业与市场之间的边界模糊化，并表现出相互融合的特征，这一方面能够帮助企业保持自身的独立性，同时又能够提升企业的柔性，从而在企业与市场双重力量之下的资源配置效率得以提升。具体而言，价值模块网络有着清晰、确定的系统规则，这一规则为各个子模块的生产确定了标准，并促进各个子模块之间进行无障碍的信息沟通。价值模块网络由核心企业和模块供应商组成，核心企业确立系统规则，模块供应商只需要按照系统规则围绕核心企业发布的要求开展生产活动，这样就使得单一企业只需要专注于完成某一项单一的清晰任务。在这种模式下，子模块之间沟通更为顺畅，生产目标更为明确，企业边界也逐渐柔性化。而企业边界的柔性化又为整个价值模块网络的灵活性奠定了基础，保证了价值模块网络可以对各个子模块进行灵活组合以满足多样化、个性化、动态化的市场需求以及不确定的市场环境，实现资源在全行业、全球范围内进行优化配置。另外，价值模块系统也会产生较大的市场激励效应，这是因为零信息成本和专业化模块生产是其主要特征，因此模块供应商之间会进行激烈竞争从而试图嵌入核心厂商的价值模块系统之中，这种模块供应商之间的竞争就会使得资源在整个社会范围内进行优化配置，大大提升资源配置效率。

第二，模块化外包明显提升企业效率。在价值模块系统中，原来的多元化企业通过将一部分低附加值的业务环节外包或出售出去，而仅专注于企业的核心业务，这种方式并不会导致企业经济规模受到负面影响，相反还会由于企业专注于核心业务而提升企业核心优势，增强在市场上的竞争力和影响力。价值模块网络这种外包或者出售的剥离方式能够在很大程度上提高企业的规模结构效率，而且还可以帮助企业与其他模块供应商企业之间建立连接，扩大企业在市场上的影响范围，这也会提升各模块供应商企业的效率。

第三，模块部件的并行研发改善了技术创新效率。随着技术的不断迭代和革新，创新的频率加快，创新与生产过程也结合得愈加紧密，这在很大程度上提高了创新成果的实践价值。除此之外，随着互联网技术进一步广泛渗透，信息技术进一步高速发展，环境不确定性逐渐增强，创新的风险性也有所提升。而价值模块网络由相互独立的不同子模块组成，其技术创新的实现并非局限于某个单一企业，而是基于价值模块网络中成员之间的信息分享和沟通过程，因为技术创新的根本就在于不同信息的交换和分享，这些信息不仅包含可编码的显性信息，也包含不可编码的隐性信息。在一个价值模块系统中，不同子模块处于平行状态，每个子模块可以通过虚拟研发团队平行进行技术创新，这样就会大大提高技术创新效率，并能够保证模块系统的持续提升和改进。

第四节 "互联网+"背景下的传统制造业转型升级

一、"互联网+"背景下传统产业转型升级的迫切性与可能性

传统产业是我国重要产业，占据我国 GDP 的 90%以上。但传统产业主要表现为高投入、低产出、高能耗、污染大（左玲玲和陈东华，2019）。"互联网+"背景下传统制造业面临更加严峻的挑战，主要体现在高运营成本的挑战、薄弱的技术研发环节的挑战和发达国家振兴制造业的竞争威胁三个方面。首先是高运营成本的挑战。我国传统制造业依靠低成本要素获得竞争优势的经济增长模式正在

逐渐受到挑战，尽管人口红利尚未消失，但是低成本劳动力的竞争优势正在丧失，以印度、柬埔寨为首的东南亚、南亚国家以更为低廉的劳动力成本分走了我国制造业原本就比较微薄的利润。加之，人民币的持续升值也进一步抑制了外部需求，降低了我国制造业在国际市场中的竞争力。其次是薄弱的技术研发环节的挑战。20世纪90年代，我国制造业企业试图通过"以市场换技术"战略建立合资公司，来引进先进的核心技术，但是换来低端重复研发以及低技术相关性的重复生产。互联网的兴起连接了企业与市场，极大地缩短了发达国家的先进企业与发展中国家广大消费者之间的距离，增加了"市场换技术"的引进难度。此外，在互联网时代，消费者需求更加多元化，更加偏好异质性、定制化的产品和服务，而个性化需求的满足往往建立在以大数据为基础的互联网技术上，因此，我国传统制造业低技术附加值的"大批量、标准化"生产方式面临挑战。最后是发达国家振兴制造业的竞争威胁。"产业空洞化"[①]问题使得以美国、德国为首的欧美发达国家开始重视制造业外包的弊端，并开始基于自身先进的互联网技术振兴制造业。例如，美国政府于2011年启动了"高端制造业合作伙伴计划"，试图利用先进的自动化技术和信息技术重振美国制造业的雄风（许正，2015）。发达国家的这一举措使得我国传统制造业的处境更加艰难，根据Wind数据库2016年数据，从2011年起我国传统制造业亏损额逐年增加，例如，纺织业中毛染整精加工业企业平均亏损额从2011年的26.6万元，增至2014年的72.8万元。

在新的时代背景下，传统产业这种粗放式发展方式难以为继，必须进行转型升级。互联网作为推动我国经济结构战略调整的重要举措。融入互联网是传统产业转型升级的必由之路。根据调查，互联网经济仅占我国GDP的7%，我国传统产业尚处于转型之中（左玲玲和陈东华，2019）。"互联网+"背景为传统制造业带来了转型机遇。"互联网+"背景下的物联网、云计算等技术给传统产业特别是制造业带来了新的技术发展方向和增长机会。此外，国家政策层面对"互联网+"的大力扶持与推进，为传统制造业转型提供了政策保障。"互联网+"的作用机制一方面体现在微观层面的单个企业的活动中，另一方面也对中观层面的产业价值链上活动产生着直接的影响。因此，"互联网+"给传统制造业转型所带来的可能性，不仅会在微观企业层面的技术与市场机遇方面展开，也会在中观产业层面的价值链形态和价值链各环节的协同方面展开。由此，"互联网+"给我国传统制造业转型的同时也带来了迫切性与可能性。

---

① 产业空洞化是指国民经济过度服务化或超工业化，从而使资本等生产要素的投入与流动日趋不合理，造成经济结构的严重失衡，使制造业逐渐丧失国际竞争力，同时也使国内物质生产的地位和作用减弱，并导致物质生产下降形成危机。

二、价值链升级视角下的传统制造业转型方向

关于产业转型方向的问题,过去的学者认为应该通过价值链攀升来实现,而丁雪和张骁(2017)提出了价值链升级的新观点。根据过去的研究,价值链攀升是,产业通过技术、要素、分工等多方面的变化,实现在产业价值链上从低端向中高端的攀升。而价值链升级,是指我国制造业坚持价值链中的生产制造环节,通过自身市场实力的增强以及技术能力的提高来增加生产附加值,完成低端产业发展的精细化以及高端化。

1. 以己之短,攻彼所长:价值链攀升的劣势

"微笑曲线"中不同生产环节的获利水平存在极大差异:前后端的技术、研发、服务等环节属于获利高位,而中端的制造、加工、装配等环节属于获利低位。而中国加入全球价值链分工体系正是凭借简单制造、加工、装配等获利低位环节。因此,过去从价值链视角对制造业转型问题的探讨,大多认为中国的制造业应该沿着"微笑曲线"从低端向价值链的高端全面升级,实现价值链的全面攀升(王敏和冯宗宪,2013)。而实业界对此观点也表示认同。因此,一部分企业每年在研发方面投入了大量资金,另一部分企业在权衡了研发与品牌建立的难易后,选择每年投入高额广告费用于构建自身品牌。尽管这两类尝试都取得了一定的成果,但事实上,我国制造业并没有如前人研究所预期的完成向"微笑曲线"获利高位的攀升。

为什么会产生这种现象,我们需要重新分析中国的传统制造业是否具备了向价值链高端全面攀升的基本要素。一方面,从国家层面来看,我国传统制造业的自主创新以及技术进步的环境还有待改进,技术与创新要素仍需向制造业聚集,技术进步以及创新投入还需要进一步加大(原毅军等,2013)。另一方面,从要素层面来看,与发达国家相比,我国在高端要素,特别是创新型高端要素方面还存在着较大差距,人才主要是中低端技能劳动者,高端的技术人才还严重不足。此外,我国劳动力素质还难以与其他高端要素进行匹配,进而进入中高端行业。因此,我国传统制造业沿着"微笑曲线"向两端获利高位全面攀升的转型方向,目前还不切实际。

总之,我国传统制造业转型时不仅需要考虑到产业获取高端附加值完成产业转型的需要,还应该兼顾我国制造业广大低技能劳动者的现状以及其充分就业的需求。因此,在现阶段把向价值链前后端攀升作为传统制造业转型的方向,并不符合国家与产业的实际情况。

2. 以己之长,攻彼之短:价值链升级的可行性

就目前中国制造业在全球产业分工格局中的地位与现实阶段来说,传统制造业摆脱价值链陷阱,努力转型升级,不应该放弃低端的制造业环节,转而发展资本、技术密集型高端产业。因为从总体来看,中国制造业发展尚未获得足够的竞

争优势，技术创新能力仍处于较低水平。正如 Moran（2011）认为，包括中国在内的发展中国家在高技术密集型产品制造时，其最核心的技术环节（如核心零部件的加工生产），往往依赖于从发达国家进口。加之，高端产业或者高技术产业中也存在低端价值链条，即使我国制造业倾力发展资本、技术密集型的高端产业，也未必能够嵌入主流的全球产业价值链中，获得竞争优势。因此，我国传统制造业转型的方向在于价值链升级，而非价值链攀升。

尽管欧美发达经济体开始重新振兴制造业，但是他们在低端技术工人方面的缺乏也是恢复制造业的一大障碍（许正，2015）。与之相比，我国传统制造业的技术工人在低成本以及熟练技能方面具有双重优势。因此，我国传统制造业在转型升级时应该依托人力资本的比较优势，首先，从客户需求角度，通过互联网技术所带来的大数据，深入挖掘市场中客户的个性化需求，赋予客户自定义产品的权利，在定制化生产的过程中创造价值，进而提升附加值，带来"微笑曲线"的上移。其次，从技术创新角度，通过提升制造能力、降低生产环节中的投入与消耗，使传统的粗放式生产转变为精致化生产，通过降低成本的方式来提高"微笑曲线"的位置。最后，技术研发、生产制造以及客户需求其实是耦合促进关系，所以传统制造业应该将生产制造活动、通过大数据技术获得的客户需求以及实现定制化生产所依赖的技术研发有效整合，变机械加工生产制造为个性化、柔性化智造，提升制造业企业的技术相关性，通过不断增加制造环节的附加值来最终实现"微笑曲线"从过去普遍认同的"U"形形态向倒"U"形形态的颠覆式转变（图15-2）。

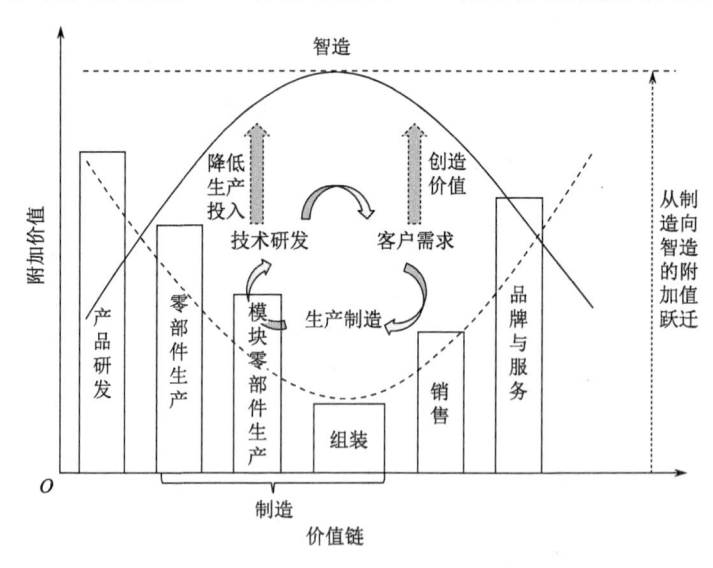

图15-2 传统制造与互联网智造的"微笑曲线"

由此可见，"互联网+"背景下我国传统制造业转型的核心不在于"转产"，而在于"强化",也就是说我国传统制造业转型方向不是放弃加工制造等传统低端生产环节(张二震,2014)。总体而言,制造业转型需要依赖于技术进步与创新,而创新需要专注以及多年积累的经验,因此制造业转型需要在制造环节通过渐进式或突变式发展完成产业的转型过程。

三、产业价值链中观视角下的传统产业转型升级路径

随着互联网时代的到来,传统产业价值链的形态、结构都发生了巨大的变化。"互联网+"通过驱动产业价值链趋向模块化和虚拟化而对产业价值链进行着重构。产业价值链是推动我国传统制造业转型升级的主要影响因素,直接作用于传统产业转型升级的过程,因此,我们将首先基于产业价值链中观视角,来分析我国传统制造业转型升级的路径。Humphrey 和 Sehmitz(2002)定义了四种产业升级的模式,包括流程升级、产品升级、功能升级和链条升级。从产业升级的流程来看,一般产业升级都遵循流程升级→产品升级→功能升级→链条升级的演进规律。我们将从产业升级的四种模式来分析如何实现我国传统制造业的转型升级,如图15-3。

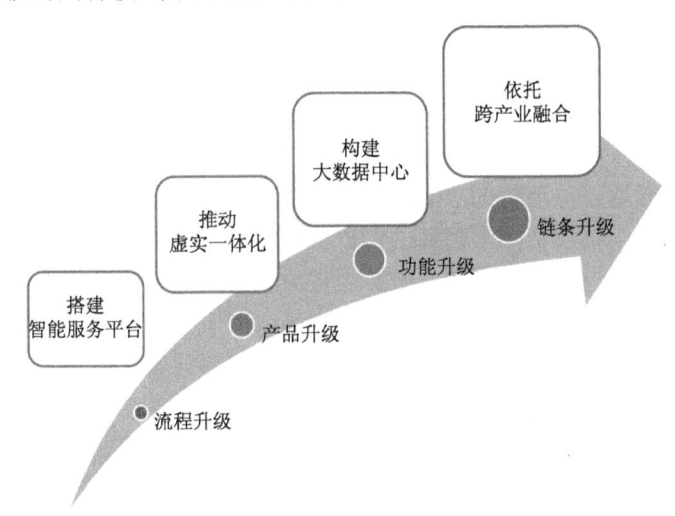

图 15-3 产业价值链中观视角下传统制造业转型升级路径

第一,搭建智能服务平台,实现流程升级。2015年以来,我国制定并实施了一系列政策举措来推动传统产业转型升级,如制定的《"十四五"智能制造发展规划》。智能制造是以新兴的数字化技术为基础支撑的,建立在大数据、云计算等的基础之上。而在数字化基础之上所形成的智能制造技术再进一步与一个产品"诞生"的各个环节相结合就形成智能制造,如在产品研发设计环节,可以借助仿真模拟等技术工具对产品进行智能化设计;在产品生产制造阶段,可以借助如机器人等技术工具对产品进行智能化生产;在技术服务阶段,可以借助云服务等技

工具对产品进行智能化服务。一个产业从研发设计到生产制造再到营销交付等一系列的环节都会产生大量的数据信息，而这些数据信息蕴藏着丰富的价值，这就驱动信息业务的产生。而智能制造正在对信息业务充分利用，通过获取产业各环节的大量数据和信息，使之实现无障碍的有序流动，因此，搭建智能服务平台是促进传统产业智能化升级的一个有效路径。智能服务平台指的是体现信息化与工业化融合并支撑产业各类系统有效运行的基础服务平台，例如，大数据平台、云服务平台等。具体来看，大数据平台能够广泛收集海量信息，并根据这些信息做出深度分析，从而能够更好地对顾客需求进行了解，为顾客提供精准化的产品或服务，提高传统产业生产的有效性和效率，从而推动传统产业升级；云服务平台能够实时传递信息，快速促进信息和资源的共享，也能够进行在线诊断和服务，从而帮助传统产业快速获取顾客的相关实时信息，及时做出调整，促进传统产业智能化升级。因此，总体而言，搭建智能服务平台是促进传统产业向智能化转型升级的一个"助飞器"。

第二，推动虚实一体化，实现产品升级。产品市场需求在很大程度上对于整个产业的绩效起着关键性的作用，它主要包含了用户需求和市场需求两类。从用户需求来看，对于产品需求的深入了解能够生产出更符合顾客需求的产品，提升顾客体验水平，获得更高的顾客满意度。从市场需求来看，产品生产需要以市场需求为中心，按照市场发展的趋势进行智能化生产，而推动虚实一体化能够敏锐、快速地识别、抓取，甚至挖掘产品的市场需求，从而推动产品升级。虚实一体化意味着传统产业以物质资源为基础的物理价值链和以信息资源为基础的虚拟价值链的有效融合。通过物理价值链，产业提供原材料采购、产品生产制造、运输交付等活动，从而为消费者制造具体的实体产品或者服务；通过虚拟价值链，产业进行信息收集与获取、信息协调与整合、信息分解与分析、信息发布与反馈等活动，从而为消费者提供虚拟形式的产品或服务。虚拟价值链和实物价值链的融合可以通过提升传统产业的智能交互能力从而实现传统产业的转型升级。智能交互就是指人与设备、设备与设备、设备与管理平台这三类交互作用。通过这三个方面的交互作用，人、机器和管理平台之间被打通，实现互联互通，从而能够促进智能化转型升级。从人与设备的方面来看，人与设备交互就是指一方面设备能够充分接受人员的指令从而做出响应，另一方面人员也能借助设备获取相关的数据和信息；从设备与设备的方面来看，设备与设备的交互是指不同设备之间能够通过借助智能化技术进行相互关联、相互连接，根据所获取的信息设备与设备之间实现同步运转和调整，从而提高生产等活动的效率；从设备与管理平台方面来看，设备与平台的交互是指各个设备与整个管理平台系统之间的连接，管理平台指导各个设备的实际活动，而设备的运转情况又作为反馈机制传递给管理平台系统。在虚拟价值链上，借助于互联网技术、智能化识别能够敏锐地识别产品市场需求信息,然后以数据化的方式传递给处于生产端的员工,员工对所获取的信息进行分析并融入物理价值链中,对所生产的产品进行调整和改进,然后再向顾客提供满足其需求的产品和服务,这一虚实融合的过程通过人、机器、服务的智能化交互,打破了传统产业存在的信息不对称的局面,推动传统产业的转型升级。

第三,构建大数据中心,实现功能升级。随着互联网的进一步渗透和发展,传统产业也逐渐表现出信息化的趋势和特征。信息化对于产业发展有着直接的推动作用,它对于各个信息部门生产能力的提高有着极大的促进作用,而其促进作用也会对其他部分产生外溢效应。有学者指出,信息技术是推动社会发展最为重要的因素(Rifkin,2011),信息技术的飞速发展能够大大提高资源配置效率(刘虹涛和靖继鹏,2002),加强不同产业之间的连接程度,从而能够改变传统的生产方式,进而推动传统产业进行转型升级。另外,数字化技术飞速发展催生了新型的生产方式,海量数据成为具有更大价值的载体,由此可见,在互联网时代,大数据已经成为整个传统产业最核心的部分(李永红和张淑雯,2019),构建大数据中心成为传统产业实现转型升级的必要基础和手段。李永红和张淑雯(2019)指出,大数据已经成为一个产业活动中各个不同环节之间连接的桥梁,能够大大提高传统产业在获取顾客需求信息、提高运营效率等方面的表现力,构建大数据中心有助于传统产业产生挖掘性创新思维和探索性创新思维,而创新思维的产生能够促进传统产业实现转型升级(张银银和邓玲,2013)。挖掘性创新能够帮助传统产业广泛地搜寻更多的信息,并试图挖掘这些信息中的价值,从而帮助传统产业改进现有的产品设计和生产流程,全面提升传统产业的运营效率和效能,推动传统产业转型升级。探索性创新通过帮助传统产业区尝试接触新技术和新知识,并将新技术和新知识与企业自身的产品设计等进行结合,在这种基础上进行自主技术创新,使传统产业本身的自主创新能力大大提高,从而促进传统产业实现转型升级。

第四,依托跨产业融合,实现链条升级。传统以供给方为中心的商业逻辑如今已经演变成了以顾客为中心的商业逻辑,顾客在生产活动中占据越来越重要的位置,也对产业的发展形成了愈加关键性的影响。顾客中包含着大量丰富的异质性信息,而对这些信息的把握是指导传统产业定位产品的核心,然而传统的产业模式难以适应这种新的发展趋势,满足新环境的要求。因此,传统产业需要重构原来的产业模式,重构产业资源分配方式,以顾客需求为中心将顾客需求融入产业各项活动当中,建立新的经营策略,从而才能适应新市场环境。数据信息与传统产业相融合的趋势本质上是互联网产业与传统产业的一种融合,在这种趋势下出现了"互联网+农业""互联网+制造业"等多种产业融合方式,从而导致传统产业发生了根本性的变化。与传统产业相比,新兴产业在当前的制造业发展中已成为新的增长点,既包含对传统产业的新发展,也包括新出现的产业形式。传统产业与新兴产业的融合能够促进传统产业转型升级的原因主要在于两个方面:一方面，新兴产业借助于数字化技术等先进技术手段对海量数据进行获取和搜寻，并进行整合和分析形成智能化结果，而传统产业可以通过接受这一智能化结果对内部组织流程进行优化、决策模式进行调整、营销服务方式进行变更，从而实现更高的经营效益目标；另一方面，由于传统产业最大的问题之一是其缺少创新活力，而其本质原因在于产业惰性，传统产业与新兴产业的融合过程能够从创新管理能力、投入能力、制造能力以及产出能力等多个方面有效激发传统产业创新发展的能动性，克服传统产业发展的惰性，从而实现传统产业的转型升级。

四、企业价值链微观视角下的传统产业转型升级路径[①]

制造业转型主要和直接的动力来源是产业价值链的升级，而伴随着产业价值链的作用过程，企业作为产业价值链的组成单位，其内部价值链也要做出相应的动态调整，从而与产业价值链共同助力我国传统产业的转型升级。因此，从企业价值链的角度可以对我国传统制造业如何转型的问题进行分析和解答。有研究表明，"微笑曲线"前后端的业务环节集中体现了产业转型的两个关键维度，即市场势力与技术能力（王海杰和吴颖，2014），因此，依据市场势力与技术能力两个维度把传统制造业企业分为四种情况，并根据每种情况从企业价值链视角依次分析其转型升级的策略及路径（图15-4）。

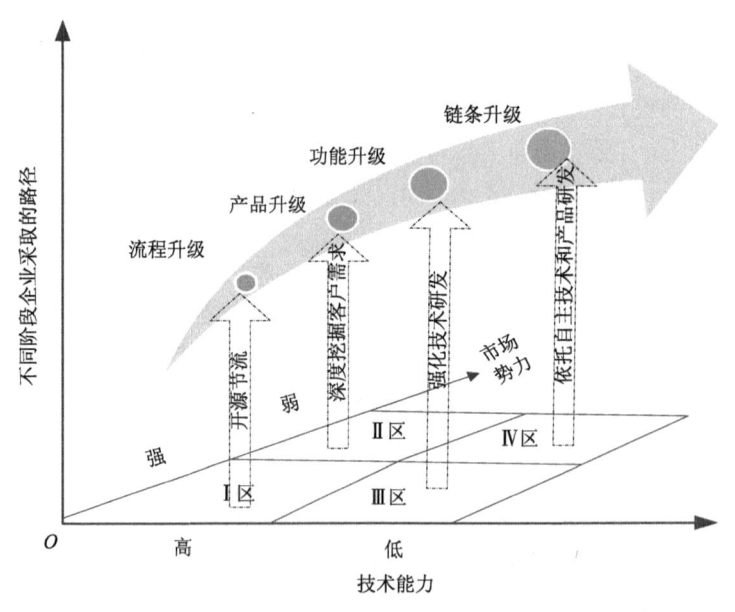

图15-4 企业价值链微观视角下传统制造业转型升级路径

[①] 本节内容整理自项目负责人张骁（第二作者）2017年发表在《学海》的论文："互联网+"背景下我国传统制造业转型的微观策略及路径：价值链视角。

第一，开源节流，实现流程升级。如图15-4，相比于其他区域的企业，Ⅰ区域的传统制造业企业在市场势力以及技术能力两个方面拥有一定的竞争优势，但是在动态变化、竞争激烈的互联网时代，任何企业都需要持续不断地发现自身劣势并进行动态调整改进。尽管有较强的市场势力以及较高的技术能力，此类企业依旧存在我国传统制造业企业中所共有的粗放式生产问题，其转型升级最先需要解决的就是粗放式生产问题。通过不断的生产技术、工艺流程以及业务流程的研发，使用信息技术动态、智能监测生产流程，完成对生产过程的渐进式创新，进而实施对生产制造系统的更新改造，降低生产制造过程中的损耗，逐步向精细化生产转变，通过降低生产成本的方式提升附加值。同时，秉持互联网思维与客户、产业内外其他企业保持密切联系，对未来客户需求及产业技术有一定的前摄性，并因此创造价值最终提高自身附加值，保持在市场势力以及技术能力方面的优势地位。

第二，深度挖掘客户需求，实现产品升级。Ⅱ区域的制造业企业往往拥有较高的技术能力和较弱的市场势力，想要完成企业的转型，主要依托于对市场中多样化的客户需求的精确掌握，通过努力推进产品创新以及服务增值，进一步提升自身在生产制造环节的附加值。一方面，传统制造业企业应该时刻保持互联网用户服务思维，在过去价值链低端的制造组装活动的基础上，增加产品维修、售后保养等服务，由单一生产制造型企业最终转变为生产服务型企业。另一方面，传统制造业企业应该凭借自身较高的技术能力有效整合传统生产技术与自动化、信息技术，通过引入大数据技术对客户进行精准细分，实时了解客户个性化需求，并且动态调整产品生产，努力推进产品创新，逐步提升产品的等级与档次，从而获得超越竞争对手的产品优势，在价值链上将自己提升至较高的价值生产环节地位。

第三，强化技术研发，实现功能升级。Ⅲ区域的制造业企业，其拥有较强的市场势力以及较低水平的技术能力，因此在进行企业转型升级时主要从技术能力角度发力，技术能力直接决定了企业的制造能力以及其在产业价值链上的地位。在技术能力方面能否得到显著提升，关键在于企业对获取的技术知识的利用程度。拥有较强的市场势力的传统制造业企业，应该在引进、消化技术的同时注重外来技术知识与内部知识组合化与外部化，通过消化、吸收外来技术实现从模仿到创新的跨越。另外，坚持"以自我为主、聚集外部资源"的技术创新战略。首先，增加内部研发投入、培养技术创新能力，通过技术能力的提高和正面强化推进企业转型从要素驱动向创新驱动方向的转型；其次，通过强大的互联网，与跨行业、跨区域的企业及研究机构保持密切联系，构建基于知识边界、组织边界以及地理边界的研发网络，通过对于不同行业技术的跨界整合、合作创新实现自身技术能力的提升；最后，通过互联网动态、及时了解产业内全球技术发展方向，及时追踪先进技术，调整企业技术研发方向实现稳步渐进式技术创新，最终逐步形成以高端要素为核心的比较优势。

  第四，依托自主技术和产品研发，实现链条升级。与传统制造业企业拿到订单直接生产并交付客户的单向模式不同，互联网化竞争者往往依托互联网思维通过互联网平台的交互对产品进行优化，更能够占领客户视线吸引消费者。因此，在对技术能力进行突破式提升的基础上，传统制造业企业还应该秉持互联网思维，把消费者与生产系统紧密连接，赋予消费者自定义产品、参与产品设计与制造的能力。国内已有企业进行了这方面的尝试，韩都衣舍通过单品全程运营体系，对消费者需求进行全程数据化、精细化挖掘，最大限度地发挥了互联网的优势。尽管定制化生产有诸多益处，但它的实现往往需要强大的技术支持，不仅需要在生产环节引入能够个性化定义产品的软件，还需要制造业企业依托大数据技术通过互联网直接甚至跨界获取消费者需求数据。在市场与技术方面均处于劣势地位的传统制造业企业，需要对自身的业务流程进行翻转式思考，从传统的制造业产品思维变为"互联网+"背景下的服务思维，在从机械加工生产制造向智能化制造转变的过程中，通过技术的突破式创新以及产品的定制化生产形成自身的竞争优势，完成企业自身转型。

第五篇

"互联网+"驱动产业跨界融合

第十六章 传统产业跨界融合的驱动因素分析

进入 21 世纪，随着产业经济和技术变革的高速发展，产业融合早已成为经济发展过程中的显著现象。但对产业融合现象的关注，最早源于数字技术的出现而导致的信息行业之间的相互交叉，如信息通信领域的电信、广播电视和出版三大产业的融合。从边界的角度来说，产业融合其实也是一种"跨界"的现象，不同的产业跨越传统意义下的边界，不断创新，不断发展，形成新的产业发展模式。总的来讲，产业跨界融合是一种企业、产业边界越来越模糊，对技术的利用越来越细致，产业生态越来越多样的跨界发展模式。虽然产业跨界融合是一个较为新兴的研究议题，但学者们已经针对产业融合的概念、分类、战略、经济效应都展开了丰富的研究。本章在已有相关研究的基础上，对本书中产业跨界融合新的理论内涵进行界定，主要关注传统产业跨界融合的内部和外部驱动因素，在此基础之上，分析"互联网+"驱动传统产业跨界融合的作用机制。

第一节 产业跨界融合的理论内涵界定

一、产业跨界融合的概念

在概念界定上，Greenstein 和 Khanna（1997）认为，产业融合是"为了适应产业增长而发生的产业边界的收缩或者消失"。马健（2017）认为，产业融合指的是在技术发展和管制放松的条件下，在产业边界发生的技术融合。这种融合在经过不同产业或行业之间的业务、组织、管理和市场的资源整合后，改变了原有产业产品和市场需求的特征，导致了产业内部的企业之间竞争。

从不同的视角来看，产业融合的理论内涵有所不同。首先，从技术的视角来看，产业融合实质上是一个技术不断更新和替代的过程，正是由于新技术的出现，才使得技术的使用场景在不同的场域中切换，这些技术革新从根本上使得不同的产业发生了融合。比如，近年来，人工智能的应用，使得制造业和服务业的结合更加紧密，制造业企业在应用人工智能等高新技术的情况下可以更加便利地向服务端靠近，实现制造业服务化。其次，从供给与需求视角来看，产业融合实际上是在技术和产品两个方向上不断替代和互补的（Stieglitz，2003），在产业融合发展的过程中，供需关系不断发生变化。最后，从价值链的视角来看，产业融合的过程与价值链的横向和纵向延伸紧密相关，如制造业企业向客户端的不断延伸既是价值链的延伸,也是制造服务化跨界融合的一种重要表现形式。总的来说,由于产业融合突破了传统的不同产业划分之间的界限和明显区隔,因此,为多样化的新产品、新服务的出现,新进入者不断开辟和进入新市场,新的市场结构塑造,已有资源重新配置和利用都提供了可能。在此过程中,企业之间的竞争性增强,人口就业增加,人力资本得到可持续发展,信息产业发展高速增长,这些都是产业跨界融合为经济发展带来的利好。

在已有研究基础上,我们认为,产业跨界融合最重要的是关注不同行业自身的价值在不同场景的实现过程,以及在此过程中伴随着的产业边界的变化。如图16-1所示,在我们将产业细分为人、物、场景、行业、地理空间、产业分工体系的基础上,产业创新发展的表现形式可以有产业跨界融合、集群演化以及价值链重构等。

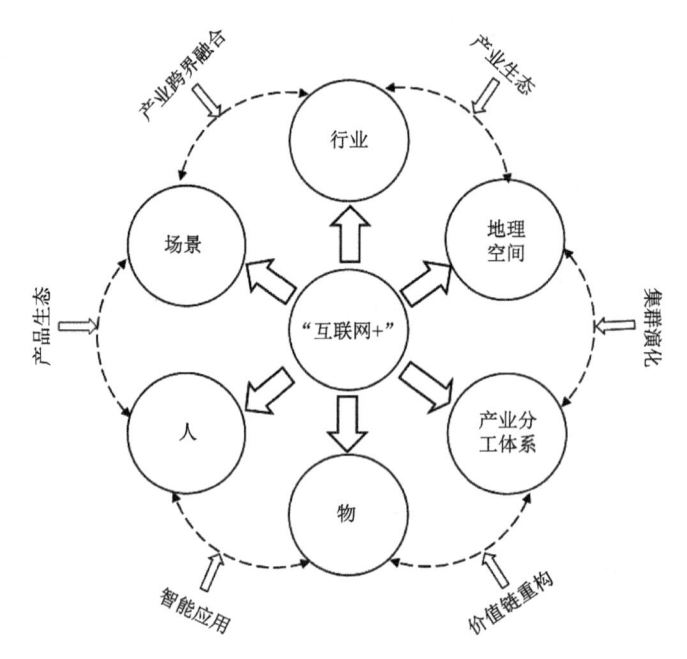

图16-1 "互联网+"驱动传统产业创新发展:轮辐图

产业跨界融合与集群演化、价值链重构的区别则在于产业跨界融合的概念关注的是企业、行业、产业这一有序体系通过场景之间的连接实现的动态变化过程。该过程表现为"企业跨界创新→产业边界跨越→不同产业融合→产业生态变化→场景之间连接→产品生态网络→企业跨界创新"的循环动态变化。

二、产业跨界融合的分析单位

以往的研究认为,产业融合主要有三种形式,分别为高新技术的渗透融合、产业间的延伸融合和产业内部的重组融合。可以看出，这是一种以产业为分析单位的产业融合分类方式，强调技术的渗透以及各产业间的边界和区隔，高新技术作为产业发展的核心推动力量对产业和产业细分市场产生作用，进而发生融合。这种分类方式固然从产业层面上考虑了产业融合的内涵特征，但事实上，产业发展的具体行动单位是企业，即产业融合的主体是企业，各企业以自身获得竞争优势为行动目标推动了整个行业甚至产业的发展，因此有必要将产业跨界融合从微观企业和中观产业层面进行打开和剖析。

从微观层面来看，企业的跨界行为才是行业融合的基础。当然，互联网时代，人、物这些更微观的主体都进入了研究者的分析视野，比如，互联网在物与物之间形成的连接催生了物联网，使得产品之间可以智能互联；互联网在人与人之间形成的连接形成了用户社区，使得社会化媒体成为企业营销的新渠道；互联网，尤其是移动互联网的发展，通过智能应用实现人与物的连接造就了智慧生活。但我们认为，人虽然是企业的行动主体，但个人绩效不足以汇总到产业层面，从企业出发分析产业跨界融合更加合适。因此，产业跨界融合主要有两类分析单位，第一类即微观层面的分析单位——企业，在很多情况下，是企业的跨界行为刺激了产业边界的变动，推动了产业之间的融合。第二类中观层面的分析单位——产业，从产业这个中观层面的分析单位展开研究，有利于国家和地方政府从宏观层面制定政策为企业提供制度保障。同时，从产业出发，有利于将"政产学研用金介"等其他各类主体纳入产业生态系统中进行分析。

具体而言，从企业微观层面出发，产业跨界融合对于经济发展的重要影响就在于创造出新的业态和经营模式，甚至催生出一个新的行业生态。企业是创新的主体，许多企业谋求跨界发展的目的在于获得竞争优势，企业的跨界经营行为在很大程度上可能挑战了产业原有业务经营的运作模式，企业从商业模式创新当中获取超额利润，从而也产生了"跨界颠覆"现象。例如，阿里巴巴跨界进入支付行业后，颠覆了传统的消费和支付模式，之后跨界开展互联网理财业务，又颠覆了传统的理财模式。正是这种对商业模式的颠覆使得阿里巴巴近十年一直领跑中国互联网企业，也是阿里巴巴及一众平台企业的发展推动了服务业和制造业的跨界融合（淘宝）、服务业与旅游业的跨界融合（飞猪）等。

从产业中观层面出发，产业跨界融合还关注企业与整个产业生态系统的协同发展。互联网时代，生态战略布局趋势愈加明显，对于企业而言，未来考验的不再是企业单打独斗的能力，而是要在整个产业生态系统中构建自己的核心竞争力。企业发展必须重新思考，当互联网消除了地理和空间的界限后，企业如何在相对宏观的产业环境里，实现行业与互联网的连接，从而形成更加完整的、和谐的产业生态。一个健康良好的产业生态要求行业与行业之间的聚合产生集聚和扩散的效应。从组织生态学的理论观点出发，个体消费者、生产企业以及围绕个体和组织形成的各种子系统共同构成了商业生态系统。在商业生态系统中,个体、企业、系统内的其他组织成员以及处于价值链上的不同企业、行业之间的联盟共同构成了生态链。商业生态系统中的生态链类似于自然生态系统中的食物链,处于价值链的一个环节两端的个体和组织、组织和组织都是利益共生的关系,这些共同存在的共生关系共同构成了生态圈。商品、资金和信息等关键的企业生产要素都可以通过生态圈和生态链在生态系统中流动和循环,商业生态系统就是建立在此基础上的一个高度集成的系统。"互联网+"背景下,我们既要关注企业跨界的过程和逻辑,更要关注产业与产业之间的融合的机制和路径。从企业层面来讲,"互联网+"的本质是互联互通,互联网时代,企业、组织间的连接更加紧密,企业应基于对互联网先进技术的利用,积极地与合作伙伴、供应商、客户甚至是竞争对手进行合作,打造更加良性的商业生态,创造新的企业价值。从产业层面来讲,"互联网+"背景下,我们既要关注在商业生态系统内,企业与产业之间的关系,同时也要关注产业内企业与其他组织的关系,更要关注产业与产业之间的关系。产业与产业间的跨界融合有利于企业实现向更高级价值链的价值攀升,促进企业与整个商业生态系统的良性协作。

三、产业跨界融合的基本策略[①]

从行业性质角度来看,产业主要分为服务业和制造业。从发展阶段来看,企业生命周期分为初创期、成长期、成熟期和衰退期四个阶段(Drazin and Kazanjian,1990)。然而,一方面,无边界化变革是对规模庞大、反应迟缓的组织而言,初创期组织由于其规模小,对环境变化的适应能力强,在此不对初创期组织进行讨论。另一方面,虽然过去的变革过程理论把组织变革分为"解冻—变革—再冻结"三个阶段,解冻阶段就是让组织成员认识到组织的某些方面已经不再适应新的环境,再不行动就会面临衰退或死亡的危险(张鼎昆,2000),也就是理论上组织在衰退期更容易进行变革。但是在管理实践中,大多数管理者在组织衰退期会更加保守,对变革的态度更加谨慎,更高的不安全感也会使得组织成员对变革采取更加抵制的态度。此外,衰退期作为组织生命周期的最后一个阶段,组织出现僵化趋势,内部活力降至最低水平,变革成功的可能性也大大降低。所以,无边界化变革是充满活力的组织在问题扩大化之前进行的自我重建和修复活动,衰退期组织在此也不予讨论。

基于以上,将组织情境分为成长阶段的服务业组织、成熟阶段的服务业组织、成长阶段的制造业组织和成熟阶段的制造业组织四类,下文主要针对不同组织情

[①] 本节内容整理自项目负责人张骁(第三作者)2017年发表在《南京大学学报(哲学·人文科学·社会科学)》的论文:组织无边界化变革:情境与策略的匹配研究。

境探讨相应的无边界化变革策略。

成长阶段的服务业组织的主要目标是以信息为边界跨越的载体整合各个职能部门，进而通过提高产品质量为企业创造价值，获取竞争优势。所以它们的无边界化变革策略是通过"职能整合"实现价值模块化。从组织层面来看，企业处于一个价值链和价值网中，本身就是一个价值模块。从企业内部来看，企业是由一个个价值链条相互交织形成的价值网络。具体而言，从企业内部各个层级来看，这些彼此间存在信息交换并且相互配合的职能部门也形成了一个个价值模块。两个或多个职能部门之间通过共同的界面联系，建立一定的合作规则实现边界的跨越扩展。

成熟阶段的服务业组织旨在通过解构、引进业务模块，在行业内部实现自己的价值体系。因而它们在进行无边界化变革时，采用的是基于价值体系化的"整合创新"策略。管理的最高境界是无为而治，如果企业能够与上下游形成体系运转自如，那么它就是一个卓越的企业。也就是说，企业的竞争力来自体系（李海舰和原磊，2005）。体系则源于核心能力，因此对于单个组织而言，组织需要保留能够最大程度发挥核心能力的核心业务，与其他互补企业纵向形成价值体系，也就是一个行业范围的更大的"组织"。价值体系化的优点不仅在于取长补短、每个组织集中自身优势做最擅长的业务，还在于它便于复制和再复制，对组织后续价值活动有一定的指导意义。

成长阶段的制造业组织对效率的追求，促使它们选择"权力分享"策略以形成纵向边界上的价值链条。从企业内部来看，每一个层级都是不同的价值模块（李海舰和原磊，2005），这些价值模块各司其职：基层员工负责决策执行以及信息的收集、传递；中层管理者对一般性信息进行反馈和决策，同时向上传达例外信息；高层管理者对例外信息做出决策，此外还要对中层管理者制定的决策进行定期监管。这些价值模块又通过不同的联系规则，沿组织的层级顺序形成价值链条；通过权力分享，各价值模块在这个价值链条上相互配合，最终为组织创造价值。

在成熟阶段的制造业组织的情境下，行业话语权和影响力成为组织追求的主要目标。因而它们会使用"协同合作"策略实现对自身和行业价值的整合，进而完成无边界化变革。从组织层面看，每一个企业都是一个独立的价值模块，而这些相互联系的价值模块构成了行业内的整个价值网络。现代企业竞争理念已经从"此消彼长"零和博弈转变为求同存异的双赢竞争，即便是同一行业的竞争者，也可以通过价值整合达成合作，共同追求整体价值的最大化。所以，成熟期的制造业组织通过资源共享，把自身价值和一个或多个竞争者的价值整合形成一个新的价值模块。这个整合形成的新的价值模块网络嵌入性更强，能够在行业价值网络中发挥更大的作用。

第二节 传统产业跨界融合的内部驱动因素[①]

从微观和中观的视角分别来看产业跨界融合的动因，可以发现，从企业的角度出发，可以洞悉产业跨界融合的内部驱动因素。演化经济学派认为，组织边界始终处于持续动态变化的历程中，组织边界的变化可以反映组织成长的速度和方式，组织可以通过积极的边界管理促进成长和创新（Andersen et al.，2013）。跨界，其本质是一个组织边界不断向外扩张的动态演化过程，边界演化是组织跨界颠覆过程的核心主导逻辑，因此，从边界演化视角剖析组织跨界颠覆过程具有特殊价值。组织可能基于不同目标导向进行边界跨越活动，组织的中心目标不同，边界跨越策略选择不一致，不同目标导向的边界跨越策略适用于不同的情境。

已有研究针对"组织边界为什么不断发生变化"这一问题，主要存在三种研究视角，即效率视角、能力视角和权力视角（Santos and Eisenhardt，2005）。其中，效率视角认为交易成本最小化是组织边界向外扩张或向内收缩的关键动因（Dyer，1996；Williamson，1985）。能力视角认为，"企业的边界在于能力的适用边界"（Teece et al.，1997），组织中不断演化的资源和能力塑造了自身的边界。第三种视角，即权力视角，以资源依赖理论为基础，主要关注组织如何控制交易关系（Pfeffer and Salancik，1978）。针对这三种研究视角，本章梳理了组织边界的理论基础和演化逻辑，表16-1总结了这三种视角下的企业边界演化的理论基础和演化逻辑。换言之，企业可能出于优化资源配置、降低交易成本、实施对其他企业的战略控制等多方面的考虑开始跨界活动，拓宽经营领域，推动产业融合。

表16-1 三种企业边界研究视角

项目	效率视角	能力视角	权力视角
组织定义	依靠命令（区别于市场调节）的治理机制	在产品/市场领域配置的资源束	促进协调以减少依赖和运用权力的制度
理论根源	交易成本经济学	资源基础观	资源依赖理论
分析单元	交易	战略性资源	战略性关系
中心目标	成本最小化	成长性	自主权
组织边界	区别组织内进行的交易	区别组织拥有的资源	区别组织施加影响的领域
演化动因	最小化交易成本	最大化资源价值	最大化战略控制

资料来源：Santos and Eisenhardt（2005）

[①] 本节内容整理自项目负责人张骁（第一作者）2019年发表在《中国工业经济》的论文：互联网时代企业跨界颠覆式创新的逻辑。

一、优化资源配置

从资源基础观出发,异质性的资源和能力决定了组织竞争力的差异。因此,在能力视角下,组织为了获取竞争优势而在市场中配置资源束,组织能力价值最大化才最有可能为企业赢得竞争优势。因此,组织边界主要关注组织如何开发和利用其特有的资源基础优势(Penrose,2009),以及如何掌控组织所拥有的核心能力和关键性资源,换言之,组织资源的组合、选择和利用是边界决策的主要关注焦点。在动态竞争环境中,能力视角下的组织边界管理关注组织的资源基础和其战略定位之间的"推论性契合"(Whitford and Zirpoli,2014)。为了有效利用内部资源,组织需要作出边界选择以使其内部资源和环境中的机会匹配,进而通过边界的动态变化以利用组织中不断演化的资源和能力(Peteraf,1993;Brusoni et al.,2001)。总之,在能力视角下,边界管理的核心是组织边界的设置能否最大化组织资源组合的价值(Santos and Eisenhardt,2005),实现组织的成长性目标。

互联网时代,企业对关键性资源的定义发生了巨大的变化,最显著的就是数据成为重要资源,传统企业或多或少都受到大环境的影响,从而进一步优化企业资源配置。比如,对于制造业企业而言,人工智能在制造行业的应用使得整个制造产业的格局发生变化,技术革新的作用更加突出,机器对人的替代作用更加明显,制造业企业必须把对工人的投资更多地转移到技术投资上,然而,机器的作用往往是可模仿、可替代的,只要资本实力足够,则就可以相对容易地获得这一资源,那么企业要如何获得自身的核心竞争优势呢?这就要求企业不断开阔眼光,拓展自身边界,尽可能地掌握那些不可模仿、不可替代的优势资源,比如,海尔通过"人单合一"模式把原来的员工转变为创客,资源还是原来的资源,但当他们配置到不同的身份和岗位时,所创造的价值是不一样的。

二、降低交易成本

以 Coase 和 Williamson 为代表的交易成本理论主张运用交易成本这一概念来分析企业的边界问题。Williamson(1973)认为企业是替代市场资源配置的科层制治理机制,随着企业不断向外扩张,内部管理成本也会不断增加,当企业组织规模扩张的边际管理成本等于边际交易成本时,企业的边界也就决定了。日常生产经营中,企业应该根据交易成本最小化的原则作出制造或购买(make-or-buy)的边界决策,如果自制的成本高于外购,那么就扩大企业规模,企业边界向外扩张;但如果自制的成本低于外购,则收缩企业边界,采用业务外包等方式进行经营(曾楚宏和朱仁宏,2013)。相对于外部市场,组织内部更易于实施控制、激励和信息收集(Hart and Moore,1990;Holmström,1999),当在组织内部进行交易的成本低于市场交易成本时,交易必将在企业内进行。因此,从交易成本理论出发，交易成本是决定企业效率高低的关键，效率最大化决定生产规模即组织边界，企业是否应该进一步扩张边界取决于由此产生的效率大小。组织边界管理是为了确定特定交易应该由市场还是组织来完成，进而减少边界冗余，降低成本，提高组织运行效率。在效率视角下，交易成本是边界决策的关键因素，企业进行边界管理的中心目标是实现交易成本最小化。效率视角的核心是组织边界的设置应该能实现治理成本最小化（Santos and Eisenhardt，2005）。

人类进入工业化时代以来，效率最大化就成了企业的第一追求目标，随着技术的不断发展，工业效率也随之不断提高。近年来，随着平台型组织等新型组织形式的出现，企业尤其是互联网企业致力于不断拓展边界，以获得效率的最大化。比如，阿里巴巴最先通过淘宝平台确立企业领先地位，其后不断拓宽自身边界进入金融行业（阿里金融）、外卖行业（收购饿了么）、旅游行业（飞猪）等，事实上，依靠淘宝平台和其背后巨大的数据量，阿里巴巴的这些业务拓展都可以实现交易成本最小化，因为这种业务扩展的本质是依靠"互联网+"实现的不同场景之间的连接，在这种连接形成的良好基础上，引导某一场景的消费者进入其他场景的消费领域的成本很小，往往只涉及前期的广告投入，几乎没有固定成本支出。这也是互联网企业、平台型企业相较于传统企业而言可以不断拓展边界的重要原因之一。

三、实施战略控制

组织在与外部主体发生交易的过程中，往往相互依赖，而这种相互依赖关系是一种潜在的权力来源。并且，在相互依赖的环境中，外部约束会影响组织内部的运行机制及其绩效。一方面，组织可以通过选择特定经营领域减少对外部环境的需求来管理外部依赖（Kotter，1979）；另一方面，组织可以通过并购来扩大权力范围，也可以通过非所有权机制，如董事会协议、联盟、游说等来影响其他重要的外部组织。因此，在权力视角下，学者们认为组织往往需要通过对外部战略性关系的管理来减少不确定性，因而边界决策需要确定组织应在何种领域施加权力，即主要关注组织影响力的适当范围。从资源依赖理论出发，组织被认为是开放系统，可以通过对外部关键行动体施加权力提高绩效，组织边界则是对组织与环境之间依赖关系的认知（Whitford and Zirpoli，2014），组织进行边界管理活动主要是为了减少外部依赖（Pfeffer and Salancik，1978），组织边界的设置应该对关键外部力量的战略控制最大化（Santos and Eisenhardt，2005）。组织进行边界管理的中心目标是实现对战略性关系控制的最大化，使企业获得充分的自主权。

互联网时代，用户流量成为"兵家必争之地"。掌握流量就相当于掌握了消费者基础，比如，在家居行业和装修行业，企业几乎拥有一致的目标客户群体，家居行业或装修行业如何拓展自身边界，扩大自身对用户流量的话语权就成了关键。以家居企业尚品宅配为例，2017年企业正式推出"HOMKOO整装云"，装修公司可以通过这个平台获益，但同时其对尚品宅配的依赖性也显著增强。尚品宅配通过对装修公司施加影响，从而获益于这种以最大化"战略控制权"为目标的商业模式，进一步提升自身全屋家具定制等方面的核心竞争力。

第三节 传统产业跨界融合的外部驱动因素

在分析企业（微观）跨界动因之后，从产业的角度出发，可以解构产业跨界融合的外部驱动因素，传统产业在新时代背景下面临更多的挑战，技术推动、政策拉动、需求带动是传统产业跨界融合重要的三个外部驱动因素。需要指出的是，这三类产业跨界融合的形式并不是完全独立的，"技术推动+政策拉动"型的产业跨界融合模式广泛应用于智能制造产业中，而"政策拉动+需求带动"型的产业跨界融合模式也在新旅游业发展过程中得到进一步的发展，"技术推动+需求带动"型的产业跨界融合模式更是丰富地体现在人们的日常消费活动中（图16-2），本节就对这三种外部驱动因素分别阐述。

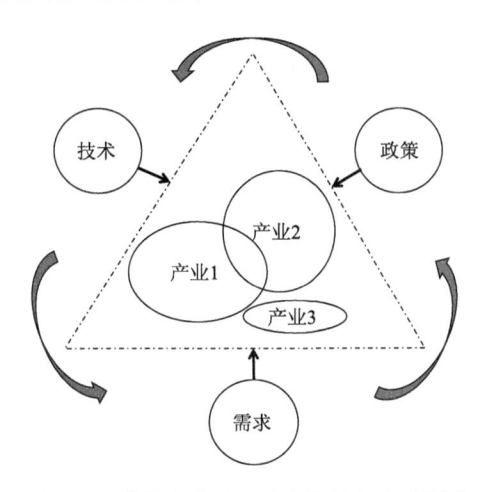

图 16-2 传统产业跨界融合的外部驱动因素

一、技术推动的传统产业跨界融合

技术革新和扩散是产业融合的重要原因，给产业融合带来了必要性和可能性。信息技术时代，谈到跨界和产业融合，必然离不开对技术的褒扬，每个技术细微变化的背后或将酝酿着巨变。21世纪以来，随着信息科技、物联网、人工智能等新技术深入各个领域，整个社会的生产方式、产业格局等都在发生巨大变化。正是技术的不断发展和里程碑式的变革，才使得产业跨界融合成为经济发展的重要表现形式。如果从历史的眼光来看，我们也可以看到，产业的融合发展也往往是新一轮技术革命最为显著和关键的特征之一，第一次工业革命本质上是蒸汽技术的革命，第二次工业革命是电力技术的革命，第三次技术革命是计算机及信息技术应用革命，而进入互联网时代，第四次工业革命，则是以石墨烯、基因、虚拟现实、量子信息技术、可控核聚变、清洁能源以及生物技术为技术突破口的工业革命。每一次工业革命之后，传统产业都会发生翻天覆地的变化。

从发展的眼光来看，世界是不断发展的，那些原本存在的产业分类方式可能已经不再适用于这个新的时代，产业跨界融合是技术革命纵向深入发展的必然趋势。每一次工业革命都是以技术变革作为里程碑，而伴随着技术革新所产生的产业融合为经济发展注入了新的血液，使得世界经济发展史向前大步迈进。这些主导的突破性技术革新成果往往会成为人类社会发展中的普及性底层技术，如内燃机、电力、铁路技术等，它们的广泛应用，紧密渗透进多数传统产业，从而和传统产业产生各类新组合、新突破。因此，21世纪，只有信息技术的不断发展，可以为传统产业跨界提供润滑剂，没有基础技术不断发展的支撑，产业发展将会是难以长期为继的，互联网基础设施建设是互联网发展的基石，与互联网发展相适配的互联网技术革新是产业跨界融合的主要外部驱动因素，技术推动了传统产业不断跨领域发展，实现各产业优势的跨界融合。

互联网时代的到来，大数据、云计算、物联网、工业4.0、众创空间等新名词层出不穷，平台企业、第三方支付、众筹众包等新的业态和运营模式也让人眼花缭乱，这些都是互联网技术发展的产物。从本质上来说，跨界融合的产物是商业模式的创新以及新兴业态的产生，这些都离不开技术的支撑，人们依靠核心技术来改变现有的价值创造方式，比如，在尚品宅配的案例中，尚品宅配在三次跨界经营过程中，不仅依靠圆方软件强大的IT能力开展日常业务经营，而且在整合其他领域知识后研发了个性化家具设计软件、大规模定制化生产系统和整装云平台，这为尚品宅配最终跨界成功奠定了基础。更重要的是，在尚品宅配跨界成功之后，其他家具企业纷纷效仿其做法，为整个行业的商业模式改变打下了基础，带动了整个家具产业的二、三产业融合发展。

二、政策拉动的传统产业跨界融合

过去的研究表明，政策在产业融合的过程中发挥着重要作用，尤其是放松管制，放松管制可以激励和扩展企业技术和商业模式创新的市场边界，降低市场准入壁垒往往可以为该产业带来新产品或新商业模式（陆磊，2000）。植草益（2001）认为，产业融合就是由于技术进步和管制放松，改变了原有产业企业之间的竞争合作关系，从而导致产业界限的模糊化，甚至重划产业界限。通过整理，表16-2列举了2015～2020年一些重要的与"互联网+"驱动产业融合相关的政策文件及具体指示内容。

表 16-2 "互联网+"驱动产业融合相关政策举例（2015~2020 年）

年份	政策文件名称	具体内容
2015	《国务院关于积极推进"互联网+"行动的指导意见》	"互联网+"是把互联网的创新成果与经济社会各领域深度融合，推动技术进步、效率提升和组织变革，提升实体经济创新力和生产力，形成更广泛的以互联网为基础设施和创新要素的经济社会发展新形态
2016	《国家创新驱动发展战略纲要》	发展支撑商业模式创新的现代服务技术，驱动经济形态高级化。加快推进工业设计、文化创意和相关产业融合发展，提升我国重点产业的创新设计能力
2016	《国家信息化发展战略纲要》	全球信息化进入全面渗透、跨界融合、加速创新、引领发展的新阶段。最大程度发挥信息化的驱动作用，实施国家大数据战略，推进"互联网+"行动计划，引导新一代信息技术与经济社会各领域深度融合，推动优势新兴业态向更广范围、更宽领域拓展，全面提升经济、政治、文化、社会、生态文明和国防等领域信息化水平
2017	《国务院关于深化"互联网+先进制造业"发展工业互联网的指导意见》	加快建设和发展工业互联网，推动互联网、大数据、人工智能和实体经济深度融合，发展先进制造业，支持传统产业优化升级，具有重要意义。推动互联网和实体经济深度融合，引进培养高端人才，加强科研攻关，实现创新驱动发展
2019	《国务院办公厅关于促进平台经济规范健康发展的指导意见》	适应产业升级需要，推动互联网平台与工业、农业生产深度融合，提升生产技术，提高创新服务能力，在实体经济中大力推行应用物联网、大数据，促进数字经济和数字产业发展，深入推进智能制造和服务型制造。深入推进工业互联网创新发展，加快跨行业、跨领域和企业级工业互联网平台建设及应用普及，实现各类生产设备与信息系统的广泛互联互通，推进制造资源、数据等集成共享，促进一二三产业、大中小企业融通发展
2020	《工业互联网创新发展行动计划（2021—2023 年）》	坚持新发展理念，坚持以深化供给侧结构性改革为主线，以支撑制造强国和网络强国建设为目标，顺应新一轮科技革命和产业变革大势，统筹工业互联网发展和安全，提升新型基础设施支撑服务能力，拓展融合创新应用，深化商用密码应用，增强安全保障能力，壮大技术产业创新生态，实现工业互联网整体发展阶段性跃升，推动经济社会数字化转型和高质量发展

从党中央和国务院近年来颁发的互联网相关政策来看，国家大力支持推动产业跨界融合发展，并在信息和网络设施建设、工业互联网建设、战略保障体系支撑等方面为产业融合发展提供了大量的便利。据工信部信息化和软件服务业司巡视员李颖在 2019 工业互联网全球峰会上的发言，2018 年国家财政投入了 30 亿元到工业互联网建设中，带动地方和社会投资上百亿元；2019 年财政计划投入 30 亿元，但是实际上真正投下去的至少有六七十亿元；启动了 2020 年的工业互联网创新发展工程，进一步加速"互联网+"的产业布局[①]。正是国家大规模的资金投

---

① 资料来源：http://finance.sina.com.cn/china/gncj/2019-10-19/doc-iicezuev3277774.shtml。

入和战略部署，使得我国各种规模、各种类型的企业争先响应政府号召，敢于跨界，勇于创新，最终推动形成了传统产业进一步跨界融合的局面。

三、需求带动的传统产业跨界融合

从供给和需求的角度来看，产业跨界融合体现的是产品市场不断增长的需求和原有产业所不能满足的供给之间的供不应求走向供求均衡的过程。如果原有产业不能满足现有市场的需求，那么产业内外部必然发生某种改变，这种改变必须是适应社会广大群众的需求的，换言之，是社会需求带动了传统产业发生改变，这种改变可能是不同产业之间的跨界融合。典型的案例如旅游产业，随着人们生活水平的逐渐提高，旅游产业得到巨大发展，但旅游业和服务业之间的供不应求关系随之产生，这通过大量增加旅游服务业的从业人员得到了解决。

互联网时代，我国传统产业跨界迅速发展在很大程度上是消费者消费习惯改变促成的，消费升级使得消费者有了更高层次的消费需求，而这些消费需求是传统产业运行模式下所不能满足的，因此，企业纷纷谋求跨界发展。企业依靠互联网技术精准地和客户需求相结合，为客户提供个性化的定制服务，通过商业模式创新为客户创造原来产业划分所不能带来的价值。比如，互联网、移动互联网的普及唤醒了客户的金融意识，人们不再单纯地依靠银行来管理自己的财产，蚂蚁金服正是在这种背景下应运而生，互联网金融彻底改变了人们在金融消费领域的行为模式。互联网金融具备灵活性强、操作便捷、透明度高、中间成本低等先天优势，这些优势完全符合客户所需，又是传统银行业目前的痛点。而且，客户可以根据自身的金融需求通过方便、快捷的方式获取信息并自由决策，自主选择接受服务的时间和渠道也大大提高了人们管理金融财产的效率。这些都使得客户行为的改变倒逼整个金融行业发生改变，从根本上动摇了以国有银行为主导的银行金融市场需求和供给的传统格局，为互联网金融的发展创造了需求保障。从目前来看，"互联网+"在拼车、房屋互换、二手交易、家政服务等领域创新迭出，这完全迎合了消费者当前对于绿色经济、共享经济的时代诉求。

互联网促进消费升级、改变消费者需求在各行各业都有所体现。例如，腾讯、阿里巴巴、百度、小米等一批平台型的互联网企业已经在O2O、移动支付、可穿戴设备等领域形成了一定规模的产业生态系统，并基于这些平台又创造出了新的业态。智研咨询发布的《2020—2026年中国互联网市场深度评估及未来发展趋势报告》披露，2018年，我国电子商务、社交、游戏、搜索引擎四类业务的收入合计达15 927.53亿元，占总收入的比重86%。电子商务收入同比增长33.4%，增速与2017年相比下降8个百分点，社交业务同比增长48.2%，增速下降28个百分点，游戏和搜索引擎等业务增速较2017年同期分别下降23、22个百分点。在新兴业务方面，云计算、大数据、人工智能等业务虽然增长很快，但规模较小，尚无法对行业增长形成有效支撑。①这些都表明传统的互联网市场已经在逐步走向市场饱和的过程中，不排除这些领域依然有潜在的客户需求，但显然已经走过黄金发展阶段。未来，如何通过将新兴业务与顾客需求相结合来实现全行业增长才是互联网市场发展的重要方向。

第四节 "互联网+"驱动传统产业跨界融合的机制分析

信息技术时代，跨界融合并不是一个新的词汇，早期提到互联网的跨界，只是在信息工业领域的跨界。而随着互联网时代的到来，云计算、大数据、物联网等信息技术日渐成熟，大数据技术的运用，促进了不同行业、领域和终端的数据交换和相互融合，云计算、互联网平台，能够为大数据分析和数据驱动建立庞大的数据库基础和通常的信息交流整合渠道，数据成为企业的关键资源，"互联网+"的连接一切，使得不同产业之间得以跨界融合。在全球新一轮科技革命和产业变革中，互联网与各领域的融合发展具有广阔前景和无限潜力，已成为不可阻挡的时代潮流。传统产业通过"互联网+"实现跨界融合，将重塑各种产业和互联网的生态，实现转型和升级。

一、"互联网+"驱动传统产业跨界融合的核心作用

如图 16-1 所示，以"互联网+"为核心，"互联网+"的连接功能体现在多个层面和维度上，而我们主要关注，其一，互联网打破场景边界的同时也在破除行业的壁垒，模糊行业的边界，促进了行业之间的跨界融合；其二，互联网在改变地缘优势的同时，催生了新型的行业生态。进入 21 世纪，互联网和人工智能技术的快速发展已经成为这个时代的标志和象征，而这些也将并正在成为人类社会生活的基础设施，正在渗透到各个行业的发展过程中，正在对产业发展和人们的生活产生颠覆性的变化。产业跨界融合，绝非简单的产业间单向的形态演进和总量比例的变化，也不是某两个行业间孤立的彼此博弈和影响，而具有要素重组、互相渗透、边界消融、加乘借力等新特点。"互联网+"本质上代表的是"连接一切"，以互联网为基础的一切新的技术发展可以"连接一切"可能，使得原本按照既定规律运行的事物必将偏离以往的发展轨迹，摆脱传统发展模式，因为"连接"带来了预想不到的新要素、新机会和新范式，将迅速推动产业跨界融合式的经济发展。

和一般的互联网技术不同，"互联网+"并不只是简单地将互联网视为信息传递的工具，甚至不仅仅依靠互联网技术进行技术更新和变革，进而对传统产业

---

① 资料来源：https://www.chyxx.com/research/201711/578907.html。

的业务和流程数据化来提升生产和营销效率。"互联网+"本身不是信息管理系统，也不是信息管理系统的升级和改造。从本质上讲，"互联网+"是传统产业借助信息产业的相关价值创造环节和要素，重新排列、重构和整合自身价值创造过程，进而创造出全新价值创造方式的"跨界经营"。因此，"互联网+"模式本质上要求传统企业对互联网资源属性、获得途径、利用方式的再思考，也要求传统企业依据互联网经济的具体特征对原有资源基础和企业能力及它们利用的方式进行再思考。综上，如图 16-3 所示，"互联网+"背景下，在技术、政策、需求的共同驱动作用下，传统的边界清晰的产业形态逐步向边界模糊与重叠的形态转变，转变过程中涉及产业边界的动态变化、产业内企业的跨界转型，以及产业内与产业间的连接。

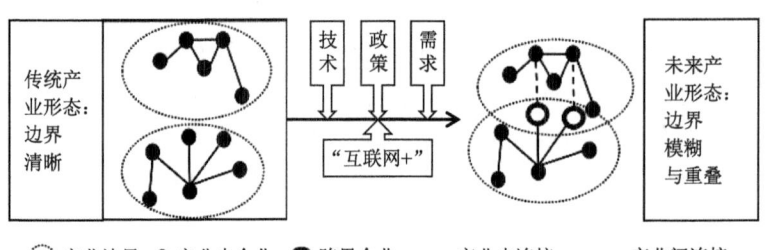

图 16-3 传统产业形态演化过程

在"互联网+"战略实施的过程中，"连接"是技术、是手段、是支撑；"跨界"是途径、是企业层面的具体行动；"融合"是方向、是产业层面的基本趋势。在明确"互联网+"驱动传统产业跨界融合的核心作用的前提下，要分析"互联网+"驱动传统产业跨界融合的内在机理，我们首先要明确的就是企业跨界创新是产业边界跨越的微观基础，产业边界跨越推动了产业融合，因此，我们主要关注两个问题：一是产业内企业是如何实现跨界的，即"互联网+"如何驱动企业无边界化变革，从一般企业"●"转变为跨界企业"○"，其内部作用机制是什么；二是传统产业如何利用"互联网+"进行跨界融合，企业的跨界行为如何模糊了产业边界，推动了产业之间的融合，产业边界是如何动态变化的，"互联网+"驱动产业融合的内部作用机制和驱动企业跨界经营的作用机制有何不同。

二、"互联网+"驱动企业跨越边界的作用机制

组织为促进边界的动态跨越，往往在有边界的组织实体上实现无边界发展，并对组织内部结构和管理模式进行变革。"互联网+"如何驱动企业跨越组织边界，从效率的角度来看，通过互联网交易，资产的所有者或者是未来潜在的使用者都可以以较低的成本来获得更多关于这项资产的用途及所有者、使用者的相关

信息，并以此提高该资产用于别的用途或使用者的可能性，从而在一定程度上降低了资产专用性，提高了企业效率。整个互联网交易的过程事实上就是企业边界不断拓展的过程，企业的联系更加紧密，相互依赖程度也变高。

我们认为，"互联网+"驱动企业无边界化变革主要的作用机制是一种交易成本机制，"互联网+"降低了企业的交易成本，进而驱动了企业做出边界跨越的选择，扩大经营范围。这种交易成本具体体现在信息成本、风险成本、协调成本、激励成本、组织成本等多个方面。第一，信息成本。在"互联网+"的背景下，搜寻并获取信息变得更加便利，企业摆脱了有形生产要素的限制，数据成为企业的核心资产，比如，企业可以通过网络媒介获取相关信息，为企业选择、比较、鉴别、决策提供大量的便利，大大减少了信息搜寻的成本。第二，风险成本。在传统交易市场中，买方无法观测和监督卖方的行为或者无法获知卖方行动的完全信息或者观测和监督的成本高昂的时候，交易双方掌握的信息处于不对称状态。这带来了产品质量低下、消费者信任缺失、市场缩小甚至消失等风险问题。互联网在解决信息不对称方面有其自身的优势，"互联网+"的互联互通网络性降低了企业与外部交易者的信息不对称程度，进而降低了风险成本。第三，"互联网+"有利于降低企业交易协调成本。在互联网时代，平台理念深入人心，传统的仅仅存在交易关系的企业之间可以通过互联网平台实现合作共赢，在移动互联网技术、信息管理系统等的辅助下，契约型的平台组织会使得交易协调成本大大降低。第四，在降低激励成本方面，激励成本是企业为实现人力资源绩效最大化而付出的代价。海尔在这方面做出了表率，张瑞敏在互联网转型过程中重要的一步就是通过创新的"人单合一"模式将员工价值和客户价值对接，当员工工作是为了自己创造价值时，企业的激励成本可以得到最大程度的降低。第五，组织成本主要来自企业内部的部门之间的沟通、协调等方面的成本。互联网时代，商业逻辑由产品主导逻辑向服务主导逻辑转变，一切以顾客为中心，信息化流程重构可以帮助降低这类成本。而根据交易成本理论的内容，企业交易成本的降低会使得企业拓宽边界、扩大规模。比如，海尔发展过程中着力于打造平台型企业，不断加深企业与员工、供应商、消费者、供应链上下游企业的联系，降低可能的交易成本，拓展组织边界。

三、"互联网+"驱动传统产业融合的作用机制

（一）"互联网+"对传统产业融合的影响

在"互联网+"背景下，产业发展出现了技术融合、产品融合、业务融合、市场融合和组织融合的趋势（欧阳日辉，2015）。之所以会出现这种趋势，一是因为"互联网+"有利于企业资源配置优化，提高资源整合和动态管理能力。资源

编排理论指出，企业即使拥有有价值、稀有、不可复制、不可替代的资源，仍然不足以获得竞争优势，而关键在于如何将企业资源转化为提升绩效的核心能力（Sirmon et al., 2011）。由于"互联网+"具有连接一切的特征，因此，大大提升了传统企业资源的利用率，通过互联网，企业资产的所有者或是未来潜在的使用者都可以以较低的成本来获得更多关于这项资产的用途及所有者、使用者的相关信息，并以此提高该资产用于别的用途或使用者的可能性，从而在一定程度上降低了资产专用性（杨蕙馨等，2008）。随着各类企业资源的专用性降低，创新性地将来自不同产业的各类资源重新编排整合，可以促进不同产业之间的融合。二是"互联网+"改变了企业与其他主体的竞争合作关系。互联网时代，生态战略布局趋势愈加明显，对于企业而言，未来考验的不再是企业单打独斗的能力，而是要在整个产业生态系统中构建自己的核心竞争力。因此，"互联网+"给商业实践界带来的显著改变在于企业与企业之间由竞争关系变为竞合关系，进而共建商业生态（李海舰等，2014）。不同类型的产业在同一个商业生态圈中，随着企业与企业之间的连接愈加紧密，行业与行业之间的聚合产生集聚和扩散的效应，产业融合是传统产业发展的必然趋势。三是"互联网+"改变了传统产业的游戏规则。信息技术革命是制度创新的重要外部动因（Wang and Swanson, 2007），在"互联网+"背景下，组织为了应对高度的外部环境动荡性和竞争性，自身的创新行为甚至改变了产业的游戏规则，推动了传统产业的跨界融合。比如，阿里巴巴跨界进入金融行业不仅提高了企业的竞争优势，而且推动了大数据等高新技术与传统金融产业的深度融合，传统的金融经济规则和格局也随之发生改变（张军成等，2016）。

（二）"互联网+"驱动传统产业融合的技术创新机制

人类文明发展过程中的四次工业革命为产业发展带来翻天覆地的变化，其背后的基本逻辑是技术创新带来的改变。Bröring Leker（2007）的研究表明企业往往需要改变传统的理念和做法，通过技术创新来促进产业融合。并且，和以往研究关注的行业层面大的、颠覆性的技术创新不同，互联网时代，迭代创新受到更多企业的青睐并发挥着重要作用（孙黎和杨晓明，2014；朱晓红等，2019）。"互联网+"是如何促进企业技术创新的？第一，"互联网+"扩大了企业跨界进行知识搜寻的范围。作为技术创新的基本要素，企业搜寻到有用的知识并加以内化十分重要。在"互联网+"背景下，企业知识搜寻的目标、方式和范围都发生了改变。有用的信息和知识可以通过各类平台低成本地、迅速地、实时地产生、分享和交流，进而产生明显的正的外部性，最终，用户群体数量巨大所带来的低边际成本和网络外部性会进一步刺激企业的研发投入。第二，"互联网+"改变了传统商业逻辑。"互联网+"通过大数据将人、物、场景、企业和产业更加紧密地连接起来，服务主导逻辑逐渐替代了传统的产品主导逻辑，企业以往提升生产效率为导向的技术创新逐渐转变为以顾客需求为中心的创新。并且，由于消费者需求在不断发生变化，企业根据用户反馈不断提升和迭代更新变得高效，微信的成功便源于此。而技术创新之所以可以推动传统产业融合，一方面是因为技术融合本身可以引发产业的融合。比如，互联网技术和通信技术融合创新成功，推动了通信行业和移动 PC 行业的融合，催生了智能手机行业的产生。另一方面则是因为技术具有高渗透性和扩散效应，可以快速渗透到其他产业，尤其是信息技术、生物技术等基础科学技术。马健（2017）指出，技术扩散是产业融合的重要原因，给产业融合带来了必要性和可能性。

（三）"互联网+"驱动传统产业融合的商业模式创新机制

从目前来看，"互联网+"在消费领域的渗透和应用已经催生了一系列新的产品、业态和模式，比如，无人商店、免费模式、共享经济、平台模式等。但事实上，这些新的概念、新的企业发展模式背后的主要逻辑在于"互联网+"对企业价值创造和获取方式的改变，也即商业模式创新。"互联网+"是如何驱动企业进行商业模式创新的？由于商业模式具有三个关键要素：价值主张、提供产品和服务的方式以及盈利模式（Amit and Zott，2001），而"互联网+"可以分别作用于这三个要素。首先，企业的价值主张往往根据目标客户群体来确定，"互联网+"可以帮助企业更加精准地了解客户需求，定位目标客户。并且，"互联网+"催生了新的企业价值主张。在互联网时代，消费者的个性化需求越来越旺盛，传统的产品导向价值主张开始转变为用户导向价值主张。比如，海尔集团 CEO 张瑞敏就创新性地提出"人单合一"模式，将企业的价值主张聚焦到员工在为用户创造价值的同时实现自身价值，这种新的价值主张奠定了海尔新的商业模式成功的基础。其次，"互联网+"丰富了企业提供产品和服务的方式，并且提高了企业提供产品和服务的效率。从电子商务的出现，到新零售强调线上线下的深度融合，"互联网+"通过大数据、云计算等的应用从价值链的各个环节不断优化企业为顾客创造价值的方式和效率，不仅改变着价值链各环节之间分工协作的体系和模式，而且改变着价值链各环节的相对重要性程度。最后，"互联网+"推动了信息快速传播，新的盈利模式可以被借鉴和应用。传统企业的盈利模式相对比较简单，通过规模经济效应、范围经济效应等来降低企业成本从而实现盈利。而"互联网+"催生了多种新型商业模式，比如，共享经济可以通过平台将供给方和需求方直接匹配，并实现动态定价，具有明显的价格优势（郑志来，2016），免费经济模式可以通过扩大用户规模、获得用户流量来为企业带来红利。而商业模式创新可以推动产业融合，并且商业模式创新有时甚至比技术创新对产业融合的驱动作用更大（Chesbrough，2007）。王翔和肖挺（2015）认为，处于同一产业链的不同企业如果进行商业模式的协同创新，可以促进相关产业的跨界融合。

(四)产业异质性的影响

由于互联网本身可以界定为产业层面的概念，因此，互联网产业和传统产业之间以及不同类别的传统产业之间的异质性自然而然成为人们关注的一个话题。那些价值创造环节和要素更加相似的传统产业之间更容易实现产业融合吗？这需要分情况探讨。第一种情况，"互联网+"通过技术创新驱动传统产业融合的过程，产业异质性的作用是负向的，换言之，产业异质性越低，技术创新越容易促进传统产业融合。比如，最早受到关注的，由于数字技术的出现而引发的电信、广播电视和出版三大产业的融合现象。这三大产业虽然有所区别，但归根结底同属于信息通信产业，产业异质性相对较低。在此过程中，不同产业的产业结构、要素越相似，产业之间的技术边界和运作边界就越模糊，技术的扩散效应越强，进而使得产业融合成为可能。第二种情况，"互联网+"通过商业模式创新驱动传统产业融合的过程，产业异质性的作用是正向的，即产业异质性越高，商业模式创新越可能促进更大程度的产业融合。比如，平台商业模式的发展，促进了传统的电子商务和实体零售产业的深度融合。这两大产业边界明显，替代程度较高，导致两大产业竞争激烈，实体零售的利润空间一度被严重挤占。然而，虽然在传统意义上，这两大产业边界清晰，产业异质性相对较高，但商业模式创新为打破这种竞合关系提供了可能，越来越多的零售商运用外卖思维实现快递配送，"一小时达"等新的业务模式更好地满足了客户的需求，实现了线上线下的跨界融合。

第十七章 "互联网+"背景下传统产业跨界融合的特征、机遇与挑战

随着互联网和信息技术的发展，尤其是"互联网+"行动计划写入政府工作报告以来，实践界已经出现了很多传统产业利用互联网进行跨界融合的例子，比如从事物流的顺丰集团布局冷链物流，打造生鲜电商"顺丰优选"，进军农业领域；传统家电零售连锁企业苏宁电器，从线下走到线上，成立苏宁易购，并进一步开放平台，整合线下连锁、线上电商、物流、服务、金融、信息、广告、海量用户等商业资源，并通过收购进军母婴、金融等领域，实现转型。然而，也有很多的传统企业在互联网大潮下，纷纷尝试设立电子商务部门、在天猫上开店等，却以失败而告终。这表明，虽然在"互联网+"背景下，传统产业在跨界融合方面面临着前所未有的机遇，但同时，为了顺应互联网浪潮，企业、产业甚至政府都面临着巨大挑战。本章主要基于中国互联网的基本发展概况，总结了"互联网+"背景下传统产业跨界融合的本质、要素和基本特征，并分析了未来可能面临的不同层面的机遇和挑战。

第一节 中国"互联网+"发展概况

一、"互联网+"发展基本现状

2015年3月5日，李克强总理在政府工作报告中首次提出"互联网+"，要求制定"互联网+"行动计划，推动移动互联网、云计算、大数据、物联网等与现代制造业结合，促进电子商务、工业互联网和互联网金融健康发展，引导互联网企业拓展国际市场。2015年7月，《国务院关于积极推进"互联网+"行动的指导意见》是国家层面首次出台"互联网+"的全面指导意见。2015年10月，"互联网+"行动计划被写入《中共中央关于制定国民经济和社会发展第十三个五年规划的建议》，要求拓展网络经济空间，实施"互联网+"行动计划，发展物联网技术和应用，发展分享经济，促进互联网和经济社会融合发展。[1]自此，互联网的重要性达到前所未有的高度。加之当前中国经济正处于转型升级的关键时期，

---

[1] 资料来源：https://www.gov.cn/xinwen/2015-11/03/content_5004093.htm。

面临着增长放缓、生产过剩、内需不足等严峻挑战,通过推进"互联网+"行动完成从中国制造到中国创造的转变,进而发展我国经济"新常态"下经济发展的新动力和新引擎已经成为地方甚至国家的共识。

纵观我国的互联网发展进程,虽然较世界起步稍晚了20年,先后经历了探索期(1987~1993年)、蓄势期(1994~1996年)、起步期(1997~1998年)、发展期(1999~2002年)、繁荣期(2003年至今),但基本上可以说中国的互联网发展是一个小步快跑的节奏,经过几十年的发展,中国的互联网发展速度和发展规模已经冲到世界的前列,正在从互联网时代的追随者逐步转变为互联网时代的引领者。[①]

早在2013年,我国互联网普及率已达45.8%,网民数量世界第一,成为网络大国。而从2023年3月2日中国互联网络信息中心发布的《中国互联网络发展状况统计报告》来看,截至2022年12月,我国网民规模达10.67亿,较2021年底增长3549万;互联网普及率达75.6%;我国手机网民规模达10.65亿,较2021年底增长3636万,网民使用手机上网的比例达99.8%;即时通信用户规模达10.38亿,较2021年底增长3141万,占网民整体的97.2%;网络新闻用户规模达7.83亿,网络购物用户规模达8.45亿,网络支付用户规模达9.11亿,网络视频用户规模达10.31亿,线上办公用户规模达5.40亿,在线旅行预订用户规模达4.23亿,互联网医疗用户规模达3.63亿。[②]所有的数据都在表明,互联网已经深刻地影响到了社会的方方面面,互联网发展态势前所未有。当然,我们关注互联网,不仅要关注这些数据本身,更是要深刻剖析其背后所隐含的社会和经济价值。所有这一切都在表明,一场时代的变革正在来临——互联网已经成为我国经济发展不容忽视的重要背景之一,互联网要素已经成为产业分析重要的考量因素。

二、"互联网+"发展制约因素

虽然"互联网+"口号十分响亮,在理论界和实践界都受到十分热切的关注,国家层面,政府不断出台各项政策推动互联网+产业发展;产业层面,企业也不断更新自身的思维模式,推陈出新进行变革;个体层面,人们更是希望借助互联网浪潮实现梦想和目标。然而,"互联网+"的发展在各个层面仍然面临一定的制约,这些制约因素的存在使得企业创新、产业转型升级、产业跨界融合都遭遇一定的挑战,尤其是在传统产业,因为那些传统产业相对于新兴业态而言,有自身固有的观念、资源、制度等方面的壁垒存在。要想"互联网+"不仅仅是一个新的概念,而是借此彻底地对既有的落后的传统产业进行变革,我们既要看到当

---

① 资料来源:http://dy.163.com/v2/article/detail/EBTHOB1R053272YM.html。
② 资料来源:2023年第51次《中国互联网络发展状况统计报告》。

前形势好的一面，比如，人工智能、工业互联网、大数据、5G的不断发展，同时也要关注那些背后制约"互联网+"发展的因素，比如，当前的基础设施、创新体系、政策制度、人才体系等。

首先是基础设施。互联网尤其是移动互联网的迅猛发展，对我国的移动通信基础设施提出了要求。目前，我国的互联网基础设施仍然在不断完善过程中，尤其是那些经济欠发达地区，移动网络覆盖率依然有待进一步提高，这对地方经济发展十分重要。未来，地方政府依然要加大投入互联网基础设施建设，尤其是那些偏远地区，互联网的发展对于那些经济落后的地区同样是一次巨大的机遇。

其次是创新体系。创新体系指的是创新所需要的一系列配套，包括创新主体、创新基础设施、创新环境、创新资源，以及外界互动等。我国当前的创新体系建设仍然处在不断吸收国外先进经验，不断调整和适应的过程中，政府在鼓励大众创新创业、基础设施提供方面都投入了大量的资源。

再次是政策制度。互联网的迅猛发展表现出实践先行的基本特征，尤其是商业实践界，企业通过为客户创造互联网时代新的需求来创造价值。在这方面，政策制度方面的反应速度赶不上实践界，这也使得类似的商业实践缺乏监管，比如，网络诈骗事件、违法直播事件时有发生，这些都需要政府加大法律监管力度，规范互联网活动，建设良序健康的互联网环境。

最后是人才体系。虽然人工智能、5G、工业互联网是"互联网+"未来发展的新动能，然而这方面的人才在我国依然是紧缺的，越来越多的高校建立了专门的人工智能学院、人工智能专业以及人工智能研究机构，然而人才培养是有时间周期的，这些人才短时间内还不能及时为该行业提供人才支持，而且培养效果也有待进一步考察。因此，对于人才方面的缺口，应该要采用多种办法吸纳人才，进一步对这方面的科技人才进行培训，使他们不断成长，适应社会需求。

第二节 "互联网+"背景下传统产业跨界融合的特征

随着新时代互联网的不断发展，传统产业跨界融合也体现出了一些不同以往的要素和特征，在"互联网+"背景下，企业之间的竞争本质上是商业模式的竞争，一些新的商业模式开始颠覆原来的产业格局，一些企业在颠覆式创新过程中涅槃重生。因此，本节在阐述"互联网+"背景下传统产业跨界融合的本质的基础上，对产业转型升级和跨界融合进行了区分，同时分析了传统产业跨界融合最核心的要素——互联网思维，互联网的用户、迭代、免费、平台、共享等思维体现在新时代生产生活的方方面面，最终使得传统产业跨界融合表现出新的时代特征。

一、"互联网+"背景下传统产业跨界融合的本质

在"互联网+"背景下,许多新的概念层出不穷,让人眼花缭乱。例如,新零售、无人商店、互联网金融、互联网教育、互联网医疗等。这些概念本质上是互联网作用于传统产业的一种表现形式,其内核反映的是在互联网技术不断发展的过程中,传统产业通过边界跨越所创造的商业模式发生了什么样的变化,新零售到底新在什么地方,是产生了新的业态,还是催生了新的行业,抑或是价值创造方式发生了本质改变。在前"互联网+"时代,传统企业与互联网的连接是间接而松散的,产业之间的融合程度低,范围有限,产业融合主要发生在信息产业内部。而在"互联网+"背景下,跨界融合不仅成为可能,而且变得更加紧密且高效,融合程度不断提升,融合范围不断扩大,技术不断被革新,新的理念新的商业模式不断诞生,而这些商业模式的创新从本质上不断刺激传统产业变革。

"互联网+"的本质是连接一切,这种连接一切对产业的影响可能是颠覆性的,因此我们看到,互联网经济创造了许多新兴业态,如网购、团购、共享出行、民宿、外卖、点评、导医等。因此,"互联网+"到底加的是什么?毫无疑问,加的是产业。无论5G、智能制造、工业互联网等基础设施怎样建设,无论互联网怎样发展,没有产业,互联网的连接功能都无法在经济效益上得到体现,换言之,虽然近年来科技产业发展持续加速,许多科技公司在全世界范围内都崭露头角,但互联网产业独立发展并不是我们最终想要的,通过互联网连接传统产业,刺激传统产业,为传统产业赋能,为传统产业创新发展提供新的能量和血液才是根本。

需要进一步明确的是,传统产业跨界融合和转型升级的本质是不一样的。转型升级,指的是一种产业结构的高级化,转型的核心是转变经济增长的"类型",即把高投入、高消耗、高污染、低产出、低质量、低效益转变为低投入、低消耗、低污染、高产出、高质量、高效益,把粗放型转变为集约型;而"升级",既包括产业之间的升级,如在整个产业结构中由第一产业占优势比重逐级向第二、三产业占优势比重演进;也包括产业内的升级,即某一产业内部的加工和再加工程度逐步向纵深化发展,实现技术集约化,不断提高生产效率。这种转型升级更多依靠"互联网+"不断调整和优化产业结构,而跨界融合的本质,其最终得以形成的标志是新技术、新业态和新商业模式的诞生。商业竞争的本质是商业模式的竞争,新的商业模式为企业带来的竞争优势是不可替代的,这需要商业实践者不断转变思维,不断思考互联网的本质是什么,我们可以从互联网发展中得到什么。

举例来说,在产业经济学的概念中,农业转型升级就是要在提高农业供给体

系质量和效率并向绿色农业转变发展的过程中，不断通过农产品深加工、发展休闲农业与乡村旅游等措施使农业向制造业和服务业靠近。而受制于地方基础条件、经济发展水平等客观因素，许多偏远农村要实现这些并不容易。但如果从商业模式的角度来思考这一问题可以发现，农业发展重要的考量因素是要通过某种方式使农民增收，而不是培养农业企业家，"互联网+"为农业C2C提供了可能。在微博、哔哩哔哩、西瓜视频等视频播放平台上，"三农"成为一个重要板块，部分"三农"视频主不但分享农村生活，同时将自家甚至村镇特色的农产品展示给观众，再通过淘宝等电子商务平台将农产品销售给观看视频的消费者。事实上，这是一种在农业领域应用的"粉丝经济"模式，在这个过程中，农户不需要通过批发商、零售商就可以直接将农产品零售给来自全国各地的客户，同时，通过视频播放和电子商务平台，消费者可以购买到纯天然绿色的农产品，农户可以以高于当地零售价的价格将农产品销售到全国其他区域从而实现增收，物流行业为消费者提供邮寄服务获得报酬，视频播放平台通过消费者的关注获得流量，这是一种一举多得的商业模式。

总而言之，传统产业跨界融合的本质不仅仅是一种"互联网+行业"的简单相加，互联网也不仅仅是基础设施，不仅仅为行业提供新的技术，更重要的是通过跨界带来商业模式的改变和颠覆，进而创造行业价值。

二、"互联网+"背景下传统产业跨界融合的核心要素

在"互联网+"背景下，传统产业要想在先进技术的加持下，实现跨界融合，创造新的业态或商业模式，最核心最关键的因素是互联网思维。互联网思维最早由百度公司创始人李彦宏提出，指的是在"互联网+"、大数据、云计算、人工智能等先进科技不断发展的基础上，对市场、用户、产品、企业价值链甚至整个商业生态进行重新审视的快速、开放、体验式、扁平化的互联网思维方式。

互联网思维之所以重要，首先，传统产业跨界融合追求的最终目标是商业模式的改变，是催生新的行业，创造新的业态，但这是一个长期的过程。互联网思维的最基础层面首先是"快"（图17-1），也就是一种速度和效率的思维，互联网为人们生活带来最明显的转变是快，因为互联网的发明和创造，人们通信的速度在加快，消费的速度在加快，工作的速度在加快，这种"快"不仅是速度上的改变，同时是一种效率上的提高，人们的工作、生活效率正是因为有了互联网而得到大幅提高，才使得互联网越来越凸显出重要性。同样地，对于传统产业而言，"互联网+"为产业带来的利好首先是提高企业运转效率，在此过程中，效率的提高可以降低企业的产品成本，节约人力资源成本，增强竞争优势。

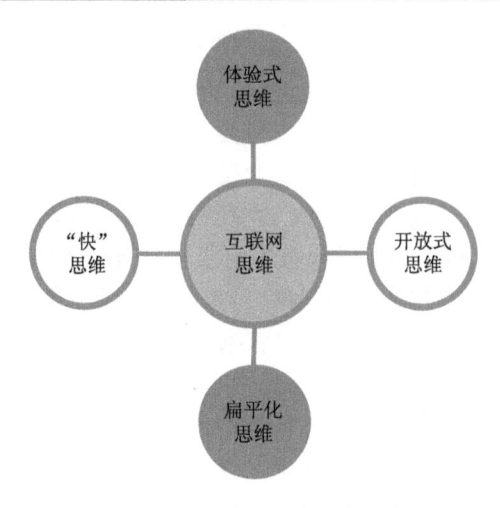

图 17-1 互联网思维基本要素

其次，在"快"之上，互联网思维要求传统产业以更加开放的眼光来看待企业的运营。传统的企业在运营过程中，或多或少都存在封闭的问题，因为企业一旦考虑跨越原有的组织边界进行交易，就面临交易成本的问题。不同程度的跨界所要求的资源禀赋也有所不同，因此，这往往不是一个一蹴而就、十分轻易的决定，但同时，对成本、资源禀赋的过多考虑会限制企业家的创造力，因此，互联网思维强调一种开放的思维，强调从多种信息渠道获取信息并加以利用。

再次，互联网思维指的是一种体验式的思维，也就是用户思维。体验式思维背后所反映的逻辑是顾客至上，是一种增强用户参与感的思维方式。越来越多的企业开始关注这一价值观，在零售行业，线上线下融合已经成为一个行业的基本特征，天猫、京东等大型线上网商都先后在全国各地建立线下门店或与线下实体零售商合作，为的就是以客户价值为导向，最大限度地提高客户的体验感。而那些传统的线下实体零售商，比如，永辉、苏宁等也先后建立自己的线上销售渠道，希望通过提高线上线下的融合程度获得竞争优势。这种融合程度本质上反映的就是企业在多大程度上帮助用户，既增加了用户的体验感，又获得线上购物的便捷和实惠。

最后，互联网思维强调扁平化的思考方式。传统企业过多强调制度尤其是正式制度的作用，导致某些企业官僚化十分严重，领导层对权力的追逐甚至大于对企业绩效的关注，这种弊端一定要被摒弃。因为互联网思维强调发挥每个人、每个部门、每个企业、每个产业个体的创造力和创新能力，权力集中对这种创造力和创新能力的打击往往是毁灭性的，要鼓励建立创新、包容、平等的文化氛围，组织机构要从集权向分权发展。

三、"互联网+"背景下传统产业跨界融合的基本特征

第一,数据成为越来越重要的生产要素。传统产业的生产要素主要包括技术、人才、土地和资本,但在互联网时代,大数据的作用逐渐凸显,产业发展和数据的结合越来越紧密,大数据为产业跨界融合发展提供了基础优势。大数据时代的到来,对企业来说最主要的是能帮助企业了解更多的市场供需信息,而企业通过准确分析信息,能更好地明确市场需求,把握市场动向,从而确定自己的市场对策,调整好生产规模等。而对产业而言,各行各业都在生产数据,数据是基础,是一切生产、消费的数字化体现,但同时这些数据是极其复杂的,数据类型不断变化,数据量不断增加,如何从海量数据中获取有用的信息,是传统产业跨界经营的方向。比如,滴滴打车背后依靠的就是数据,一方面是我国拥有汽车的人群的数据,另一方面是有打车需求的人群的数据,两者之间的匹配催生了滴滴打车这种新的打车商业模式。

第二,共享思维的体现。事实上,共享型经济是"互联网+"催生的一种新兴业态。近年来,共享型经济得到快速发展在很大程度上得益于互联网技术的加持。正是因为有了信息技术的高速发展,企业才可以基于人们的信用背景来向客户进行共享,虽然这种模式前期往往采用免费的模式,但是信用的实时累积使得违约的成本大大提高,企业的这种前期投入也因此有了一定的保障。例如,共享充电宝行业就是以移动互联网技术为基础的一个新型行业,该行业在短短5年内从免费到实现盈利,体现了在互联网时代,传统的交易模式在发生转变,共享已经成为传统产业跨界的一个重要特征。事实上,除了充电宝这种小型的移动资产,许多传统大型固定资产的行业也已经在借用共享经济的模式实施跨界,比如,房产出租行业的共享办公室、运输行业的共享汽车等,这些行业的产生都标志着越来越多的传统产业开始基于互联网技术谋求跨界发展,而且这种共享经济模式可以为企业带来新的竞争优势。

第三,平台优势凸显。和共享型企业一样,平台型企业也是互联网时代的一大创新,平台在这个时代成为爆红的概念,同时成为商业模式创新的关键要素之一。腾讯、阿里巴巴、百度、苏宁易购等企业的成功,无一例外采用了平台商业模式,并且,不仅仅是互联网企业采用平台型商业模式来创造利润,许多传统的制造业企业也在其中发现了成长契机。例如,海尔采用平台战略,一边连接供应商资源,另一边对接客户,通过开放式的资源整合,为企业和用户创造价值。平台商业模式之所以成为互联网时代的产物,正是因为随着信息技术的发展,降低了传统商业的信息不对称程度,例如,在互联网金融行业,由于在传统的金融业务中,客户获取金融信息的渠道有限,客户易处于弱势地位。而互联网金融的产生,使得客户可以有效对比各种金融信息,选择有利于自身的信息,从而更加理

性地进行投资决策判断。对于金融机构而言，大数据的发展也使得它们可以针对网络客户的个人兴趣、购买历史以及浏览习惯等网络特征，挖掘出客户的风险偏好、信用信息等，从而做出有利于风险控制的决策。而且，在互联网平台上，双方信息都能得到最大的透明化，减少欺诈行为的发生。

第四，以顾客价值为导向。在商业模式运营过程中，组织所面临的外部环境变化十分迅速，要求组织不断调整商业模式的细节来适应环境的快速变化，但万变不离其宗，即以消费者需求为核心，以客户价值为导向。在互联网时代，顾客的选择范围逐步扩大，消费者的话语权逐渐增强，组织必须要更贴近市场，更具有灵活性，对客户的反应速度要快，要满足消费者的个性化需求和体验价值。只有从顾客的角度思考问题，强调满足消费者的需求甚至是潜在需求，组织才能最终得到顾客认可并获取顾客忠诚。近年来，随着《"十四五"智能制造发展规划》的深入贯彻实施，制造业服务化被提及的频率越来越高，制造业服务化是服务与制造融合发展的一种新兴产业形态，但本质上，制造业服务化其背后反映的也是一种顾客价值导向的逻辑，我国制造业要从制造端向服务端深化，就不能局限于研发、制造和销售产品，要深入了解客户的个性化需求，通过为顾客提供精准、精细、高附加值的服务来创造价值。

第五，微创新与快速迭代。跨界和创新是两个难以分割的概念，在互联网时代，创新是跨界的必由之路。但同时，正是由于互联网技术本身所蕴含的"快"的特性，微创新和快速迭代也成为传统产业跨界融合的一大特征。跨界，不仅包括行业间的跨越与合作，也包括行业内的渗透与融合。换言之，跨界创新并不一定是颠覆式的，而更多情况下是快速迭代的。在互联网时代，许多产业的跨界融合都是以技术的更新换代为基础的，例如，在电动汽车行业，伴随第四次工业革命的浪潮，全球汽车产业迎来前所未有的颠覆性变革，而推动这一变革的力量来自技术的创新——绿色能源、智能电网、信息技术、移动互联等的跨界融合与快速迭代，电动汽车产业由此蓬勃发展。电动汽车不只是用电能替代燃油，它更是一种信息化、网络化、智能化的融合叠加以及大数据、云计算、人工智能等技术的创新突破。[①]而正是由于这种产业对技术的依赖，技术的微创新趋势导致产业内部的变革同样是快速迭代的。

第六，线上线下融合。互联网尤其是移动互联网的发展为人们的生活带来了极大的便利，线上的优势得到了极大的发挥。但随着共享经济、平台经济等新业态的不断深入发展，线上体验感不强、存在安全隐患等劣势也逐渐凸显，为了满足人们的多元化消费需求，线上线下整合也成为互联网时代传统产业跨界融合的一个基本特征。通过大数据提供的线上便利寻求潜在的客户资源并提供交易服务，

---

① 资料来源：http://www.elecfans.com/d/785724.html。

而通过体验式、个性化的线下服务为顾客创造更多的价值是传统产业突破自身边界的关键一步。这一点在零售业体现得十分明显，随着电子商务的快速发展，线下实体零售业受到极大的冲击，甚至出现关店潮。然而，近几年，盒马生鲜、超级物种等线上线下融合的模式充分体现了线上是不可能完全取代线下的，人们对线下商店的需求并不会消失，并且随着客户消费的不断升级，只有线上线下的整合才是发展之道。

第三节 "互联网+"背景下传统产业跨界融合的机遇

"互联网+"到底为传统产业带来了什么？总的来看，"互联网+"已经成为我国甚至全世界范围内新的时代背景，传统产业如何借助这种背景来实现自身的成长和发展，我们主要从以下几个方面来进行分析。首先是地域限制逐渐被打破。中国是一个地大物博的国家，但同时也是一个发展不均衡的国家，东部、中部、西部的经济发展有明显的差异，这在一定程度上是地域差异所导致的。互联网为传统产业带来的第一大机遇就是这种地域之间的差异可以逐渐缩小。其次是消费者思维模式的转变。从电子商务近十年的飞跃式发展就可以看出，人们的消费思维模式在不断转变，这是企业可以利用的良机。再次是品牌价值凸显与提升。改革开放四十多年以来，不少企业创立了广为人知的国民品牌，然而这些品牌在参与国际竞争过程中，可能逐步没落甚至消失在人们的眼前，互联网对品牌价值的发挥有放大作用，互联网时代，企业需要着力打造好的品牌，品牌价值的凸显和提升可以为企业发展带来巨大的隐性优势。最后是政府政策的配套与支持。当"互联网+"成为时代背景，我国政府也充分肯定其推动我国产业创新发展的功能和作用，各级政府都为推动产业发展提供了配套支持措施，也是企业可以把握的重要良机。

一、地域限制逐渐被打破

知识经济时代，产业集聚是区域经济增长和区域竞争力提高的推进剂，地域边界与限制是阻碍产业集聚形成的影响因素之一。随着互联网技术的深入发展，传统产业跨界融合的第一大机遇便是地域限制被逐步打破。千里之遥也可以面对面"零距离"交流，知识和信息打破了地域限制使得全球化流通成为可能。地域限制被打破可以从以下几个方面为传统产业跨界融合带来利好。

首先，在人才吸引方面，"互联网+"背景更有利于二、三线城市吸纳新兴人才，为传统产业发展提供人力资源助力。人才是经济发展的第一资源，在传统经济背景下，人才往往呈现向经济发达靠拢的趋势，因为经济发达的地区往往拥有更多的社会资源，同时拥有更多的机会，而随着这种趋势的日渐发展，我国逐步形成了从特大城市到中心城市再到大城市的人才集聚格局，而那些区域经济不够发达的地方，几乎丧失了人才优势。同时我们也看到，虽然人才不断向大城市、特大城市集聚，但大城市自带的高压力属性也为年轻人发展带来了某些社会问题，不能最大限度地发挥人才优势。因此，一旦这种地域限制被打破，城市资源优势被弱化之后，年轻人的可选择范围更广，其他普通城市房价低、生活稳定等优势凸显出来，有利于吸引人才返乡创业，提高经济发展活力，促进传统产业发展。

其次，在企业合作方面，"互联网+"背景更有利于企业跨区域合作，提高范围经济竞争优势。在传统的经济背景下，企业合作必须考虑地域优势，因为其中涉及物流、沟通、仓储等成本的投入。随着互联网经济的快速发展，范围经济优势不断增强，既然企业面对的本身就是全国范围甚至全世界范围内的顾客，那么不同区域、不同范围之间的合作本身也是合理并且有效的，互联网为企业合作带来的好处在于企业之间沟通的便捷程度不断增强，通过信息技术的运用，企业之间的信任增强，成本降低，有利于远距离企业之间的良好合作。

最后，在产业布局方面，"互联网+"背景更有利于区位优势发挥，为地方产业布局提供新助力。区位优势往往是产业布局的重要考量因素，对于那些区位优势配套不足，资源禀赋局限性较大的区域而言，传统产业发展往往举步维艰。而互联网时代，流量为王，异质性的资源可以为地方经济发展带来流量，而这种异质性的资源往往可以通过强化区位优势来实现。在互联网交通、互联网通信的作用下，那些传统意义上不具备区位优势的区域，可以另辟蹊径，使地方资源价值最大化，为地方产业布局注入新的活力。

二、消费者思维模式转变

随着我国经济发展水平的不断提高，不同群体的消费者思维模式都在不断发生转变，他们更加注重跟上时代的脚步，老年人的消费思维变得越来越年轻化，年轻人的消费模式却在向个性化、持续化的方向发展。因此，随着消费者思维模式的转变，一方面，企业面对不同的消费群体要有不同的竞争策略。在以往的交易中，对于消费者与企业而言，往往存在有钱买不到好东西，好东西卖不出好价钱相互矛盾的问题。事实上，这背后反映的是一种匹配和分类的逻辑，要把真正优质的产品卖到匹配的人群手里。要知道，互联网时代强调用户至上，如何把消费高端产业的人群与制造高端产品的厂家聚集到一起，实现真正的优质优价是企业要应对的核心挑战之一。而对于那些价格敏感的消费者，企业要有完全不同的应对模式，拼多多正是在这一点上抢占了先机。2022年拼多多第四季度营收为398.2亿元，上年同期营收272.3亿元，同比增长46%；2022年全年营收为1306

亿元，同比增长 39%[①]。

另一方面，消费者的个性化需求越来越高。事实上，从改革开放以来，我国消费者的自我意识就在不断觉醒，希望以与众不同的方式彰显自己。和 20 世纪八九十年代追逐消费浪潮不一样的是，在互联网时代，人们更加关注个性化、能引起共鸣的产品，更加关注自身需求，尤其体现在日常性消费的过程中。同时，人们愿意为了这种个性化的需求付费，以家居行业为例，定制化的家居设计已经成为新的潮流，传统的模块化的产品虽然相对比较便宜，但是有大量的消费者愿意高价请专门的设计师一屋一制，这就是消费者为个性化需求的付费。在互联网背景下，传统的渠道单一、封闭运行、单向流动的企业用户关系被打破，旧有的需求定位粗略、市场反馈滞后等问题可以得到解决。有越来越多的企业运用互联网、移动互联网等实现与用户的连接，进而打造用户聚合平台、多元社交平台，通过用户行为和社交关系等大数据分析，精准预判市场、开展精准营销，借助平台的集聚和交互功能实现海量用户与企业间的交互对接，大规模个性化定制、精准决策等成为可能。

三、品牌价值凸显与提升

在互联网时代，品牌价值和效益是相辅相成的，而且这种融合程度成倍增加。品牌营销得越好，为产品带来的效益越高；产品效益越高，品牌价值提升越快。但更重要的是，从反面来说，品牌的负面信息效应无限扩大，一点点负面的消息都有可能通过网络被放大，对企业造成巨大的亏损。

因此，在互联网时代，品牌打造十分重要，因为优秀的品牌形象可以为企业带来流量。建立口碑，再形成忠诚度，直到全面覆盖受众。虽然营销的本质并没有变，还是企业满足用户需求、创造价值的过程，但打造品牌的工具和方法发生了变化，因为移动互联网使得万物互联，信息也变得更加透明，消费者在选择品牌时，比过去拥有更多的自主选择权。如果不能经营好品牌形象，网络效应无限蔓延，很有可能产生反面影响。区别于以往的实用性标准，互联网时代的消费者更关注满足心理层面的需求。伴随着情感的触动，消费者在非凡的体验过程中升华了对品牌、产品的认同与信任，愿意与企业保持长久联系，这就是品牌价值的体现。以小米为例，小米始终坚持与用户交朋友。通过细心经营虚拟社区，小米与顾客诚心诚意地交流。在解疑释惑、响应需求的过程中，深化了与顾客的一体化关系，持续维护与顾客之间的"友谊"。在此过程中，小米的品牌价值不断提升，小米及其系列产品经常一经上市，便迅速售空，品牌价值直接促进了小米产品绩效的提升。

---

① 资料来源：https://baijiahao.baidu.com/s?id=1760962387980625496&wfr=spider&for=pc。

事实上，小米的成功，其背后反映的互联网时代新的流量思维和粉丝思维。由于思维模式的变化，互联网时代品牌建设有了新的发展机遇，换言之，对于那些优秀的国民品牌，要懂得利用这种思维来做到品牌价值最大化，在移动互联网的加持下，品牌效应对企业发展的推进不容忽视。对于创业企业的小品牌，互联网能够带来的利好更是前所未有。在传统商业环境下，拥有流量、资源、资金的大公司占据市场主导地位，没有知名度和资源的小品牌很难在现有市场下突破重围完成逆袭。然而在新的商业背景下，越来越多的案例表明在互联网背景下，一些新的品牌也会对现有企业产生威胁，因为随着移动互联网时代崛起，衍生出大量网络媒体平台，包括网易、新浪、腾讯等新闻客户端和头条、微博、百度等内容聚合平台。现在的小品牌可以用相对较少的营销费用寻找行业意见领袖做广告从而获取精准客户，投放以后立马见效，相比于传统的营销模式而言，往往便宜又高效。

四、政府政策配套与支持

政策是产业发展重要的风向标，同样地，"互联网+"为传统产业跨界融合带来的巨大机遇就潜藏在政府披露的政策相关信息中。在中华人民共和国中央人民政府门户网站（简称中国政府网）上，2020年1月以"互联网"为关键词搜索最新政策，可以搜到中央有关文件94条，国务院文件530条，相关解读1046条。可以看出，近年来，国家大力支持利用大数据、人工智能、工业互联网、产业互联网等来推动传统产业发展，基于"互联网+"的数字化转型是产业降低产品成本、提高管理效能、振兴实体经济的必由之路。

例如，在新能源汽车行业，由于我国是一个资源消耗大国，伴随着人口的激增、环境污染等诸多问题，开发新能源越来越成为现代社会发展不可回避的问题。国家对能源发展改革高度重视，做出了一系列的重要论述和指示，推动新能源发展被列为国家重点扶持项目。

除了这些发展互联网基础设施的政策以外，其他国家政策支持也为互联网跨界产业发展带来了巨大机遇。虽然一些农特色产品产量高、品质好，也具有一定规模，但销售渠道单一致使商品化程度不高，增产难增效。随着互联网的快速发展，网上购物已成为大众最易接受和青睐的消费模式，农村电商也顺势成为农特产品打开销售的重要渠道。"互联网+农特产品"发展成为农民增收的主要渠道之一，淘宝、拼多多、京东等众多电子商务平台都为农特产品销售提供了支撑，而农特产品批发商也可以从中实现盈利。

第四节 "互联网+"背景下传统产业跨界融合的挑战

虽然"互联网+"为传统产业跨界融合带来了不同层面的机遇和优势，但毋庸置疑，相应地，互联网的发展同样对传统产业提出了要求，带来了挑战。首先，从企业层面而言，顺应时代变革而产生的组织变革问题十分重要，而组织变革并非易事，难以在一朝一夕实现。其次，从产业层面而言，企业的发展从来不是单打独斗的，它需要政府的支持、金融机构的支持，以及其他企业、部门、组织的支持，这些参与主体之间的协同问题也是产业跨界融合面临的一大挑战。再次，"互联网+"使得行业之间的壁垒可以轻易被打破，尤其是在消费型领域，但互联网如何与实体经济深度融合依然是传统产业面临的巨大挑战。最后，随着一些新业态、新模式、新行业的产生，也对我国的法律体系健全带来了挑战。如何保证互联网不被非法侵入，如何保障用户隐私，如何在现有基础上构建新的法律体系从而使互联网产业发展更加规范、有序是我们必须考虑的重要问题。

一、组织变革发展方面的挑战

从企业层面来看，企业是"互联网+"背景下传统产业进行跨界融合的微观落脚点。尽管互联网和信息技术的发展，为企业带来了诸如信息获取和整合、与消费者直接互动而产生的市场感知、信息透明化和企业间联系数字化而产生的关系整合以及对大数据实时处理与应用而产生的超前预测等能力，使得传统企业进行跨界融合成为可能。但是，进行跨界融合需要对原有的生产要素、资源配置、架构流程打散重组，传统企业还面临着思维转换、心智更新、组织流程、业务改造等问题。如果没有组织的系统变革，单靠信息系统和技术来推动，产业发展难度很大。

首先，企业的CEO或者董事长作为企业战略的最高决策者，他们的观念和发展思路直接决定着企业是否进行跨界融合以及成功与否。跨界不是一蹴而就的，也不是一定会成功的，跨界是对企业高层领导的考验，跨界经营尝试一旦失败，很可能会对企业造成不可挽回的损失。因此，企业跨界发展要求高层领导有敏锐的环境洞察能力，能够洞悉环境变化并迅速做出相应的决策和改变，这对大多数企业而言，都是一个不小的挑战。尤其是对于一些大型企业、国有企业而言，传统的固有优势使得他们是既得利益的获得者，在此背景下，要他们主动提出并组织改革几乎是不可能的。长此以往，这些企业终将被时代淹没，新兴企业将会逐渐占领他们的领地，他们将失去行业中的话语权和主导权。正如电子商务对传统实体经济的冲击，这种冲击是不可逆转的。

其次，组织的文化与氛围，也会对企业变革的贯彻和执行起到重要作用。虽然互联网快速发展，但我们可以看到，还是有许多企业官僚化严重，即使他们通过线上平台进行销售，引进先进技术、改进生产流程，但他们对组织自身的变革认识不够，组织的文化氛围难以改变，他们往往引进了互联网的概念，但坚守传统的组织运行模式，等级森严。创新的文化和氛围要求组织宽容失败、支持冒险、鼓励冒尖，而这些都是有成本的，很多传统企业难以认识到创新文化的重要性，也不愿意投入人力、物力去建设这种创新文化，那么企业跨界所需要的组织变革自然也会遭受到阻挠，难以成功。

最后，组织的内部架构、运行机制和流程也会影响到传统企业的跨界融合。跨界对企业的运行效率提出了要求，许多组织的内部架构集权严重，流程烦琐，决策速度低下，这些都会严重拖累传统企业的跨界融合。传统企业往往已经形成了一定的运行惯性，一旦脱离原来的这种运行机制和流程，企业将会难以运转，因此，这对传统企业跨界融合提出了巨大挑战。传统企业应着力对企业组织体系进行改造和创新，努力实现企业结构向扁平化、网络化转型，从而提高企业对新技术的适应能力。只有当企业的组织结构足以灵活，才可能有效地应对技术变化带来的挑战，拥抱互联网带来的变革。

二、参与主体协同方面的挑战

互联网与传统产业以及其他产业之间的融合，不仅跨越产业，甚至也跨越区域，这就对制度环境和政策保证提出了更高的要求。然而，一方面，由于各个产业和区域经济发展的不平衡，各部门以及各地政府在法律法规、管理制度上都存在着差异；另一方面，各地的市场化程度不同，也还存在着地方政府的行政垄断、地方保护主义，使得信息难以流动和共享，这些都不利于推进传统产业的跨界融合和产业升级。从具体参与主体来看，除了政府和企业，产业跨界融合还涉及金融机构甚至科研机构、中介机构等多方主体的协同问题，只有各参与主体共同为产业跨界提供保障措施，传统产业才能在互联网时代激发的各种新潮事物的夹击中杀出重围，实现创新发展。

在互联网时代，科技是第一生产力，产业跨界融合对技术、科技创新的依赖度不断提高，因此，这就要求产业和创新产出单位加强合作，如大学、科研机构等。政府、企业、大学、科研机构、中介机构共同合作的科技协同创新有利于实现人才、知识、技术、资本等各类创新要素的有效对接，更快、更好地把科技生产力转化为现实生产力。但事实上，对于很多企业而言，产学研合作效率都不高，一方面，企业与大学、科研院所等在价值取向上存在巨大差异。比如，大学以培养创新人才为主要目标，科研院所以科研产出为目的进行合作，而没有把为企业创造价值作为第一目标，导致技术供给与市场需求的严重脱节，难以为企业带来生产效益。另一方面，不合理的利益分配机制也是许多产学研合作最终走向失败的重要原因。虽然产学研合作在全世界范围内都是广受推广的、加快科技成果转化的产业化模式，但是我国在产学研合作方面的法律规范并不完善，政府的政策创新主体作用发挥不够，在利益分配、权责界定方面都存在盲区，导致产学研合作效率不高。

总的来说，近年来，虽然国家政府在总的政策方针上十分鼓励传统产业依靠"互联网+"跨界创新发展，然而不同区域的各产业所拥有的资源禀赋不同，发展历史和阶段不同，产业政策不同，这些都导致各主体在产业融合方面存在不同层面的问题。比如，除了合作创新问题，企业创新必然面临一定的风险，资金问题如何解决？尤其是对于一些中小企业而言，融资难、融资贵是长期以来一直存在的问题，并且以企业自身的力量往往难以解决。这就要求政府、企业和金融机构之间可以实现一种协同。产业跨界融合的良性发展，需要金融机构、地方政府和企业主体的共同努力。金融机构要充分发挥自身优势为那些有潜能跨界发展的企业提供资金基础，要进一步创新信贷产品，多为企业提供量身定做的服务，要主动对接项目，以实际行动支持产业发展；政府要提高自身的服务水平，进一步创优环境、强化服务，发挥银行与企业间的桥梁、纽带作用，实现银企之间的有效对接，努力营造良好的产业发展制度环境。当然，各主体之间的协同以企业发展为目标，必然要求企业以诚信为本，自觉遵守与银行签订的协议承诺，不断创新，不断提升自身市场竞争能力。

三、生产领域应用方面的挑战

从目前来看，"互联网+"在消费领域的应用态势良好，移动支付、移动通信基本已经成为生活主流，新的消费方式也在源源不断地涌来，比如，第51次《中国互联网络发展状况统计报告》数据显示，截至2022年12月，我国网上外卖用户规模达5.21亿；截至2022年12月，我国网约车用户规模达4.37亿，我国网络支付用户规模达9.11亿。这些都充分展示随着我国互联网经济的不断发展，"互联网+"为国民经济发展和国民生活创造了巨大价值，做出了巨大贡献。互联网的发展在近20年主要是消费互联网的发展。然而，互联网在生产领域的应用仍需要进一步努力，换言之，互联网要从消费领域成功进入实体经济，仍然面临巨大的变革。

为了振兴实体经济，"互联网+"的推动作用最终还是要落实到实体企业的生产过程中，如智能制造。如何与实体经济深度融合，特别是在沉浸式交互、AR、VR、3D、工业互联网、远程工控、车联网、自动驾驶等领域，是我国互联网深入发展面临的巨大挑战。中国工程院院士柴天佑表示，目前的工业互联网缺乏将移动互联网、智能传感与边缘计算、工业云和现有的工业管控系统深度融合，形成智能制造系统的硬件、软件平台。人工智能目前发展到深度学习阶段，但还没有考虑如何应用于制造过程。原中国移动研究院副院长杨志强曾在世界 5G 大会"未来信息通信技术国际研讨会"上指出,5G 的到来将成为互联网从消费领域向工业领域转型的起点,然而,5G 发展也面临巨大挑战,主要来自建设成本、产业端到端的成熟问题、应用、商务模式创新这四个方面。5G 真正成熟与商用需要社会各界共同努力。①

智能化、数字化是工业发展的新趋势,传统产业如何通过互联网、大数据、人工智能实现自身的创新发展仍然面临巨大挑战。比如,在智能制造领域,制造业企业仍然存在对智能制造认知不充分、投入不足,政策、人才、技术存在区域不平衡,行业标准不统一,制造企业智能化改造成本压力大,自主创新能力较弱及智能制造服务业相对滞后,以及智能化升级造成就业和人才短缺等方面的问题,这些问题都需要地方政府在企业跨界融合、转型升级的过程中不断深化改革,不断做出改变,促进产业健康发展。

四、法律法规健全方面的挑战

在互联网与传统产业跨界融合蓬勃发展的同时,我们也看到,互联网带来了大量新的风险与法律问题,如网络安全监管问题、知识产权问题、隐私安全问题等。由于互联网产业迭代的速度加快,具有极强的虚拟性、互动性、广域性和即时性,超越了以往所有的经济形态,因此需要监管者付出更多的努力。然而,由于立法程序繁复、耗时冗长等客观原因的存在,使得法律的滞后性在"互联网+"的背景下更加凸显。从法律的本质来看,互联网法律法规应根据社会关系的变化和互联网本身的规律,进行整体结构设计。关键信息基础设施、互联网服务提供商与互联网信息构成互联网法律法规的三个主要调整对象。但同时,互联网法律法规也是兼具特异性和共同性的正在成长的综合性法律部门,是法律界的"混血儿"。互联网立法既要针对互联网发展的特点,制定互联网领域的单行法,又要在现有的民法、刑法、知识产权法等部门法中增加针对互联网领域的专门条款,以达到互联网法律制定的目的。

2016 年 11 月 7 日发布,2017 年 6 月 1 日正式施行的《中华人民共和国网络安全法》,是我国第一部真正意义上的网络安全法,此后,我国网络安全工作才有了基础性的法律框架,有了网络安全的"基本法"。具体而言,我国依托互联网迅速发展起来的各类交易、支付、金融服务等领域都缺乏健全细致的法律法规。比如,在电子商务领域,网络欺诈、虚假宣传、泄露消费者隐私等现象层出不穷。电子商务在我国发展十数年,消费者权益保护方面的立法长期缺位,直到 2019 年 1 月 1 日,我国专门的《中华人民共和国电子商务法》才开始实施。

---

① 资料来源:https://www.sohu.com/a/354963099_120388023。

在互联网金融领域，由于缺少市场准入标准方面的监管，新的互联网机构的合法性及真实性无法判断，导致消费者上当受骗的案例上升。作为新金融业态的典型代表和互联网金融的重要组成部分，P2P网络借贷的快速发展给当前金融法律体系带来了极大的挑战。从平台方来看，首先，P2P平台本身可能存在不合法的风险；其次，平台业务可能存在非法的风险，如诈骗、非法集资、洗钱等；最后，平台的操作可能存在不合法的风险，如平台挪用资金等问题。而从借款方来看，消费者可能面临隐私被侵犯以及个人信息被盗用、借款合同不公平等方面的风险。这些风险的存在都直接损害了消费者的利益，并带来大量的社会问题，如校园网络借贷等。2019年12月4日，四川省地方金融监督管理局发布《网络借贷行业风险提示》，根据对纳入整治范围的P2P网贷机构的合规检查，目前没有一家机构业务完全合规，并且对当前在四川省业务不合规网贷机构及省外未经许可的网贷机构在川开展的P2P网贷业务全部予以取缔[①]。事实上，在此前，湖南省、山东省、重庆市地方金融监督管理局都已经进行相关检查，其P2P网贷机构均不完全合规。由此可见互联网金融在网络监管方面的形势依然不太乐观，这些都要求我国要在完善法律、行政法规和部门规章以及行业自律规章制度方面不断引导互联网金融健康发展。

---

① 资料来源：https://www.scjg.gov.cn/news/3359.html。

第十八章 "互联网+"驱动传统产业跨界融合的典型案例

从目前来看,企业实践界已经涌现出不少利用"互联网+"来进行跨界变革的先驱者,他们积极利用先进技术进行技术更新、组织变革、商业模式创新,在行业领域内把握先机,实现竞争优势的增长。比如,在制造业领域,从产供销一体化的角度来看,"互联网+制造业"推动了新兴产业与传统产业的融合、制造业与服务业的融合,从而促进制造业服务化转型和生产效率的提升。在服务业领域,零售业在电子商务的倒逼下,不断进行商业模式创新,"互联网+服务业"不但提高了消费者购物的便捷性和实惠性,同时注重提升用户的个性化需求和体验感,不断为客户创造价值。在农业领域,粉丝经济、网红经济等新的经济业态在农业领域同样实现了生产效益的转变,"互联网+农业"的新型模式不但提高了农户收入和农业经济效益,同时在促进农民工返乡等社会问题上提供了解决方法和思路。本章主要以海尔、苏宁和尘乡居为案例,对"互联网+"驱动传统产业跨界融合的模式进行分析。

第一节 "互联网+制造业"跨界融合案例分析

制造业是和技术联系最为紧密的产业之一,技术水平的提高将会直接促使制造业的内部变革。互联网时代,技术的快速更新为制造业产业发展提供了基础,但事实上,我们发现,我国传统制造业的生产效率依然不高,"互联网+制造业"跨界融合的模式对于传统企业而言,面临的难点和痛点相对较多。本节以海尔为例,在价值共创理论背景下,对张瑞敏提出的"人单合一"转型策略进行深入剖析。

一、价值共创的理论内涵

传统价值创造理论认为,在价值链上,企业创造了价值并通过价值链传递给客户,客户作为价值使用者存在。价值共创方面的研究始于21世纪初,Prahalad和Ramaswamy(2004)提出一种新的价值创造方法——以个体为中心,由消费者与企业共同创造价值。随着营销领域关于顾客体验、服务主导逻辑等方面的研究逐步增多,价值共创成为营销学领域的重要概念,传统的企业创造价值理论被取代,价值共创研究逐步深入人心。价值共创是价值创造主体通过服务交换和资源整合等方式与其他价值主体共同创造价值的动态过程。随着互联网经济的迅猛发展，价值共创也从顾客—企业的二元视角转变为社会网络多元主体的动态互动的多元视角。

价值共创研究最早起源于 Prahalad 和 Ramaswamy（2000）的顾客体验视角，发展于 Vargo 和 Lusch（2004）提出的服务主导逻辑。前者认为共创价值本质上是企业通过提供个性化服务给顾客带来的体验价值。后者进一步提出了"DART"（dialogue, access, risk assessment, transparency，对话、获取、风险评估、透明）模型，认为价值共创的核心是服务主导的价值创造逻辑。可以看出，消费者在价值共创过程中，扮演着和企业同样重要的角色，甚至是共同创造体验价值的决定性因素。在此背景下，企业制定战略的关键就要从传统的向消费者提供商品和服务向为消费者打造更优的体验环境转变。但是，企业向消费者销售的并不是体验本身，供消费者利用的体验环境本身包括传统理论中包含的商品和服务质量。

在互联网时代，随着人们的消费水平提高，可选择范围的扩大，人们的个性化需求越来越丰富。这种个性化需求反映到商品的生产销售过程中，唯一的途径就是定制。对于企业而言，客户的个性化定制相对于传统的规模生产而言，是一种新的运作模式，企业必须在以客户为中心的管理模式下，以客户订单驱动的生产组织形式为主，紧密协调职能策略与客户策略，使企业在与客户共创价值的过程中更好地满足客户对定制产品、服务和体验的需求，并获得更大竞争优势。在满足客户个性化需求的定制过程中，客户自然而然转变为价值共创者。价值共创的关键在于互动。通过互动，不仅可以深入地、精准地了解客户的个性化需求，而且还可以发动客户深度参与到产品创造的过程中，真正达成客户和企业与设计团队之间的共识，提高客户满意度。从企业设计团队的层面来讲，通过互动，可以真正实现产品设计和客户的统一，更好地满足客户需求。有了情感和心理上的统一，设计者就可以和客户一起进入场景，识别关键环节和影响要素，体会在不同场景下客户对产品性能的预期和依赖，还可以识别出客户对产品失灵或是性能降低的容忍度。在完成这些工作的基础上，需要和客户就产品的设计性能和客户预期达成共识。保留能实现且符合成本要求、技术水平、设计理念的内容，搁置较为有争议的部分，摒弃有损企业形象、客户利益的东西，在客户预期和产品设计可行性之间取得平衡，更主要的是取得客户的谅解，这样的设计才能获得客户充分的认可和足够的包容。[①]

---

① 资料来源：http://business.sohu.com/20181001/n551143285.shtml。

二、案例背景——海尔的"人单合一"

海尔集团创立于 1984 年,成立之初是一家主要生产冰箱的集体所有企业[①]。从 1984 年创业至今,海尔集团先后经历了名牌战略发展阶段(1984~1991 年)、多元化战略发展阶段(1991~1998 年)、国际化战略发展阶段(1998~2005 年)、全球化品牌战略发展阶段(2005~2012 年)、网络化战略发展阶段(2012~2019 年),2019 年 12 月,海尔集团进入第六个战略发展阶段,目标是创引领的物联网生态品牌。2018 年,海尔集团全球营业额达到 2661 亿元,同比增长 10%,全球利税 331 亿元,同比增长 10%。2018 年海尔集团实现全年生态收入 151 亿元,同比增长 75%。海尔集团董事局主席、首席执行官张瑞敏更是获得党中央国务院颁发的"改革先锋"荣誉称号。纵观海尔的发展历程,不得不提的就是张瑞敏提出的"人单合一"模式。2005 年 9 月 20 日,张瑞敏首次创新性地提出"人单合一"商业模式,其本质是一种助力传统企业互联网转型的物联网管理模式。其中,"人",即创客,并不仅仅指传统企业科层制下的员工。"单",即用户体验增值,而非仅仅市场订单。"合一"即创客在为用户创造超值体验的同时实现自身价值。在理论界,众多知名学者对此进行了研究和探讨,并得到了哈佛商学院、诺贝尔经济学奖得主等顶级学术机构和学者的认可,研究领域认为"人单合一"模式具有自身的独创性和首创性,丰富和完善了世界管理理论和创新实践的宝库,国际学界以 RenDanHeYi 汉源词汇作为"人单合一"的管理术语进行研究和交流;在实践界,人单合一模式已在农业、医疗业、传媒业等众多行业实现了跨行业复制,也在日本三洋、新西兰斐雪派克等公司实现了跨文化复制。国际管理界认为,"人单合一"模式是继福特模式、丰田模式之后第三代工业管理模式。从价值共创的角度来看,"人单合一"模式之所以可以取得成功,在一定程度上便是因为根据该模式的设想,企业、员工、顾客在动态网络互动过程中实现了价值共创。和传统理论有所区别的是,在"人单合一"模式下,相对于顾客体验,企业更加关注员工,员工作为连接企业和顾客的独立中心存在,员工是企业价值传递和用户价值创造的载体,在此过程中,员工是拥有"三权"的"自主人",同时可以实现自身的价值。在海尔,员工价值就是人人是创客。

在 2018 年举办的中国领先企业管理模式创新论坛中,陈春花和张瑞敏就海尔的"人单合一"模式进行了深入探讨,将其与传统管理模式的最大区别归纳为两点:一是目标不同;二是逻辑结构不同。[②]一方面,众所周知,传统管理追求的目标很直接——实现长期利润最大化,这是从产出的角度思考企业发展目标;而

---

① 资料来源:http://www.cmcc-dlut.cn/Cases/Detail/2666。
② 资料来源:http://www.sohu.com/a/247220305_660818。

"人单合一"的商业模式本质上追求的是创造终身用户。张瑞敏认为,如果企业没有终身用户,没有创造用户的价值,其实长期利润的最大化是做不到的。另一方面,在商业模式的逻辑结构上,传统管理逻辑结构基本是线性的,科层制的管理结构受到绝大多数企业的青睐,然而,在互联网时代,新兴的事物颠覆了人们传统的思维和行为模式,商业规则被重新定义。在"人单合一"模式下,商业模式的逻辑结构转变为非线性,主要以用户需求为中心。在互联网时代,顾客的话语权越来越大,个性化、碎片化的需求越来越多,企业尤其是制造业企业必须保持与顾客的联系,才能精准获得关于顾客需求的各项信息。这就要求企业必须从关注企业本身转变为关注顾客,以顾客需求为中心,同时同步调整自身的组织结构、战略布局等。为了与用户保持零距离,海尔决定从员工着手,将整个企业化整为零,将员工和顾客直接联系起来,通过员工自我发现市场来创造客户价值。

在"人单合一"模式下,海尔正在成为一个无组织边界的创新资源平台。在平台上,以利益共同体为创新单位,衍生出共创共享的商业生态圈。第一,组织结构变革。海尔在互联网转型的过程中,首先将自身科层制的组织结构转变为网络型,这是因为在传统的金字塔式的科层组织结构中,组织内部充满了各种层级,企业的权力高度集中,上下级之间等级森严,上级的权威不容挑战,下级只负责接收和执行上级的命令,缺乏自主权,而且命令的层层传导不仅耗费大量的时间而且也很容易失真,为此,海尔打破了传统的金字塔式的组织结构,采用一种全新的组织结构,在这种组织结构下,员工处于核心地位,直接与用户进行接触,并且以用户为中心,不断去发现和创造用户价值,而原来的管理层则为员工提供各类资源与服务,在这种结构下,直接面向用户的生产、研发和制造部门之间实现了横向协同,而上下层级之间则实现了纵向服务,这就使得海尔得以快速且精准地把握用户个性化的需求。

第二,平台型企业打造。在"人单合一"理念的指导下,海尔以打造平台型企业为目标,致力于为交互用户、员工以及合作方提供一个开放性的合作平台,进而形成以利益共同体为基本单位的平台生态圈。生态圈就是组织、人员、资源实现柔性化、灵活化,能够适应用户需求和创新需要。海尔认为管理平台和生态圈的能力已经成为企业最重要的核心能力。平台的主要优势在于动态配置创新资源以保证用户全流程的优质体验。通过打造平台型企业,海尔进一步实现了企业、上下游供应价值链、员工和用户之间的价值共创。

第三,用户参与互动。在互联网思维下,"粉丝经济"模式不断在商业实践界取得成功,粉丝以其更高的客户黏性和忠诚度成为产品销售的重要保障。流量思维体现在商品销售过程中,张瑞敏认为用户流量对于海尔的发展至关重要,为此,海尔一方面十分重视与用户进行交互,实现用户全流程参与。比如,海尔的"净水洗衣机"项目,就是海尔的研发人员在海尔社区中,和大量用户、供应商交流互动的结果。另一方面，海尔还通过自建端口以及与其他电商平台进行合作来获取用户流量。海尔通过自营商城与旗下的日日顺物流公司很好地打通了与用户的连接，同时利用广泛的第三方平台如淘宝、天猫、京东以及国美在线等接入了巨额的用户流量，并且在多个终端窗口都同时实现了个性化定制与交互体验。

第四，创新平台打造。在产业创新方面，海尔逐渐形成了白电转型平台、投资孵化平台、金融控股平台、地产产业平台和文化产业平台。通过聚焦五大平台的创新为创客提供一流的创业资源，而每一个平台的搭建，都标志着海尔互联网转型的引领地位。其中，白电转型平台聚焦于从电器到网站的转型，旗下包括社群平台、互联网工厂以及智慧生活平台，该平台致力于打造物联网时代智慧家庭的引领者；投资孵化平台通过提供创投孵化服务，实现场景商务平台的物联网模式引领；金融控股平台，聚焦社群经济，打造产业金融共创共赢生态圈，从而实现互联网金融的引领；地产产业平台，则是探索智慧社区生活服务的物联网模式引领；文化产业平台探索的是互联网时代"内容+社群+电商"价值交互模式的引领。五大平台的搭建，让创客得以在开放的平台上利用海尔的生态圈资源，实现创新成长，进而实现海尔平台上利益攸关方共创共赢。

三、案例启示

第一，"互联网+制造业"跨界融合要从制造端向服务端延伸。2016年7月，工业和信息化部、国家发展改革委和中国工程院在印发的《发展服务型制造专项行动指南》中指出，要促进制造业由生产型制造向服务型制造转变。显然，海尔是走在制造业服务化前列的知名企业，在"人单合一"模式的引领下，海尔目前已从传统家电产品制造企业转型为开放的创业平台。从制造业企业价值链来看，全球价值链包括产品设计、开发、生产制造、市场营销、物流、售后服务、循环利用等多项增值活动。生产制造只是全球价值链中的一个环节，并且附加增加值较低，容易被模仿，难以形成可持续的核心竞争优势。而生产制造的上下游均属于服务范畴，附加增加值较高。在互联网时代，信息沟通的便捷性使得企业和客户之间的距离更近，对于大多数传统制造业企业而言，要在产品革新上做出成绩十分困难。因此，如何从生产端向服务端靠近十分重要。从海尔的战略布局阶段来看，早期，在名牌战略发展阶段，海尔最关注的是产品质量，著名的"砸冰箱"事件就是在这种战略导向下发生的；在其后长达20年的多元化、国际化、全球化品牌战略实施阶段，海尔也依然坚持产品主导逻辑，不断拓宽业务范围，而在此阶段，张瑞敏开始意识到人才是企业最重要的要素。因此，在2012年之后的网络化战略发展阶段，我们看到，"人单合一"模式越来越受到人们的关注，这种以客户为中心的服务主导逻辑商业模式在战略上逐步替代了传统的产品主导逻辑。在"互联网+"背景下，制造业服务化已经成为全球产业发展的重要趋势，借助大数据、人工智能等新技术，提高制造业企业服务端附加值是获取竞争优势的重要手段之一。

第二，创新是实现"互联网+制造业"跨界融合的核心挑战之一。在张瑞敏的观念里，员工很重要，创客更重要，让员工都成为创客才是"人单合一"模式的关键。除了"人单合一"，开放式创新是海尔的另一个关键词。在"人单合一"模式下建立开放式创新体系，是海尔打造生态共赢格局的关键一步。事实上，海尔除了拥有强大的品牌实力之外，原创科技实力也不容小觑。在海外专利方面，海尔数量1.6万件，覆盖30个国家和地区，是中国家电海外专利布局最多的企业；在工业设计方面，海尔累计获得国际设计大奖500项，数量位居中国家电企业第一；在国家科技进步奖方面，海尔共获得奖项16项，占家电行业的三分之二。而从标准层面看，截至2023年8月，海尔已经主导了国家标准100项参与国家/行业标准制修订755项，累计总数位居行业第一。可以看出，无论是商业模式创新还是技术创新，海尔始终走在行业前列，互联网给企业发展带来了许多机会，但是这些机会同样要求企业适应时代发展趋势做出创新和变革。

第三，动态能力是"互联网+制造业"跨界融合的必备能力。在互联网时代，客户个性化的需求对企业的动态能力提出了更高的要求，总的来说，就是要求企业全面提升动态能力。从案例来看，海尔的企业文化是一种创新文化、生态文化，在这种文化氛围下，整个企业都鼓励创新，创新不再是高端词汇，而是人人都可以创新，并且通过创新创造自身的价值。从组织结构来看，海尔通过砍去中层领导等方式去除了以往繁杂、冗余的组织架构，通过扁平化、网络化的管理模式来提高决策速度和行动质量，进而大幅提升企业的柔性管理能力。从领导力来看，海尔总裁张瑞敏更是杰出的管理者，他洞察环境的能力极强，使得企业的每一次战略变革都是领先行业的。正是这种洞察力，使得"人单合一"模式在互联网时代应运而生，并且发挥了巨大作用。从生产管理来说，柔性化生产能力更是海尔进行产品生产的必备能力，因为只有从技术、组织协调等各方面全面实现大规模的柔性生产，才能满足顾客精准定制的个性化需求。在"互联网+"背景下，传统的刚性规制已经不再适用，企业的柔性生产、柔性管理、柔性服务的能力都需要进一步加强和提升。

第二节 "互联网+服务业"跨界融合案例分析

相对于制造业而言，服务业和消费者的距离更近，因此，互联网自诞生以来，在服务业消费领域更加受到欢迎，如最直接的电信服务业，其与消费者基本属于相互依存的状态。近年来，"互联网+服务业"跨界融合催生了许多新兴业态，如蚂蚁金服的消费金融、阿里巴巴提出的新零售概念等。本节在新零售的概念背景下，以苏宁为案例分析对象，对"互联网+服务业"跨界融合的本质和基本特征进行剖析。

一、新零售的理论内涵

2016年10月，阿里巴巴董事局主席马云在云栖大会上首次提出"新零售"的概念，在他看来，新零售才是电子商务的未来，线上线下整合和现代物流的结合，可以创造出新的零售业态。一石激起千层浪，在"线上+线下+物流"深度融合的未来，新的零售模式被理论界和实践界都广泛探讨。然而，新零售到底是什么？"线上+线下+物流"到底可以产生什么样的零售业态仍然在不断的探索和发展过程中。理论和实践界尚未形成统一的概念界定，一般认为，"新零售"仅仅是区别于传统零售的一种新型零售业态的概念表达，但是其背后的内涵和逻辑都需要进一步梳理和探讨。

2017年3月，阿里研究院的专门报告对"新零售"做出了明确的定义，即"'新零售'是以消费者体验为中心的数据驱动泛零售形态"，[①]它的核心在于重构，从而产生全新的商业业态，核心价值是最大限度地提升流通效率。学术界针对"新零售"也进行了概念界定。赵树梅和徐晓红（2017）认为"新零售"就是利用互联网的先进思想和信息技术，为消费者提供产品和服务的营销活动。王宝义（2017）认为"新零售"通过线上线下相结合更好地满足消费者多元需求的零售业态。王坤和相峰（2018）认为，"新零售"是通过新型信息技术整合线上线下全渠道，以驱动零售业态与供应链重构、提高物流效率和服务水平的零售业态。

从以上的概念界定来看，新零售具有以下几个方面的基本特征。首先是线上、线下和物流的深度融合，换言之，在"新物流"的媒介作用下，实现网络经济与实体经济的跨界融合。其中的关键在于提高物流支撑水平，打通线上线下，最大限度地弱化地域、时间等方面的因素对消费者购买决策的影响。新物流强调精准预测销量并优化物流的各个环节，实现库存最优化甚至"零库存"，进而提高流通效率。其次是消费者主导。传统零售模式以产品为主导，强调产品价格、质量、种类、对大多数消费者的适用性等，然而"新零售"从产品主导转向消费者主导，强调精准化的服务和个性化的体验。以"互联网+"为背景，在大数据、云计算等先进技术的帮助下，产品质量仅仅是消费者决策的门槛标准，而附加的增值服务成为零售商竞争的关键。线下门店相对销售的作用而言，更多的是弥补消费者线上消费对体验感需求的缺失。伴随着人工智能的深入发展，精准化成为新零售制胜的法宝，无论是精准营销、还是个性化定制，都可以满足消费者日益显著的个性化需求。最后是全渠道演变。渠道是零售业的基本要素，这种渠道既包括传

---

① 资料来源：https://www.sohu.com/a/252238528_100224613。

统的各种类型的有形渠道和无形渠道，如实体店铺、售后服务中心、体验式门店、上门直销、电视购物、广告投放等，同时也包括随着互联网发展而产生的新型渠道，包括网店、社交媒体广告等。全渠道演变指的是从传统的普遍采取少量渠道向整合尽可能多的零售渠道类型来进行销售转变，这种转变本质上是为了满足消费者购物、休闲娱乐和社交等复合型体验的需求。

二、案例背景——苏宁的智慧零售

江苏苏宁创立于1990年，经过30多年不懈的奋斗和变革，如今，苏宁依然是我国当之无愧的零售行业巨头，2009~2012年连续四年蝉联中国连锁企业百强首位。在中国，无论是北上广这类的大型城市，还是一些三四线中小城市，都不难见到苏宁的踪影，而苏宁易购网上商城更是声名鹊起，是消费者心中排名靠前的零售商选择之一。然而，纵观其发展历程，苏宁也并不一直是一帆风顺的，尤其是从2009年开始，在电子商务的剧烈冲击下，实体零售整个行业面临的形势都不容乐观，许多企业都遭受到颠覆性的打击，关店潮成了零售行业的"关键词"。所幸，也正是在这一年，苏宁易购应运而生，据官网介绍，苏宁易购于2010年2月1日正式上线，这是苏宁集团积极面对互联网带来的巨大挑战所采取的重要战略布局。在不断的摸索和成长过程中，苏宁一步一步总结经验和教训，构建自身独特的竞争优势。一直到2014年，苏宁提出"用户体验讲效果、经营创新讲效益、制度优化讲效率"的"三效法则"，用以推动互联网零售战略的创新执行和全面落地。本质上，"三效法则"的目标就是"借力打力"，一方面，不断应对互联网提出的挑战，另一方面，借助互联网不断提高企业经营效率。2016年8月，苏宁控股以3502.88亿元的年营业收入名列"2016中国民营企业500强"第二[①]。

从数据上来看，[②]从2009年到2016年，苏宁通过线上线下的布局，取得了应对互联网挑战的阶段性胜利，然而，随着人工智能、大数据、工业互联网的进一步发展，企业一定要顺势而行，这种"势"要求企业要有前瞻性。在这种要求下，2016年，苏宁开始进行智慧零售战略布局。苏宁不同类型的智慧门店在全国各地迅速落地，全品类经营、全渠道运营、全球化拓展，开放物流云、数据云和金融云，通过门店端、PC端、移动端和家庭端的四端协同，实现无处不在的一站式服务体验。截至2019年10月底，苏宁易购线下连锁网络覆盖海内外，拥有苏宁易购广场、苏宁云店、苏鲜生、苏宁红孩子、苏宁极物、苏宁汽车超市、苏宁易购直营店、苏宁小店等业态，各类创新互联网门店和网点13 000多家，稳居国

---

① 资料来源：http://www.rmlt.com.cu/2016/0825/438087.shtml。

② 资料来源：http://www.cmcc-dlut.cn/Cases/Detail/3810。

内线下连锁前列；苏宁易购线上通过自营、开放和跨平台运营，跻身中国B2C市场前三，且在主流电商中增速领先。

苏宁是如何一步一步实现自身独特的新零售模式的呢？根据苏宁官方网站以及其他学者对苏宁的深入调研分析的情况来看，苏宁主要采取了以下几个方面的措施来布局苏宁易购的智慧零售战略。一是智慧零售业态集群建设。智慧零售业态集群建设指的是长期以来，苏宁围绕消费者的生活半径来布局立体场景，在线下搭建了"两大一小多专"的智慧零售业态集群。其中，"两大"指的是苏宁广场和苏宁易购广场，这两种大型购物广场主要是为一般消费者构建复合消费场景，消费者可以在其中满足自身多样化的购物需求。和其他购物不同的是，首先，苏宁购物广场以电器和电子产品为主，以其他多种消费产品为辅，共同承载了苏宁智慧零售科技应用及体验创新的使命；其次，苏宁小店主要是作为苏宁智慧零售业态集群的连接器，是为了实现消费者与商品"5 分钟"可达的基础目标，与此同时，苏宁小店利用自身较小规模的优势更容易地把苏宁其他业务板块细分根植到了离消费者最近的线下市场；最后，近年来，苏宁易购云店、红孩子、苏鲜生、苏宁体育、苏宁影城、苏宁极物等专营店相继在各大城市落地，这类专营店主打为消费者打造高品质消费场景，消费者可以根据自身的偏好和兴趣获得精准化的购物体验。到目前，通过多平台、多业态的场景组合，苏宁不仅仅是知名的零售品牌，同时已经形成零售行业中最完整的消费生态。截至2023年4月，苏宁合计拥有零售云门店近13 000家。[①]

二是人工智能、大数据等新技术的全面运用。"互联网+"从来都不只是口号，苏宁一直致力于全面运用科技提高服务质量，促进企业发展。作为"科技苏宁、智慧服务"发展战略的核心驱动力，苏宁建立了线上线下成熟完善的智慧零售技术体系，致力于推动科技应用在零售领域的落地、发展与影响。作为苏宁技术中枢，苏宁科技集团目前已在美国硅谷、中国北京、上海、南京、武汉等地设立研发基地，拥有超过一万人的技术团队，同时，基于苏宁30多年的信息化沉淀，苏宁科技通过云、大数据、人工智能等前沿技术的导入，形成了以智慧零售大脑（retail as a service，RaaS）为核心的生态系统，重点展开"云软件、云服务、智能终端"三大业务，为用户提供实实在在的智慧服务。依托丰富的应用场景、强大的数据能力、领先的智能技术，苏宁科技利用其海内外科技人才、技术实力与自主研发产品，以"开放、协同、服务"的理念，与全球商业伙伴一起创造商业的未来。新技术的全面运用有利于提高企业运营效率，尤其是流通效率，这是零售企业的核心竞争优势之一。

三是自营物流体系建设。随着电子商务的快速发展，我国的物流效率也在不

[①] 资料来源：http://www.suning.cn/cms/Latest%20News/26620.htm。

断地提高。根据国家邮政局数据，2019 年 1～8 月，中国快递服务企业业务量累计完成 383.1 亿件，同比增长 26.6%；业务收入累计完成 4621.8 亿元，同比增长 24.4%[①]。苏宁物流是中国领先的自营零售物流企业，专业从事仓储、配送等供应链全流程服务，致力于打造中国商业领域最具效率的消费品仓储服务和智慧物流服务平台。目前已经拥有高标准的自建仓库群，截至 2019 年 12 月，苏宁物流及天天快递拥有仓储及相关配套总面积 1210 万平方米，拥有快递网点达到 25 881 个，"送装一体"配送网络覆盖城市数量达 318 个[②]。面向家电 3C、快消品、家居家装等 2000 多家社会伙伴全面开放物流云资源，以技术和服务驱动，提供供应链解决方案，专注从效率、体验、管控、创新四大维度提升客户服务力，协助客户聚焦核心竞争力，进行更快速的转型升级。虽然苏宁物流目前对外的业务收入不如顺丰、圆通等物流企业，但可以对内为苏宁智慧零售业态集群建设提供基础物流保障，在物流这一核心板块有独立决策的力量，不受制于人。

四是 O2O 模式转型。O2O 即 online to offline，将线下的商务机会与互联网结合，让互联网成为线下交易的平台。从现实来看，许多传统企业实施 O2O 战略的目的只是将线上作为业务发展的补充，如许多传统知名品牌都通过网点建立了自己的线上销售渠道。而苏宁的转型则更为彻底，一直以来，苏宁力通过 O2O 模式，全面整合自身拥有的线上及线下资源优势，真正实现"线上+线下+物流"全面深度融合的新零售模式。据介绍，近年来，苏宁以 O2O 和开放平台为两翼（开放平台的宗旨是，服务供应链。通过平台资源的开放，将供应链环节进行优化，为上游供应商、中游销售企业、下游消费者提供全面、专业的供应链服务，平台也将依托强大的电子技术、网络环境打造一个全面开放、全新服务的开放平台），以线上线下融合为主题，全面推进开放平台的招商和建设，吸纳非电器品类商户入驻，不断丰富 SKU（stock keeping unit，库存商品）数量，增加客户黏性和用户体验，推动线上电子商务的持续性成长，推动苏宁云商的战略持续深入。

三、案例启示

第一，"互联网+服务业"跨界融合的本质是网络经济和实体经济的跨界融合。因为服务业强调用户体验，相对于制造业和农业而言，这种"以体验为中心"的消费模式使得体验比产品本身更重要，体验即产品质量，二者不可区分。因此，如何将网络化和实体化结合，来提高消费者的体验感十分重要。网络经济和实体经济相结合的新型服务业表现出以下几个基本特征：社交化、智能化、场景化和媒体化。首先是社交化。社交化指的就是人们在消费过程中越来越注重社交需求，

[①] 资料来源：https://baijiahao.baidu.com/s?id=1645456554169046815&wfr=spider&for=pc。

[②] 资料来源：https://www.logclub.com/articleInfo/MjA2MTc=。

传统的消费和社交分离的状态将受到挑战。比如，越来越多的人在看视频的过程中会有发弹幕的行为产生。当然，其中存在度的问题，滴滴出行试图通过打车业务实现社交功能的构想就在网络上引发了巨大的争议。其次是智能化。正如苏宁所做的那样，越来越多的企业通过人工智能、大数据来实现企业运营的智能化和数字化，可以更加精准化地为消费者制定消费策略。再次是场景化。场景化对于现代生活服务消费十分重要，由于消费者的生活节奏越来越快，他们希望得到更加称心如意的服务，这种称心如意就体现在不同场景的切换，如苏宁的"两大一小多专"，虽然都是零售业务，但不同的场景可以为消费者提供更高质量的服务。最后是媒体化。社会化媒体时代，媒体对消费者的影响更是深入方方面面，面对面促销的方式收效甚微，消费者获取消费渠道的方式越来越丰富，因此，服务业更要充分利用各类社会媒体。

第二，平台化驱动"互联网+服务业"跨界融合。事实上，近年来，"互联网+"浪潮最先也是最迅速辐射的产业就是服务业，除了案例中所提到的零售服务业，我国传统的服务业，如旅游服务业、餐饮服务业、通信服务业、教育、医疗、公共服务等都取得了较大程度的发展。在某些行业，甚至发生了某些颠覆性的改变，传统的商业模式被颠覆，新兴业态产生为消费者提供了前所未有的客户体验。随着移动互联网的不断发展，人们手机上使用频率最高的APP无一不是"互联网+服务业"跨界融合快速发展的例证。比如，携程、飞猪、去哪儿等为旅游业线上线下整合提供了平台；美团、饿了么等为餐饮业企业的宣传和揽客提供了助力，拼团、外卖等新兴业务为传统餐饮业提供了新的业务增长模式；58同城等服务平台更是为消费者提供了多种多样的生活服务，如求职、租赁等；越来越多的小众医疗服务、公共服务、教育服务平台也在不断崛起，消费者可以通过手机APP提前预约服务，提高效率。可以看出，"互联网+服务业"的跨界融合的其中一大助力便是平台型企业，这些平台型企业为传统服务业实现网络经济和实体经济的跨界融合提供了机会。

第三，数字化驱动"互联网+服务业"跨界融合。服务业的数字化是移动互联时代的巨大变革，数字化成为各类服务业企业获得独特竞争优势的必由之路。比如，金融业机构可以根据顾客的还贷情况、投资情况为顾客制定个性化的投资策略；而消费者在购物平台会根据自身的购物偏好推送不同的产品在平台首页，这些都是数字化典型的场景应用。数字化指的就是在各种新型技术的帮助下，如移动、Web、社交、大数据、机器学习、人工智能、物联网、云计算、区块链等一系列技术为企业组织构想和交付新的、差异化的价值。在此过程中，强调以用户为中心，为用户提供个性化的高品质、低价格的好商品和好服务，彻底实现线上消费和线下体验的一体化。同时，数字化还要求零售商和供应商双方共同提高整条供应链的效率，注重客户线下的体验感，真正做到顾客至上。数字化的基础是数据，传统服务业对数据的利用远远不够，在新技术的加持下，人们可以通过数据精准把握消费者的消费需求，进而制定定价、促销等基础性策略。总的来说，服务业的数字化包括全场景覆盖、全链条联通、线上线下一体化三大要素。目前，许多平台都在寻求数字化最有效的解决方案，希望通过数字化来实现模式最佳、流程最优、成本最低、效率最高、速度最快、体验最好的全新商业生态。但是，对于传统服务业企业而言，如何实现企业数字化依然任重而道远，必须从思想、技术、业务等方面进行全方面转型。

第三节 "互联网+农业"跨界融合案例分析

相对于制造业和服务业而言，农业发展本身具有一些发展劣势，互联网与农业的跨界融合不仅体现在先进技术的应用对智慧农业落地的促进作用上，同时还体现在一些"三农"领域的新兴业态上。越来越多的年轻人依靠各类平台回归农村返乡创业，他们的专职不在种地，而是聚焦农村生活体验和通过 KOC 营销来销售农特产品。本节以尘乡居为案例分析对象，对 KOL 营销理论背景下，"互联网+农业"跨界融合的现象进行解构。

一、KOL 营销的理论内涵

互联网时代，各种新的名词被创造出来，其中包括 KOL (key opinion leader)，即关键意见领袖。顾名思义，在营销学领域，KOL 即那些拥有更多、更准确的产品信息，且为相关群体所接受或信任，并对该群体的购买行为有较大影响力的人。艾瑞咨询《2019 年中国 KOL 营销白皮书》披露，经过多年发展，我国 KOL 的活动范围不断扩大，除了传统的社交平台，移动视频、垂直平台、电商平台都成为其生产和传播内容的阵地。其中 KOL 原生社交平台的广告投放意向达到 69%，在其他社会化营销方式选择意向调查中，KOL 营销也以 60%占比位列第一。[①]

关于意见领袖的研究，最早出现在 Lazarsfeld 等（1968）对总统大选的研究中。他们发现，人们的投票受到面对面交流的其他选民的影响，而不是大众媒体。有一部分选民会更加关注关于总统大选的信息，如广播、报纸、广告等，而其他选民会根据他们透露出的信息和对问题的把握方向来做出选择，这部分表达自己观点和意见的领袖即意见领袖。早期关于意见领袖的研究主要出现在传播学领域，而在营销学领域，最早的研究可以追溯到 1962 年。Rogers 和 Cartano（1962）将意见领袖定义为对其他人的决策可以施展不同影响程度的个人，其他人从这些人的意见中探寻信息。Valente 和 Davis（1999）将意见领袖定义在一个社区中处于

---

① 资料来源：https://www.iresearch.cn/a/201909/300729.shtml。

更为中心地位并对他人影响更多的人。众多的意见领袖定义凸显了其基本特征，首先，意见领袖活跃于人际关系网络之中；其次，意见领袖比其他人更多地接触信息、了解信息；最后，意见领袖会对跟随者的态度产生影响。

在互联网时代，意见领袖的作用通过网络传播更加迅速地蔓延开来。随着微博、抖音等社交媒体对大众生活的渗透程度不断提高，意见领袖对消费者生活的方方面面都产生了影响。传统的人际关系网络通过移动互联网的作用辐射开来，那些具有自身独特个性、观点的人们通过视频、文字、图片等多种形式对"粉丝"决策产生影响。事实上，社会化媒体时代，人人都可以成为企业的自媒体人。在经过持久的关系培养之后，消费者会演变为他们所喜爱品牌的"粉丝"，成为品牌口碑的传播者和捍卫者。

而关键意见领袖营销到底是如何影响消费者决策的呢？其内部作用机制其实主要是信任机制在发挥作用。在传统的口碑营销中，那些意见领袖往往拥有更高的社会地位和更多的人脉，如明星、运动员等。因此，企业希望通过他们的影响力来对消费者施加影响，而消费者出于自身对这些人的喜欢和信任来做出自己的购买决策，其背后的基础假设是消费者因为信任代言人而对产品产生信任。在互联网时代，流量代替人脉、社会地位成为意见领袖的关键特征，那些拥有高流量的人群成为关键意见领袖，他们可能不再是传统意义上的明星，但他们同样可以为企业、为产品背书。可以看出，互联网时代，关键意见领袖更加多样化，这种背书能力背后所反映的同样是消费者对这些意见领袖的信任。然而，流量价值背后的背书能力和带货能力对于企业而言，是另一种表现形式的成本，动辄上千万的广告费用让很多需要投放广告的企业望而却步，这些意见领袖对消费者的影响已经越来越趋近于传统意义上的代言人。

随着社会化媒体的不断发展，KOC 开始出现在营销领域。KOC（key opinion consumer）即关键意见消费者。和关键意见领袖不同，关键意见消费者大多是一些普通消费者，他们同样拥有流量，但粉丝量远不如大 V（粉丝在 50 万人以上）。而对于投放广告的企业而言，流量价值本身不是 KOC 营销的关键，KOC 营销的关键在于如何更加深度地触达客户，专业化和精细化的粉丝质量提高了客户忠诚度，更有利于提高营销效率。和 KOL 不同，KOC 的主体本身是消费者，他们通过视频、文字等形式传达自身的消费者体验，为广告受众传达更真实、更接地气、更深入的"广告词"。正是因为有了这种类型的意见消费者出现，消费者不再以粉丝的心态对待他们的意见。KOC 面对的受众往往是相对平级的网友，为了保持乃至提高普通网友对他们的信任，他们相对 KOL 而言，要更加关注产品本身，从而不断扩大自身的影响力。

二、案例背景——尘乡居的 KOC 营销

KOC 营销是随着移动互联网、自媒体等的不断发展，近几年来才开始出现的新兴产物，其主体往往不是企业，而更多的是个体创业者。他们利用视频平台、电子商务平台、直播平台等多种平台来逐步构建创业计划。大多数 KOC 在累积到一定的粉丝数量后，会通过在淘宝、微信等电商平台上销售产品来直接获取收益。之所以选择尘乡居作为案例分析对象，主要是以下四个方面的原因：首先，研究者长期跟踪尘乡居发布的视频，对其营销模式有一定的兴趣，关注时间较长并深入分析了其背后的运营逻辑；其次，尘乡居基本可以代表同类型的创业模式，在粉丝数量、运营时间上虽然不具有显著性的优势，但代表了一般性的 KOC 模式；再次，尘乡居与农业产业结合较为紧密，视频制作者所在的四川汉源地域具有自身独特的产业优势，有利于分析"互联网+农业"跨界融合过程；最后，到目前为止，尘乡居运营较为稳定，有利于案例分析。

尘乡居的视频发布主要由小八和三石（昵称）负责，视频内容主要是生活体验，包括每天的饮食、工作、邻里朋友相处等琐碎生活片段。在微博上，尘乡居的第一条视频于 2017 年 11 月 19 日上线，截至 2023 年 8 月，尘乡居在哔哩哔哩平台播放量接近 5500 万次。2019 年 12 月以前，视频拍摄地主要在四川省雅安市汉源县。在四川，汉源历来是农业大县，一年四季农产品产出丰富，尤其是水果，水果收入成为当地群众增收致富的主要经济来源。除此之外，花椒是汉源县的农特产品，同时被列为中国国家地理标志产品。汉源花椒历史悠久，早在唐代就被列为贡品，有"贡椒"的美称。1984 年荣获省优质产品称号，2005 年 2 月 4 日，原国家质检总局批准对"汉源花椒"实施地理标志产品保护。在尘乡居的视频中，视频制作主要对自家的花椒和苹果进行了介绍，并创立了同名淘宝店"尘乡居"，主要销售时令苹果、花椒和当地特有的黑砂锅。

总的来说，类似尘乡居的"三农"视频博主的创业模式相对简单，主要通过以下几个方面的举措来进行。首先，通过视频分享累积粉丝数量。随着农村互联网的普及，物流行业的快速发展，新媒体和自媒体的崛起，以及人们对于农业、农村、农民、农家相关的内容需求越来越旺盛，不少人群选择通过在农村拍摄视频来创业。相对于其他题材来说，"三农"视频更加依靠当地资源，投入成本较低。尘乡居的发布者之一小八大学毕业后在城市工作过一段时间，最终选择返乡创业，也正是基于这方面的考虑。其次，借助视频拍摄宣传农产品。"三农"视频的一大基本特征是对当地农产品、地域文化的依赖，视频博主往往在家拍摄视频，是因为他们自身对当地风土人情、食品文化、旅游文化等都十分熟悉，观看视频的人从一种参与的角度去了解不同区域的"三农"风貌。因此，借助视频可以更加详细、深入地了解当地的特色农产品，消费者对其的信任度也越高。在尘乡居关于

汉源苹果和花椒的多期视频中，三石详细介绍了当地苹果和花椒的特性、优点以及消费者关注的一系列问题，在某种层面上是对消费者的一种深层次渗透。最后，网店运营与维护。许多视频主选择通过视频内容向消费者反馈产品从采摘、品控、打包到发货一系列的流程，提高消费者的信任程度。但是，正如前文所述，KOC营销建立在信任基础上，这种信任机制一旦被破坏，网络的快速传播性会迅速反噬粉丝效应，因此，通过此类模式进行营销的创业者要更加注重对产品质量的把控，消费者可以通过多种渠道反馈对产品的评价。据淘宝后台数据，尘乡居店铺好评率达98.93%，从评论内容可以看出，许多消费者通过关注尘乡居的视频而选择该店购物。

三、案例启示

"互联网+农业"跨界融合是一个多方获利的过程，具体而言，包括农户、平台商、物流企业，在此过程中，"互联网+"发挥的作用主要在于最大限度地缩短了农产品与消费者之间的距离，包括心理距离和地理距离。在营销模式上，相对于一些大V而言，KOC营销本质上就是作为消费者拉近与消费者之间的心理距离，创业者同时拥有消费者和商家的双重身份，进而吸引消费者购买产品。在运营模式上，这种创业模式则是利用平台、新型物流等互联网产物来进行运营，极大地减弱了地理因素对农业创业带来的消极影响。同时，由于降低了创业者的固定资本支出，在一定程度上降低了创业的难度，在资源不充分的情况下提供了新的创业机会和可能性。

然而，我们也必须看到，"互联网+农业"跨界融合还有很长的路要走，因为对于这类农业，创业规模往往太小，与农业产业化联系不够紧密，不足以支撑地方农村经济发展。首先，对于农户而言，互联网可以帮助农民增收。在农业不发达地区，农业更要走绿色、集约的高端路径，唯一可以实现增收的方式便是提高单位产值。这个单位产值一方面可以通过扩大销售范围来实现。根据供需原理，本地的供给大于本地的需求导致农产品在本地价格偏低，如果通过批发商收购当地农产品，农户在议价过程中处于劣势地位，对农民增收没有本质帮助，而当利用互联网可以把农产品零售到全国范围内时，需求大大上升，供给不变，农产品价格提高，即使除去物流、包装、损耗等成本，农民收入也可以大大提高。另一方面，在互联网时代，农业附加产值同样可以通过粉丝经济效应得以实现。但是，由于这类创业模式受到农村互联网普及的限制，在某些区域目前依然不适用。同时，这类创业模式与当地特色资源相互依赖，要想形成规模经济效应，除了事件营销、口碑营销等方式的辅助，更重要的是当地农业产业发展要从根本上得到发展和提高，自媒体本质上只是一种营销方式。

其次,对于平台商而言。在案例中,主要涉及两种平台,一种是电子商务平台,如淘宝、微店、拼多多等,另一种则是视频播放平台,如微博、哔哩哔哩、西瓜视频、今日头条等,这些平台都可以通过类似尘乡居的创业者入驻来获取流量。但是,众所周知,虽然许多消费者会同时使用多种电子商务平台,但各种电商平台的目标客户群体依然有所不同。比如,拼多多更多的是针对价格敏感型消费者;而淘宝客户基础较为深厚,各类消费群体都有;微店更多的是为了利用微信的用户基础来提高顾客黏性,但少有知名大品牌入驻。因此,通过KOC营销来进行视频创业的创业者们在电子商务平台选择时要注意与自身目标的匹配,是选择高价还是低价走量都是需要审慎考虑的因素。而对于视频播放平台而言,目前,多个平台方对视频上传都有一定的限制。比如,对于那些有一定粉丝基础的视频博主,平台方可能通过签约独播等方式限制视频主在其他平台上传内容,因此,创业者在这方面也受到平台方的限制,必须做出选择。

再次,对于物流企业而言。改革开放以来,我国物流行业不断发展,尤其是在电子商务迅速发展的近15年,物流行业无论是在效率还是在服务水平上都得到大幅提高,各个物流企业从一开始聚焦城市到现在逐步布局农村。到目前为止,除了极偏远的少数地方,我国的物流配送基本覆盖到大部分村、镇一级居民居住地。对于物流企业而言,农村区域的业绩远不及城市高,因此,此类创业模式有利于物流企业提高在农村区域的绩效。但是,我们也必须看到,许多农产品本身季节性强、易腐易坏的特性,对物流产业链的保鲜保质提出了更高的要求,物流成本高成为限制农业发展的重要因素,因此,为了降低这类产品的运输成本,只依靠企业的力量是不够的,还需要地方政府在政策上给予配合和支持。同时,创业者要着力创新商业模式,仅仅依靠物流和电子商务的辅助是不够的,小农经济、分散经营、生产加工效率低都会严重影响创业成效。

最后,从社会层面来看,我国农业发展仍处于比较低端的阶段,农民收入远低于其他职业人群。尤其是对于那些资源禀赋不足的地区,种植业、畜牧业、旅游业的产值都不高,大部分农民只能在外打工,这也从某种层面引致了子女教育、赡养老人等多方面的社会问题。互联网的发展为这些地区的农业发展提供了新的思路,农户可以利用已有资源在互联网平台进行经营,这种经营往往是以家庭为单位的,是一种鼓励年轻人返乡创业的方式。但是,这种返乡创业模式是可持续的吗?该领域可以容纳多大的创业规模?这些都是前所未有,没有先例可以借鉴的问题,只能依靠创业者们一步一步地不断探索。同时,这种效应如何发散开来,政府在这个过程中可以发挥怎样的作用,都有待进一步深入考虑。

总而言之,在"互联网+农业"跨界融合方面,无论是网红经济、粉丝经济,还是KOC营销,这些都还处于探索阶段,从目前来看,和其他视频分类一样,"三农"视频得到了大众的广泛关注,这种关注如何转化为地方农业经济发展的生产力还需要进一步探索和挖掘。"三农"的根本问题在于提高生产效率,实现土地、劳动力和资本的最优配置。从目前来看,KOC营销可以在营销环节拓宽农产品的销售渠道,提高农产品的经济收益,但只有地方农业产业发展实现与这种模式的完美匹配,才可以真正促进农业生产的效率,提高投入产出比。

第十九章 "互联网+"驱动传统产业跨界融合的路径与模式

"互联网+"作为驱动传统产业跨界融合的重要变量,已经受到学术界和实践界的广泛关注。在"互联网+"背景下,我国传统产业跨界融合在消费者思维模式、政府政策配套等方面也得到了前所未有的机会,同时在组织变革、主体协同等方面遭遇了巨大的挑战。无论是制造业、服务业还是农业领域,都有大量的企业通过"互联网+"进行了跨界经营。本章在过往研究的基础上,着力于分析在"互联网+"背景下,我国传统产业跨界融合的未来趋势。比如,在此基础上,本章从企业和产业两个层面出发,分析了"互联网+"驱动企业无边界化变革的路径和驱动传统产业跨界融合的模式。从企业边界分类的相关研究出发,"互联网+"在打破企业垂直边界、水平边界、外部边界和地理边界的过程中,都发挥了重要作用,但其路径有所不同;而从产业层面,产业融合的演进方式来看,"互联网+"驱动传统产业跨界融合的模式主要可以分为高新技术的渗透融合模式、产业间的延伸融合模式和产业内的重组融合模式。

第一节 "互联网+"背景下传统产业跨界融合的未来方向

从国家政策导向和现实商业发展现状来看,未来一段时间里,对于工业企业而言,实现新型工业化和信息化的两化深度融合既是国家政策要求的发展方向,同时也是未来产业发展的必然趋势;以制造业服务化为导向的先进制造业和现代服务业深度融合也将是我国制造业未来跨界发展的重要方向;而对于服务业企业而言,在"新零售"等先进模式概念下,网络经济和实体经济将在未来一段时间内继续深度融合,以此实现线上线下的最佳匹配;而在农业领域,大数据等先进技术的应用和农业产业链的深度融合是我国农业经济发展的重要趋势。

一、新型工业化和信息化深度融合

党的十八大提出促进工业化、信息化、城镇化、农业现代化同步发展,[1]党的二十大也进一步指出,到2035年,我国发展的总体目标是建成现代化经济体系,

---

[1] 资料来源:https://www.gov.cn/ldhd/2012-11/17/content_2268826.htm。

形成新发展格局,基本实现新型工业化、信息化、城镇化、农业现代化。①随着5G、大数据、工业互联网、人工智能等先进技术的不断发展,我国的信息化发展取得前所未有的长足进展,在世界范围内都具有较高的竞争力。这种快速的信息化进程迅速渗透到其他方面,如工业化和农业现代化。但是,我们也关注到,从业界的反馈来看,人工智能等高精尖技术大部分还是活跃在互联网公司,实体产业真正因此获益者相对较少,工业化进程与信息化进程之间的协同没有达到最佳状态,因此,信息化和新型工业化的深度融合还有一段路要走。新型工业化指的是科技含量高、经济效益好、资源消耗低、环境污染少、人力资源优势得到充分发挥的工业化,而新型工业化和信息化深度融合指的是信息化和工业化在更大的范围、更细的行业、更广的领域、更高的层次、更深的应用、更多的智能方面实现彼此更深度的交融。目前,我国仍处于持续推进的工业化进程中,从重要性来看,制造业是国民经济的支柱产业,是国家创造力、竞争力和综合国力的重要体现,信息化和新型工业化的深度融合将为智能制造提供最扎实的基础,是我国转变经济发展方式的必然要求,是构建我国现代产业体系的重要举措。近年来,在技术创新和基础设施建设方面,工业互联网创新发展取得新进展,5G、区块链、大数据、人工智能等领域核心技术创新也在不断推进;在组织管理方面,行业服务水平和管理能力水平也在不断提升,这些都为工业化和信息化的深度融合奠定了坚实基础。未来几年,如何夯实信息发展产业基础、完善发展环境都将是促进信息化和新型工业化深度融合亟须进一步探索的方向。

二、先进制造业与现代服务业深度融合

2019年的《政府工作报告》明确指出,要"围绕推动制造业高质量发展,强化工业基础和技术创新能力,促进先进制造业和现代服务业融合发展,加快建设制造强国"②。2019年9月9日,习近平总书记主持召开中央全面深化改革委员会第十次会议。会议也指出,推动先进制造业和现代服务业深度融合是增强制造业核心竞争力、培育现代产业体系、实现高质量发展的重要途径。③从政策导向来看,互联网时代,由于技术革命、产业变革、消费升级等趋势越来越明朗,当前和今后的一段时期,推进先进制造业和现代服务业深度融合依然是"互联网+"背景下制造业发展的重要趋势和方向。先进制造业是相对于传统制造业而言的,是那些具备先进技术、先进运营模式,具有较强的创新能力和综合实力的制造业企业,如无人工厂等。而现代服务业指的是那些依托先进信息技术,拓宽服务领

---

① 资料来源:https://www.gov.cn/xinwen/2022-10/25/content_5721685.htm。
② 资料来源:https://www.gov.cn/zhuanti/2019qglh/2019lhzfgzbg/。
③ 资料来源:https://www.gov.cn/xinwen/2019-09/09/content_5428640.htm。

域，具有高技术含量和高附加价值的服务业企业，如阿里巴巴等。从制造向智造的转变既是国家政策的战略要求，也是企业变革的具体方向，先进制造业和现代服务业的深度融合是一种可以最大化企业业务关联程度，促使价值链延伸的模式，在这种模式下，有利于借助各项互联网技术进行业态创新、模式创新、路径创新。正如马云所说，不能把制造业和服务业对立起来，很多我们以为的制造业企业在发展过程中已经将战略重点转移到服务提供商，在全球范围内，制造业服务化已经成为产业发展的重要趋势，先进制造业与现代服务业深度融合要求企业不仅要提高制造业服务化水平，同时要利用先进技术，坚持不懈去产能，从制造转变为智造，加快传统产业跨界升级，在现代服务业的理念下，以客户为中心的理念贯穿全价值链，不仅为客户提供尾端的选择界面，同时前瞻性地把握客户需求，同步实现制造业的高质量发展。

三、网络经济与实体经济深度融合

随着电子商务等新兴经济模式对实体经济的冲击影响不断扩大，不少人开始质疑网络经济是否可以取代实体经济而发展成为社会的主流经济模式。目前看来，答案显然是否。越来越多的企业家开始关注实体店客户带来的体验感，这是网络经济模式难以实现的。未来一段时间，如何更好地实现网络经济与实体经济的深度融合将成为服务业乃至各行各业发展的基本趋势和目标。从基本特征上来讲，网络经济具有快捷性、高渗透性、边际收益递增性、可持续性、创造外部效应等显著优点，这也是国家大力推进"互联网+"行动的重要原因之一，然而，网络经济在实现消费者的体验感等方面存在固有的不足。一方面，网络经济本身并不能创造商品，它只是改变了人们的消费方式；另一方面，无论是通过计算机模拟人体，还是通过大数据计算消费者适合的产品，这些都不能从根本上满足消费者的体验需求。因此，我们发现，实体经济之所以在一段时间内走向弱势，归根结底是因为互联网降低了商品交易的各项成本，实体经济因为高额的固定成本支出而难以为继。那些生产商品的企业试图通过技术创新不断提高生产效率，从而获得超额利润；体验感对于小企业而言成本过高，短期内难以收回投入。因此，网络经济与实体经济的深度融合是未来产业发展的必然趋势，从经济效益优化的角度来说，消费者不但愿意为商品本身买单，同样也愿意为附加服务买单。实体经济发展的方向在于在商品本身的基础上同步为消费者提供优质服务，从产品生产端向服务端延伸，通过不断靠近顾客需求创造价值。网络经济与实体经济的融合，既是一种全渠道演变，又是一种资源利用的优化升级。比如，在2018年双十一活动期间优衣库推出线上下单，线下取货的新模式，消费者既可以享受线上的优惠活动，又不用承担物流拥挤、退换货不方便的风险，就近取货，便捷性和舒适性都大大提高。据商家介绍，天猫等平台要求商家线上线下商品销售同价同质，这无疑为消费者提供更大的线下购物利好，同时为商家创新商业运营模式提出了更高的要求。

四、大数据与农业产业链深度融合

和产业链概念相似，农业产业链指的是农产品从原料、加工、生产到销售等各个环节的关联。大数据等互联网新技术与农业产业链的深度融合为农业产业发展注入了新的活力。传统意义上，农产品由于其独特的生产和销售环境在商品交易过程中往往处于劣势地位，而在互联网的加持下，集约型的生态农业优势才可以全面发挥出来。之所以推断大数据与农业产业链的深度融合将成为农业发展的一大趋势，首先，大数据等先进技术有利于实现农业产业链各环节之间的价值协调，使得农产品产量可以像工业产品那样控制在生产者的手里，最大限度地减弱外部不可控因素的影响。科学计划、智能管理、规划出产式的新农业将最大限度地提高农业投入产出比，一些新兴的农业发展模式也在"互联网+"背景下发挥出最大的功能和作用。比如，与城市社区建立紧密联系的CSA（community support agriculture，社区支持农业）经营模式，可以通过缩短生产者和消费者之间的距离来建立一种风险共担的利益共同体，在这种模式下，农业企业的风险得到有效降低，有利于提高农业创业者的创业激情。其次，农业产业要发展，就必须要走规模化道路，获得规模经济收益，而粗加工农产品价格低，且同时难以满足消费者的需求，因此，当某种农产品种植达到了一定规模，就必须走提高附加值、延长产业链的深加工之路，才能把农产品的商业价值充分激发出来，把农业的高附加值挖掘出来。在此过程中，大数据可以帮助生产者针对消费者的需求挖掘农产品的附加价值，实现供给和需求的最佳匹配。最后，由于当前存在农产品供求结构的不平衡和生产要素配置的不合理等问题，农业产业链在横向融合与纵向合作中各环节的增值效能存在很大的差异，而大数据等互联网要素为农业产业链升级提供了新动力，可以通过理念和技术的创新来重构物质流、资金流和信息流。

第二节 "互联网+"驱动传统企业跨界的路径

组织与管理研究学者认为，组织边界是组织与外部环境之间的界限，是一种组织应对外部环境压力的保护机制，可以把组织与外部环境相对地区分开来（林志扬和林泉，2007）。学术界对组织边界的研究主要关注内部边界和外部边界两方面。有学者从内外部需求入手关注组织跨越内部和外部边界的活动（Ancona，1990）。Ashkenas等（1998）依据组织层面和组织内部、层级把组织边界分为垂直、水平、外部和地理边界四类：由组织内部等级制度形成的边界即为垂直边界；组织内不同部门之间则存在着水平边界；组织与外界环境（供应链上下游企业、政府等）之间形成的外部边界，使得组织与外部环境内外有别；地理边界主要出现在内部结构复杂的跨国组织当中。"互联网+"正是通过打破以上四种不同的企业边界来驱动企业进行无边界化变革。

一、智能化管理打破企业垂直边界

企业的垂直边界主要由传统的"金字塔式"的层级式的组织结构所致，随着社会的发展和"层级化溢出效应"的蔓延，层级组织在达到巅峰期后，其不可避免的弊端也暴露无遗。之所以要打破企业的这种垂直边界，是因为在这种层级化的管理模式下，虽然组织规模越来越大，但是组织效率却越来越低。上下级之间界限森严，官僚化会严重阻碍创新，程式化的企业制度也会降低员工士气。大多数这样的组织不是依靠人才进行人才选拔，资历、年龄等比才能成为更优先级的考虑因素。如何打破这种企业的垂直边界，从"互联网+"的角度来说，企业应该大力推进智能化的管理模式。早在21世纪初，许多企业就开始引进信息管理系统来实现员工与组织目标之间的统一和协调。比如，人力资源管理信息系统可以最大限度地将企业KPI（key performance indicator，关键绩效指标）对接到员工个人，弱化间接管理者的主观评价，避免企业在层级制度下形成滥用职权的土壤。

智能化管理就是协同发挥人类智能和人工智能、个人智能和组织智能作用的管理模式。它和传统的单纯借助信息系统等互联网技术来实施管理不同，智能化管理要充分发挥机器的学习能力，最大化地提高组织管理效率，同时避免组织官僚化。此外，"互联网+"的本质是连接，对于企业内部而言，智能化管理是最好的员工和组织之间的连接器，有利于实现组织与员工之间的信息共享。在互联网时代，机会转瞬即逝，这就要求企业的决策速度更快，决策质量更优，而精准的信息渠道是决策的首要要素。正如张瑞敏所认知的那样，企业管理最应该关注的是员工。员工可以为企业创造价值，但员工的力量是分散的，企业要做好组织、协调、控制的工作，这些工作是不可能完全靠人力来满足的，而且成本非常高。在信息技术如此发达的今天，这些工作是可以通过人工智能来实现的。当企业实现智能化管理时，员工和组织之间可以做到信息实时共享，这既有利于员工进一步规划后期的工作，同时有利于企业最大限度地协调员工的工作。

总之，"互联网+"有利于企业通过智能化的管理模式来打破企业的垂直边界，智能化的管理既有利于避免组织的官僚化，又有利于平衡企业内部集权和分权、控制和协调的成本。事实上，在互联网时代，所有新的商业模式几乎都是建立在智能化管理基础上的，只是有些企业的管理模式相对比较成熟，而有些企业还处在探索阶段。未来，AI等先进技术的进一步成熟将为企业智能化管理奠定更加坚实的基础。

二、平台化运营打破企业水平边界

和垂直边界相对应的是水平边界,企业内部形成水平边界的主要原因在于谷仓效应[①]。随着组织规模越来越大,组织会形成不同的业务部门、事业部门等,这些部门虽然同样是为组织绩效服务,但是由于其内部存在竞争关系,缺乏沟通,所以导致很多企业部门之间存在明显的界限和区隔,相互掣肘、团队内耗严重、沟通障碍、缺乏凝聚力,不断削弱企业的整体效益,甚至引发组织溃散。在互联网时代,这种结构性的障碍显然已经严重制约组织整体的敏捷性,进而降低组织绩效。企业无边界化变革就是要打破这种业务部门之间的界限,使企业所有员工为组织统一的目标而努力。

在互联网时代,企业的目标到底是什么?当然,获取经济利益是企业存在的本质。如何获得这种超额的经济利益呢?或者说互联网时代,企业应该坚持的第一原则应该是什么呢?可能是客户价值导向。为客户创造价值,企业才能获得经济回报,这已经成为当今时代商业运营的共识。企业要想打破这种业务部门之间存在的水平边界,就要一切以客户为中心,坚持客户价值导向。互联网平台为这一目标创造了机会,互联网平台本质上是面对客户需求的,平台的一端是企业,另一端直接连接到客户。在这种模式下,企业直接和客户对话,企业家、企业部门、企业员工都以平等的关系对接到客户,如果不能更好地满足客户需求,那么企业利益将受到损害。在这个过程中,企业部门之间的边界、隔阂都是不重要的,各业务部门的职能只有一个,为客户服务,而不同部门的功能主要是为满足客户需求提供支撑和赋能。通过在企业内部搭建平台,加强员工之间的合作,员工不再只是熟悉自己业务的专才,而是成为满足客户个性化需求的通才,因此,员工之间要团结协作,只有这样,他们才能更好地为客户服务。一旦每个员工都成长为通才,或者说企业内部的正式或非正式团队可以解决可能存在的各种问题,企业以人为主体运营,那么以岗位为主体的部门的作用就被弱化了,部门之间的边界也就被打破了。

总而言之,在"互联网+"背景下,通过平台化运营,打造平台型组织是打破企业水平边界的有效方式之一。因为平台型组织是以客户需求为导向的,同时是开放协同的,组织的内部流程被打通,组织资源得到最大化的整合,一切为客户服务,及时响应客户需求,以扩大网络效应,打破传统组织架构下部门之间的边界。只有打破这种边界,才能提高组织的敏捷性,使企业具备高度的灵活性来应对外部环境带来的挑战。

---

① 谷仓效应是指企业内部因缺少沟通,部门间各自为政,只有垂直的指挥系统,没有水平的协同机制,就像一个个的谷仓,各自拥有独立的进出系统,但缺少了谷仓与谷仓之间的沟通和互动。

三、共生型组织打破企业外部边界

企业外部边界主要来自组织自身和外部环境之间形成的区隔。比如，在价值链上，企业和原材料供应商、服务外包企业、顾客等之间都存在竞争或讨价还价的关系。在著名的五力模型中[①]，供应商的讨价还价能力成为影响企业竞争优势的重要的行业外部因素之一。按照工业逻辑，这种外部边界的存在，使得企业始终处在一个"升级打怪"的环境中，企业不仅要跟顾客讨价还价，同时要防范同类型企业的竞争，更要通过与供应商的博弈来获得超额利润。在互联网时代，这种模式不再适用的原因在于，传统的外部组织边界分明的商业模式是建立在消费者的同质化需求上的，企业只能通过与外部环境的博弈来获取更大的竞争优势。一旦消费者同质化需求这一基础假设被打破，企业就要团结一切可以团结的力量，合作共赢，共同为客户创造价值。

如何实现这种合作共赢，构建共生型组织是一条可实施的实现组织无边界化变革的路径。"互联网+"驱动共生型组织的形成，进而打破了传统工业逻辑下企业的外部边界。共生型组织是北京大学国家发展研究院 BiMBA 商学院院长陈春花教授在《共生：未来企业组织进化路径》提出的概念，她认为，未来的组织应该是一个共生型的组织，这不是一个独立的组织，也不是一个简单的平台型组织。在平台的概念中，还是以搭建平台的企业为主体，但共生型组织强调所有企业互为主体，最重要的是实现共生。共生型组织实质上是一种高效合作的组织形态，共生型组织里面的成员实现了互为主体、资源共通、价值共创、利润共享。同时，共生型组织一定是在"互联网+"背景下产生的，一方面，因为从本质上来讲，是"互联网+"改变了这个时代消费者的消费模式，为顾客创造了新的需求。共生型组织是为了应对这种外部环境的挑战而产生的，企业的绩效不再由内部决定，外部环境中太多的因素随时都在发生变化，组织只能打破和政府之间的边界获得政府更多的支持，同时反哺地方政府工作绩效；组织只能打破和竞争对手之间的边界来应对来自颠覆者的挑战；组织只能打破和顾客之间的边界来获得防范企业外部风险的能力等。另一方面，互联网技术为共生型组织的打造提供了可能，"互联网+"连接一切的力量可以重构一个组织，甚至重构一个商业生态系统，是技术的发展让共享、共生、共创这些概念真正变得可行。

---

① 五力分析模型由迈克尔·波特（Michael Porter）于 20 世纪 80 年代初提出，他认为行业中存在着五种力量，分别为：同行业内现在竞争者的竞争能力、潜在竞争者进入的能力、供应商的讨价还价能力、购买者的讨价还价能力、替代品的替代能力。这五种力量综合起来影响着产业的吸引力以及现有企业的竞争战略决策。

四、数字化转型打破企业地理边界

企业地理边界主要是由地域区隔所导致的，虽然这在非跨国企业中也存在，但由于非跨国企业面临的地域差异相对较小，可以通过多种方式来解决。因此，已有研究发现，企业地理边界的弊端主要存在于跨国组织中，由于地理边界的存在，企业在国际化过程中，面临多方面的外部挑战。比如，相对于当地企业，国际化企业往往面临显著的合法性压力等方面的外来者劣势，而且，由于对海外市场不熟悉，国际化企业往往面临着较高的市场模糊性，对国际化企业竞争优势获取造成了十分不利的影响。归根结底，这些都是地理、地域边界所导致的制度距离、心理距离、文化距离等方面的劣势。当然，这种地理边界本质上是客观存在的，不能消除，但地理边界对国际化企业带来的影响可以通过某些措施弱化甚至消除。如何打破这种地理边界，驱动企业的无边界化变革，在"互联网+"背景下，企业的数字化转型可能是问题的答案。

我们首先要明确的是，企业的数字化转型是数据引领下的转型模式，数据是数字化转型的核心，数据也是数字化转型进行的基础，数字化转型最终要实现的是用数据说话、用数据管理、用数据决策、用数据创新，以数据重构企业智慧。那么，数据可以为国际化企业带来什么呢？数据可以在一定程度上提高国际化企业的效率。由于对国外市场不熟悉，国际化企业在东道国的效率低下，在传统意义上，这种由风俗习惯、文化背景、制度环境、语言等方面的不同导致的市场模糊性需要企业消耗大量人力、物力成本来解决，但在互联网时代，这些问题最终都可以通过数据分析来解决。在本国十分畅销的商品，到了国外，可能由于文化的不同、制度的不允许而没有销路，在传统商业环境下，国际化企业只能通过长时间的前期考察来尽可能避免这类问题或降低这类问题带来的影响。但在"互联网+"背景下，大数据可以直接为企业提供方案支撑，只要数据量足够，甚至可以通过数据直接获得业务转型的答案。

数字化转型本质上用数字化技术全面实现业务重构、流程重构和组织重构。通过数字化转型，企业可以实现数字化运营，通过数据驱动业务，并且可以随时根据不同的东道国的实际情况进行业务流程变革，最大化地提高国际化效率。当组织的一切都转化为数据，那么不可控因素降到最低，地理边界的影响也就被弱化了。"互联网+"就是通过这样的方式在地理边界层面上驱动企业尤其是国际化企业进行无边界化变革。

第三节　"互联网+"驱动传统产业融合的模式

在产业领域内，传统产业以不同的模式实现跨界融合，最终促进整个产业结构的高度合理化,并演变出融合型的新兴产业体系。"互联网+"驱动传统产业跨界融合首先表现为互联网技术向传统产业的不断渗透,在此过程中,互联网技术本身发挥了关键性的直接作用,推进了传统产业的加速融合。其次,"互联网+"在驱动传统产业跨界融合过程中还发挥着间接作用,如在"互联网+"背景下,技术革新和新的商业模式产生驱动了传统制造业和服务业、新型农业和旅游业的深度融合,这些都属于产业间的延伸融合模式。最后,在某些产业内部,"互联网+"驱动的传统产业重组融合模式正在发生,如在农业领域,种植业、养殖业和畜牧业以生物技术为基础,打造了新型的生态农业模式。

一、高新技术的渗透融合模式

在《"十四五"智能制造发展规划》的背景下,高新技术对传统产业的渗透融合体现最明显的就是中国智能制造的发展。智能制造通过对产品价值链上的设计、研发、加工、生产、售后服务等环节的制造活动进行学习、信息分析和利用,从而优化决策效率和质量。智能制造要求通过各项技术实现对制造业全价值链环节的精准控制,从而实现制造过程、制造系统与制造装备的知识推理、动态感知与自主决策。其本质是人工智能技术向制造业的渗透,通过人工智能等先进技术对传统制造业进行全面的升级。

之所以会形成这种以高新技术为主导的渗透融合模式,首先,在互联网时代,技术变革已经成为时代关键词之一,5G、大数据、人工智能等,都在深刻地改变着人们的生活方式,同时颠覆了传统产业的价值创造方式。技术尤其是信息技术具有高创造性、高增值性、高渗透性等基本特征,"互联网+金融""互联网+医疗""互联网+教育"等众多新型模式都是建立在移动互联网技术的基础之上的。其次,无论多么高端的技术,都是为产品服务的,如果技术创新成果不能得到有效转化,那么这项技术无疑是低效的,大部分技术只有嫁接到企业实际的产品上,如 5G 只有与手机产业结合,才能为通信业的消费者创造价值。因此,高新技术与产业的融合是必然的,区别只是在于某些技术对产业造成了颠覆性的影响,而某些技术只是在一定程度上提高了产业效率。最后,高新技术本身可以创造新的产业。历史上,生物技术和信息技术的结合创造了 DNA 芯片计算机。技术之间的渗透融合带来的经济效益和社会效益都高于一般的技术创新。

高新技术向产业的渗透融合本质上是技术的一种扩散效应,传统产业在转型升级、价值链攀升、跨界融合过程中面临的挑战较大,主要是因为这种扩散效应受到传统产业的技术吸收能力、技术差距等的影响。一方面是技术吸收能力。虽然高新技术本身的渗透性很强,但是传统产业受到观念固化、成本等方面的影响,整体的技术吸收能力不高。比如,对于智能制造而言,虽然国家大力推进智能制造建设,在政策导向上也提供了不少的优势条件,然而企业的决策者最终还是企业家，企业家观念固化导致推进速度不快，效率不高；另外，高新技术的引进往往需要企业前期投入较高的成本，对于那些经济效益不够好的企业而言，这无疑是摆在企业面前的一道高门槛。这些都会直接导致企业的技术吸收能力不强，这种模式下的产业跨界融合很难实现。另一方面则体现在技术差距上。以制造业举例来说，我国目前仍然存在一些低端的生产型制造业，它们生产的产品十分简单，技术上几乎没有难度，但它们在市场规模上具有显著优势，因此，成长为行业里的"隐形冠军"。比如，江苏省江阴市的部分企业与高新技术之间的技术差距较大，加之对技术的需求不高，因此很难实现高新技术向产业渗透的跨界融合。

二、产业之间的延伸融合模式

随着人们物质生活的丰富，生活水平的不断提升，消费者在旅游方面的个性化需求也越来越明显。相较于景点打卡等形式，人们更加追求旅游生活质量，这就发展出了时下流行的休闲农业产业。休闲农业是一种农业向旅游服务业延伸的跨界融合模式。在"互联网+"背景下，移动互联网、生态农业的快速发展都推动了产业之间的延伸融合。休闲农业相较于传统农业和传统服务业，既有利于调整农业结构、改善农业环境、增加农民收入，又有利于满足人们日益高涨的精神文化、旅游生活需求。

近年来，在国家颁布的一号文件中，推进农村一二三产业融合都是重要的关键词之一。推进农业三产融合可以通过提高资源的利用率、降低交易费用、促进产业升级和经济增长来提高农业经济效益。"互联网+"在推进农业三产融合过程中发挥着怎样的作用呢？一方面，"互联网+"缩短了农业生产者和消费者之间的心理距离。在"互联网+"背景下，自媒体、移动互联网等的深入发展，使得人们对农业的关注度更高，消费者愿意花更多的成本购买农产品，新兴的农业体验经济直接缩短了农业生产者和消费者之间的心理距离。另一方面，"互联网+"提高了农业产业链效率。农业科技的不断发展，提高了农业生产效率；加工技术的发展，实现了农产品从粗加工到深加工的附加值提升；物流技术的不断发展，降低了农产品的物流运输成本；移动互联网的不断发展，拓宽了农产品销售的渠道。技术发展和革新全面提高了农业产业链各个环节的效率，为农业一二三产业融合注入了新的活力。

总的来说，产业间的延伸融合模式实质上是产业价值链的优化和提升。从产业结构来看，某些产业虽然终端面向顾客的产品不同，但这些产业由于采用了相同或相似的技术，因此可以基于这些共性技术建设创新平台，这不但有利于企业提高创新能力，而且大大节约了创新成本。以广播电视业、出版印刷业和电信业为例，在传统经济背景下，这三个产业之间的界限十分明显，并且拥有各自独立的技术背景，存在纵向一体化的市场结构，然而，随着信息技术、数字技术、移动互联网技术在产业间的不断渗透,这三个产业实现了专用平台到非专用平台、低带宽向高带宽的转换,这三大产业便可以联合建设公共的研发平台。未来,产业互联网的发展可能进一步推进这种模式下的传统产业跨界融合。腾讯创始人马化腾在2018年10月31日发布的《致全球合作伙伴公开信》中提及:互联网的下半场是产业互联网,腾讯为此已经做好了准备①。自此,产业互联网开始频频进入公众视野。产业互联网目前在学术上没有统一的概念界定,有观点认为,其是对全产业链的互联网化,通过打通产业链上下游,从而达到优化资源配置,提升产业效率的目的,实现不同产业之间的跨界融合。这种融合模式同样受到"互联网+"连接作用的驱动,因为互联网红利耗尽后,通过云与大数据等基础设施的发展,企业与企业间的连接愈发重要。同时,通过互联网技术构建不同类型、不同功能的平台是产业互联网的关键步骤,那些经济效益更好、技术能力更强的企业通过产业互联网释放开放协同的信号,促进上下游企业的共同成长,进而提升全产业链的价值创造。

三、产业内部的重组融合模式

近年来,许多知名平台型企业发展迅速,如阿里巴巴、美团、携程等。这些企业的共同点在于促进了服务业产业内部的重组与融合,创造了新的商业模式,从而实现了企业的价值增值。阿里巴巴通过淘宝、支付宝等多种平台运营实现了零售服务业、金融服务业等多种服务经济的跨界融合;美团外卖实现了餐饮业和外卖配送服务业的内部重组,当然,某些传统的餐饮企业也提供外卖服务,但是本质上属于企业内提供的附加增值服务,而美团平台的产生真正实现了服务业内部的融合;携程实现了旅游住宿业、运输服务业等多种旅游服务业的重组融合。这些产业内的重组融合改变了消费者的消费方式,为消费者创造了新的需求,提高了产业价值。可以看出,平台型组织在产业内部的重组融合模式中起到了关键性的作用。因为和传统组织不同,平台市场往往是双边市场甚至是多边市场,阿里巴巴、美团等正是在消费者之外,支撑了其他两个及以上群体的融合,其具体表现为服务业产业内部的一种产业重组与融合。"互联网+"在驱动这种重组融合的过程中,发挥的作用便是为平台型组织的产生和发展提供基础。

相对于服务业而言,制造业产业内部重组存在一定的必然性。大多数制造业产业内部之所以会发生重组,是因为我国进入经济转型期之后,相当一部分产业存在严重产能过剩的情况,推进产业重组是为了去产能、实现新旧产能之间的转换。"互联网+"在这个过程中扮演的角色是加强制造业网络化协同,通过技术创新、商业模式创新等使传统产业释放新的增长动能。目前,我国仍然处于工业

---

① 资料来源:https://baijiahao.baidu.com/s?id=1615827359245837592&wfr=spider&for=pc。

化发展的中期阶段，石化、电子、汽车等传统的主导产业依然位于我国关键产业价值链，并且对相关产业具有十分明显的拉动效应。在"互联网+"背景下，如果对这些关键的传统产业及其核心领域进行产业重组和整合，那么将更有利于发挥这些产业的联动效应、集聚效应和放大效应，同时有利于提高传统核心产业的核心竞争力，实现传统产业的转型升级。[①]而如何实现产业重组和整合，就需要依靠人工智能、5G等先进互联网技术来实现。同时，"互联网+"对产业创新有一定的促进作用。已有研究表明，重组企业如果没有产业创新作为前提发展，那么即使短时间内提高甚至大幅度提高了绩效，但是因为没有建立真正长效的创新成长机制，企业依然难以获得可持续的核心竞争优势。因此，产业重组一定要和产业创新有机地结合，通过产业重组推进产业创新，通过产业创新实现产业发展。

---

① 资料来源：www.sohu.com/a/289373341_100190229。

第六篇

促进传统产业实现"互联网+"战略的政策建议

第二十章 智能制造发展背景下的制造强国政策建议

第一节 智能制造发展与振兴实体经济

"十三五"以来,我国经济进入新常态,由高速增长阶段迈向高质量发展阶段,总体形势缓中趋稳,长期向好。新常态给中国经济发展带来了新的历史机遇。中国经济增长速度虽然放缓,但对标欧美日等发达国家和印度等新兴经济体,中国经济在增速和体量上仍然表现不俗,名列前茅。尤其值得一提的是,我国居民可支配收入、就业水平等重要民生指标表现良好,数据显示,截至2022年,我国居民人均可支配收入增长5.0%,全国新增加的城镇就业人口达1206万,城镇失业率平均值为5.6%[①]。物价、劳动生产率、国际收支等其他指标也都处于合理区间,我国经济取得了一定的高质量发展,经济态势总体平稳,稳中向好。中国经济增长方式发生转变,增长动力更加多元化。新常态下,中国政府正积极推进新型工业化、信息化、城镇化、农业现代化,经济增长拉动由依靠投资、出口转向更多地依靠国内消费需求拉动,"三驾马车"结构更加合理,有利于避免过度依赖投资和出口的风险。另外,经济结构优化升级,消费拉动经济增长贡献率高于投资拉动贡献率,消费阶段也由模仿型排浪式转向了个性化、多样化的消费模式;高新技术产业等新兴产业增速高于工业平均增速,在新技术、新产品、新业态、新商业模式方面涌现出了大量的投资机会,大批新兴技术产业、服务业、小微企业得到了快速发展,在经济增长中所起的作用愈加凸显,生产智能化逐渐成为产业组织新特征,依靠要素和劳动力投入拉动经济增长逐渐向依靠技术创新驱动,中国经济结构更加合理,更加优化。随着政府大力推进简政放权,我国社会市场的活力得到了进一步的释放。

然而,我国过去发展长期推行政府主导型需求管理政策,这在取得经济高速增长的同时代价却是经济结构失衡程度的不断加剧,这导致了经济运行面临着一些问题和风险。主要表现在以下几方面。第一,产能过剩和需求结构升级矛盾突出。具体来说,在钢铁、水泥、焦炭、电解铝等传统重工业领域出现了较为严重的产能过剩,而在近几年,光伏、风电设备等新兴产业也出现了一定的产能过剩。

---

① 资料来源:https://www.gov.cn/xinwen/2023-02/28/content_5743623.htm。

但在消费市场上却有效供给不足，不同消费水平的消费者难以寻求与其需求相匹配的商品，消费者的购买力释放不足，供需出现错位。第二，我国经济增长的内生动力不足。在全球经济增速持续放缓的大形势下，贸易增长的不确定性增强，如果过度依赖出口等外部需求，我国经济发展将面临严重的外部风险，这就要求中国经济必须向依赖内生增长转变，创新驱动、全民创业、新型城镇化、信息化等将成为拉动中国经济内生增长的主要动力，但现实是这些动能的激发远远不够。另外，中国经济还存在金融风险有所积聚，部分地区困难增多等问题。虽然不排除有周期性、总量性因素，但究其根源，在于我国经济发展的结构性失衡导致了经济运行的不顺畅。解决结构性失衡问题的根本之道就在于实现有效供给的结构性改革。供给侧结构性改革，最终目的是满足需求，主攻方向是提高供给质量，根本途径是深化改革，增加高质量产品和服务供给，着力振兴实体经济。振兴实体经济，是适应把握引领经济发展新常态、加快新旧动能接续转换的重大举措，同时也是我国应对全球范围内新一轮科技革命和产业变革、增强综合国力必然的战略选择，这对于我国实现"两个一百年"奋斗目标具有重大的战略意义。实体经济振兴的这条主线必须牢牢抓住。

实体经济的振兴离不开制造业。制造业作为实体经济的骨架和支撑，是振兴实体经济的主要战场，振兴实体经济的重点和难点也都在制造业。改革开放以来，我国制造业得到快速发展，在500多种主要工业品中，我国有200多种工业品产量位居世界第一，工业制成品出口约占全球15%，已然成为世界制造第一大国。现阶段，我国制造业已初步达到了与发达国家竞争的水平，但同时仍存在差距，大而不强、创新能力较弱、劳动力成本较高、资源利用高环境污染严重的粗放型工业模式成为制约我国制造业向高精尖的高端化、信息化、服务化、智能化的新型工业化转型的主要障碍。另外，由于要素成本上升、资源环境约束和出口市场低迷等因素影响，我国制造业发展遇到瓶颈，行业利润率较低，制造业转型升级面临较大压力。为了解决制造业面临的问题和挑战，必须坚持供给侧结构性改革，充分释放制造业企业的动力和活力。我国已充分认识到了我国作为制造业大国的现实情况和发达国家20世纪70年代以来"去工业化"所带来的历史教训，制造业仍然是产业的基石，在大力发展服务业等第三产业的同时绝对不能顾此失彼，偏废制造业。从全球来看，由生产型制造业向服务型制造业转变已经成为大势所趋，制造业日益服务化成为世界各国发展制造业的共识。即便是以服务业为主导的产业结构转型，也往往体现为服务业与制造业的系统集成、协作发展。但是，以研发为重点的生产型制造业仍不可或缺，它对于制造业转型升级具有保障支撑作用。事实证明，我国制造业不再具有成本优势，依靠劳动力等要素投入的制造业发展之路已经过去，制造业要想强国必须依靠技术的创新升级。但是，我国生产性服务业发展滞后，在 GDP 中占比仅为 15%[①]，远低于发达国家约为 30%的水平，这严重制约着我国"智能制造"的进程。再加上互联网、大数据、云计算、区块链等新一代信息技术的发展，全球范围内正发生着新一轮的产业变革和技术革命，这些产业在世界主要发达国家和新兴经济体中作为重要的战略支撑而提上日程，美国提出了工业互联网战略，德国提出了工业 4.0。在此背景之下，2021年 12 月 28 日，中国政府发布《"十四五"智能制造发展规划》。该规划提出："十四五"及未来相当长一段时期，推进智能制造，要立足制造本质，紧扣智能特征，以工艺、装备为核心，以数据为基础，依托制造单元、车间、工厂、供应链等载体，构建虚实融合、知识驱动、动态优化、安全高效、绿色低碳的智能制造系统，推动制造业实现数字化转型、网络化协同、智能化变革。未来 15 年通过"两步走"，加快推动生产方式变革：一是到 2025 年，规模以上制造业企业大部分实现数字化网络化，重点行业骨干企业初步应用智能化；二是到 2035 年，规模以上制造业企业全面普及数字化网络化，重点行业骨干企业基本实现智能化。

第二节 大规模技术改造视角下制造业智能化转型的路径

技术改造是指企业为了提高经济效益、提高产品质量、增加花色品种、促进产品升级换代、扩大出口、降低成本、节约能耗、加强资源综合利用和三废治理、劳保安全等目的，采用先进的、适用的新技术、新工艺、新设备、新材料等对现有设施、生产工艺条件进行的改造。我国制造业当前整体存量规模较大且利润率较低，制造业劳动力优势逐步减弱，发展成本明显上扬，企业资金链趋紧影响短期偿债能力。实践也不断证明，用先进的技术改造传统产业从而使传统产业由价值链低端向高附加值攀升，投资少、工期短、见效快，同时还有利于盘活当前经济中的存量资产，调整产业结构，改变经济增长方式。而且，在当前经济下行时期，实体经济投资回报率较低，这时再依靠大规模的投资去发展制造业并不符合现实情况。因此，振兴实体经济，就要在国家宏观层面进行新一轮的大规模技术改造，通过大规模的技术改造来促进整个制造业的转型升级，推动传统产业焕发新的生机。进行大规模的技术改造在我国并非无先例可循。1999 年，我国为应对亚洲金融危机，对 80%的大中型国有企业以质量、品种、效益为重点，进行了大规模的技术改造，有效地应对了当时金融危机时期的稳投资、调结构、促发展的需要。当时国家曾分三轮进行技术改造，第一轮主要针对冶金、纺织、有色金属等 8 个重点行业 159 个技术改造项目，发行了 90 亿元国债用于支持这些重点行业和重点企业的技术改造项目贴息。具体到企业层面，以宝塔石化所在的石化企业

---

① 资料来源：https://www.gov.cn/govweb/zhengce/2015-10/28/content_2954718.htm。

为例，国家着重清理整顿年产量100万吨以下的小型炼油厂，显著提高了石化产业的政策门槛，而在当时，宝塔石化设备简陋，产能低下，只有一套年产2万吨的小常压装置，面临着巨大的政策挑战和关停危险。因此，宝塔石化进行了积极的技术改造工作，争取向年产量100万吨的及格线靠拢，宝塔石化在原来的基础上建成投产了冷榨脱蜡生产线，2001年实现了第一套催化装置破土动工，经过这些努力，在2002年达到了产业政策要求，100万吨重交沥青项目开工建设[①]。再如，山东省针对经济结构中重化工和原材料产业比重大、产业价值链较短、科技支撑能力不强等问题，仅2017年就投资1652.2亿元帮助企业进行重点技术改造[②]，这在全国首屈一指。通过持续深入的技术改造，工业领域动能转换加速发力，为高质量发展点燃了助推器，持续提高了工业数字化、智能化、集约化、绿色化发展水平，有助于全面提升产业发展质量和效益的战略目标。由此可见，为了满足我国从"中国制造"向"中国创造"转型升级的迫切需要，推动技术改造具有强烈的内在需求和巨大的市场需求，这也是中国制造业发展的主要方向，我们要抓住新一轮产业革命的重大机遇。

大规模的技术改造是促进我国制造业智能化转型，从而振兴实体经济的新动能（江静等，2017）。具体来说，第一，在当前我国经济的下行期，通过大规模的技术改造的渐进性发展模式，能够帮助我国经济平稳、健康地运行，实现稳定增长。我国当前经济的发展现状，不再适应加大对制造业的投资等"铺大摊子"式的模式，而如果采用大规模技术改造的方式，分阶段地对我国制造业企业进行新一轮的技术改造，有利于保证工业技术改造投资回报率的稳步增长，淘汰落后产能，消除低质量、高消耗的传统工业品供给，从而促进国民经济实现稳定增长（刘志彪，2015）。第二，大规模的技术改造能够帮助我国优化制造业的资源配置，从而有效地转变经济发展方式，调整产业结构。我国当前制造业发展面临人力成本上涨、资源能源约束等问题，对于制造业的转型升级而言，更重要的是全面提升生产效率以抵消制造成本的上涨。通过对制造业企业研发设计、生产制造、销售管理等各环节大规模的技术改造，尤其是信息技术在制造业企业中的应用，有利于提高制造业企业的生产自动化水平，从而提升生产效率降低人力成本。另外，技术改造通过使传统产业的低附加值环节向高附加值环节攀升，推动了传统产业向品牌化和专业化方向发展，促进了新兴产业形态的出现和发展，从而有利于优化我国产业结构。第三，大规模的技术改造能帮助我国淘汰生产能力过剩的传统行业，消除无效产能，形成高端需求。企业在技术改造过程中，通过将信息技术融入传统产业的各环节，可以显著优化生产过程，降低传统产业的资源能源消耗。

---

① 资料来源：https://baijiahao.baidu.com/s?id=1607137358404016524&wfr=spider&for=pc。
② 资料来源：http://news.iqilu.com/shandong/yaowen/2017/0303/3424212.shtml。

那些产能过剩的落后的传统行业由此淘汰出局，对于我国改善环境质量也有着积极的促进作用。另外，技术改造能够促进新兴产业的出现和发展，从而形成高端需求，淘汰低端需求。例如，制造业企业进行信息化改造之后能够制造出大量高端的富有科技含量的产品，从而带动对这些高端产品的需求，促进实体经济的转型升级。第四，大规模的技术改造能够帮助我国解决经济增长与资源环境的矛盾，有利于改善生态自然环境，推动制造业向绿色化、无污染化发展。制造业企业依靠技术改造，引进相关污染物处理设备，可以从根本上缓解传统制造业对环境的污染问题，从而构建资源节约型和环境友好型的新型制造业发展模式。综上所述，进行大规模的技术改造，有利于加快我国制造业的智能化转型，从而推动我国制造业的供给侧结构性改革，构建制造业在世界范围内的竞争优势，实现由制造大国向制造强国的转变，振兴实体经济的发展。

第三节 中国实行大规模技术改造的政策建议

大规模的技术改造在转变经济发展方式、优化产业结构方面表现出了明显的优势，对于我国制造业智能化转型、振兴实体经济能够发挥关键的作用。结合我国产业发展实际，应该在制造业领域全面推进技术改造工作，具体来说有以下几点。

一是全面提升我国制造业企业对于大规模技术改造的正确认识，提高制造业企业技术改造水平。我国制造业企业当前对于技术改造的认识尚不充分，很多企业认为技术改造的范围只适用于传统行业，但实际上，技术改造并不单单局限于传统行业，在高新技术产业也可以进行技术改造。技术改造的本质是将先进的技术应用于产业当中，用新技术、新工艺、新设备对现有的生产流程进行更新改造，从而提升生产效率与企业的技术能力。技术改造不仅涵盖了对传统产业的改造，也包括对新兴产业内部较为低端落后的环节进行全面改造。因此，我国应加大对企业进行技术改造理念的普及，推动企业对技术改造形成科学的认识，促进企业尤其是传统制造企业的落后生产环节引进新技术、新设备与新工艺，加快制造业企业的技术改造步伐。

二是充分发挥我国技术创新成果尤其是新一代信息技术在技术改造中的作用，提高创新成果的转化率，促进制造业企业的智能化转型。在企业技术改造的过程中，应当顺应第四次工业革命的潮流，加强互联网技术、大数据技术、云计算、人工智能等新兴技术在传统产业研发设计、生产制造、物流运输、销售管理等各环节的应用，以新一代信息技术替代传统制造业领域的落后技术，全面推动机器人、自动化流水线、智能工厂的建设，面向顾客改善生产流程和产品质量。

三是明确技术改造重点，建立重点领域技术改造试点，做好示范与推广应用工作。政府要明确技术改造工作的重点，组织实施重点项目的技术改造工作，定期发布技术改造投资导向目录，从而为社会和企业的技术改造指明方向。另外，政府要定期形成技术改造的典型案例，向社会全面展示，做好试点示范与推广应用工作，从而促进企业大面积、大范围的技术改造。

四是技术改造的公共服务平台建设。公共服务平台能够帮助中小企业整合相关资源，畅通信息渠道，为传统企业尤其是中小企业在技术改造的过程中提供必要的服务，使其少走弯路。我国政府应该积极推动建设技术改造的公共服务平台，促进社会资源的优化配置，构建专业化的分工协作体系，推动共性关键技术在企业技术改造过程中的转移和应用，保障制造业企业技术改造工作的顺利推进，通过技术改造实现创新驱动发展。

五是加大财政金融的政策扶持力度，鼓励企业进行技术改造，降低企业进行技术改造的成本。引进新设备、新技术、新工艺进行技术改造对于企业尤其是中小企业来说往往意味着大量资金的投入，技术改造的成本较高而且投资期较长，见效缓慢，大多数中小企业基于成本收益考虑进行技术改造的意愿较低。所以，推进大规模的技术改造工作不仅要依靠企业的自觉意识，而且需要政府在财政税收等政策方面为企业的技术改造提供财税支持。例如，根据实际情况进一步完善减税降费措施，突出对中小微企业，个体工商户以及特困行业的支持，促进企业转型升级和提升创新能力，为企业增活力、添动力。同时，进一步优化财政支出结构，加大科技攻关，生态环保等重点领域投入，支持补短板、强弱项、补底板、扬优势，更直接、更有效地发挥财政政策作用。

第二十一章 产业层面促进传统产业实现"互联网+"战略的政策建议

第一节 促进传统制造业产业实现"互联网+"战略

一、制造业发展历史

18世纪60年代英国率先开启第一次工业革命,蒸汽机的广泛使用标志着人类进入了"蒸汽时代",机器生产开始替代手工劳动,这场技术革命带来了与之相关的社会关系的广泛变革,经济社会从以农业和手工业为主的模式转变为以工业和机械制造带动经济发展的模式,促成了制造业企业的雏形,企业形成车间管理模式。以蒸汽机的广泛使用为特征的工业化因此也被称为工业1.0时代。欧洲国家和美国、日本的资产阶级革命的完成,促进了经济的发展,人类进入了以电动机和内燃机等作为主要驱动力的新时代,电力替代机器在工业化大生产中的作用,成为补充和取代以蒸汽机为主要动力的新能源。随着电灯、电话、电车等电器的发明,人类正式进入了"电气时代",以煤气和石油为燃料的内燃机的发明使得内燃汽车、远洋轮船、飞机等相继问世,促进了诸如电力工业、化学工业、石油工业以及汽车工业等新兴工业的出现,这都要求实行大规模的集中生产,劳动生产率进一步提高。电力时代由此替代蒸汽时代,被称为工业2.0时代。20世纪70年代,核能、电子计算机、空间技术和生物工程等现代技术得到了快速发展,尤其是计算机、互联网的发明给社会生产方式和人们的生活方式带来了翻天覆地的变化,在信息技术、新能源技术、生物技术、空间技术等多领域掀起了一场巨大的变革,这些新兴技术尤其是互联网技术在制造业领域的广泛应用,大大地提高了制造业的自动化水平,现代科学技术在职业领域的应用相应地在管理层面也推动了管理现代化趋势,制造业发展的各个环节均发生了深刻变革,生产效率进一步提高。在此阶段,由于电子信息技术的发展,工厂大量采用真正由电子信息技术自动化控制的机械设备组织生产制造活动,制造过程自动化控制程度得到了大幅度的提高,生产组织形式也从原来的工厂彻底转变为现代化大工厂,生产效率、分工合作、机械设备的寿命也比以往任何一个时候更高,人类进入了产能过剩的时代。以电子信息应用为标志的第三次产业革命也被称为工业3.0时代。进入21世纪,随着科学技术的进一步发展,互联网、大数据、云计算、物联网等新技术与工业生产相结合，以智能制造为主导，德国率先提出了工业 4.0 的概念，德国所提出的工业 4.0 是指利用 CPS 将生产中的供应、制造、销售信息数据化、智慧化，组织形式从现代大型工厂转变为虚拟和实体相结合的工厂，最终实现高效、快速、个人化的产品供应。简而言之，工业 4.0 时代就是将互联网、大数据、云计算等最新的信息技术应用于现代化的工业大生产，最终实现工厂的智能化生产，满足消费者日益多元化、个性化的需求。毫无疑问，谁能在新一轮的技术革命中夺得先声抢占先机，谁就能在日益激烈的国际竞争中胜出，跻身世界制造大国的行列。

制造业是国民经济的主体，制造业的发展水平直接关乎一个国家的生产力水平，同时也是区分发展中国家与发达国家的重要指标之一，制造业在全世界发达国家的国民经济中均占有重要的份额，因此，制造业也被视为国民经济的支柱性产业，是体现国家综合实力和创新水平的重要指标。新中国成立以来，我国实现了从站起来、富起来到强起来的伟大飞跃，综合国力位居世界第二位，技术创新得到大力发展，人民生活得到物质保障，而这离不开制造业的快速发展。新中国成立之初，我国是一个典型的农业大国，缺乏完善的工业基础和产业体系，根据当时统计数据，工业在当时的国民经济中占比仅有 15.5%，工业化程度较低。为了巩固新生人民政权和提高工业化水平，新中国必须大力推动工业的发展。在此背景下，我国模仿苏联模式，实施计划经济，制造业的发展单纯依靠国家力量，优先发展重工业。直到 1978 年，我国的计划经济体系建立了较为完整的制造业体系，能够制造各类工业和日用消费产品，但是此时的工业制造大部分是重工业产品，而在消费品生产制造方面较为落后，只能满足人民基本的生活保障。从 1978 年实施改革开放到 80 年代末期，我国的制造业开始重新崛起。尤其是从"六五计划"开始，我国为改善农业、轻工业、重工业发展不均衡的现状，开始重视三者均衡发展和结构的优化，使国民经济更加健康地发展。在这一时期，外资也开始逐渐进入中国市场。国产的轻工产品和电子产品开始进入中国人的家庭，20 世纪 80 年代后期中国开始拥有了自己的本土化制造业品牌，中国制造业开始逐渐复苏，但这一阶段的制造业企业基本上是国有企业。随着国家政策的不断放开和市场化程度的不断提高，尤其是 1992 年以来我国开始实行中国特色社会主义市场经济体制，民营企业开始崛起。"苏南模式"和"温州模式"成为这一时期的代表和典范。苏南地区以乡镇政府为主组织资源。例如，政府出面组织土地、资本、劳动力等生产资料，大力发展乡镇企业，并由政府委派能够胜任的人才来做企业的主要负责人，这种模式速度快、成本低，很快实现了苏南地区乡镇企业在全国的领先发展。而温州模式则以家庭为单位，在浙江省东南部的温州地区出现了许多个体私营企业，这些个体企业大都经营一些小商品，在温州地区的集聚产生了规模效应，逐渐形成"小商品、大市场"的经济格局，温州模式高度的市场化带动了当地工业化的发展。民营和外资企业的高度活跃,促进了劳动力的就业,充分发挥了资源优势,逐渐形成珠三角、长三角和环渤海经济圈三大重点工业区域,而东北老工业基地出现了明显的衰退,国有企业开始大幅裁员,下岗潮和下海创业成为这一时期的代表现象。从1997年开始,我国尝试探索建设新型工业化,着力提高制造业的信息化的水平,以打造富有高科技含量和经济效益但同时低资源消耗和少环境污染的工业发展体系。随着国内经济的稳定发展,大量外资企业进入中国,尤其是2001年中国加入WTO以来,全球分工体系的壁垒得以进一步降低,中国愈加加快"引进来"和"走出去"的步伐,逐渐成为全球制造业的重要基地,制造业无论在规模还是产量上都迅速扩大,制造业在GDP的比重占到40%以上。经过几十年的发展,我国不断扩大制造业规模,加快技术创新,推进技术转化,终于成为名副其实的"世界工厂"和"世界制造业第一大国"。但是制造业的迅速发展也带来了新的问题。当前制造业以粗放型低端产业为主,技术水平低,产品更新换代慢,性价比低,产能落后,传统产业集群中的大多数企业仍以出口导向型、相对落后的传统制造模式为主,对外依存度较高,而且以投资为导向,重工业化倾向加重,区域布局上重点在东南沿海的制造业发展远远超过东北、中部、西部地区,面临结构不平衡等问题。尽管经济增长的动力从要素驱动、投资驱动转向创新驱动,但是资本、劳动力、土地、资源等要素成本上涨,企业信息化滞后,生产效率低下,传统产业发展面临困境,制造业的转型升级成为必然,而且迫在眉睫。

伴随着信息和通信技术革命的兴起,新一轮技术革命和产业变革方兴未艾,互联网时代已经到来,大数据、云计算、物联网等炙手可热的互联网相关词汇扑面而来,过去传统工业的结构化模式在主要发达国家正被不断地颠覆,智能制造模式成为制造业发展的重要趋势。智能制造最早来自人工智能领域的相关研究,指的是一种人机一体化的智能系统。它由智能机器和人类专家组成,依托于现代传感技术、自动化技术、网络技术等新一代信息技术,在生产活动中通过人机交互,实现分析、计算、推理、模拟、判断、决策等活动。智能制造突破了传统工业自动化概念,将制造业延伸至柔性化、网络化和智能化,从而有利于缩短产品的研发周期,大幅提高制造业的生产效率。例如,德国的ABB海德堡工厂,每个生产线都装配了智能化的传感器设备,以便能够随时采集生产流程中产品和设备的各种实时数据;与此同时,在一个生产车间内共有7台ABB机器人通过自主或协同工作完成各项生产任务,而且可以根据现场的情况变化进行智能化调整,最大限度地减少出错率,提高生产效率。智能制造在ABB海德堡工厂的应用,使得该工厂原来的生产流程得到了彻底的优化,工厂的生产能力大幅提高,而且增强了柔性制造能力。该工厂能够制造超过8000种产品,批量生产规模更加多样化,迎合了个性化的市场需求,堪称世界顶尖的智能工厂。智能制造对传统制造业的革新和颠覆显示出了巨大的生命力,引起了世界各国的关注和反响。世界各国纷纷在制造业领域提出了重大战略,如德国工业4.0的提出。德国工业4.0的提出目的就是要在智能生产体系的支撑下,实现全球生产方式的重构,在世界制造业中掌握话语权。这给世界各国敲响了警钟,提醒世界各国新一轮机遇与挑战的到来,如果在这轮新的技术革命中错失先机,必将在新一轮的综合国力竞争中落后于人。在此背景下,我国为了抓住此轮技术和产业变革的重大机遇,重塑我国制造业国际分工格局体系,2015年首次提出了"互联网+",并且出台了相关推进的意见,提出要大力发展和推广物联网技术和应用,促进"互联网+"与经济社会的深度融合,在国家层面全面推动"互联网+"制造业的实施,促进制造业智能化转型。

我国制造业发展地区差异大,不同地区产业基础、基础设施等制造业重要方面都不尽相同,尤其在中西部地区甚至存在大量制造业企业仍处于工业2.0时代,并不具备向工业4.0条件下智能制造模式的转型条件。世界的经验以及现实情况都表明,智能制造的转型过程因地区、行业的差异不可能一蹴而就,必须通过渐进连续的方式先在制造业发达地区逐渐完成智能化改造工作,然后带动落后地区逐步向智能化方向转变,智能制造的转型必须分步走。

二、制造业智能化转型升级需要分步走的原因

第一,借鉴德国工业发展规律,制造业实现智能化转型升级应该分步走。德国是全球制造业最具竞争力的国家之一,以智能制造为核心的"工业4.0"战略无疑为我国制造业的转型升级提供了有益的借鉴。经过"工业1.0""工业2.0"和"工业3.0"的阶段发展,德国实现了生产流程化、测量精确化、运行自动化的制造业模式,开始进入以网络化、智能化为代表的"工业4.0"阶段。从阶段转换和跃迁的速度来看,德国从"工业3.0"发展到"工业4.0"经历了40余年的时间。我国的制造业与德国相比仍然存在较大差距。到2010年,德国大多数企业已经完成了"工业3.0",并开始探索"工业4.0"的行业标准和实现路径。而我国制造业则仍处于"工业2.0"和"工业3.0"并存的阶段,且大多数企业还在"工业2.0"和"工业3.0"之间徘徊,只有少数企业进入"工业3.0"阶段。正如工业和信息化部部长所说:德国从"工业3.0"串联到"工业4.0",而中国是"工业2.0、工业3.0"一起并联到"工业4.0"[①]。路漫漫其修远兮,我国要真正实现理想中智能制造的产业社会,完成跨越式的发展,可谓任重而道远。

第二,部分制造业企业对智能制造浪潮和趋势不敏感,对智能制造认知不充分,对智能制造投入不足。首先,对于劳动密集型且单体规模较小的制造业企业,

---

① 资料来源:https://www.sohu.com/a/30225178_212389。

传统组织生产方式留下的烙印很深，廉价的劳动力仍然是主要的生产投入要素，因此，处于这些行业的企业对于全球范围内兴起的智能制造浪潮和"机器替代人"的发展趋势不敏感，并未充分意识到自动化和智能化转型升级的必要性和紧迫性。例如，江苏部分中小型食品饮料制造业企业就仍处于机械加工的阶段。其次，多数制造业企业对智能制造的内涵把握存在误区，将自动化与智能化混为一谈。例如，张家港某公司认为拥有了自动化设备、建设了自动化生产线就意味着企业已实现智能化。最后，制造业企业对智能制造的投入不足，导致人才、设备、技术等方面与智能制造脱节。即便许多智能制造的标杆企业也存在推进力度不够的问题，核心技术依赖进口，并且对智能制造有关人才的培养不足，导致企业智能化转型仅仅停留在个别环节或局部车间，未进行智能化生产体系的全方位构建。例如，海澜之家仅实现了物流的初步智能化，徐工集团仅建立了底盘分厂的智能车间。

第三，快速的智能化升级可能会造成就业问题。一方面，企业的智能化转型导致员工被机器替代，大批员工面临失业风险。许多评论文章指出：人工智能将带来史上最严峻的失业潮。世界银行在《2016年世界发展报告：数字红利》中认为：发展中国家三分之二的工作岗位容易被人工智能所取代。麦肯锡在《未来的工作：自动化、就业和生产力》报告中预测：到2030年，全球可能有8亿个工作岗位将随着自动化的实现而消失，当前的工作中有超过一半大约会在2055年智能化。另一方面，智能化转型将催生新的产品或服务，甚至催生新的产业，从而创造出新的就业岗位。但人才培养和技能转型需要时间，因此，传统岗位的人员很难在短期内适应新的岗位需求。快速的智能化升级会进一步使该问题加剧，导致新岗位人才空缺，而传统岗位的人员无法得到妥善安置。因此，从稳定就业的角度来看，江苏制造业的智能化转型升级也应实施分步走策略。

三、制造业智能化转型升级分步走的对策建议

第一，围绕"标杆先行"战略布局，构建智能化发展联盟，形成智能化转型升级的新航道。首先，构建以"互联网+"为核心的智能化发展联盟，通过标准的统一、资源的协同、技术的互补，形成"标杆先行"的总体战略布局，率先发展先进地区、标杆性行业和标杆性企业，随后通过先进地区带动落后地区，标杆行业辐射落后行业，标杆企业引领落后企业，层层推进，形成产业合力，逐步实现制造业整体的智能化转型升级。先进地区应在强化经济增长动力、发展壮大新兴战略性产业、发展创新型经济、增创开放型经济新优势、提升城市综合功能等方面进行深入研究。在后危机时代抢占新兴战略性产业先机，就能在未来经济科技的竞争中夺取制高点。从目前看，先进地区要以超越的勇气、超前的规划和超常规的政策，推动新兴战略性产业跨越式发展。要在现有的良好条件和基础上，

建设创新载体、吸引创新人才、营造创新环境，更大力度地培养和引进创新人才，更大力度地研发具有自主知识产权和自有品牌的产品，努力走在全国创新型经济发展前列。其次，率先实现标杆行业的智能化转型升级。例如，从处于国内领先地位的汽车制造、精细化工、高端装备制造等优势行业开始，建立行业内的智能化发展联盟，消除技术壁垒，共享转型过程中的技术、资源和经验，实现行业内的快速智能化转型升级。随后搭建整个制造业的智能化发展联盟，有针对性地让标杆性行业辐射和带动落后行业进行智能化转型，逐步实现制造业整体的智能化转型升级。最后，率先完成标杆性企业的智能化转型升级。例如，海澜之家、徐工机械、波司登等，依托其现有在转型升级中的领先地位，率先完成智能化转型。随后依托标杆企业建立企业层面的智能化发展联盟，搭建智能化转型经验的指导性平台，为落后企业提供相关培训及技术支持，帮助落后企业完成智能化转型升级。

第二，融入领先企业的组织生态，建立区域性的研究机构，打造智能化转型升级新引擎。倡导制造业企业主动加入国内、国际领先企业构建的企业生态之中，通过建立区域性的研究机构，将高校学术研究和企业实践需求相结合，提高技术的转化能力。鼓励人才从发达地区向欠发达地区转移，带动欠发达地区的技术发展，培育各地区自己的技术团队。一是引导制造业企业加入全国领先企业构建的生态之中。例如，加入小米、华为、美的等国内领先企业构建的生态链，通过与全国领先企业的合作，学习领先企业智能化改造的经验，逐步提升自己的技术水平。二是鼓励制造业企业嵌入世界级企业的组织生态之中。制造业企业依托"互联网+"技术的应用，实现与跨国企业之间的互联互通，进一步深化国际的产业分工，逐步提升技术实力。三是深化高校与企业间的合作。以企业为主、高校为辅建立区域性的研究机构，将研究和实践相连接，提升技术的转化能力，逐步实现制造业的转型升级。四是建立有助于高技术、高技能人才扎根的人才引进体系。全面梳理各地区现有智能制造发展中面临的技术瓶颈和薄弱环节，在住房、医疗、教育等激励之外充分发挥"发展红利"对人才的吸引力，吸引海内外优秀人才入驻研究机构和企业，从而逐步形成技术优势，助推制造业企业智能化转型升级。

第三，发挥政府部门的分工职能，倡导多方参与，塑造新型再就业培训服务保障体系。发挥政府在社会分工中的引导作用，鼓励企业依据新的社会发展需求对再就业培训内容进行重新设计，引导社会化机构的参与，为职工的再就业提供服务和保障。一是充分了解社会发展所需。再就业培训应该秉承市场所需、职工所能的原则展开，在培训项目上，尽可能贴合市场需求和职工能力，使职工逐步缓和对智能化改造过程中存在的失业问题的担心。二是更新优化再就业培训方式。就业培训的时间、地点与方法的选择应该更为灵活。例如，依托互联网技术开设免费的网络培训课程，使职工可以在任何时候根据需求自主学习。同时，开展创业培训与引导，大力推进"大众创业、万众创新"，为职工提供创业支持。三是强调企业再就业主体责任。鼓励企业建立教育培训中心，为职工提供必要的技能培训。在企业没有条件或者无法提供所需培训时，可以委托当地职业院校和培训机构为职工提供培训与创业服务。四是广泛吸纳社会机构参与。引入更多社会化机构，提供再就业相关的咨询服务，帮助企业解决在智能化改造过程中所遇到的再就业问题。

第二节 促进传统农业产业实现"互联网+"战略

一、"互联网+"与农业高质量发展

"三农"问题（农业、农村、农民）是关系到我国国计民生的重大问题，同时也是由农业文明过渡到工业文明的产物。为了解决好"三农"问题，我国于2017年提出了乡村振兴战略，将"三农"问题作为全党工作的重中之重，上升为国家层面的战略来执行。实施乡村振兴战略，对于我国建设现代化农业体系具有重大的战略意义，也是解决我国当前社会主要矛盾的必然要求。乡村兴则国家兴，"三农"问题古今中外都是一个重大的问题，如何大力发展农村生产力，调动农民劳动者的生产积极性和创造性，实现农业的高质量发展，是全世界各国都在思考和探索的重点问题。根据2022年国家统计局的报告，我国人口总数达14亿，农村人口约4.9亿，占比约34.8%，解决好"三农"问题对于我国这样一个人口大国、农业大国来说显得尤其重要，尤其是在当前我国实施乡村振兴战略、推动农村高质量发展、逐步实现共同富裕的历史形势下。

农业作为国民经济中的重要产业部门，是一切生产的首要条件，它为国民经济的其他产业部门提供粮食、工业原料等，因此，农业是国民经济的基础，是立国之本，强国之基。然而，我国农业发展呈现出地区不平衡的态势，东部地区农业较为发达，而中西部农业发展欠发达或不发达，在大多数地区仍然是精耕细作的小农经济模式。这种小农经济的传统农业模式具有天然的分散性、自足性和封闭性等固有缺点，再加上农业信息不对称、机械化水平较低、农产品质量难以保障、大量农村人口外流、缺乏高素质农民人才等后天不利因素，导致我国农业发展始终停留于低端基础性产业，整体利润水平不高，农民不富、农村不兴、农业不强等显性问题存在。

一方面，近年来"三农"问题得到了党和国家的高度重视，多种惠农措施和利农政策相继实施。例如，国家为农民提供种粮补贴、设立农业科技站为农民提供技术服务、建设农田水利等基础设施以保障农业平稳发展。国家政策多次聚焦"三农"问题，对于农业朝着良好的方向发展起到了积极的引导和促进作用。但另一方面，这些惠农政策在制定、执行落实的过程中也存在着一些问题。例如，农

业改革创新等都涉及了较为宏大和艰巨的工作任务，不是一朝一夕能够完成的，而是需要持久的努力才能做好。基层政府由于各方面人财物的限制，可能顾此失彼，只是紧盯上级的指挥，因此，政策落实在某些地区变成了形式主义，这就导致了农业发展成效甚微。因此，单纯依靠政府的扶持和政策的福利还不足以使得"三农"问题得到很好的解决，农村的问题必然要依靠农民来解决，政府的引导和支持只能是一种辅助性的作用。

尽管如此，探索我国农业发展之路并非盲人摸象，无例可循。在农业发展实践中涌现出了一批可以参考借鉴的典型案例。例如，江苏省沭阳县的花木产业发展形成产业集群。沭阳县当地的农民借助淘宝等电商平台，在线上售卖花卉苗木、绿植盆栽，在当地政府的引导和扶植下，逐渐发展成为"中国花木之乡"，形成了3个淘宝镇、32个淘宝村，获得了"国家级经济技术开发区""全国最大的干花生产基地""全国最大的园艺电商集聚区""全国电子商务进农村综合示范县"等殊荣。截至2016年，当地农民的年网络销售额高达85亿元，全县网店数量达3.3万个，并且网络带动的农村电商直接和间接创业人员达约25万人次。沭阳县从一个传统的以种植粮食作物为主的农业县城，借助互联网手段，在政府的引导下，发展成为如今有着完整产业链的"淘宝县"，农民的收入大幅增加，农村山清水秀，农业高质量发展。沭阳县在农业发展过程中取得的成就及经验为我国其他地区的"三农"问题提供了很好的范本借鉴。"互联网+"在沭阳县农业发展中所发挥的巨大作用不容小觑，因此受到了学术界和实践界的广泛关注。

沭阳县花木产业集群发展的成功正是"互联网+"农业高质量发展的体现，为全国农业借助互联网发展、实现乡村振兴战略提供了示范。

二、当前我国农业发展中存在的主要问题

（一）农业发展信息不对称，农业同质化竞争严重，农业产业化程度低

首先，信息不对称现象在广大农村地区较为突出，普遍存在。信息不对称现象广泛存在于经济、社会中的各个领域，它描述的是进行交易的每个个体掌握着不尽相同的信息，一些个体掌握的信息对于交易过程中其他个体来说难以甚至无法获得，因此造成了信息不对称现象。在市场交易活动中，由于不同主体对于信息掌握的差异性，信息掌握比较充分的人员能够处于优势地位，而信息掌握不充分的个体则处于劣势地位。与农业发展相关的信息不对称问题主要体现在传统农民获取政策信息的渠道过于狭窄。他们对政策资讯和公共信息的获取主要依靠乡村干部的宣传以及简洁的电视新闻播报，即使对某一政策有所了解，但要获取具体内容和详细信息，实属不易。各种因素限制导致农户在信息获取上处于不利地位，难以获得充足的市场信息，因而也就无法根据市场变化做出相应的生产调整。

其次，当前农村现存的农业大多还是以果蔬采摘、观花赏景、农家乐等为主，业态偏同质化、单一化和低端化。根据"微笑曲线"理论，微笑嘴型是一条中间较低、两端朝上的曲线，在产业链中，更多的附加值体现在前端的设计和后端的销售环节，而处于中间环节的制造则附加值最低。因而，对于产业升级转型来说，要尽量向"微笑曲线"的两端延伸，这样才能在产业链分工中处于有利位置。而同质化竞争则是指同一系列的不同品牌的产品，在外观设计、理化性能、使用价值、包装与服务、营销手段上相互模仿，以至产品的技术含量、使用价值逐渐趋同的现象。尽管同质化对于产业的健康发展有着不言而喻的危害，但我国目前大多数农村地区由于种种原因仍然存在着较为严重的同质化竞争现象。差异化是一个产业健康发展的必然，对于产业内部的大部分参与者来说，同质化的问题难以解决，就只能拼价格。对于生产同一产品种类的农户来说，他们之间降价竞争。一方面导致产品定价不高，农民利润较低；另一方面由于以家庭为单位的小农经济一般规模较小、产量较低，难以获得规模报酬。

最后，传统的农业以农民单家独户的发展为主，生产规模小、批量小、履约率低等问题导致当前农业产业化程度低。这种自给自足的小农经济模式，虽然一定程度上可以勉强使农民生活比较稳定，但规模的狭小和性别的简单分工很难使农业扩大再生产，很大程度上阻碍了社会分工和市场经济的发展，因而也就难以形成以市场为导向、以提高比较效益为中心，依靠农业龙头企业带动，将生产、加工和销售有机结合，实现一体化经营的农业发展模式。农业产业化程度低，一是必然会导致农民单家独户的分散式经营与大市场之间的矛盾越来越突出。农业生产多了砍、少了赶、一哄而上、一哄而下、大贵大贱、大起大落的情况必然会多次反复出现，这不仅损害农民的利益，而且对农业的长远发展也具有不利影响。二是较低的农业产业化程度会导致严重的城乡关系、工农关系不协调。当农业比较效益较低，那么与其他产业利益分配不合理的矛盾就会愈加突出和尖锐，农民投身于农业生产的积极性不高，收入增长减缓，那么农民外流、涌入城市等社会问题则必然涌现，这不仅给农业持续发展和一二三产业的合理结构带来了严峻挑战，而且也给社会的和谐安定带来了一定的危害。三是农业领域市场法规不完善、配套设施较为落后等问题，导致农村经济运行机制与市场经济发展要求不相适应。随着市场的不断变化，农业生产销售等各环节则容易出现问题，各方之间缺少利益连接和沟通机制，增大了经济行为的随意性，影响了农业健康稳定的发展。

（二）农产品质量难以保障，交易渠道狭窄，物流成本较高

首先，农产品的质量安全设计环节较多，产地环境、生产收获、加工贮藏、运输销售以及执法监管等各环节都有可能出现问题，导致农产品质量难以保障。主要体现在县、乡、村（生产基地）的农产品从农民到消费者的过程中环节过多、

物流中质量安全防控体系建设偏弱，难以对产品质量问题定责。由于产地环境污染、农户生产污染以及在农产品的运输中存在着安全隐患，农产品质量难以得到保障。具体来讲，许多农产品原产地的周围环境受到了工业"三废"的污染，导致生产地土壤重金属含量较高，从而生长在这种环境中的农产品有害物质含量超过标准水平；农民在农产品生产中的环保意识也比较薄弱，为了短期利益，大量使用农药和化肥，不仅严重危害了农产品质量，甚至对于当地的土壤环境造成了较大的破坏；另外，在农产品运输环节，尽管大多数农产品自身是安全健康的，但由于监管的缺失，在加工和贮藏过程中也会出现质量问题。例如，部分农产品加工人员出于改善农产品外观、延长保质期等目的，在加工过程中大量使用食品添加剂，这都严重影响了农产品的质量。究其原因，主要是产品生产的组织化程度较低，农业生产也缺乏相应的高素质农业人才，再加上缺乏严格的监管机制，执法人员执法力度不够，导致农产品生产的各个环节都出现了不同程度的问题。

其次，当前农产品的交易渠道较狭窄，主要为农民市场直销和多层中间商代销两种。前者大多为农民在市场摆摊或者开设小型实体店，即"农户+消费者"模式。这种模式常常在流通过程中没有中间环节，也缺乏加工、保鲜、包装等现代物流技术的处理，商品利润率较低，缺少附加值；另外，其物流半径非常有限，农民很难在更大的市场范围内搜索到更多而且愿意出更高价格的消费者，导致这种方式交易量较少，效率较为低下，单位物流成本、销售时间成本都较高，而且存在着市场不规范、供需难以平衡、投入过多精力与时间等问题。后者则由实力较强的中间商集中收货再代为销售，即"农户+批发商"模式。这种模式在一定程度上扩大了交易半径，降低了交易成本，提高了交易效率，但囿于生产者和零售商之间的信息不对称，双方的利益都易受到侵害，常常存在中间商过分压价、农民盲目生产、消费者需求难以被传达等问题；再加上一般的农产品批发商只是单纯地从事商品的收购和批发销售，并不涉及现代物流管理模式对农产品进行包装、加工，因而其附加值仍然较低；由于农产品批发销售市场远远没有建立起现代化的物流管理信息系统，因此这种"农户+批发商"模式远没有达到现代物流的要求。

最后，外销农产品在线上销售的过程中存在物流成本较高的问题。多数农产品的原产地在县、乡、村，基础设施尚未完善、物流企业难以入驻等原因导致农产品从生产者转移到消费者的过程中需要耗费大量的人力、物力、财力，最终使得农产品的物流成本较高。另外，我国农产品在采摘、运输、储存、转运等各农产品产销环节上存在较高的损失率，最高达到19%，而发达国家平均为5%[①]，这表明我国农产品物流水平与发达国家仍存在较大差距。这个数字对于农民来说影

---

① 资料来源：http://www.360doc.com/content/23/0626/14/13672581_1086315110.shtml。

响较大，不利于开展农产品的网络营销工作。

（三）传统农民缺乏必要的信息素养，农村存在高素质人才短板，"空心化"现象严重

首先，传统条件下的农民缺乏必要的信息素养。信息素养是农民的软实力象征，也是新型农民的必备素养之一。农民信息素养是指农民劳动者在现代化的农业生产活动中，借助现代化信息技术，根据自己的信息需求，集合自身的知识体系去搜索、判断和遴选信息，并且将这些信息应用到实际的生产生活中的能力和素质。具体来说，农民信息素养主要包括五个方面，分别是农民是否具有信息意识、使用信息的需求、快速获取信息的途径和渠道、正确利用信息的能力以及是否遵守信息使用的法律与道德。信息素养的缺乏，使得传统农民不具备自身"软实力"，仍然依靠传统的"靠天吃饭"，这极大地阻碍了农村信息化和新型农村的建设。在当前的现实中，由于农民受教育程度相对较低，农村从业人员相对趋于老龄化，并且他们对新事物的理解和接纳能力相对较弱，导致其信息知识比较匮乏，信息能力相对较弱；再加上大部分农村地区基础设施建设相对落后，农民群体获取信息的渠道和途径比较单一，大多数农民的信息来源主要依靠亲朋好友、乡村邻里之间的交流以及村干部发布的信息或者通过电视渠道获取，这些都严重制约农民信息素养的培育和形成。从硬件资源的角度来看，各种信息设备在农业生产等方面的应用水平较低，尤其是有关于互联网方面的基础建设还未完善；从传统农民的自身来看，农民在思想上对于互联网与相应的配套设施缺乏正确的认识，排斥计算机知识培训及相关的学习，极大地限制了传统农民对自身信息素养的提升。

其次，乡村人才梯队断层现象严重，缺乏高素质高层次的农业技术人才。农村发展缺乏人才一直是困扰农村发展的大问题，如何让农村的机会吸引人、农村的环境留住人，是破解这一难题的重点所在。然而，农村缺乏相应的人才引进机制，导致大量精通农业技术与管理的乡村人才大都集中在企事业单位，而很少愿意留在农村。此外，农村现有的人才队伍也大都是精通初级和中级的专业技术，对于新兴学科的把握和理解不到位，单一生产型、技术型人才较多，复合型、创新型人才数量较少。从新型职业农民受教育程度分析，呈总体文化程度不高，以初中文化程度为主的特点。农村引才难、留才难成为制约农村经济社会发展的一大突出短板。因此，2019年国务院《政府工作报告》中提出了"让三百六十行人才荟萃、繁星璀璨"，[①]要推动形成有利于成长成才的培养支持机制、有利于人

---

① 资料来源：https://www.gov.cn/zhuanti/2019qglh/2019lhzfgzbg/index.htm。

尽其才的评价使用机制、有利于广纳贤才的引进流动机制、有利于竞相成长的激励保障机制。

最后，随着大量农村人口转移进城，农村留不住人、"空心化"的现象越发突出。城市在就业、教育、医疗、交通等方面相比农村具有较大的优势，再加上农村发展机会少，农民收入较低，农村对劳动人口的吸引力不足，大量农村劳动人口涌入城市成为打工一族，他们很少愿意重新回到农村继续从事农业生产活动。

三、"互联网+"在农业高质量发展中的作用

（一）丰富农业发展信息，细化传统产业分工，延伸特色产业链条

一是伴随着互联网的普及，信息呈现指数型增长，大众能够快速而便捷地获取更多的政策资讯与公共信息。在政府大力鼓励、支持之下，部分农民逐渐适应高速发展的互联网时代，紧跟时代步伐，利用计算机从互联网获取更多新闻资讯、惠农政策，从中发掘市场机遇。借助互联网，农民可以及时、有效地获取与农村、农业以及农民相关的优惠政策。在信息网络技术不发达甚至欠发达时期，作为"三农"优惠政策的利益相关者，农民出现"三不问题"，即不知道、不明白有关惠农政策，以及知晓之后不会利用政策的问题。这种问题进一步导致国家提出的一项项惠农政策并未落到实处，没有为广大农民带来增益，也没有助力农业快速发展，或者收效甚微。而随着信息网络技术的发展，农民不仅能够及时了解新政策，还能够获得各项政策的详细解读，对于农业政策的目标选择、内容、形式与变迁方向了然于胸，真正享受到惠农政策带来的福利，踏实开展农业活动。此外，农民借助互联网能够快速获悉市场行情，及时掌握市场需求变化动态。在农业市场上，何种农产品利润高，市场所需是什么，哪些需求未得到满足而哪些需求出现过剩，诸如此类信息在传统条件下农民不易于获取，而借助网络，农民可以充分利用这些信息，根据现有产品、特色产业等条件，以市场为导向，开展农业生产活动。这不仅缓解了农村信息不对称的问题，更有助于农民抓住潜在市场机会，享受政策红利，推动农村高质量发展。在互联网浪潮中，沭阳新河镇新槐村村民敏锐地嗅到了商机，觉察到电子商务的广阔前景，于2006年率先吃了"螃蟹"——在互联网上开设了村里的第一家网店，销售自家地里种植的月季花。

二是传统产业与互联网相结合后，根据市场需求与政府规划，产业内部按地区进行了自发分工。互联网的应用可以使农民运用大数据分析定位消费者需求，并按照市场需求组织农产品的生产和销售。如此一来，打破了传统意义上的农产品"生产—销售"组织与经营模式，易于农产品在市场上销售。同时，农产品生产者与消费者之间依靠互联网实现及时沟通、私人定制、个性化生产、产销对接，满足消费者的个性化、差异化的消费需求，避免因盲目生产而出现谷贱伤农的情

况。这不但解决了同一地区产品同质化严重的问题,而且催生出新的生产和销售方式,原本需要经几级经销商体系才能到达消费者手中的农产品在互联网的介入下转变为从生产者直接到消费者,大大减少了中间流通的环节,交易大幅降低,实现买方和卖方的互利双赢。"互联网+农业"可以打通农业产业链的各个环节,将信息流、物流、资金流融合起来,形成一个健康有序的农业互联网生态圈。长期来看,这不仅有利于促进农业产业集群的形成与发展,而且能够增强产业集群效应。沭阳新河镇下属十个行政村分别生产十种不同种类的花木产品,形成古树盆景、天然干花、盆栽绿植、欧洲月季、花木资材等十大花木产业,实现一村一品特色化、差别化发展。

三是随着信息网络技术的发展,电子商务日趋完善,对传统商业活动产生了巨大影响。电子商务通过减少中间环节有效降低了传统生产活动中的成本,同时拓展了销售渠道,生产利润较之前显著增长,吸引了沭阳新河镇周边乡镇争相模仿,形成了以主导产业为核心,周边产品为辅助的产销一体化生产模式,使特色产业链条呈放射状延伸,地区产业带动能力明显增强,集聚性增加。以传统花木产业为基础,沭阳县勇于开拓,形成众多周边辅助性产业,以具有高附加值的景观建设工程作为发展中心,大力发展园林绿化资质企业、景观工程设计企业等,已经成为传统花木产业的重要延伸。沭阳县借力电子商务东风,为传统花木产业注入新鲜血液,各企业之间关联性增强,形成产业集聚效应,降低花木产业风险,提高生产协作效率。

(二)外销农产品源头回溯,拓展农产品交易渠道,形成物流集散中心

一是运用互联网搭建农产品质量追溯监管平台,对农产品从种植、生产、加工、检验、包装、运输,再到销售整个流程,也就是"从农田到餐桌"的全程监管,实现质量安全监管与控制等关键环节的无缝连接。以沭阳县花木产品为例,沭阳县生产的所有花木产品自带二维码,消费者收到产品之后发现任何产品质量问题,无论是生产还是运输途中造成,或者需要售后服务时,都可以通过扫描二维码及时与产品生产者沟通。这样一来,就能够对农产品质量进行实时把控,严格追踪记录每一件农产品的质量信息,一旦发生了质量问题就能够追本溯源,追责到具体的企业。同时,对生产者起到一定约束作用,督促其生产高质量产品。

二是通过"线上+线下"的商业运营模式,拓展了农产品交易渠道。线上交易渠道提供农产品生产者和消费者交互平台,使农产品信息及时、有效地在生产者和消费者之间有效传递,减少信息不对称。同时,借助线上交易平台,农产品曝光度提高,流通效率增加,生产者销量增加,消费者选择多样化,使产品生产者和消费者实现双赢。而建立线上交易渠道不仅需要普及和推广互联网相关的知

识和技能，更需要与交易平台企业达成互利互惠的合作关系，通过电商龙头企业举办的活动来增强当地农产品的影响力和产地知名度从而形成品牌效应。沭阳县传统的花木产业借助互联网手段，传统的个体分散经营逐渐形成了"一村一品"式的专门化的集群发展。截至2022年，全县拥有16个"中国淘宝镇"，104个"中国淘宝村"，实现全县花木电商销售额突破240亿元。

三是通过形成物流集散中心大幅降低了农产品的物流运输成本。在特色农业产业发源地形成物流集散中心，降低物流成本，减少中间环节，使生产者直面消费者。为了更好地为创业者提供载体平台，沭阳县支持发展第三方物流，规划建设百盟物流园区、花卉物流中心、农副产品物流中心等现代服务业物流集中区。不仅改善了农产品物流体系建设，还促进了物流企业之间的良性竞争，合理、高效地控制了物流过程产生的成本。

（三）提高农民信息素养，鼓励大学生返乡创业，吸引外来人口就业

一是移动智能终端的运用整体培养了农民移动阅读、电子商务、电子支付、社交网络等使用习惯和基本技能，提升了农民的数字化能力和信息素养。微信、淘宝等一系列移动终端应用在让农民可以随时随地"触电触网"的同时，也激发了乡村现有的人才活力，让农民可以跟上数字社会的发展步伐，共享互联网红利。农民可以在网络上以多种形式（图片、文字、视频等）随时发布农产品的各类信息（数量、品质、产地、价格等），通过互联网缩短了与消费者的距离，使得销售半径不再局限于当地，而是扩展到全国甚至世界范围内。沭阳县新河镇周圈村姜某从2007年开始通过淘宝电商平台进行花木产品的销售，是当地较早通过电子商务方式做花木生意的农民之一，2018年随着短视频直播行业迅速崛起，她又尝试在抖音、快手、火山小视频等直播平台上直播卖花，农家妇女摇身一变，成为网络中的"时尚网红"，给她带来了丰富的销售渠道，生意越做越好！

二是"互联网+农产品"的营销方式使得当地经济焕发生机，吸引了一大批高素质人才返乡创业。以亲情和乡情为纽带，调动新乡贤的积极性，推动当地大学生出乡学习、回乡创业。蓬勃发展的互联网经济在吸引人才的同时，更以其高回报留住人才。从2016年起，新河镇花木产品开始在网上销售，"零门槛、零成本、零风险"的创业环境催生花木电商产业飞速发展，70%以上的大学毕业生选择返乡创业。人才的回流对于农村的发展具有重大意义，更多的"城归族"回到农村投资创业，给农村带来了新鲜的血液和空气。农村的发展，离不开一支过硬的包括教育、科技、文卫、医疗等在内的人才队伍，各类人才在农村地区涌流，到基层一线干事创业，对于建设产业兴旺、生态宜居、乡风文明、治理有效、生活富裕的新农村具有重大意义。

三是互联网结合传统产业发展从而吸引了一大批外来人口，极大地提高了农

村土地资源的利用率,缓解了当地劳动力不足和农村空心化的问题。从 2016 年起,沭阳县新河镇外来创业人员超过 1 万人,现已发展各类网店 7000 余家,年快递发件量 1.5 亿件,线上年销售额超 100 亿元,带动从业人员 2 万余人,实现无闲人、无闲地、无空房的乡村繁荣景象。

四、深化"互联网+"在农业高质量发展中作用的政策建议

（一）牢抓产业重点,消除信息贫困,深化产业内部分工,构建农业产业网络

首先,农村地区相对于城市而言较为偏僻,信息资源相对缺乏,而推动农业高质量发展需要依赖信息网络技术。网络信息技术使人们可以快速、便捷地获取需要的各类信息,因此,可以推动农村书屋向数字化、信息化改造,利用农村书屋、农村信息服务站等站点设施,培养农民通过互联网获取信息的习惯,激发农民上网兴趣,从而提高农民信息网络技能。同时,以电子商务进农村为契机,密切联系大型电子商务企业,依靠其强大的信息技术支持,依托农村电子商务代理点与热爱新鲜事物的新生代农民群体,培育"三懂"职业农民,即懂互联网、懂农业生产和懂商业活动,为实现农村产业转型升级奠定人力与物力基础。改革开放以来,我国各地区经济蓬勃发展,但是由于地理位置、政策以及人才流动等,经济发展过程中存在发展不平衡的问题,而地区经济发展不平衡进一步导致了地区间获取信息能力的差距。因此,缩小地区间信息差距、消除落后地区信息贫困已经不仅是经济发展的问题,也是重要的政治问题、公平问题。

其次,实地深入了解各地区经济状况,在充分考虑各地区情况前提之下,制定差异化的地区政策。考察不同产业,总结、比较不同产业之间的差异,实施差异化产业策略。具体来说,就是要深入考察不同产业的内部各分工环节的差异,对不同产业、同一产业内部不同分工环节制定符合实际的差异化的政策支持,从而优化产业内部的横向分工体系。制定相关政策时,以实际情况为依据,综合考虑各种因素,以全局观视角,加强政策顶层设计和总体规划的同时保留产业自由发展空间。在政策落实到基层的过程中,也会存在各种无法预知的问题,只有保证相关政策柔性,才有利于政策推行与产业发展。

最后,要树行业模范、立产业标杆,充分发挥榜样的力量。重视主要产业龙头企业的"领头羊"作用,提升整条产业链的竞争能力。将模范带头作用发挥到极致,从个人扩散到企业、从个别企业扩散到整条产业链、从整条产业链扩散到其他产业链,进而带动其他产业链的发展,使多条产业链并行向前发展,构建农业产业网络,形成具备强大竞争力的农业产业集群。

（二）勤补产销短板，强化农产品安全追溯与监管信息化建设，搭建农产品综合服务性平台

首先，应该从法律层面加强对农产品整个产业链的监管，强化农产品产地环境、生产收获、加工贮藏、运输销售等各环节的主体责任。完善相关法律，明确农产品质量安全的各方责任，从而构建农产品质量安全和风险管理机制。通过资金扶持，引导各级政府推行质量监管信息化建设与提档升级工程。如将发展农产品质量信息化建设的所需投入列入财政预算，建立专项发展资金。其次，以政府牵头，鼓励特色农产品产业的龙头企业与互联网营销企业合作搭建特色农产品的综合服务性平台。对生产者而言，可以在平台上获取有关农产品的各种市场信息；对消费者而言，可以简单、快速地在平台上筛选出目标产品，省时省力。最后，颁布更多的关于城市配送的规范，同时对已经存在的规范做更加细致详尽、具体明确的规定。委托相关专业机构在有关城市配送规范的构建方面应该进行大量的社会调研，基于问题导向制定相关的政策和措施，尤其是在快递车辆运输通行的过程中，相关规定应该更加具体化、符合实际情况，提高配送效率，有效解决物流"最后一公里"问题。

（三）强化人才基础，培养具备信息化素养的新型农民，扶持农民网商创业人才，增加当地就业机会

首先，鼓励在"互联网+农产品"营销中发展较好的带头人担任"村官"，发挥带头作用，从思想源头上改变传统农民对互联网的认知；当地政府与电商龙头企业合作定期举办培训讲座，帮助农民学习互联网相关的知识技能，培养新型信息化农民。其次，通过打造电商孵化平台吸引互联网高端人才进行电商创业，通过拨款资助、贷款贴息等方式引导电商企业的发展，有效吸引政府、企业、风险投资机构和金融机构对电商企业进行投资，营造有利于电商企业创新和发展的良好环境。最后，通过给予生活补贴、及时高效地办理相关手续、提供优惠的办公场地、优先满足人才生活配套、按需按期保障建设用地等优惠政策鼓励在外创业成功人士返乡投资兴业，增加当地就业机会，从而吸引外来人口、外出人口返乡就业。

第三节 促进传统服务业产业实现"互联网+"战略

一、"互联网+"驱动传统产业供给侧结构性改革的政策建议

当前，我国大多数传统产业面临很多突出问题，其中包括技术水平低、产品更新换代慢、性价比低、产能落后等，究其根源是结构性失衡。解决好结构性失

衡问题的关键在于推进传统产业的供给侧结构性改革，而"互联网+"正是当前形势下比较高效的实现方式之一。"互联网+"的核心本质是"连接、跨界、融合"。具体来说，"互联网+"促使了用户利用社会化媒体进行连接，最终形成了用户社区；"互联网+"通过推动场景互联，建立了产品生态网络；"互联网+"也缩短了企业的空间距离，使传统集群产业去中心化，以推动新型产业集群演化，一种是从虚拟转向现实的集群，另一种是从现实转向虚拟的集群；而在行业层面，"互联网+"则促进了行业生态的形成，推动了行业的跨界融合。供给侧结构性改革的核心本质是"覆盖、互通、协调"。具体来说，供给侧结构性改革的根本目的，一是提高社会生产力水平，落实好以人民为中心的发展思想，覆盖我国经济发展的全部；二是要在适度扩大总需求的同时，去产能、去库存、去杠杆、降成本、补短板，从生产领域加强优质供给，减少无效供给，扩大有效供给，提高供给结构适应性和灵活性，提高全要素生产率，互通我国经济发展的资源；三是使供给体系更好地适应需求结构变化，协调供给与需求之间的关系，使两者达到动态平衡。因此，将"互联网+"同供给侧结构性改革结合，其实质就是"连接、跨界、融合"与"覆盖、协调、互通"的交相呼应，为改革的推进提供比较高效的实现方式。为了集中体现两者结合的优势，我们将两者的结合点放在了传统产业上。

"互联网+生态服务"是"连接"与"覆盖"的集中体现。习近平总书记指出，要结合推进供给侧结构性改革，加快推动绿色、循环、低碳发展，形成节约资源、保护环境的生产生活方式①。生态环境的问题，往上追溯都是经济发展模式的问题。环境污染、生态破坏，很大程度上来源于从前过多依赖增加物质资源消耗、过多依赖规模粗放扩张、过多依赖高能耗高排放产业的发展模式②。而目前经济发展中最为突出的结构性矛盾，又与这些落后的发展模式密不可分。"互联网+生态服务"让环保信用成为企业的指挥棒，环境违法信息计入诚信档案，信誉差的企业或被市场淘汰，这些信息说明国家正在利用互联网建立诚信体系。而应对生态问题是一个系统工程，联合企业建立诚信体系，让互联网发挥其信息传播迅速的功能，让互联网用户充分利用其作为监督者的身份，共同为打造更优质的生态环境尽到各自的义务。既然好多行业都在试图转变传统生存方式，生态方面同样也可以转变思维，加上互联网思维，生态迟早会得到一个大发展，而且网络是个开放的环境。拿生态方面涉及的污染问题为例子来看，单单靠环保部门去发现查处，毕竟方式单薄，如果是利用互联网的开放、互容、信息来源广的特点，相信会收到意想不到的效果。而且生态涉及生活的方方面面，只有处在生活

---

① 资料来源：http://www.81.cn/xue-xi/2016-12/02/content_9289170.htm。
② 资料来源：https://baijiahao.baidu.com/s?id=1604411448959382071&wfr=spider&for=pc。

的方方面面的人来参与，才会触及重点。

"互联网+政务服务"是"跨界"与"协调"的集中体现。习近平总书记指出，推进供给侧结构性改革要处理好政府和市场的关系①。习近平总书记指出，市场作用和政府作用是相辅相成、相互促进、互为补充的。要坚持使市场在资源配置中起决定性作用，完善市场机制，打破行业垄断、进入壁垒、地方保护，增强企业对市场需求变化的反应和调整能力，提高企业资源要素配置效率和竞争力。发挥政府作用，不是简单下达行政命令，要在尊重市场规律的基础上，用改革激发市场活力，用政策引导市场预期，用规划明确投资方向，用法治规范市场行为②。基于此，国家大力推进"互联网+政务服务"，各地区各部门积极推进网上政务服务平台建设，开展网上办事，有效优化了政府服务，从而减轻了企业在办事时间、人力、物力、财力上的负担。而做到网上办事只是两者的初步结合，"互联网+"将极大促进政府部门通过不断发现、满足"用户需求"提升政务服务效能，进而为传统产业的供给侧结构性改革营造良好的外部环境。

"互联网+商务服务"是"融合"与"互通"的集中体现。习近平总书记指出，推进供给侧结构性改革，要从生产端入手，重点是促进产能过剩有效化解，促进产业优化重组，降低企业成本，发展战略性新兴产业和现代服务业，增加公共产品和服务供给，提高供给结构对需求变化的适应性和灵活性。简言之，就是去产能、去库存、去杠杆、降成本、补短板③。对于传统产业来说，产能和库存的问题尤为突出。产能过剩、库存过多的原因大多可归结为产销之间的信息不对称。而"互联网+"大大削减了信息不对称，加速了生产端与市场需求端的紧密连接，并催生出一套新的商业模式。在该模式下，消费者参与设计或提出要求、生产者再根据市场实际需求情况进行生产。有了这样一种信息上的交互，传统产业的生产者不需要再像以前根据一些静态的信息决定当前的产量，而一旦市场发生急剧变化又面临着产量短缺或者过剩的窘境。针对库存过多，传统产业利用"互联网+"开展网络交易，实现电商网络与实体店面有机融合；继而大力发展电子商务，积极培育发展以大型综合性电子商务服务平台为重点的具有较大影响力的行业和领域电子商务平台，促进企业营销模式创新发展，为去库存开辟新的道路。

"互联网+"同供给侧结构性改革结合还需要着重关注以下几个方面的问题。一是关注互联网安全问题。安全是发展的前提，发展是安全的保障，安全和发展要同步推进。当前，网络安全威胁和风险日益突出，并且向政治、经济、文

---

① 资料来源：http://opinion.people.com.cn/GB/n1/2017/0124/c1003-29046021.html。
② 资料来源：http://cpc.people.com.cn/xuexi/n1/2017/0619/c385474-29347581.html。
③ 资料来源：http://news.cctv.com/2016/05/28/ARTIgcsk1joqkvFOFXvXmI8H160528.shtml。

化、社会、生态、国防等领域传导渗透[1]。特别是国家关键信息基础设施面临较大风险隐患，网络安全防控能力薄弱，难以有效应对国家级、有组织的高强度网络攻击[2]。因此，要不断完善互联网法律体系，增强公众的互联网安全意识，共同维护国家互联网安全。二是关注互联网核心技术问题。我国同世界先进水平相比，同建设网络强国战略目标相比，在很多方面还有不小差距，特别是在互联网创新能力、基础设施建设、信息资源共享、产业实力等方面，其中最大的差距在核心技术上。这为我国网信领域广大企业家、专家学者、科技人员尽快努力在核心技术上取得新的重大突破提出了很高的期望。三是互联网人才问题。我国现在面临着互联网高端人才稀缺的问题，为了今后互联网建设的蓬勃发展，在人才培养上把优秀人才凝聚到技术部门、研究部门、管理部门中来；在人才选拔上要有全球视野，下大气力引进高端人才；在人才激励上，让做出贡献的人才有成就感、获得感，进而激发他们更大的热情投入工作中去。

二、"互联网+"助力深化金融改革的政策建议

当前，金融是国家重要的核心竞争力，金融安全是国家安全的重要组成部分，金融制度是经济社会发展中重要的基础性制度。习近平总书记在第五次全国金融工作会议上围绕"服务实体经济、防控金融风险和深化金融改革"三项任务，提出"回归本源""优化结构""强化监管""市场导向"四项原则，强调要把主动防范化解系统性金融风险放在更加重要的位置。[3]而上升为国家战略的"互联网+"正是助力金融深化改革的利器。深化金融改革的核心是"防范金融风险"。具体来说，为实体经济服务是金融的天职，是金融的宗旨，也是防范金融风险的根本举措；防止发生系统性金融风险是防范金融风险的核心，系统性金融风险主要包括杠杆风险、地方债务风险、金融市场风险、社会信用风险；优化金融机构体系，完善国有金融资本管理，完善外汇市场体制机制是防范金融风险的重要保障，其中包括完善现代金融企业制度，加强金融监管协调、补齐监管短板，扩大金融对外开放。因此，"互联网+"同深化金融改革结合，其实质就是将"连接、跨界、融合"融入"防范金融风险"的各个方面。在《国务院关于积极推进"互联网+"行动的指导意见》中就明确指出，"互联网+"是把互联网的创新成果与经济社会各领域深度融合，推动技术进步、效率提升和组织变革，提升实体经济创新力和生产力，形成更广泛的以互联网为基础设施和创新要素的经济社会发展新形态。这种经济社会发展的新形态具体体现在三个方面。

---

[1] 资料来源：http://www.cac.gov.cn/2022-09/28/c_1665904807902800.htm。
[2] 资料来源：http://www.cac.gov.cn/2018-12/27/c_1123907720.htm。
[3] 资料来源：http://money.people.com.cn/n1/2017/0716/c42877-29407714.html。

第一，"互联网+"有利于金融与实体经济的连接。"互联网+"依托于移动互联网、云计算、大数据、物联网等信息网络技术的渗透和扩散，以信息的互联互通和信息资源的开发利用为核心，通过信息网络技术连接金融与实体经济，形成了以"互联网+"为基础平台的创新金融服务，此种形态的服务与传统金融服务相比有以下优势。一是有助于增加实体经济的融资机会。互联网金融通过线上网络实现资金融通、通过线上产品实现资金积累、通过线上服务实现资金投资，从而降低实体经济融资难度。二是有助于降低实体经济融资成本。实体经济中的大多数中小企业贷款额度较小，因而银行在处理中小企业贷款时，单位资金交易成本较高。互联网金融由于使用信息化技术，简化了贷款申请环节，可以降低中小企业申请贷款的交易成本。三是有助于实现实体经济个性化融资。实体经济融资需求呈现个性化、差异化特征。互联网金融可以依托信息技术和征信记录，对金融服务和产品进行改造和重构，满足实体经济的个性化融资需求。因此，通过"互联网+"连接金融与实体经济，将会全面提升金融服务效率和水平，把更多金融资源配置到经济社会发展的重点领域和薄弱环节，更好地满足人民群众和实体经济多样化的金融需求。

第二，"互联网+"有利于金融业务开展与金融风险防控的跨界资源整合。随着互联网时代的到来，云计算、大数据、物联网等信息技术日渐成熟，大数据技术的运用，促进了不同行业、领域和终端的数据交换和相互融合，云计算、互联网平台，能够为大数据分析和数据驱动建立庞大的数据库基础和通常的信息交流整合渠道，数据成为企业的关键资源。一方面，互联网金融是利用大数据技术和信息通信技术实现资金融通、支付、投资和信息中介服务的新型金融业务模式。另一方面，互联网利用大数据技术可以实现以下目标。一是建立主动风险控制体系。大数据技术可以帮助银行、金融机构、监管部门提升数据获取能力，引入更多数据维度，整合内外部收集的各类与客户相关的数据，实时更新数据，将数据分析与客户行为相关联，促使风险决策从"主观经验"向"客观数据"转型，从"被动风控"向"主动风控"转型。二是降低实体经济信贷风险。互联网金融机构依托海量企业交易数据，可以为网络资金融通打造坚实的信用基础，具有较强的征信功能。同时，互联网金融突破传统征信手段面临的地域等限制，可以有效化解实体经济融资中信息不对称这一关键瓶颈。三是建立微风险预警机制。互联网金融能利用大数据对实体经济还款能力和还款意愿进行较为准确的评估，并进行筛选。这一筛选过程有助于风险预警和管理，成为一种微风险预警机制。

第三，"互联网+"有利于金融机构体系和金融监管体系的转型。金融信息化是金融业发展趋势之一，而信息化金融机构则是金融创新的产物，具有金融服务更加高效便捷、资源整合能力更为强大、金融创新产品更加丰富的特点，是优化金融机构体系的方式之一。通过采用"互联网+"信息技术，对传统运营流程进行改造或重构，从而实现银行、证券和保险行业向信息化金融机构转型。与此同时，"互联网+"同金融监管的融合产生了信息化监管，将有利于健全风险监测预警和早期干预机制，通过加强金融基础设施的统筹监管和互联互通，推进金融业综合统计和监管信息共享，最终提高监管的效率。随着信息化金融机构体系与信息化金融监管体系的建立，"互联网+"将成为扩大金融对外开放进程中不可或缺的因素。

第二十二章　企业层面促进传统产业实现"互联网+"战略的政策建议

第一节　"互联网+"驱动传统产业创新创业的政策建议

一、"互联网+"助力企业构建竞争优势

以用户为基础的信息资源是"互联网+"背景下企业竞争优势的来源。因此，获取用户资源是互联网时代下企业竞争优势构建的核心。主要可以从以下三个方面入手。

（一）充分利用互联网技术，挖掘潜在用户，对用户获取信息进行优化推送

在"互联网+"背景下，用户拥有更大的选择权，用户价值不仅仅取决于产品或者服务，更取决于选择空间。因此，互联网时代下企业之间的竞争，本质上是用户选择权的竞争。拓展企业所服务群体的广度，充分利用互联网技术来挖掘潜在用户，是互联网时代企业谋求生存和发展的一个重要方面。而要挖掘企业的潜在用户，优化用户获取信息推送是一个有效的策略。随着信息技术的不断发展，互联网成为现阶段全球性的超级数据库，通过互联网来搜寻和浏览讯息也成为人们获取知识和信息的一个主要渠道。在这样一个过程中，用户的兴趣点和关注点都可以通过互联网技术被充分体现和挖掘出来。而建立在用户兴趣和关注点基础上的信息推送则成为企业拓展现有用户群、挖掘潜在用户的一个重要途径。因此，企业可以充分利用互联网技术来发掘并分析用户的兴趣点和关注点，进行个性化的用户信息推送，从而挖掘潜在用户，拓展企业的用户基础。

（二）建立大数据中心，实现精准化营销

在互联网时代下，人们的需求越来越趋于多元化和个性化，而企业要获取用户资源就需要充分满足用户的个性化需求。企业可以建立大数据中心，通过大数据技术的应用深入挖掘顾客消费需求、消费偏好、消费行为、消费心理、购买特点、购买能力、购买习惯以及情绪等特点，并建立不同维度将客户进行分类。在此基础上，将这些不同渠道搜集起来的消费者数据进行整合分类，存储在数据库当中有待进一步地分析与挖掘。然后，借助互联网技术对用户的浏览记录、习惯

偏好等各方面的数据信息通过数据挖掘进行深层次分析。一方面通过各方面信息的关联分析来挖掘用户的消费潜力、分析客户类型，并根据这一分析来制定用户留存策略；另一方面企业同时也可以利用大数据分析对用户行为特征进行细分，并预测用户的潜在需求或需求的变化趋势，借助大数据精准的数据匹配和传递功能，为用户提供精准的个性化服务，这在一定程度上也可以激发用户的需求。

（三）以用户为中心，建立用户需求的个性化档案，并在为用户提供服务的整个过程中持续跟踪用户需求变化

用户体验是决定用户满意度的关键因素，企业不仅需要在为用户提供服务的过程中充分满足用户的个性化需求，同时，在服务后也需要获取用户体验的满意度反馈，持续跟踪用户需求的变化。每个用户的需求都是多元化、个性化的，并且处于持续不断变化的动态中。为此，企业要去抓取用户资源，维持用户基础，就要以用户为中心，充分关注用户需求的变化，并分析用户需求变化的趋势，建立以用户特征和用户需求为基础的个性化档案，对用户在服务前、服务中、服务后这一全过程中的体验和意见进行追踪并获取反馈，根据用户反馈从而为用户提供不断优化的服务。另外，在服务后，企业也需要持续关注并追踪用户的需求变化，与用户建立长期的深度连接，形成企业与用户之间良性的长期互动关系，从而构建企业的用户基础。

二、"互联网+"助力制造业智能化

以产品智能化升级带动制造业智能化升级是制造业实现智能化升级的主要方式，而智能化产品的开发是一个复杂过程，涉及新一代信息技术、用户行为分析、工业设计、嵌入式系统等多个领域，需要连接互联网和制造业两个部门，对企业的技术实力、人才储备、资金投入都有较高的要求。具体可以从市场主体培育、技术创新、制度和环境建设等方面入手，合力推动制造业智能化发展。

（一）培育研发型企业，提升智能化产品开发能力

以生产和设计分离的模式培育智能化产品的研发企业，为制造业提供从设计、研发乃至生产的整体解决方案的模式，能够有效降低制造业企业创新成本、缩短创新周期、快速扩容新产品供给。为此，可以利用国家的创新资源和制造业基础优势，形成以龙头企业为骨干、成长型企业为主体、新创企业为后备力量的研发型企业梯队，提升智能化产品创新、迭代能力。一是扶持有实力的本土研发型企业做大做强，形成标杆性企业和品牌。培育若干重点企业，形成有一定区域影响力的品牌。二是鼓励研发部门独立于制造部门，培育专业化研发型企业，提高研

发能力和创新资源利用效率。三是深化科技体制和人才体制改革，鼓励科技人员创办研发型企业。

（二）培育智能化平台企业，提升智能化信息整合能力

构建以数据为核心的智能化平台，通过统一标准、协同流程，连接各个信息孤岛，实现信息在设计、生产、应用的全环节流通。围绕智能平台，消除中间环节，实现用户、企业和利益相关方的有机融合。一是加强跨界联合，促进制造企业与互联网企业的优势互补，寻求制造业与互联网技术的结合点。二是鼓励优势制造企业向终端集成商转型，以智能产品为中心，建立整合产品设计、制造、供应链、服务等多个上下游关键环节信息资源的智能化平台，整合资源、融合产业，形成"产品+服务"的一体化综合解决方案。三是鼓励直接对接市场需求的生产性服务业及互联网企业整合制造资源，将基于信息技术的市场决策信息、在线增值服务等优势与制造环节相融合。

（三）加强核心技术和关键产品研发，提升智能化技术支撑能力

加强对全国智能制造重点领域的核心技术和关键产品研发，突破基础软硬件、核心算法、先进工业设计及关键应用，提高关键元部件和中高端软件的自主性和自给率。一是全面梳理现有智能制造发展中面临的技术瓶颈和薄弱环节，选择若干关键共性技术领域和产业环节进行重点突破，提高本土企业在全球产业链关键环节中的主导能力。二是在现有"专精特新"企业基础上优中选强，在细分领域培育一批具有产业链影响力的隐形冠军和单项冠军企业。三是打造共享开源平台，引导高校、科研院所、企业协同参与技术研发和产品开发，提高创新成果的市场转化能力。

（四）营造鼓励创新的制度环境，提升创新主体的积极性

明确政府引导和市场主导的领域和分工，完善鼓励创新的制度设计，发挥企业在技术创新中的主体作用。一是实行严格的知识产权保护政策，加快形成知识向财富转换的制度体系，激发敢于创新勇于冒险的企业家精神。二是形成有助于高技术、高技能人才扎根的人才引进和培养体系，在住房、医疗、教育等激励之外充分发挥"发展红利"对人才的吸引力，提高人才稳定率。三是加强对中小企业的技术、资金、人才、管理等方面的服务与支持，扩大中小企业创新基金覆盖面和专利资金补贴范围，支持创立面向中小企业的应用型科学研究机构等；加强中小企业公司治理培训和服务，提高中小企业延续能力和创新意识。四是发挥普惠型产业政策作用，逐步清理针对特定行业、特定企业的财税金融优惠政策，使各类市场主体真正站在同一起跑线上公平竞争。

三、"互联网+"引导传统产业新创企业进入

引导新创企业进入传统产业进行创业是激发传统产业活力、促进传统产业发展的一个重要策略。在"互联网+"的背景下,要引导创业者进入传统产业进行创业主要可以从利用新技术、打造新业态和创建新模式三个方面入手。

(一)提供新技术培训,提升新创企业的技术资源优势

利用新技术是新创企业进入传统产业的第一种,也是最基本的进入方式。互联网时代催生了许多新技术,如人工智能。如果创业者拥有技术专利等资源优势,会更易于进入传统产业,从先进技术与市场现有产品之间的生产效率差额中获得收益。对此,首先,政府需要鼓励并支持创业者进入传统产业进行创业,在所在区域营造创业氛围,建立创业联盟协会,让创业者互相分享经验从而提升其创业的积极性,并在一定程度上降低创业失败的风险。其次,定期提供新技术培训,强化创业者对人工智能、大数据等先进技术的了解,从而提升其技术创新能力,增强创业者进入传统产业创业的信心。最后是设计鼓励创业者利用新技术进入传统产业创业的支持性政策,一方面鼓励创业者进入传统产业进行创业,另一方面也为创业者利用新技术进入传统产业创业提供资源支持。

(二)鼓励业态模式创新,提升新创企业的资源整合能力

打造一种新业态是新创企业进入传统产业的第二种方式。在互联网时代,一些创新产业形态既可以更好地精准满足用户的个性化需求,又可以提升顾客体验。比如,携程等旅游服务平台通过整合酒店业、交通业、餐饮业等各方数据资源,为顾客打造一站式的旅游服务体验,其核心竞争优势在于各个细分行业的数据资源通过互联网平台得到了整合,正是通过资源整合,这些平台的存在极大地为顾客提供了方便和快捷的服务,旅游业的效率也得到大幅提升。对此,一方面可以通过组建管理咨询的专家团队为新创企业提供战略咨询,对新时代背景下企业现有的经营模式进行诊断并进行优化;另一方面,在互联网时代背景下,消费者的需求逐渐趋于多样化、个性化,面对不断细分的买方市场,靠单一企业以其有限的生产要素和技术储备,往往无法满足多方面的需求,因此,通过组建行业联盟,促进"互联网+"战略与企业的深度融合,推动企业构建以平台为基础的商业生态系统,为平台企业与供应商、合作者、用户等创建连接,提升新创企业对资源整合的能力,从而形成一种良好的共生型行业生态模式。

(三)打造新型商业模式,提升新创企业的资源配置和资源利用能力

新创企业进入传统产业的第三种方式是创建新模式,新模式是指创新性的商

业模式、运营模式、服务模式等。互联网时代催生了一系列新型商业模式,如平台商业模式、共享商业模式等,许多创业者通过打造服务平台进入传统产业,并使得传统产业发生颠覆性的改变,如阿里巴巴进入零售行业、滴滴进入打车行业,这些企业都是采用平台战略改变了传统产业原来的运营模式,实现了互联网与传统产业的融合,从而在创业早期迅速打入传统市场。对此,一方面要鼓励创业者设计并构建新型商业模式,打破传统产业封闭的现状,以新型商业模式来充分利用传统产业的资源优势,从而提高资源配置效率;另一方面则需要充分利用大数据资源,通过大数据分析精准获取用户需求信息,从而有针对性地设计创新性的运营模式和服务模式,提升新创企业的资源利用能力,从而促进新创企业在传统产业进行创业。

四、"互联网+"助力企业商业模式创新

随着互联网的广泛应用,互联网强调连接和打破边界,企业的商业模式不再是简单地附着于生产线的管理方式,而是对于生产线上每一个生产环节的打开和延伸。每一个环节都强调物层面的不断连接,传统的商业逻辑被逐步打开和延伸。企业进行商业模式创新成为其在"互联网+"新环境下谋求生存和发展的一项必要策略。具体可以从场景价值创造、平台价值创造和建立用户信用价值创造机制三个方面入手。

(一)促进商业模式与场景化相融合,实现场景价值创造

传统的行业分类,使得企业的经营都是固定在一个场景内,经营方式较为单一,只能满足较为固定的用户需求。而"互联网+"的连接效应使得单一的场景边界得到打开,并在需求个性化的带动下将企业的商业元素和不同的场景元素相结合,通过场景化运用,传递和分配价值,将商业模式与场景化相融合,实现场景价值创造,最终产生商业模式创新。对此,一是要推动信息技术向企业融合,借助信息技术的"破坏性"功能打破企业间的组织边界和知识边界,而企业的组织边界和知识边界的打破,是企业进行多场景化价值创造的前提。二是要引导企业对多场景的关注,促进企业将商业元素与场景元素进行有效结合,从而可以帮助企业根据不同用户和不同情境对产品或者服务进行定制化生产,最终根据场景需求实现价值的分配和传递。

(二)推动企业平台化,实现平台价值创造

"互联网+"通过企业平台赋能,构建稳定的企业生态系统,平台企业通过统一的制度框架,形成合理分工,使得资源的整合更加便利,有利于平台企业在多变的外部环境中,更有效地应对风险,提高风险转换能力,并形成更强的竞争

优势，实现更多的平台价值创造、最终实现商业模式创新。对此，首先，平台要为企业与其用户、上下游供应商企业、合作伙伴等创建连接，构建企业与各方主体间以信任为基础的联结形式，从而形成稳定的合作模式，为企业的平台化形成基础支撑。其次，政府需要为企业平台化提供技术支持，企业的平台化过程需要以信息技术为基础，加强企业的技术支撑能力，从而推动企业平台化。最后，营造信息共享氛围，提升企业的开放性，这也是提升平台企业资源整合效率、实现平台价值的重要策略。

（三）建立用户信用价值创造机制，实现用户信用价值创造

"互联网+"通过实现用户信用信息与场景深度接入，促进交易的产生，并且将用户信用信息与企业平台接入，产生更多形式的交易场景和交易模式，从而创造用户信用价值，最终实现商业模式创新。因此，建立用户信息价值创造机制是创造用户信用价值并最终实现商业模式创新的一个途径。对此，一是政府需要建立企业与用户之间信用契约的保障体系。一方面提升用户对自身信用信息的安心度，另一方面也要为企业建立用户信用信息体系提供支持，提升企业建立用户信用体系的积极性，两者兼顾才能保障企业与用户交易的合理产生。二是需要鼓励企业建立以多场景为基础的用户信用体系。用户的信用体系可以介入多场景中，促进交易的开展，为价值创造提供条件，对于用户信用信息在多场景的应用中进行分析，更有效地了解包括用户的个人情况、交易的频繁程度、交易的偏好、交易的需求以及交易的信用，可以促进企业在多场景中对用户信用信息进行收集和分析，从而针对用户信用开展更多形式的交易互动。

五、"互联网+"引导传统产业现有企业裂变创业

裂变创业是企业进行"再创业"的一种方式，也是企业通过再创业来打破企业现有经营状况并实现战略转型的一条重要路径。具体可以从认知模式、战略定位、人员关系和业务内容三个方面入手。

（一）广泛吸收异质性信息，构建动态的认知模式

企业中管理者的认知模式在很大程度上影响着企业各项战略决策的制定，也是企业进行战略变革的起点，因此，企业家要不断打破自身原有的认知模式，构建动态的认知模式，这是企业通过裂变创业完成战略变革的起点和基础。对此，一方面，企业的管理者需要保持开放的态度，对新鲜事物保持好奇心，善于接纳和吸收异质性的知识和信息，从而不断地调整自身原有的认知图式；另一方面，企业管理者也可以通过采取跨界策略，去广泛地搜寻和了解不同行业或专业的知识，同时提升自身的学习能力将所获取的知识充分地吸收和利用，拓展自身知识

的广度和宽度，从而构建动态的认知模式，为企业进行更优化的决策打下基础。

（二）准确识别企业裂变创业方向，再定位企业战略

企业战略涵盖了企业的愿景、使命、方针等，而战略的再定位涉及对企业的愿景、使命等各个方面进行重新定义，会影响企业的短期和长期发展。因此，要准确识别企业裂变创业的方向，从而对企业战略进行再定位，提升企业再创业的成功率。对此，一方面，企业需要拓展自己的"圈子"，建立一个广泛的网络连接，从而在广泛的网络中去识别和发现可能的新机会，为企业裂变创业创造机遇；另一方面，企业也需要保持敏锐性和警惕性，对企业所在行业的发展前景有一个准确的把握和预测，在发现行业处于饱和或者衰败趋势的情况下可以把握时机突破原来所在行业的限制，进行裂变创业从而获取新的发展。

（三）不断革新人员关系和业务内容，打破组织惰性

组织惰性是企业在面临环境变化时，仍然坚持原有行为模式不变或无力采取适当行为的一种状态，会使企业失去活力，导致企业出现僵化，降低企业对外界不断变化的环境的适应能力，甚至有可能会危及组织的存活。因此，企业需要不断革新组织内的人员关系，调整企业业务内容，从而打破组织惰性，提升企业活力，促进企业通过裂变创业实现战略转型。对此，一方面，企业可以建立项目制的管理模式，根据项目内容对所需人员进行抽取和调派，这样可以不断革新人员关系；另一方面，企业也需要对不同部门和不同人员的业务内容进行定期的考核、评估和调整，将人员的技能和性格特征与任务内容进行匹配，提升人岗匹配度，从而提升企业内部运作效率，同时也可以降低组织惰性，促进企业完成裂变创业。

第二节　"互联网+"驱动传统产业价值链升级的政策建议

产业价值链升级是传统制造业转型升级的关键，具体可以从流程升级、产品升级、功能升级和链条升级四个方面入手。

（一）搭建智能服务平台，促使生产流程自动化

智能服务平台涵盖了大数据、云计算和物联网平台等，能够帮助传统产业有效收集并分析各类信息、传递并诊断各类数据、实现以用户需求为中心生产流程上各节点的相互关联，从而实现产业整体生产流程升级，促进传统产业向智能化转型升级。对此，一是政府要推动信息技术向传统产业的渗透和融合，提升传统产业本身的智能化技术应用能力；二是在智能化技术应用的基础之上，促进一些具备先进技术的新兴行业与传统行业进行交叉融合，以新兴行业带动传统行业在

智能化技术方面的利用能力，进行优势互补，并在此基础上加强传统产业的技术研发能力，搭建智能服务平台。

（二）推动虚实一体化，促使产品智能化

通过实物价值链，产业提供采购、生产、销售等活动，为顾客生产、加工有形的产品或提供具体的服务；通过虚拟价值链，产业通过信息的收集、组织、综合、选择和发布等开展价值创造活动，为顾客创造无形的产品或服务。因此，虚拟价值链和实物价值链的融合可以通过提升传统产业的智能交互能力从而实现传统产业的转型升级。对此，一方面，政府需要支持并鼓励传统产业打破原来封闭的模式，尝试引入信息技术，充分融合信息技术的技术优势和传统产业自身的资源优势，有效促进产品智能化；另一方面，政府需要引导信息技术行业与传统产业之间进行合作，制定支持性政策鼓励这种虚实合作的联盟模式，对该种联盟模式制定奖励政策并完善相应的保障制度。

（三）构建大数据中心，促使产业功能创新化

在互联网时代，大数据已经成为整个传统产业最核心的部分，它作为产业发展过程中各个环节的纽带，能够促使传统产业提高产业整体运营效率。同时，构建大数据中心，有助于传统产业产生挖掘性创新思维和探索性创新思维，而创新思维的产生能够促进传统产业实现转型升级。对此，一方面，政府可以扶持本地研发能力强的信息技术企业，以其为标杆，促进标杆的信息技术企业成为传统产业的大数据中心，为传统产业提供数据分析和服务；另一方面，政府也可以鼓励传统产业将产业链上的研发环节进行剥离，进行专业化的研发，将大数据分析与研发环节进行融合，从而实现产业功能升级。

（四）依托跨产业融合，促使产业链条多维化

传统产业与新兴产业的融合一方面可以激发传统产业的活力，另一方面通过将新兴产业对数据信息的挖掘、分析、可视化等得到的智能化结果反馈给传统产业，促使其优化内部流程、提高决策质量、进行精准营销、提升产业效益等，进而实现传统产业转型升级。对此，一方面，政府需鼓励和完善跨产业融合的制度设计，充分发挥新兴产业与传统产业各自的优势，实现扬长避短、优势互补；另一方面，加强对跨产业融合过程中资金、管理等方面的支持，实行跨产业融合的专项补贴政策。

第三节 "互联网+"驱动传统产业跨界融合的政策建议

在互联网时代，传统企业作为传统产业发展的主要行为主体，通过创新，不仅可以实现自身的转型升级，为客户创造新的价值，提高企业竞争优势；同时也可以推动传统产业的跨界融合，促进产业创新，扩大产业规模，培育传统产业发展新动能。从"互联网+"驱动传统产业融合的作用机制来看，企业跨界创新推动传统产业融合的主要方式有两种，一是技术创新，二是商业模式创新，并且，在此过程中产业异质性施加的影响有所不同。因此，从创新方式和产业异质性两个维度上将互联网时代企业跨界创新推动传统产业融合的情境分为四类，分别是产业异质性低的技术创新、产业异质性高的技术创新、产业异质性低的商业模式创新和产业异质性高的商业模式创新。在这四种情境下，企业采取的促进产业融合的策略有所不同。

第一，对于产业异质性低的企业技术创新而言，企业可以通过数字化转型来进一步发挥技术的扩散效应，进而促进产业融合。在互联网时代，伴随着企业竞争优势来源的改变，数据成为重要的生产要素，企业的数字化转型正是以数据为主要价值创造生产要素的转型模式。数据是数字化转型的核心，数据也是数字化转型的基础，数字化转型最终要实现的是用数据说话、用数据管理、用数据决策、用数据创新，以数据重构企业智慧。对于那些要素、结构都比较相似的产业而言，用相似的技术生产不同的产品与服务即为技术融合，技术创新即技术在相似的产业数据上的应用、流动和扩散。比如，在新冠疫情下，多家企业通过研发改造跨界生产抗疫物资，这样的跨界技术创新之所以可以快速实现，其背后的逻辑正是这些产业所运用的技术通用性比较高，而且产业运行的数据支撑也十分相似。总的来说，技术融合引发了产业融合，技术创新则进一步促成了产业融合。因此，这类企业要积极拥抱数字技术带来的新变化，通过数字化技术全面实现企业的业务重构、流程重构和组织重构，通过数字化转型，企业可以促进先进技术与传统产业的深度融合，进而提升产业效率。

第二，对于产业异质性高的企业技术创新而言，企业可以通过战略联盟来促进不同领域知识的扩散和融合，进而推动产业融合。战略联盟是推动产业融合的重要影响因素。而且，众所周知，新技术开发对于企业而言，是一个具有风险性的投资过程，尤其是对于那些项目本身难度较大、复杂性较高的创新活动而言，企业所面临的不确定性更高。在互联网时代，为了应对技术创新活动的高度不确定性，企业可以通过积极寻找合作伙伴构建战略联盟的方式来获得竞争优势，推动产业融合。因为战略联盟尤其是技术联盟有利于企业吸收来自不同行业、不同领域的技术知识和经验，对于那些跨界经营所涉及的产业异质性较高的企业而言，战略联盟所带来的资源共享和知识外溢利好可以提高企业创新产出，为企业成功跨界进入新的跨度较大的产业奠定基础。

第三，对于产业异质性低的企业商业模式创新而言，企业可以通过价值链创新重新定义自身处在价值链的位置，进而推动产业跨界融合。商业模式即企业价值创造的基本逻辑，而价值链是目前被学术界广为接受的一种用于结构企业层面价值创造方式的分析框图。产业异质性较低的企业商业模式创新往往发生在价值链的延伸、重组和创新过程中，因为在传统的价值链上，企业和原材料供应商、服务外包企业、顾客等之间都存在竞争或讨价还价的关系，而商业模式创新可以通过改变这种竞合关系，提高自身的竞争优势，扩大企业为客户创造的价值。比如，京东投入大量人力、物力构建自营物流，在物流竞争力上与淘宝展开差异化竞争，促进了物流业和零售业的深度融合。

第四，对于产业异质性高的企业商业模式创新而言，企业可以通过平台战略来实现客户、供应商、渠道商等相关利益主体的跨界连接，进而促进产业融合。互联网平台本质上是面对客户需求的一种模式，平台的一端是企业，另一端直接链接到消费者，在这种模式下，企业可以直接和消费者对话，产业与产业之间的界限变得相对比较模糊，促进了产业融合的发生。并且，平台战略整合了开放式创新、集成创新等创新模式的优点，强调高效合作，实现资源共通、价值共创和利润共享。对于那些产业跨度大、异质性比较高的跨界商业模式创新而言，由于网络效应的存在，平台市场积累了大量的用户基础，并创造了更大的用户价值，这为企业跨界经营开展创新活动提供了良好的机会。

总的来说，互联网的出现实现了原来人们认为"不可能"的商业模式，企业面临着变幻莫测的商业环境，工业经济时代线性的增长逻辑已经不再适用。快速变化的环境使企业难以利用固有的竞争模式获取优势，产品和服务的生命周期不断缩短，不能迅速调整组织来适应环境变化的企业将会被淘汰。具体而言，可以从以下三个方面着手助力企业跨界。

第一，在互联网时代，商业的逻辑在改变，沿着旧的思维方式难以实现创新，行业内外的异质性知识的作用至关重要。因此，企业必须不断扩充知识池，吸收和转化行业外的异质性知识，尤其是基于互联网的新知识。具体地，企业可以从以下三个方面着手。首先，向客户学习。互联网时代，客户是创造企业价值的中坚力量，企业要高度关注客户的需求和想法，从中获得具有商业价值的想法，创新商业模式。尚品宅配的跨界成功在很大程度上就来源于尽最大努力满足客户的定制化需求。其次，向竞争对手学习。虽然强势的竞争对手是企业生存发展的巨大威胁，但从另一个角度来看，他们同时也是对所在行业、对产品把握最深入的群体，而向竞争对手学习，是取长补短获取异质性知识的有效途径。最后，从社会变革中汲取营养。在互联网时代，社会变革速度快，力量强，很难有企业或者个人独善其身，企业必须顺应时代趋势，从社会变革中汲取营养。尚品宅配从互联网时代跨入"互联网+"时代取得的巨大成功，离不开对社会变革趋势的整体把握。

第二，在动态环境中，企业更需要注意"核心刚性"和"能力陷阱"，尤其是传统的生产制造型企业。原有的"核心竞争力"不再能够使企业获取持续的竞争优势，反而可能使组织落入"竞争力陷阱"。企业应与外部环境进行密切的交互，时刻关注跨行业的创业机会，做好动态管理组织边界的准备。而对于跨行业的创业机会捕捉，可以从以下三个方面着手。首先，基于资源互补的边界跨越。关注企业的战略性资源，并以此为基础，利用外部资源和机会，通过对优势资源的延展和其他互补资源的挖掘，构建新的竞争优势。其次，打通产业链关键环节，大多数制造业企业都只是产业链上的一环，因此可以通过向产业链前端或后端的渗透来提高效率。最后，面向未来的跨组织合作。在互联网时代，组织的决策应该面向未来，互联网降低了信息不对称，却显著增加了环境不确定性，而跨组织合作可以有效降低企业面临的内外部风险。但是，在跨组织合作过程中，企业要着重关注自身的话语权，尽可能增强合作组织对自身的依赖。

第三，在快速变化的互联网环境下，有效的组织边界管理活动可以提升企业的竞争力。互联网技术的快速发展为企业跨界经营提供了巨大的机遇。在边界管理过程中，企业应该重视以下三个方面能力的培养。一是IT能力。IT能力是企业实现组织跨界目标并提升竞争优势的重要因素，企业可以利用IT能力来开发互联网平台，对内有利于提高企业管理质量和效率，对外有利于获取跨界关键信息。二是动态能力。企业可以通过营造鼓励创新、宽容失败的创新文化氛围来提高组织的创新能力和学习能力；可以通过建立感知环境变化、洞察变革趋势的长期机制来提升企业整体的环境洞察能力；可以去除组织繁杂、冗余的组织架构，通过扁平化管理来提高决策速度和行动质量，进而提升组织柔性能力。三是风险承担能力。跨界本身即意味着风险，无论是以能力为导向，还是以效率或权力为导向，企业的风险承担能力都是基础。具体而言，企业要想采取跨界经营策略，首先还是应该提升自身在产品竞争、财务柔性、组织协调方面的基础能力，使企业长期保有一定的资源冗余和柔性，为跨界决策承担可能的风险。

而从国家层面而言，可以通过以下三个方面的政策引导和实施促进企业跨界融合，实现产业转型升级。

一、加强"互联网+"基础建设，推动实体企业跨界融合

以互联网与实体经济深度融合为目标，逐步完善互联网基础设施，提升实体企业数字化、网络化、智能化水平，促进跨企业、跨领域、跨产业的数据共享，推动传统经济转型升级。第一，完善互联网基础设施，全面提高企业智能化水平。

加快 5G 通信网络、光纤网和无线局域网的部署和优化，实现信息网络宽带化升级。引导和鼓励企业进行智能化改造投资，帮助企业开展改造诊断、项目实施评估等工作，以制造业企业为起点，向能源、交通运输、现代农业等其他行业企业拓展，全面提升企业的数字化、网络化、智能化水平。第二，培育跨界协同服务平台，提升平台系统服务能力。打造一批先进的跨行业、跨领域协同服务平台，鼓励平台与华为、腾讯云、阿里云等知名工业互联网企业、科研机构开展深度合作，学习先进经验，不断提升平台系统服务能力。第三，着力打通"数据孤岛"，赋能实体经济。利用区块链等新技术降低"数据孤岛"效应，提高数据有效性，同时制定大数据管理标准，建立大数据开放共享实施准则，规范数据应用，争取大数据在更大范围、更深程度的实体经济应用中开放共享。

二、强化创新创业支撑，推动跨区域、跨行业协同创新

以进一步推进"大众创业、万众创新"，催生经济发展新动能为核心战略目标，充分发挥"互联网+"的创新驱动作用，推动跨区域、跨行业的协同创新，促进相关产业转型升级。首先，完善"互联网+"公共服务平台，提高平台开放共享水平。集聚政府资源，充分利用互联网，突破互联网公共服务平台跨区域、跨部门、跨层级协作难题，降低或拆除创新创业准入门槛，减少审批，全面提升公共服务平台工作效率，推动跨区域、跨行业创新创业资源开放共享。其次，引导"互联网+"与企业充分对接，加强企业创新资源共享与合作。通过"互联网+"博览会等形式，集聚全国"互联网+"资源、信息、服务、产品、人才，引导企业与"互联网+"全面对接。引导企业充分利用合作创新服务平台的优势，加强跨区域、跨行业企业知识共享与交流合作。再次，加强"互联网+"专项扶持，推动创新创业高质量发展。地方政府要根据产业实际发展情况设立"互联网+"专项引导资金，同时引导社会资本投入、鼓励金融机构设立专项贷款，支持各类新型众创空间建设并积极开发跨界创业项目。最后，夯实"互联网+"人才基础，强化跨界创新人才保障。劳动保障部门要加强对"互联网+"人才的培训，强化专业技能，全方位构建人才培养体系。建设创新创业人才大数据平台，了解人才存量结构，促进创业者的相互沟通，为创业者提供实际、具体的咨询与服务。

三、引导多元主体协同合作，构建"互联网+"全新产业生态

围绕全面满足用户需求的总体目标，充分发挥"互联网+"连接一切、跨界融合的作用，深化"政产学研金介用"合作。政府要充分发挥引导作用，引导各类主体以互联网平台为中心，跨界整合互补性资源，促进多元主体发挥自身的能力优势，实现优势互补、合作共赢。第一，引导大学与科研机构以"消费者需求"为中心与企业开展合作。引导大学、科研机构以消费者个性化需求为中心展开研

究，通过市场化手段充分调动他们与企业合作的积极性，提高科研成果转化率。第二，引导金融机构、中介机构创新产品与服务为企业提供支持。引导金融机构积极创新产品和服务，加大对中小企业、新创企业的融资支持，降低融资成本和门槛。完善形式多样的中介机构，为企业提供多元化、综合性的服务，采用奖励性后补助等方式，提升中介服务机构的服务能力。第三，引导用户积极参与"互联网+"产业生态构建。调动全社会用户力量，通过互联网平台建立用户反馈机制，形成积极良好的用户创新氛围。征集用户公开、透明的反馈和建议，包括政府、企业、大学、科研机构、金融机构、中介机构等在协同合作过程中产生的问题和改进方向，鼓励企业与用户实现精准对接，并以个体创业等形式开展合作。

第四节　"互联网+"助力中小企业数字化转型的政策建议

2020年伊始，一场突如其来的疫情将原本应该万人空巷的新年变成了万人"空"巷的新年，同时，这场突如其来的危机给企业，尤其是作为"弱势群体"的中小企业，带来了巨大的挑战。尽管疫情使得诸多中小企业处在了生死存亡的关头，但这次疫情也可以被视为一次倒逼中小企业转型发展的机会。

伴随着大数据、云计算等数字化技术的飞速发展，"互联网+"时代已经到来，而"互联网+"的核心目标是实现万物互联，从而破除组织内外信息的"孤岛效应"。然而一直以来，中小企业在数字化和信息化方面始终滞后于时代发展的步伐，这不仅仅表现在数字化转型的行为上，而且更深层次地反映了中小企业战略认知的不足。这次突发的疫情，促进着中小企业经营者的战略思考，即中小企业应该如何从原有的实体组织转向虚拟组织，组织又应该如何从传统的线下经营转向线上线下融合的经营模式，组织的资源如何从原来的集中式管理转向分布式管理。因此，我们认为，此次疫情恰恰是一次倒逼中小企业开展数字化转型的契机，把握好此次机遇，中小企业，尤其是中小制造业企业将迎来更长远的发展。那么，中小企业要如何实现数字化转型，与数字化转型相适配的组织管理模式又是什么呢？我们认为主要从以下几个方面开展工作。

一、组织认知重塑，拥抱数字化变革

人们的认知模式对既往的知识和经验有较强的路径依赖特征，这种路径依赖特征表现为认知惯性。只有当外界变化对人们的认知模式产生强大的冲击时，人们才会对现有的知识体系进行重新的审视和反思，也才可能会对现有的认知进行修正，组织的发展也遵循同样的原理。组织认知是企业变革和转型升级的起点，影响着企业的决策和行为。组织认知包含管理者认知和员工群体认知两个层面。其中，管理者的认知决定了企业战略的制定，而员工群体的认知则会影响到企业

战略的执行。我国中小企业往往局限于传统的经营模式，企业管理者认知惯性较强，对数字化技术关注不足，与此同时，员工群体的认知惯性不仅会导致对数字技术的执行力变弱，而且会削弱企业战略变革的推动力。而在这次突发疫情的影响之下，中小企业的组织认知受到冲击，在企业面临生死存亡的情况下不得不开始思考求生之道。在"互联网+"的背景下，环境的动态性会持续加强，中小企业要谋求发展，就必须打破认知惯性，重塑组织认知，充分认识到转型升级的必要性和数字化技术的重要性，主动拥抱数字化变革。只有学会"与狼共舞"，与不确定性相处，与动态变化的环境相处，中小企业才能在新时代、新环境下占据一席之地，获得长远发展。

二、调整组织战略，融入数字化决策机制

对于中小企业而言，组织战略决定了企业的发展方向，并直接决定着企业的成败。而中小企业一般缺乏完善的战略决策机制，主要依赖组织经营者个人的决策判断。一旦中小企业的经营者未能及时制定出合理、适当的战略决策或者决策失败，可能就会使得企业陷入不复之地。因此，中小企业亟须完善组织的战略决策机制，提升战略制定的准确性和合理性。而引入数字化技术，将数字化技术融入企业的战略决策机制当中，就为中小企业提升战略决策的准确性和合理性、降低过度依赖企业经营者个人判断带来的高风险提供了一条路径。随着"互联网+"的到来，大数据、人工智能等数字化技术飞速发展，中小企业应该充分利用数字化技术来完善自身的决策机制。例如，借助大数据，中小企业可以更快速、准确地获取行业市场信息，了解动态变化的顾客需求，从而能够更有效地识别企业发展机会。然后，在大数据的基础上，中小企业的经营者再进一步结合企业自身的发展情况来充分、合理地利用所发现的商业机会。这种建立在数字化技术基础之上的决策机制能够在很大程度上提高中小企业进行战略决策制定的准确性，降低战略决策的风险。

三、重构组织形态，创建数字化平台架构

组织形态是企业与外部环境相互作用演化而成的结果，会对组织认知、组织战略制定以及组织对外部环境变化的响应能力等诸多方面产生重要影响。我国中小企业一般采用传统的科层式组织架构，然而，随着"互联网+"的到来，市场环境的动态性不断增强，传统的科层式组织架构已经无法再满足新时代的需求、适应新环境的发展。在"互联网+"的背景下，扁平式的组织架构具有更高的信息传递效率，能够及时有效地响应用户需求，根据外部环境变化做出调整和改变，从而能够帮助企业构建竞争优势。因此，中小企业应该充分利用"互联网+"带来的机会，打破传统僵化、封闭的组织形态，借助数字化技术建立平台型组织架

构以顺应新时代的要求。平台型架构具有较强的开放性，它借助数字化技术将两个或者多个主体连接在一起，在设定特定管理和互动规则的基础上对各个主体进行协同管理，从而通过实现智能化协同生产来满足当今顾客多样化、个性化的需求。与此同时，中小企业通过建立平台化的组织架构也能够使得组织成员更贴近顾客，与顾客进行亲密互动，实时了解顾客需求的动态变化，通过及时、准确地获取顾客需求信息从而来指导并改进组织的产品或服务，最终实现小批量、定制化的精准生产。

四、革新人力资源管理模式，建立柔性人力资源管理模式

疫情不仅对市场环境、公司业务与经营管理产生了广泛影响，也极大地考验着企业人力资源管理的工作。疫情期间，远程办公、线上培训成为许多公司复工的一个重要方式，这也意味着传统的人力资源管理模式被颠覆，打卡、验指纹考勤等传统管理方式通通失效。人在不在办公室，员工在不在工厂，突然之间发现并没有那么重要。随着"互联网+"向企业的进一步渗透，企业人力资源管理模式向数字化转型将成为一个必然趋势。尤其是对于中小企业而言，人力资源管理模式的选择对于企业经营绩效有着直接而深刻的影响，在环境不确定性不断加强、组织架构向扁平化发展的背景之下，中小企业能否建立与新环境、新架构相匹配的柔性人力资源管理模式对于企业竞争优势的构建以及未来发展的成败尤为关键。那么中小企业如何构建柔性人力资源管理模式呢？最关键的是，企业要对人力资源进行差异化配置，促使人力资源管理体系向数字化、柔性化发展。例如，企业可以尝试创建三叶草组织，并借助数字化技术来实现组织与员工之间的差异化连接，从而打造一个柔性化的人力资源管理体系。三叶草组织是以基本的管理者和员工为核心，以外部合同工人和兼职工人为补充的一种组织形式，它将企业员工分为核心人员、外包人员和自雇工作者三种类型，其中外包人员和自雇工作者是把自己看成是拥有独特的顾客组合和项目组合的"组合式工作者"。中小企业可以借助数字化技术实现企业与"组合式工作者"之间的虚拟连接，构建松散耦合的连接关系，而对核心人员则采取虚拟与实体相结合的方式、以员工需求为中心进行差异化管理。这种因地制宜的策略能够实现差异化的人力资源配置，有效帮助企业构建核心竞争优势。

参考文献

安海东. 2007. 新时期电信产业价值链的合作共赢与转型[D]. 天津: 天津大学.

白刚. 2013. 价值链生态系统: 由线到面的趋势[J]. 销售与市场, 20(35): 34-37.

白景坤. 2014. 组织惰性视角下组织变革对企业持续成长影响研究: 以柯达公司历史上的5次重大组织变革为例[J]. 财经问题研究, (11): 120-126.

白景坤, 王健. 2016. 环境威胁与创业导向视角下的组织惰性克服研究[J]. 中国软科学, (9): 180-192.

白景坤, 荀婷, 张贞贞. 2016. 组织惰性: 成功的副产品, 抑或组织病症?——基于系统性审查方法的述评与展望[J]. 外国经济与管理, 38(12): 113-128.

卞亚斌, 房茂涛, 杨鹤松. 2019. "互联网+"背景下中国制造业转型升级的微观路径: 基于微笑曲线的分析[J]. 东岳论丛, 40(8): 62-73.

波特 M. 2002. 国家竞争优势[M]. 李明轩, 邱如美译. 北京: 华夏出版社.

蔡莉, 葛宝山, 朱秀梅, 等. 2007. 基于资源视角的创业研究框架构建[J]. 中国工业经济, (11): 96-103.

蔡双立, 马洪梅. 2023. 开放式创新、独占机制与创新绩效: 鱼和熊掌如何兼得?[J]. 南开经济研究, (5): 56-73.

曹玉娟. 2019. 数字化驱动下区域科技创新的框架变化与范式重构[J]. 学术论坛, 42(1): 110-116.

常玉苗. 2016. "互联网+"背景下江苏沿海制造业的价值链重构[J]. 盐城师范学院学报(人文社会科学版), 36(6): 10-14.

陈国亮, 唐根年. 2016. 基于互联网视角的二三产业空间非一体化研究: 来自长三角城市群的经验证据[J]. 中国工业经济, (8): 76-92.

陈洪涛. 2009. 新兴产业发展中政府作用机制研究[D]. 杭州: 浙江大学.

陈剑锋, 唐振鹏. 2002. 国外产业集群研究综述[J]. 外国经济与管理, (8): 22-27.

陈健聪, 杨旭. 2016. 互联网商业生态系统及其内涵研究[J]. 北京邮电大学学报(社会科学版), 18(1): 45-52.

陈江勇. 2012. 传统企业转型升级的影响因素研究: 基于"政、企、银"的评价差异分析视角[D]. 长沙: 中南大学.

陈柳钦. 2007. 论产业价值链[J]. 兰州商学院学报, (4): 57-63.

陈荣, 吴金南. 2006. 虚拟价值链: 电子商务环境下企业竞争优势的分析工具[J]. 经济管理, (13): 44-46.

陈小勇. 2017. 产业集群的虚拟转型[J]. 中国工业经济, (12): 78-94.

陈扬, 陈瑞琦. 2011. 基于惯性视角的企业变革能量损耗影响因素研究: 一个概念模型[J]. 科技进步与对策, 28(6): 94-98.

陈永富, 方湖柳, 曾亿武, 等. 2018. 电子商务促进农业产业集群升级的机理分析: 以江苏省沭阳县花木产业集群为例[J]. 浙江社会科学, (10): 65-70, 78, 157.
成力为, 孙玮. 2012. 市场化程度对自主创新配置效率的影响: 基于 Cost-Malmquist 指数的高技术产业行业面板数据分析[J]. 中国软科学, (5): 128-137.
程虹, 刘三江, 罗连发. 2016. 中国企业转型升级的基本状况与路径选择: 基于 570 家企业 4794 名员工入企调查数据的分析[J]. 管理世界, (2): 57-70.
程立茹. 2013. 互联网经济下企业价值网络创新研究[J]. 中国工业经济, (9): 82-94.
程丽, 张骁. 2019. 组织裂变研究进展探析与未来研究展望[J]. 外国经济与管理, 41(8): 140-152.
程丽, 张骁. 2021. "互联网+"驱动传统产业价值链重构的取向与路径[J]. 江海学刊, (6): 95-100.
程敏. 2016. "互联网+"视角下的中小企业集群竞争力分析: 以临沂商贸企业集群为例[J]. 曲阜师范大学学报(自然科学版), 42(1): 60-66.
程松松, 赵芳. 2021. 绩效反馈对新创企业动态能力的作用机制研究[J]. 科技进步与对策, 38(8): 79-85.
迟晓英, 宣国良. 2000a. 价值链研究发展综述[J]. 外国经济与管理, (1): 25-30.
迟晓英, 宣国良. 2000b. 正确理解供应链与价值链的关系[J]. 工业工程与管理, (4): 29-32.
邓伟根. 2006. 产业转型: 经验、问题与策略[M]. 北京: 经济管理出版社.
邓向荣, 曹红. 2016. 产业升级路径选择: 遵循抑或偏离比较优势: 基于产品空间结构的实证分析[J]. 中国工业经济, (2): 52-67.
丁雪, 杨忠, 张骁. 2017. 组织无边界化变革: 情境与策略的匹配研究[J]. 南京大学学报(哲学·人文科学·社会科学), 54(6): 16-22, 154.
丁雪, 张骁. 2017. "互联网+"背景下我国传统制造业转型的微观策略及路径: 价值链视角[J]. 学海, (3): 86-90.
董坤祥, 侯文华, 丁慧平, 等. 2016. 创新导向的农村电商集群发展研究: 基于遂昌模式和沙集模式的分析[J]. 农业经济问题, 37(10): 60-69, 111.
董志良, 袁萌, 刘淼, 等. 2018. 产业价值链重构研究新视角: "互联网+"带来的产业价值链破坏性重构[J]. 河北地质大学学报, 41(4): 89-93, 108.
杜传忠. 2004. 产业组织演进中的企业合作: 兼论新经济条件下的产业组织合作范式[J]. 中国工业经济, (6): 14-21.
杜丹阳, 郑方. 2008. 虚拟产业集群理论在中国的演进[J]. 江西社会科学, (5): 89-93.
杜丽群. 2016. 产业集群与县域经济发展: 来自江苏宿迁的实地考察[J]. 农村经济, (3): 3-9.
杜义飞, 李仕明. 2004a. 产业价值链: 价值战略的创新形式[J]. 科学学研究, (5): 552-556.
杜义飞, 李仕明. 2004b. 供应链的价值分配研究: 基于中间产品定价的博弈分析[J]. 管理学报, (3): 260-263, 245.
段浩, 刘月. 2015. "互联网+产业集群"构筑产业生态[J]. 中国工业评论, (9): 70-75.
段军山, 余点点. 2013. 互联网发展、教育投入与产业升级: 基于中国 68 个大中城市的面板数据[J]. 产经评论, 4(5): 5-15.
范黎波. 2004. 互联网对企业边界的重新界定[J]. 当代财经, (3): 17-22.
冯文娜. 2019. 互联网经济条件下的企业跨界: 本质与微观基础[J]. 山东大学学报(哲学社会科

学版), (1): 107-117.

付睿臣, 毕克新. 2009. 企业信息能力到技术创新能力的传导机制研究[J]. 科学学研究, 27(10): 1576-1583.

盖军. 2008. 基于需求驱动的供应链优化管理研究[D]. 西安: 西安电子科技大学.

盖骁敏. 2011. FDI波及面与中国产业结构调整的关联度[J]. 改革, (12): 52-58.

高婴劢. 2016. 我国制造业与互联网融合发展模式研究[J]. 中国工业评论, (8): 68-76.

辜胜阻, 曹冬梅, 李睿. 2016. 让"互联网+"行动计划引领新一轮创业浪潮[J]. 科学学研究, 34(2): 161-165, 278

郭家堂, 骆品亮. 2016. 互联网对中国全要素生产率有促进作用吗?[J]. 管理世界, (10): 34-49.

韩宝国, 朱平芳. 2014. 宽带对中国经济增长影响的实证分析[J]. 统计研究, 31(10): 49-54.

韩剑, 蔡继伟, 许亚云. 2019. 数字贸易谈判与规则竞争: 基于区域贸易协定文本量化的研究[J]. 中国工业经济, (11): 117-135.

韩江波. 2017. 智能工业化: 工业化发展范式研究的新视角[J]. 经济学家, (10): 21-30.

韩沐野. 2017. 传统科层制组织向平台型组织转型的演进路径研究: 以海尔平台化变革为案例[J]. 中国人力资源开发, (3): 114-120.

韩霞, 吴玥乐. 2018. 价值链重构视角下航空制造业服务化发展模式分析[J]. 中国软科学, (3): 166-173.

韩先锋, 宋文飞, 李勃昕. 2019. 互联网能成为中国区域创新效率提升的新动能吗[J]. 中国工业经济, (7): 119-136.

郝凤霞, 张璘. 2016. 低端锁定对全球价值链中本土产业升级的影响[J]. 科研管理, 37(S1): 131-141.

郝琳娜, 侯文华, 刘猛. 2014. 众包创新模式问题分析及研究展望[J]. 科技进步与对策, 31(22): 154-160.

郝琳娜, 侯文华, 郑海超. 2016. 基于众包竞赛的虚拟社区内知识共享行为[J]. 系统工程, 34(6): 65-71.

何斌. 2011. 基于行业本质视角下中国玩具产业升级路径研究[J]. 生产力研究, (7): 164-165.

何文章. 2013. 企业能力视角下产业价值链价值创造研究[D]. 南昌: 江西财经大学.

何一清, 崔连广, 张敬伟. 2015. 互动导向对创新过程的影响: 创新能力的中介作用与资源拼凑的调节作用[J]. 南开管理评论, 18(4): 96-105.

贺武华, 方展画. 2009. 公立学校"科层制批判"的反思与批判[J]. 浙江大学学报(人文社会科学版), 39(4): 171-181.

贺轩. 2005. 高新技术产业价值链研究[D]. 西安: 西北工业大学.

胡国栋, 王晓杰. 2019. 平台型企业的演化逻辑及自组织机制: 基于海尔集团的案例研究[J]. 中国软科学, (3): 143-152.

胡浩, 王永日. 2005. 基于交易成本分析的信息技术外包行为研究[J]. 科技进步与对策, (7): 83-86.

胡娟, 梁胜民. 2017. 物流产业集群形成相关理论综述[J]. 物流工程与管理, 39(2): 21-23, 27.

胡晓鹏. 2005. 模块化整合标准化: 产业模块化研究[J]. 中国工业经济, (9): 67-74.

华强森, 成政珉, 王玮, 等. 2018. 数字化重构行业价值链[J]. 科技中国, (3): 53-62.
黄建华, 张春燕. 2009. 三网产业融合与产业价值链效应分析[J]. 商场现代化, (5): 240-241.
黄敏学. 2000. 协作型竞争：网络经济时代竞争新形态[J]. 中国软科学, (5): 86-88.
黄群慧, 余泳泽, 张松林. 2019. 互联网发展与制造业生产率提升：内在机制与中国经验[J]. 中国工业经济, (8): 5-23.
惠国勤, 刘丽珠. 1999. 关于科层组织相关问题的探讨[J]. 理论探讨, (5): 81-83.
贾丽丽. 2007. 提升河北省钢铁产业竞争力研究[D]. 天津：河北工业大学.
贾俐俐. 2008. 全球价值链分工下中国产业国际竞争力研究：基于国际贸易的视角[D]. 北京：中共中央党校.
贾培蕊. 2019. 传统企业向平台化运作转型的路径探究[J]. 中国市场, (17): 71-73.
江积海. 2019. 商业模式创新中"逢场作戏"能创造价值吗？——场景价值的理论渊源及创造机理[J]. 研究与发展管理, 31(6): 139-154.
江积海, 李琴. 2016. 平台型商业模式创新中连接属性影响价值共创的内在机理：Airbnb 的案例研究[J]. 管理评论, 28(7): 252-260.
江积海, 唐倩, 王烽权. 2022. 商业模式多元化及其创造价值的机理：资源协同还是场景互联？——美团 2010—2020 年纵向案例研究[J]. 管理评论, 34(1): 306-321.
江静, 徐慧雄, 王宇. 2017. 以大规模技术改造促进中国实体经济振兴[J]. 现代经济探讨, (6): 9-15, 23.
姜忠辉, 罗均梅, 孟朝月. 2018. 基于双元性感知的组织惰性克服路径研究[J]. 浙江大学学报（人文社会科学版）, 48(6): 171-188.
金帆. 2014. 价值生态系统：云经济时代的价值创造机制[J]. 中国工业经济, (4): 97-109.
金岩, 王琦. 2017. 餐饮 O2O 商业模式价值链重塑研究：基于传统价值链和虚拟价值链的整合重塑[J]. 全国流通经济, (17): 19-22.
李兵, 李柔. 2017. 互联网与企业出口：来自中国工业企业的微观经验证据[J]. 世界经济, 40(7): 102-125.
李炳, 赵阳. 2014. 互联网金融对宏观经济的影响[J]. 财经科学, (8): 21-28.
李春景, 杜祖基, 曾国屏. 2006. 知识密集型服务业与香港产业结构高级化问题[J]. 科学学研究, (5): 715-721.
李冠艺, 徐从才. 2016. 互联网时代的流通组织创新：基于演进趋势、结构优化和效率边界视角[J]. 商业经济与管理, (1): 5-11.
李海东, 林志扬. 2012. 组织结构变革中的路径依赖与路径创造机制研究：以联想集团为例[J]. 管理学报, 9(8): 1135-1146.
李海舰, 陈小勇. 2011. 企业无边界发展研究：基于案例的视角[J]. 中国工业经济, (6): 89-98.
李海舰, 李燕. 2019. 企业组织形态演进研究：从工业经济时代到智能经济时代[J]. 经济管理, 41(10): 22-36.
李海舰, 聂辉华. 2002. 全球化时代的企业运营：从脑体合一走向脑体分离[J]. 中国工业经济, (12): 5-14.
李海舰, 田跃新, 李文杰. 2014. 互联网思维与传统企业再造[J]. 中国工业经济, (10): 135-146.

李海舰, 原磊. 2005. 论无边界企业[J]. 中国工业经济, (4): 94-102.
李海毅. 2019. 传统型企业向平台型企业转型的探索: 整合战略在"机场企业"集团化管控升级中的价值[J]. 现代商业, (12): 121-123.
李鸿磊, 柳谊生. 2016. 商业模式理论发展及价值研究述评[J]. 经济管理, 38(9): 186-199.
李建华. 2007. 知识经济下企业技术中心创新管理模式研究[D]. 天津: 天津大学.
李平, 狄辉. 2006. 产业价值链模块化重构的价值决定研究[J]. 中国工业经济, (9): 71-77.
李帅, 郭亚军, 田可, 等. 2003. 虚拟产业群的运作管理模式研究[J]. 南开管理评论, (1): 62-67.
李天健, 苏勇. 2018. 企业平台化、共享经济与人力资源管理变革[J]. 管理现代化, 38(3): 105-108.
李想, 芮明杰. 2008. 模块化分工条件下的网络状产业链研究综述[J]. 外国经济与管理, 30(8): 1-7, 17.
李小玉, 薛有志, 牛建波. 2015. 企业战略转型研究述评与基本框架构建[J]. 外国经济与管理, 37(12): 3-15.
李晓华. 2016a. "互联网+"改造传统产业的理论基础[J]. 经济纵横, (3): 57-63.
李晓华. 2016b. 谁在引领人工智能发展[J]. 中国经贸导刊, (30): 54-56.
李一鸣, 刘军. 2006. 产业发展中相关理论与实践问题研究[M]. 成都: 西南财经大学出版社.
李毅. 2016. 知识产业虚拟化集群发展研究[J]. 中共成都市委党校学报, (1): 70-74.
李永红, 张淑雯. 2019. 大数据驱动传统产业转型升级的路径: 基于大数据价值链视角[J]. 科技管理研究, 39(7): 156-162.
李云龙. 2009. 基于价值链理论的上海市商业健身俱乐部管理体系研究[D]. 上海: 华东师范大学.
李运强, 吴秋明. 2006. 虚拟产业集群: 一种新型的产业集群发展模式[J]. 华东经济管理, 20(12): 42-45.
李志刚, 刘振, 于敏. 2012. 国外裂变型新创企业绩效特点剖析与影响因素研究综述[J]. 外国经济与管理, 34(9): 34-41, 72.
李志刚, 许晨鹤, 乐国林. 2016. 基于扎根理论方法的孵化型裂变创业探索性研究: 以海尔集团孵化雷神公司为例[J]. 管理学报, 13(7): 972-979.
李志刚, 许晨鹤, 刘振. 2017. 商业模式传承型裂变创业内在机理研究[J]. 南开管理评论, 20(5): 69-80.
梁嘉骅, 葛振忠, 范建平. 2002. 企业生态与企业发展[J]. 管理科学学报, 5(2): 34-40.
梁军. 2007. 产业模块化与中国制造业产业升级[J]. 社会科学辑刊, (1): 123-127.
林丹明, 叶会, 解维敏, 等. 2006. 信息技术应用对企业纵向边界的影响: 实证研究与讨论[J]. 中国工业经济, (1): 106-112.
林岩, 陈燕, 李剑锋. 2010. 价值链中的上行知识流对供应商的促进作用: 以汽车生产行业为例[J]. 科学学研究, 28(8): 1181-1191.
林毅夫, 巫和懋, 邢亦青. 2010. "潮涌现象"与产能过剩的形成机制[J]. 经济研究, 45(10): 4-19.
林志扬, 李海东. 2012. 组织结构变革中的路径依赖与路径突破[J]. 厦门大学学报(哲学社会科学版), (1): 133-140.
林志扬, 林泉. 2007. 未来企业的组织边界会消失吗[J]. 经济管理, 29(3): 28-33.

凌文昌, 邓伟根. 2004. 产业转型与中国经济增长[J]. 中国工业经济, (12): 20-24.
令狐克睿. 2017. 价值生态系统视角下制造业网络化升级研究[J]. 武汉商学院学报, 31(3): 47-52.
刘爱文, 王碧英. 2015. 资本主义生产组织模式的演进与创新[J]. 当代经济研究, 26(7): 27-35.
刘贵富. 2006. 产业链基本理论研究[D]. 长春: 吉林大学.
刘贵富. 2007. 产业链的基本内涵研究[J]. 工业技术经济, 26(8): 92-96.
刘贵富, 赵英才. 2006. 产业链: 内涵、特性及其表现形式[J]. 财经理论与实践, 27(3): 114-117.
刘海建. 2007. 企业组织结构的惰性特征研究[J]. 南京师大学报(社会科学版), (1): 55-59.
刘海启. 2019. 以精准农业驱动农业现代化加速现代农业数字化转型[J]. 中国农业资源与区划, 40(1): 1-6, 73.
刘虹涛, 靖继鹏. 2002. 信息技术对传统产业结构影响分析[J]. 情报科学, 20(3): 333-336.
刘建江, 徐长生, 袁冬梅. 2004. 中国制造业存在的问题及发展对策[J]. 世界经济与政治论坛, (5): 10-15.
刘建军. 2019. 沙集电商产业集群发展模式及优化路径探析[J]. 中州大学学报, 36(5): 36-40.
刘江鹏. 2015. 企业成长的双元模型: 平台增长及其内在机理[J]. 中国工业经济, (6): 148-160.
刘景东, 周巧燕, 肖瑶, 等. 2023. 研发边界渗透性与企业创新: 惯例复制的调节作用[J]. 科研管理, 44(4): 39-46.
刘烈宏, 陈治亚. 2016. 产业链演进的动力机制及影响因素[J]. 世界经济与政治论坛, (1): 160-172.
刘林青, 谭畅, 江诗松, 等. 2015. 平台领导权获取的方向盘模型: 基于利丰公司的案例研究[J]. 中国工业经济, (1): 134-146.
刘青. 2014. 典型产业链研究方法述评[J]. 科技和产业, 14(11): 62-65.
刘伟, 张辉, 黄泽华. 2008. 中国产业结构高度与工业化进程和地区差异的考察[J]. 经济学动态, (11): 4-8.
刘向东, 陈成漳. 2016. 互联网时代的企业价值网构建: 基于某网络公司的案例分析[J]. 经济管理, 38(9): 47-60.
刘志彪. 2000. 产业升级的发展效应及其动因分析[J]. 南京师大学报(社会科学版), (2): 3-10.
刘志彪. 2015. 从全球价值链转向全球创新链: 新常态下中国产业发展新动力[J]. 学术月刊, 47(2): 5-14.
刘志彪. 2019. 产业链现代化的产业经济学分析[J]. 经济学家, (12): 5-13.
刘志彪, 王建优. 2000. 制造业的产能过剩与产业升级战略[J]. 经济学家, (1): 64-69.
刘重力, 赵颖. 2014. 东亚区域在全球价值链分工中的依赖关系: 基于 TiVA 数据的实证分析[J]. 南开经济研究, (5): 115-129.
柳洲. 2015. "互联网+"与产业集群互联网化升级研究[J]. 科学学与科学技术管理, 36(8): 73-82.
隆惠君, 顾幼瑾. 2005. 优化虚拟价值链的对策探讨[J]. 经纪人学报, (3): 18-20.
卢霄, 李晓辉. 2016. 从"破烂村"到"淘宝村"的华丽转身: 睢宁县沙集镇农村电子商务发展情况调查[J]. 中国乡村发现, (1): 135-139.
卢馨, 鲁成方. 2012. 电子商务交易成本与购买决策: 基于台湾地区 C2C 电子商务的调查研究[J].

经济管理, 34(10): 159-167.

陆磊. 2000. 信息结构、利益集团与公共政策：当前金融监管制度选择中的理论问题[J]. 经济研究, 12:3-10, 75-76.

吕乃基, 兰霞. 2010. 微笑曲线的知识论释义[J]. 东南大学学报(哲学社会科学版), 12(3): 18-22, 126.

吕妮. 2019. 基于"互联网+"的流通组织平台化运作策略分析[J]. 商业经济研究, (24): 113-116.

吕一博, 韩少杰, 苏敬勤. 2016. 企业组织惯性的表现架构：来源、维度与显现路径[J]. 中国工业经济, (10): 144-160.

罗珉. 2006. 价值星系：理论解释与价值创造机制的构建[J]. 中国工业经济, (1): 80-89.

罗珉, 李亮宇. 2015. 互联网时代的商业模式创新：价值创造视角[J]. 中国工业经济, (1): 95-107.

罗珉, 曾涛, 周思伟. 2005. 企业商业模式创新：基于租金理论的解释[J]. 中国工业经济, (7): 73-81.

罗贞礼. 2020. 我国数字经济发展的三个基本属性[J]. 人民论坛·学术前沿, (17): 6-12.

马德青, 胡劲松. 2019. 大数据营销与参考价格效应下的闭环供应链协同经营策略研究[J]. 软科学, 33(11): 98-106.

马鸿佳. 2008. 创业环境、资源整合能力与过程对新创企业绩效的影响研究[D]. 长春：吉林大学.

马化腾. 2015. 互联网+：国家战略行动路线图[M]. 北京：中信出版社.

马健. 2017. 基于"互联网+"的国内信息产业集群升级路径研究[J]. 中国市场, (35): 19-20.

马俊龙, 宁光杰. 2017. 互联网与中国农村劳动力非农就业[J]. 财经科学, (7): 50-63.

马小援. 2010. 论企业环境与企业可持续发展[J]. 管理世界, (4): 1-4.

马秀丽, 孙友杰. 2004. 信息时代企业价值链重构分析[J]. 商业经济与管理, 148(2): 32-35.

马云俊. 2010. 产业转移、全球价值链与产业升级研究[J]. 技术经济与管理研究, (4): 139-143.

毛弘毅, 张金隆. 2014. 多层次信息技术能力与组织竞争优势的研究[J]. 管理学报, 11(2): 288-292.

毛宇飞, 曾湘泉. 2017. 互联网使用是否促进了女性就业：基于CGSS数据的经验分析[J]. 经济学动态, (6): 21-31.

毛蕴诗, 汪建成. 2009. 在华跨国公司战略选择与经营策略问题研究[J]. 管理科学学报, 12(2): 117-125.

毛蕴诗, 熊炼. 2011. 企业低碳运作与引入成本降低的对偶微笑曲线模型：基于广州互太和台湾纺织业的研究[J]. 中山大学学报(社会科学版), 51(4): 202-209.

毛蕴诗, 郑奇志. 2012. 基于微笑曲线的企业升级路径选择模型：理论框架的构建与案例研究[J]. 中山大学学报(社会科学版), 52(3): 162-174.

孟军, 张若云. 2007. 供应链柔性综合评价体系研究[J]. 中国管理信息化(综合版), 10(9): 56-59.

孟庆伟, 胡丹丹. 2005. 持续创新与企业惯性形成的认知根源[J]. 科学学研究, 23(3): 428-432.

莫军, 遇华仁. 2009. 集群价值链研究综述[J]. 商业经济, (10): 18-20.

农业农村部农村经济研究中心课题组. 2018. 农业农村人才振兴的路径[J]. 中国人才, (10): 48-49.

欧锦文, 王安生, 叶文平. 2021. 持续性绩效期望落差与OFDI：基于威胁刚性理论视角[J]. 南方经济, (12): 112-129.
欧阳日辉. 2015. 从"+互联网"到"互联网+": 技术革命如何孕育新型经济社会形态[J]. 人民论坛·学术前沿, (10): 25-38.
欧阳桃花, 曾德麟, 崔争艳, 等. 2016. 基于能力重塑的互联网企业战略转型研究: 百度案例[J]. 管理学报, 13(12): 1745-1755.
潘成云. 2001. 解读产业价值链: 兼析我国新兴产业价值链基本特征[J]. 当代财经, (9): 7-11, 15
彭穗, 何燕子. 2010. 影响我国产业集群竞争优势的主因与要策分析[J]. 求索, (6): 48-49, 146.
齐懿冰. 2010. 供应链柔性演化及与绩效关系研究[D]. 长春: 吉林大学.
齐振宏. 2002. 企业组织变革研究[D]. 武汉: 华中农业大学.
钱勇. 2005. 国外资源型城市产业转型的实践、理论与启示[J]. 财经问题研究, (12): 24-29.
秦月, 秦可德, 徐长乐. 2014. 长三角制造业转型升级的粘性机理及其实现路径: 基于"微笑曲线"成因的视角[J]. 地域研究与开发, 33(5): 6-10, 26.
青木昌彦. 2003. 模块时代: 新产业结构的本质[M]. 周国荣译. 上海: 上海远东出版社.
邱国栋, 白景坤. 2007. 价值生成分析: 一个协同效应的理论框架[J]. 中国工业经济, (6): 88-95.
任新建. 2005. 基于信息的虚拟价值链模型研究[J]. 兰州学刊, (1): 102-105.
阮建青, 石琦, 张晓波. 2014. 产业集群动态演化规律与地方政府政策[J]. 管理世界, (12): 79-91.
芮明杰, 李想. 2007. 零售业态的差异化和演进: 产业组织的视角[J]. 产业经济研究, (2): 1-7, 34.
沙秀娟, 王满, 钟芳, 等. 2017. 价值链视角下的管理会计工具重要性研究: 基于中国企业的问卷调查与分析[J]. 会计研究, (4): 66-72, 96.
邵婧婷. 2019. 数字化、智能化技术对企业价值链的重塑研究[J]. 经济纵横, (9): 95-102.
沈国兵, 袁征宇. 2020. 企业互联网化对中国企业创新及出口的影响[J]. 经济研究, 55(1): 33-48.
沈农夫. 2006. "中国组装"了美国新财富[J]. 国际人才交流, (7): 60-61.
沈正, 魏文斌. 2012. 企业文化转型升级的个性化探索: 以江苏旭日装饰集团为例[J]. 东方企业文化, (23): 39-40.
施炳展. 2016. 互联网与国际贸易: 基于双边双向网址链接数据的经验分析[J]. 经济研究, 51(5): 172-187.
施炳展, 李建桐. 2020. 互联网是否促进了分工: 来自中国制造业企业的证据[J]. 管理世界, 36(4): 130-149.
施振荣. 2005. 再造宏碁: 开创, 成长与挑战[M]. 北京: 中信出版社.
时乐乐, 赵军. 2018. 环境规制、技术创新与产业结构升级 [J]. 科研管理, 39(1): 119-125.
史忠良, 何维达. 2004. 产业兴衰与转化规律[M]. 北京: 经济管理出版社.
宋红梅, 陶德馨. 2008. 基于虚拟价值链的钢铁物流中心的赢利模式探讨[J]. 物流科技, 31(7): 20-22.
宋华, 卢强. 2017. 基于虚拟产业集群的供应链金融模式创新: 创捷公司案例分析[J]. 中国工业经济, (5): 172-192.
宋立丰, 刘莎莎, 宋远方. 2019. 冗余价值共享视角下企业平台化商业模式分析: 以海尔、小米和韩都衣舍为例[J]. 管理学报, 16(4): 475-484.

宋巍, 顾国章. 2009. 关于我国制造业产业升级路径的考察[J]. 商业时代, (18): 103-104.

孙会峰. 2014. "微笑曲线"已死[J]. 软件和信息服务, (11): 12.

孙黎, 杨晓明. 2014. 迭代创新: 网络时代的创新捷径[J]. 清华管理评论, (6): 30-37.

孙亚娟. 2016. "互联网+"时代下商贸流通组织重构[J]. 商业经济研究, 712(21): 8-10.

孙莹丽. 2009. 基于模块化理论的产业价值链重构研究[D]. 西安: 西安电子科技大学.

屠年松, 易泽华. 2018. 价值链重构研究综述[J]. 管理现代化, 38(1): 111-114.

汪芳. 2008. 我国产业的诱发效应及生产的最终依赖度分析[J]. 科学学与科学技术管理, 29(6): 120-124.

汪明峰, 李健. 2009. 互联网、产业集群与全球生产网络: 新的信息和通信技术对产业空间组织的影响[J]. 人文地理, 24(2): 17-22.

汪向东. 2010. "沙集模式"及其意义[J]. 互联网周刊, (23): 107-110.

汪向东, 张才明. 2011. 互联网时代我国农村减贫扶贫新思路: "沙集模式"的启示[J]. 信息化建设, (2): 6-9.

汪旭晖, 张其林. 2015. 平台型网络市场"平台—政府"双元管理范式研究: 基于阿里巴巴集团的案例分析[J]. 中国工业经济, (3): 135-147.

王宝义. 2017. "新零售"的本质、成因及实践动向[J]. 中国流通经济, 31(7): 3-11.

王春燕, 张玉明. 2018. 开放式创新下互联网应用对小微企业创新绩效的影响[J]. 东北大学学报(社会科学版), 20(1): 27-35.

王发明. 2007. 基于组织生态学理论的产业集群演化研究[J]. 现代管理科学, (9): 64-65.

王海杰, 宋姗姗. 2018. 基于产业互联网的我国制造业全球价值链重构和升级[J]. 企业经济, (5): 32-38.

王海杰, 吴颖. 2014. 基于区域价值链的欠发达地区产业升级路径研究[J]. 经济体制改革, (4): 38-42.

王宏强. 2016. 产业链重构: 概念、形式及其意义[J]. 山东社会科学, (5): 189-192.

王吉发, 冯晋, 李汉铃. 2006. 企业转型的内涵研究[J]. 统计与决策, (2): 153-157.

王坤, 相峰. 2018. "新零售"的理论架构与研究范式[J]. 中国流通经济, 32(1): 3-11.

王磊. 2010. 长三角船舶产业集群的形成与发展研究[D]. 济南: 山东大学.

王敏, 冯宗宪. 2013. 全球价值链、微笑曲线与技术锁定效应: 理论解释与跨国经验[J]. 经济与管理研究, (9): 45-54.

王念新, 葛世伦, 苗虹. 2012. 信息技术资源和信息技术能力的互补性及其绩效影响[J]. 管理工程学报, 26(3): 166-175.

王念新, 仲伟俊, 梅姝娥. 2010. 信息技术、核心能力和企业绩效的实证研究[J]. 管理科学, 23(1): 52-64.

王钦, 赵剑波. 2014. 价值观引领与资源再组合: 以海尔网络化战略变革为例[J]. 中国工业经济, (11): 141-153.

王如玉, 梁琦, 李广乾. 2018. 虚拟集聚: 新一代信息技术与实体经济深度融合的空间组织新形态[J]. 管理世界, 34(2): 13-21.

王山, 奉公. 2016. 农业虚拟产业集群: "互联网+"创新驱动农业产业链融合的新模式[J]. 上海经济研究, 28(6): 86-92.

王文亮, 冯军政. 2005. 动态产业价值链理论分析模型与资源整合战略[J]. 技术经济, 24(9): 88-91.

王喜文. 2015. 智能制造: 新一轮工业革命的主攻方向[J]. 人民论坛•学术前沿, (19): 68-79, 95.

王翔, 肖挺. 2015. 产业融合视角下服务业企业商业模式创新绩效分析[J]. 技术经济, 34(5): 48-57.

王艳华. 2011-02-28. "网络时代的小岗村"样本解读[N]. 河北日报, (12).

王一鸣. 2019-07-08. 适应变革趋势提升产业链水平[N]. 北京日报, (14).

王一鸣, 王君. 2005. 关于提高企业自主创新能力的几个问题[J]. 中国软科学, (7): 10-14, 32.

王毅, 陈劲, 许庆瑞. 2000. 企业核心能力: 理论溯源与逻辑结构剖析[J]. 管理科学学报, 3(3): 24-32, 43.

王迎新, 刘学智. 2014. 国际分工下的产业价值链: 一个综述[J]. 商业研究, (7): 16-25.

王元元. 2015. 大数据背景下旅行社虚拟价值链模型研究[D]. 杭州: 浙江工商大学.

魏江, 刘洋, 应瑛. 2012. 商业模式内涵与研究框架建构[J]. 科研管理, 33(5): 107-114.

魏延安, 智敏, 贺翔. 2016. 淘宝村的产生发展与趋势研究[J]. 南方农村, 32(4): 24-28.

温辉. 2017. 我国农村电子商务产业集群发展的问题与对策研究[J]. 农业经济, (10): 100-102.

翁群芬. 2017. "互联网+"背景下农产品线上销售平台运营策略[J]. 农业经济, 37(3): 135-136.

吴海平, 宣国良. 2003. 价值链系统构造及其管理演进[J]. 外国经济与管理, 25(3): 19-23.

吴家曦, 李华燊. 2009. 浙江省中小企业转型升级调查报告[J]. 管理世界, (8): 1-5, 9.

吴剑峰, 吕振艳. 2007. 资源依赖、网络中心度与多方联盟构建: 基于产业电子商务平台的实证研究[J]. 管理学报, (4): 509-513.

吴利学, 魏后凯, 刘长会. 2009. 中国产业集群发展现状及特征[J]. 经济研究参考, (15): 2-15.

吴琴, 巫强. 2020. "互联网+"驱动传统产业跨界融合的作用机制研究[J]. 学海, (4): 163-169.

吴琴, 张骁, 王乾, 等. 2019. 创业导向、战略柔性及国际化程度影响企业绩效的组态分析[J]. 管理学报, 16(11): 1632-1639.

吴清. 2011. 环境规制与企业技术创新研究: 基于我国30个省份数据的实证研究[J]. 科技进步与对策, 28(18): 100-103.

吴文华, 张琰飞. 2006. 企业集群的演进: 从地理集群到虚拟集群[J]. 科技管理研究, (5): 47-50.

吴义爽, 盛亚, 蔡宁. 2016. 基于互联网+的大规模智能定制研究: 青岛红领服饰与佛山维尚家具案例[J]. 中国工业经济, (4): 127-143.

夏清华, 陈超. 2016. 以海尔为案例的中国本土制造企业商业生态重构研究[J]. 管理学报, 13(2): 165-172.

肖静, 董庆雪, 郝松松. 2016. 菜鸟物流在农村的发展启示[J]. 商业经济, (12): 45-46, 109.

肖旭, 戚聿东. 2019. 产业数字化转型的价值维度与理论逻辑[J]. 改革, (8): 61-70.

谢刚, 梅姝娥, 熊强. 2013. IT服务外包关系中的正式契约、关系契约及交互关系研究[J]. 华东经济管理, 27(3): 115-118.

谢莉娟. 2015. 互联网时代的流通组织重构: 供应链逆向整合视角[J]. 中国工业经济, (4): 44-56.

谢平, 邹传伟, 刘海二. 2015. 互联网金融的基础理论[J]. 金融研究, (8): 1-12.

邢纪红, 王翔. 2017. 传统制造企业"互联网+"商业模式创新的结构特征及其实现路径研究[J]. 世界经济与政治论坛, (2): 70-90.

熊磊, 胡石其. 2018. 制造业与互联网融合发展的路径研究: 基于产业链重构的视角[J]. 当代经济管理, 40(9): 65-71.

熊丽芳, 甄峰. 2016. 信息时代下乡村地区经济发展路径与规划提升策略研究: 以徐州沙集镇为例[C]//中国城市规划学会, 沈阳市人民政府. 规划 60 年: 成就与挑战: 2016 中国城市规划年会论文集(15 乡村规划). 北京: 中国建筑工业出版社: 1260-1269.

熊敏, 黄蕙萍. 2018. 中国与 TPP 国家在全球价值链分工中的依赖关系研究: 基于贸易增加值视角[J]. 广州大学学报(社会科学版), 17(3): 53-63.

徐康宁, 冯伟. 2010. 基于本土市场规模的内生化产业升级: 技术创新的第三条道路[J]. 中国工业经济, (11): 58-67.

徐玲. 2011. 基于价值星系的我国产业集群升级路径研究[J]. 科学学与科学技术管理, 32(9): 95-101.

徐伟呈, 范爱军. 2018. "互联网+"驱动下的中国产业结构优化升级[J]. 财经科学, (3): 119-132.

徐赟. 2015. "互联网+": 新融合、新机遇、新引擎[J]. 电信技术, (4): 6-9.

许小东. 2000. 组织惰性行为初研[J]. 科研管理, 21(4): 56-60.

许正. 2015. 工业互联网: 互联网+时代的产业转型[M]. 北京: 机械工业出版社.

薛洲, 耿献辉. 2018. 电商平台、熟人社会与农村特色产业集群: 沙集"淘宝村"的案例[J]. 西北农林科技大学学报(社会科学版), 18(5): 46-54.

荀婷. 2016. 创业导向、结构惰性和战略变革的关系研究[D]. 大连: 东北财经大学.

闫冰倩, 崔晓杨, 云昕, 等. 2018. 商业模式的一个新的分析视角: 重构房地产企业"微笑曲线"[J]. 管理评论, 30(6): 265-272.

严成樑. 2012. 社会资本、创新与长期经济增长[J]. 经济研究, 47(11): 48-60.

严若森, 钱向阳. 2018. 数字经济时代下中国运营商数字化转型的战略分析[J]. 中国软科学, (4): 172-182.

杨春立, 于明. 2008. 生产性服务与制造业价值链变化的分析[J]. 计算机集成制造系统, 14(1): 153-159.

杨德明, 刘泳文. 2018. "互联网+"为什么加出了业绩[J]. 中国工业经济, 35(5): 80-98.

杨蕙馨, 李峰, 吴炜峰. 2008. 互联网条件下企业边界及其战略选择[J]. 中国工业经济, (11): 88-97.

杨林杰. 2009. 虚拟价值链理论模型及市场特征[J]. 信阳农业高等专科学校学报, 19(1): 64-66.

杨凌波. 2018. "互联网+"背景下制造业企业转型升级路径研究[D]. 南京: 南京航空航天大学.

杨学成, 陶晓波. 2015. 从实体价值链, 价值矩阵到柔性价值网: 以小米公司的社会化价值共创为例[J]. 管理评论, 27(7): 232-240.

杨依依. 2004. 系统论与价值链管理[J]. 价值工程, (8): 38-39.

杨毅, 董大海. 2007. 互联网环境下消费者行为倾向前因研究述评[J]. 预测, 26(4): 1-9.

叶斌. 2011. Bank to Business 网络融资模式: 中小企业融资模式新探索[J]. 北京邮电大学学报

(社会科学版), 13(5): 54-59.

叶秀敏, 汪向东. 2011. 沙集网销业存在的问题及对策[J]. 中国信息界, (3): 22-24.

尹美群, 胡国柳. 2005. 虚拟企业, 虚拟价值链及其与价值链的逻辑关系[J]. 海南大学学报(人文社会科学版), 23(2): 137-141.

余长春. 2012. 基于价值链的服务模块化价值创造机理研究[D]. 南昌: 江西财经大学.

余东华, 芮明杰. 2005. 模块化, 企业价值网络与企业边界变动[J]. 中国工业经济, (10): 88-95.

余江, 方新. 2002. 影响产业技术跨越的价值链状态分析[J]. 科学学研究, 20(5): 497-499.

余鲲鹏, 郭东强. 2020. 基于"互联网+"的企业跨界内涵及认知框架[J]. 长春大学学报, 30(1): 7-14.

原毅军, 张在群, 孙思思. 2013. 中国工业企业技术创新能力的演变及成因: 基于行业数据的分析[J]. 工业技术经济, 33(2): 81-86.

袁航, 朱承亮. 2018. 国家高新区推动了中国产业结构转型升级吗[J]. 中国工业经济, (8): 60-77.

岳云嵩, 李兵. 2018. 电子商务平台应用与中国制造业企业出口绩效: 基于"阿里巴巴"大数据的经验研究[J]. 中国工业经济, (8): 97-115.

曾楚宏, 朱仁宏. 2013. 基于战略视角的企业边界研究前沿探析[J]. 外国经济与管理, 35(7): 2-11.

曾德麟, 欧阳桃花, 周宁, 等. 2017. 基于信息处理的复杂产品制造敏捷性研究: 以沈飞公司为案例[J]. 管理科学学报, 20(6): 1-17.

曾繁华, 刘淑萍. 2019. "互联网+"对中国制造业升级影响的实证检验[J]. 统计与决策, 35(9): 124-127.

曾亿武. 2018. 农产品淘宝村集群的形成及对农户收入的影响: 以江苏沭阳为例[D]. 杭州: 浙江大学.

张鼎昆. 2000. 改善与革命: 企业变革的理论综述[J]. 中国软科学, (10): 121-124.

张二震. 2014. 中国外贸转型: 加工贸易、"微笑曲线"及产业选择[J]. 当代经济研究, (7): 2, 14-18, 97.

张钢, 张灿泉. 2010. 基于组织认知的组织变革模型[J]. 情报杂志, 29(5): 6-11.

张罡, 王宗水, 赵红. 2019. 互联网+环境下营销模式创新: 价值网络重构视角[J]. 管理评论, 31(3): 94-101.

张耕, 刘震宇. 2006. 信息系统对组织际协调成本的影响分析[J]. 科技进步与对策, 23(3): 109-111.

张昊一. 2012. 基于涌现性的我国传统产业持续创新能力研究[D]. 哈尔滨: 哈尔滨工程大学.

张晖, 张德生. 2012. 产业链的概念界定: 产业链是链条, 网络抑或组织?[J]. 西华大学学报(哲学社会科学版), 31(4): 85-89.

张辉. 2006. 全球价值链动力机制与产业发展策略[J]. 中国工业经济, (1): 40-48.

张江峰. 2010. 企业组织惯性的形成及其对绩效的作用机制研究[D]. 成都: 西南财经大学.

张军成, 赵明明, 赵龙. 2016. "互联网+金融"生态成长的逻辑与形态[J]. 生产力研究, (8): 21-23, 84.

张立君. 2000. 不完全契约、资产专用性与最优企业所有权安排[J]. 经济评论, (4): 81-84.

张米尔. 2001. 西部资源型城市的产业转型研究[J]. 中国软科学, (8): 102-105.

张其仔. 2008. 比较优势的演化与中国产业升级路径的选择[J]. 中国工业经济, (9): 58-68.
张琦, 孙理军. 2005. 产业价值链密炼机理及优化模型研究[J]. 工业技术经济, 24(7): 111-113.
张舒. 2014. 产业升级路径: 产品质量阶梯的视角[J]. 财经问题研究, (10): 41-47.
张卫华, 梁运文. 2017. 全球价值链视角下"互联网+产业集群"升级的模式与路径[J]. 学术论坛, 40(3): 117-124.
张骁, 吴琴, 余欣. 2019. 互联网时代企业跨界颠覆式创新的逻辑[J]. 中国工业经济, (3): 156-174.
张骁, 杨忠, 徐彪. 2013. 技术导向、市场导向对组织绩效的混合影响: 环境不确定性的调节作用[J]. 江苏社会科学, (4): 84-91.
张小宁. 2014. 平台战略研究评述及展望[J]. 经济管理, 36(3): 190-199.
张以彬, 陈俊芳. 2008. 创新产品的价值链柔性[J]. 综合运输, 30(9): 56-61.
张镒, 刘人怀, 陈海权. 2018. 商业生态圈中平台企业生态优势形成路径: 基于京东的纵向案例研究[J]. 经济与管理研究, 39(9): 114-124.
张银银, 邓玲. 2013. 创新驱动传统产业向战略性新兴产业转型升级: 机理与路径[J]. 经济体制改革, (5): 97-101.
张宗斌, 郝静. 2011. 基于FDI视角的中国制造业结构升级研究[J]. 山东社会科学, (5): 151-155.
赵庆. 2018. 产业结构优化升级能否促进技术创新效率?[J]. 科学学研究, 36(2): 239-248.
赵树梅, 徐晓红. 2017. "新零售"的含义、模式及发展路径[J]. 中国流通经济, 31(5): 12-20.
赵霞. 2011. 我国农业第三方电子商务模式探析[D]. 武汉: 华中师范大学.
赵崎含, 张夏恒, 潘勇. 2022. 跨境电商促进"双循环"的作用机制与发展路径[J]. 中国流通经济, 36(3): 93-104.
赵雪晴, 高功步. 2015. 电子商务生态系统协调性优化策略研究: 以苏宁云商为例[J]. 电子商务, (9): 13-14.
赵振. 2015. "互联网+"跨界经营: 创造性破坏视角[J]. 中国工业经济, (10): 146-160.
赵振, 彭毫. 2018. "互联网+"跨界经营: 基于价值创造的理论构建[J]. 科研管理, 39(9): 121-133.
郑文军, 张旭梅, 刘飞, 等. 2000. 企业外部协作的产权一体化和虚拟一体化运行机制研究[J]. 工业工程, 3(1): 23-26.
郑湛, 徐绪松, 赵伟, 等. 2019. 面向互联网时代的组织架构、运行机制、运作模式研究[J]. 管理学报, 16(1): 45-52.
郑志来. 2016. 共享经济的成因、内涵与商业模式研究[J]. 现代经济探讨, (3): 32-36.
植草益. 2001. 信息通讯业的产业融合[J]. 中国工业经济, (2): 24-27.
周冰莲. 2017. "互联网+"背景下制造企业商业模式创新分类与应用研究[D]. 南京: 东南大学.
周冬. 2016. 互联网覆盖驱动农村就业的效果研究[J]. 世界经济文汇, (3): 76-90.
周浩, 龙立荣. 2011. 工作不安全感、创造力自我效能对员工创造力的影响[J]. 心理学报, 43(8): 929-940.
周翔, 王艳辉, 苏郁锋, 等. 2015. 以"协同型学习顺序"破解地方国有企业改革困境: 基于N公司的案例研究[J]. 管理案例研究与评论, 8(6): 539-554.
周衍鲁, 李峰. 2006. 互联网条件下企业边界的变化[J]. 华东经济管理, 20(1): 86-88.

周月书, 公绪生. 2013. 农村新兴经营模式的融资制度变迁分析: 基于江苏省沙集镇的探讨[J]. 农业经济问题, 34(12): 81-87, 112.

朱春阳, 曾培伦. 2020. 基于网络平台的动画产业集群创新网络再造与虚拟化转型: 以美日中为例[J]. 同济大学学报(社会科学版), 31(5): 25-35.

朱方伟, 宋昊阳, 王鹏, 等. 2018. 国有集团母子公司管控模式的选择: 多关键因素识别与组合影响[J]. 南开管理评论, 21(1): 75-87.

朱瑞博. 2004a. 价值模块的虚拟再整合: 以IC产业为例[J]. 中国工业经济, (1): 28-35.

朱瑞博. 2004b. 模块化抗产业集群内生性风险的机理分析[J]. 中国工业经济, (5): 54-60.

朱瑞博. 2006. 模块生产网络价值创新的整合架构研究[J]. 中国工业经济, (1): 98-105.

朱翔. 2010. 基于要素供给视角的浙江省传统产业结构升级问题研究[D]. 杭州: 浙江工商大学.

朱晓红, 陈寒松, 张腾. 2019. 知识经济背景下平台型企业构建过程中的迭代创新模式: 基于动态能力视角的双案例研究[J]. 管理世界, 35(3): 142-156, 207-208.

祝振铎, 李非. 2017. 创业拼凑、关系信任与新企业绩效实证研究[J]. 科研管理, 38(7): 108-116.

邹传伟. 2015. "互联网+"的经济学分析[C]//中国人民大学国际货币研究所. 2015年国际货币金融每日综述选编: 2071-2075.

左玲玲, 陈东华. 2019. 基于价值链创新的传统产业转型升级路径及对策研究: 以宁波市为例[J]. 现代营销(下旬刊), (6): 98-101.

左鹏飞, 姜奇平, 陈静. 2020. 互联网发展、城镇化与我国产业结构转型升级[J]. 数量经济技术经济研究, 37(7): 71-91.

Abernathy W J, Utterback J M. 1978. Patterns of industrial innovation[J]. Technology Review, 80(7): 40-47.

Abrahamson E, Fairchild G. 1999. Management fashion: lifecycles, triggers, and collective learning processes[J]. Administrative Science Quarterly, 44(4): 708-740.

Altenburg T, Schmitz H, Stamm A. 2008. Breakthrough? China's and India's transition from production to innovation[J]. World Development, 36(2): 325-344.

Alvarez S A, Busenitz L W. 2001. The entrepreneurship of resource-based theory[J]. Journal of Management, 27(6): 755-775.

Amit R, Zott C. 2001. Value creation in e-business[J]. Strategic Management Journal, 22(6/7): 493-520.

Amit R, Zott C. 2012. Creating value through business model innovation[J]. MIT Sloan Management Review, 53(3): 41-90.

Ancona D G. 1990. Outward bound: strategic for team survival in an organization[J]. Academy of Management Journal, 33(2): 334-365.

Andersen P H, Kragh H, Lettl C. 2013. Spanning organizational boundaries to manage creative processes: the case of the LEGO Group[J]. Industrial Marketing Management, 42(1): 125-134.

Ashkenas R N, DeMonaco L J, Francis S C. 1998. Making the deal real: how GE capital integrates acquisitions[J]. Harvard Business Review, 76(1): 165-170, 172, 174-178.

Aspelund A, Berg-Utby T, Skjevdal R. 2005. Initial resources' influence on new venture survival: a longitudinal study of new technology-based firms[J]. Technovation, 25(11): 1337-1347.

Bain J S. 1956. Barriers to Mew Competition: Their Character and Consequences in Manufacturing Industries[M]. Cambridge: Harvard University Press.

Bandura, A. 2001. Social cognitive theory: An agentic perspective[J]. Annual Review of Psychology, 52: 1-26.

Bergh D D, Johnson R A, Dewitt R L. 2008. Restructuring through spin-off or sell-off: transforming information asymmetries into financial gain[J]. Strategic Management Journal, 29(2): 133-148.

Bharadwaj AS. 2000. A resource-based perspective on information technology capability and firm performance: an empirical investigation[J]. MIS Quarterly, 24(1): 169-196.

Bigliardi B, Galati F, Verbano C. 2013. Evaluating performance of university spin-off companies: lessons from Italy[J]. Journal of Technology Management & Innovation, 8(2): 178-188.

Bower J L, Christensen C M. 1995. Disruptive technologies: catching the wave[J]. Harvard Business Review, 73(1): 43-53.

Brandenburger A M, Stuart Jr H W. 1996. Value-based business strategy[J]. Journal of Economics & Management Strategy, 5(1): 5-24.

Bröring S, Leker J. 2007. Industry convergence and its implications for the front end of innovation: a problem of absorptive capacity[J]. Creativity and Innovation Management, 16(2): 165-175.

Brush C G, Greene P G, Hart M M. 2001. From initial idea to unique advantage: the entrepreneurial challenge of constructing a resource base[J]. Academy of Management Perspectives, 15(1): 64-78.

Brusoni S, Prencipe A, Pavitt K. 2001. Knowledge specialization, organizational coupling, and the boundaries of the firm: why do firms know more than they make?[J]. Administrative Science Quarterly, 46(4): 597-621.

Brynjolfsson E, Malone T W, Gurbaxani V, et al. 1994. Does information technology lead to smaller firms?[J]. Management Science, 40(12): 1628-1644.

Buckley P J, Casson M C. 1998. Analyzing foreign market entry strategies: extending the internalization approach[J]. Journal of International Business Studies, 29(3): 539-561.

Chandler W M, Chandler M A. 1987. Federalism and political parties[J]. European Journal of Political Economy, 3(1/2): 87-109.

Chatterji A K. 2009. Spawned with a silver spoon? Entrepreneurial performance and innovation in the medical device industry[J]. Strategic Management Journal, 30(2): 185-206.

Chesbrough H. 2007. Business model innovation: it's not just about technology anymore[J]. Strategy & Leadership, 35(6): 12-17.

Chesbrough H, Crowther A K. 2006. Beyond high tech: early adopters of open innovation in other industries[J]. R&D Management, 36(3): 229-236.

Christensen C M, Bower J L. 1996. Customer power, strategic investment, and the failure of leading firms [J]. Strategic Management Journal, 17(3): 197-218.

Christopher M, Gattorna J. 2005. Supply chain cost management and value-based pricing[J].

Industrial Marketing Management, 34(2): 115-121.

Chu, K M. 2013. Motives for participation in Internet innovation intermediary platforms[J]. Information Processing & Management, 49(4): 945-953.

Clarke G R G, Wallsten S J. 2006. Has the Internet increased trade? Developed and developing country evidence[J]. Economic Inquiry, 44(3): 465-484.

Claro D P, de Oliveira Claro P B. 2010. Collaborative buyer-supplier relationships and downstream information in marketing channels[J]. Industrial Marketing Management, 39(2): 221-228.

Clarysse B, Wright M, Lockett A, et al. 2005. Spinning out new ventures: a typology of incubation strategies from European research institutions[J]. Journal of Business Venturing, 20(2): 183-216.

Coombes P H, Nicholson J D. 2013. Business models and their relationship with marketing: a systematic literature review[J]. Industrial Marketing Management, 42(5): 656-664.

Cooper M C, Lambert D M, Pagh, J D. 1997. Supply chain management: more than a new name for logistics[J]. The International Journal of Logistics Management, 8(1): 1-14.

Corredoira R A, Rosenkopf L. 2010. Should auld acquaintance be forgot? The reverse transfer of knowledge through mobility ties[J]. Strategic Management Journal, 31(2): 159-181.

Cox A. 1999. Power, value and supply chain management[J]. Supply Chain Management: an International Journal, 4(4): 167-175.

Crossan M M, Lane H W, White R E. 1999. An organizational learning framework: from intuition to institution[J]. Academy of Management Review, 24(3): 522-537.

Cyert R M, March J G. 1964. A behavioral theory of the firm[J]. Journal of Marketing Research, 1(1): 74-76.

Czernich N, Falck O, Kretschmer T, et al. 2011. Broadband infrastructure and economic growth[J]. The Economic Journal, 121(552): 505-532.

Djokovic D, Souitaris V. 2008. Spinouts from academic institutions: a literature review with suggestions for further research[J]. The Journal of Technology Transfer, 33(3): 225-247.

Drazin R, Kazanjian R K. 1990. A reanalysis of miller and friesen's life cycle data[J]. Strategic Management Journal, 11(4): 319-325.

Dubosson-Torbay M, Osterwalder A, Pigneur Y. 2002. E-business model design, classification, and measurements[J]. Thunderbird International Business Review, 44(1): 5-23.

Dyer J H. 1996. Does governance matter? Keiretsu alliances and asset specificity as sources of Japanese competitive advantage[J]. Organization Science, 7(6): 649-666.

Ellram L M. 1991. Supply-chain management: the industrial organisation perspective[J]. International Journal of Physical Distribution & Logistics Management, 21(1): 13-22.

Emerson R M. 1962. Power-dependence relations[J]. American Sociological Review, 27: 31-41.

Eng T Y. 2004. Implications of the internet for knowledge creation and dissemination in clusters of hi-tech firms[J]. European Management Journal, 22(1): 87-98.

Estellés-Arolas E, González-Ladrón-de-Guevara F. 2012. Towards an integrated crowdsourcing definition[J]. Journal of Information Science, 38(2): 189-200.

Etzkowitz H, Webster A, Gebhardt C, et al. 2000. The future of the university and the university of the future: evolution of ivory tower to entrepreneurial paradigm[J]. Research Policy, 29(2): 313-330.

Evans D S, Noel M. 2005. Defining antitrust markets when firms operate two-sided platforms[J]. Columbia Business Law Review, (3): 667-702.

Feller A, Shunk D, Callarman T E. 2006. Value chains versus supply chains[J]. BP Trends, 1(3): 165-173.

Fichman R G, Dos Santos B L, Zheng Z Q. 2014. Digital innovation as a fundamental and powerful concept in the information systems curriculum[J]. MIS Quarterly, 38(2): 329-343.

Gans J S, Stern S. 2003. The product market and the market for "ideas": commercialization strategies for technology entrepreneurs[J]. Research Policy, 32(2): 333-350.

Gawer A, Cusumano M A. 2014. Industry platforms and ecosystem innovation[J]. Journal of Product Innovation Management, 31(3): 417-433.

Gereffi G, Humphrey J, Kaplinsky R, et al. 2001. Introduction: globalisation, value chains and development[J]. IDS Bulletin, 32(3): 1-8.

Gereffi G. 1999. International trade and industrial upgrading in the apparel commodity chain[J]. Journal of International Economics, 48(1): 37-70.

Gibson C B, Birkinshaw J. 2004. The antecedents, consequences, and mediating role of organizational ambidexterity[J]. Academy of Management Journal, 47(2): 209-226.

Gilbert C G. 2005. Unbundling the structure of inertia: Resource versus routine rigidity[J]. Academy of Management Journal, 48(5): 741-763.

Giudice M D, Maggioni V. 2014. Managerial practices and operative directions of knowledge management within inter-firm networks: A global view[J]. Journal of Knowledge Management, 18(5): 841-846.

Glavas C, Mathews S. 2014. How international entrepreneurship characteristics influence Internet capabilities for the international business processes of the firm[J]. International Business Review, 23(1): 228-245.

Gong F, Nault B R, Rahman M S. 2016. Research note: an internet-enabled move to the market in logistics[J]. Information Systems Research, 27(2): 440-452.

Greenstein S, Khanna T. 1997. What does industrial convergence mean?[C]//Yoffie D. Competing in the Age of Digital Convergence. Boston: Perseus Distribution Services: 1-35.

Gulati R, Sytch M. 2007. Dependence asymmetry and joint dependence in interorganizational relationships: effects of embeddedness on a manufacturer's performance in procurement relationships[J]. Administrative Science Quarterly, 52(1): 32-69.

Hall D J, Saias M A. 1980. Strategy follows structure![J]. Strategic Management Journal, 1(2): 149-163.

Hannan M T, Freeman J. 1984. Structural inertia and organizational change [J]. American Sociological Review, 49(2): 149-164.

Harris R. 1998. The internet as a GPT: Factor market implications[M]//Helpman E. General Purpose Technologies and Economic Growth. Cambridge Mass: MIT Press: 145-166.

Hart O, Moore J. 1990. Property rights and the nature of the firm[J]. Journal of Political Economy, 98(6): 1119-1158.

Hidalgo C A, Klinger B, Barabási A L, et al. 2007. The product space conditions the development of nations[J]. Science, 317(5837): 482-487.

Hill S. 1981. The theory of the growth of the firm[J]. Managerial and Decision Economics, 2(3): 192-193.

Hines P, Rich N, Bicheno J, et al. 1998. Value stream management[J]. The International Journal of Logistics Management, 9(1): 25-42.

Hitt L M. 1999. Information technology and firm boundaries: evidence from panel data[J]. Information Systems Research, 10(2): 134-149.

Hitt M A, Ireland R D, Camp S M, et al. 2001. Strategic entrepreneurship: entrepreneurial strategies for wealth creation[J]. Strategic Management Journal, 22(6-7): 479-491.

Holmström B. 1999. Managerial incentive problems: a dynamic perspective[J]. The Review of Economic Studies, 66(1): 169-182.

Huang J, Henfridsson O, Liu M J, et al. 2017. Growing on steroids: rapidly scaling the user base of digital ventures through digital innovation [J]. MIS Quarterly, 41(1): 301-314.

Humphrey J, Schmitz H. 2000. Governance and Upgrading: Linking Industrial Cluster and Global Value Chain Research[M]. Brighton: Institute of Development Studies.

Humphrey J, Schmitz H. 2002. How does insertion in global value chains affect upgrading in industrial clusters?[J]. Regional Studies, 36(9): 1017-1027.

Humphrey J, Schmitz H. 2004. Local Enterprises in the Global Economy: Issues of Governance and Upgrading[M]. Cheltenham: Edward Elgar.

Jeffers P I, Muhanna W A, Nault B R. 2008. Information technology and process performance: an empirical investigation of the interaction between IT and non-IT resources[J]. Decision Sciences, 39(4): 703-735.

Kafouros M I. 2006. The impact of the internet on R&D efficiency: theory and evidence[J]. Technovation, 26(7): 827-835.

Kandiah G, Gossain S. 1998. Reinventing value: the new business ecosystem[J]. Strategy & Leadership, 26(5): 28-33.

Kaplinsky R, Morris M. 2000. A Handbook for Value Chain Research[M]. Brighton: Institute of Development Studies.

Klepper S. 2007. Disagreements, spinoffs, and the evolution of Detroit as the capital of the U. S. automobile industry[J]. Management Science, 53(4): 616-631.

Kogut B. 1984. Normative observations on the international value-added chain and strategic groups[J]. Journal of International Business Studies, 15(2): 151-167.

Kothandaraman P, Wilson D T. 2001. The future of competition: value-creating networks[J].

Industrial Marketing Management, 30 (4): 379-389.

Kotter J P. 1979. Managing external dependence[J]. Academy of Management Review, 4(1): 87-92.

Koutroumpis P. 2009. The economic impact of broadband on growth: a simultaneous approach[J]. Telecommunications Policy, 33(9): 471-485.

Kuhn P, Skuterud M. 2004. Internet job search and unemployment durations[J]. American Economic Review, 94(1): 218-232.

La Londe B J, Masters J M. 1994. Emerging logistics strategies: Blueprints for the next century[J]. International Journal of Physical Distribution & Logistics Management, 24(7): 35-47.

Lambert D M, Stock J R, Ellram L M. 1997. Fundamentals of Logistics Management[M]. New York: McGraw-Hill/Irwin.

Larsen E, Lomi A. 2002. Representing change: a system model of organizational inertia and capabilities as dynamic accumulation processes[J]. Simulation Modelling Practice and Theory, 10(5-7): 271-296.

Lazarsfeld P F, Berelson B, Gaudet H. 1968. The People's Choice: How the Voter Makes up His Mind in a Presidential Campaign[M]. New York: Columbia University Press.

Levinthal D, Myatt J. 1994. Co-evolution of capabilities and industry: the evolution of mutual fund processing[J]. Strategic Management Journal, 15(S1): 45-62.

Levitt B, March J G. 1988. Organizational learning[J]. Annual Review of Sociology, 14: 319-338.

Levy A, Merry U. 1986. Organizational Transformation[M]. New York: Praeger.

Liang T P, Huang J S. 1998. An empirical study on consumer acceptance of products in electronic markets: a transaction cost model[J]. Decision Support Systems, 24(1): 29-43.

Liu X, He M Q, Gao F, et al. 2008. An empirical study of online shopping customer satisfaction in China: A holistic perspective[J]. International Journal of Retail and Distribution Management, 36(11): 919-940.

Mata F J, Fuerst W L, Barney J B. 1995. Information technology and sustained competitive advantage: a resource-based analysis[J]. MIS Quarterly, 19(4): 487-505.

Mathews J A, Cho D S. 2000. Tiger Technology: The Creation of a Semiconductor Industry in East Asia[M]. Cambridge U. K: Cambridge University Press.

McGuire T, Manyika J, Chui M. 2012. Why big data is the new competitive advantage[J]. Ivey Business Journal, 76(4): 1-4.

Meijers H. 2014. Does the internet generate economic growth, international trade, or both?[J]. International Economics and Economic Policy, 11(1): 137-163.

Melville N, Kraemer K, Gurbaxani V. 2004. Information technology and organizational performance: an integrative model of IT business value[J]. MIS Quarterly, 28(2): 282-322.

Moore J F. 1993. Predators and prey: A new ecology of competition[J]. Harvard Business Review, 71(3): 75-86.

Moran T H. 2011. Foreign manufacturing multinationals and the transformation of the Chinese economy: New measurements, new perspectives. [J]. China's Foreign Trade, (15): 42-45.

Morgan R E, Page K. 2008. Managing business transformation to deliver strategic agility[J]. Strategic Change, 17(5/6): 155-168.

Nevo D, Chan Y E. 2007. A Delphi study of knowledge management systems: Scope and requirements[J]. Information & Management, 44(6): 583-597.

Nohria N, Eccles, R. 1992. Networks and Organizations: Structure, Form and Action[M]. Harvard Business School Press.

Normann R, Ramirez R. 1993. From value chain to value constellation: designing interactive strategy[J]. Harvard Business Review, 71(4): 65-77.

Ordanini A, Rubera G. 2010. How does the application of an IT service innovation affect firm performance? A theoretical framework and empirical analysis on e-commerce[J]. Information & Management, 47(1): 60-67.

Orr D. 1974. An index of entry barriers and its application to the market structure performance relationship[J]. The Journal of Industrial Economics, 23(1): 39-49.

Osterwalder A, Pigneur Y, Clark T, et al. 2010. Business Model Generation: a Handbook for Visionaries, Game Changers, and Challengers[M]. Hoboken: Wiley.

Oviatt B M, McDougall P P. 1994. Toward a theory of international new ventures[J]. Journal of International Business Studies, 25(1): 45-64.

Parhankangas A, Arenius P. 2003. From a corporate venture to an independent company: a base for a taxonomy for corporate spin-off firms[J]. Research Policy, 32(3): 463-481.

Pavlou P A, El Sawy O A. 2010. The "third hand": it-enabled competitive advantage in turbulence through improvisational capabilities[J]. Information Systems Research, 21(3): 443-471.

Penrose E T. 2009. The Theory of the Growth of the Firm[M]. 4th ed. Oxford: Oxford University Press.

Peppard J, Rylander A. 2006. From value chain to value network: insights for mobile operators[J]. European Management Journal, 24(2/3): 128-141.

Peteraf M A. 1993. The cornerstones of competitive advantage: a resource-based view[J]. Strategic Management Journal, 14(3): 179-191.

Pfeffer J, Salancik G R. 1978. The External Control of Organizations: A Resource Dependence Perspective[M]. New York: Harper & Row Publishers.

Pinho N, Beirão G, Patrício L, et al. 2014. Understanding value co-creation in complex services with many actors[J]. Journal of Service Management, 25(4): 470-493.

Pisano P, Pironti M, Rieple A. 2015. Identify innovative business models: can innovative business models enable players to react to ongoing or unpredictable trends?[J]. Entrepreneurship Research Journal, 5(3): 181-199.

Poon T S C. 2004. Beyond the global production networks: a case of further upgrading of Taiwan's information technology industry[J]. International Journal of Technology and Globalisation, 1(1): 130-144.

Porter M E. 1985. Competitive Advantage: Creating and Sustaining Superior Performance [M]. New

York: Free Press.

Prahalad C K, Ramaswamy V. 2000. Co-opting customer competence[J]. Harvard Business Review, 78(1): 79-90.

Prahalad C K, Ramaswamy V. 2004. Co-creating unique value with customers[J]. Strategy & Leadership, 32(3): 4-9.

Rappa M A. 2004. The utility business model and the future of computing services[J]. IBM Systems Journal, 43(1): 32-42.

Ravichandran T, Lertwongsatien C, Lertwongsatien C. 2005. Effect of information systems resources and capabilities on firm performance: A resource-based perspective[J]. Journal of Management Information Systems, 21(4): 237-276.

Rayport J F, Sviokla J J. 1995. Exploiting the virtual value chain[J]. Harvard Business Review, 73(6): 75-85.

Rifkin J. 2011. The Third Industrial Revolution: How Lateral Power is Transforming Energy, the Economy, and the World[M]. New York: Palgrave Macmillan.

Riordan M H, Williamson O E. 1985. Asset specificity and economic organization[J]. International Journal of Industrial Organization, 3(4): 365-378.

Rogers E M, Cartano D G. 1962. Living research: methods of measuring opinion leadership[J]. Public Opinion Quarterly, 26(3): 435-441.

Salancik G R, Pfeffer J. 1978. Uncertainty, secrecy, and the choice of similar others[J]. Social Psychology, 41(3): 246-255.

Santhanam R, Hartono E. 2003. Issues in linking information technology capability to firm performance[J]. MIS Quarterly, 27(1): 125-153.

Santos F M, Eisenhardt K M. 2005. Organizational boundaries and theories of organization[J]. Organization Science, 16(5): 491-508.

Sato S, Hawkins J. 2001. Electronic finance: an overview of the issues[J]. Bis Papers, 7(1): 1-12.

Schilling M A, Steensma H K. 2001. The use of modular organizational forms: an industry-level analysis[J]. Academy of Management Journal, 44(6): 1149-1168.

Shaheen G T. 1994. Approach to transformation[J]. Chief Executive, (3): 2-5.

Shane S, Venkataraman S. 2000. The promise of entrepreneurship as a field of research[J]. Academy of Management Review, 25(1): 217-226.

Shao B B M, Lin W T. 2001. Measuring the value of information technology in technical efficiency with stochastic production frontiers[J]. Information and Software Technology, 43(7): 447-456.

Simon H A. 1997. Models of Bounded Rationality: Empirically Grounded Economic Reason[M]. Cambridge : MIT press.

Sirmon D G, Hitt M A, Ireland R D, et al. 2011. Resource orchestration to create competitive advantage: breadth, depth, and life cycle effects[J]. Journal of Management, 37(5): 1390-1412.

Stabell C B, Fjeldstad Ø D. 1998. Configuring value for competitive advantage: on chains, shops, and networks[J]. Strategic Management Journal, 19(5): 413-437.

Stainback K, Tomaskovic-Devey D, Skaggs S. 2010. Organizational approaches to inequality: Inertia, relative power, and environments[J]. Annual Review of Sociology, 36: 225-247.

Stevens G C. 1989. Integrating the supply chain[J]. International Journal of Physical Distribution & Materials Management, 19(8): 3-8.

Stevenson B. 2009. The Internet and Job Search[M]//David H. Studies of Labor Market Intermediation. Chicago: University of Chicago Press:67-86.

Stieglitz N. 2003. Digital dynamics and types of industry convergence: The Evolution of the Handheld Computers Market[C]//The Industrial Dynamics of the New Digital Economy. UK: Emerald Group Publishing: 179-208.

Sturgeon T J. 2002. Modular production networks: a new American model of industrial organization[J]. Industrial and Corporate Change, 11(3): 451-496.

Teece D J, Pisano G, Shuen A. 1997. Dynamic capabilities and strategic management[J]. Strategic Management Journal, 18(7): 509-533.

Tripsas M. 2009. Technology, identity, and inertia through the lens of "The digital photography company"[J]. Organization Science, 20(2): 441-460.

Valente T W, Davis R L. 1999. Accelerating the diffusion of innovations using opinion leaders[J]. The ANNALS of the American Academy of Political and Social Science, 566(1): 55-67.

Vargo S L, Lusch R F. 2004. The four service marketing myths: remnants of a goods-based, manufacturing model[J]. Journal of Service Research, 6(4): 324-335.

Vemuri V K, Siddiqi S. 2009. Impact of commercialization of the internet on international trade: A panel study using the extended gravity model[J]. The International Trade Journal, 23(4): 458-484.

Vidal E, Mitchell W. 2018. Virtuous or vicious cycles? The role of divestitures as a complementary penrose effect within resource-based theory[J]. Strategic Management Journal, 39(1): 131-154.

Voss G B, Sirdeshmukh D, Voss Z G. 2008. The effects of slack resources and environmental-threat on product exploration and exploitation[J]. Academy of Management Journal, 51(1): 147-164.

Wade M, Hulland J. 2004. The resource-based view and information systems research: Review, extension, and suggestions for future research[J]. MIS Quarterly, 28(1): 107-142.

Wallin M W. 2012. The bibliometric structure of spin-off literature[J]. Innovation, 14(2): 162-177.

Wallin, M W, Dahlstrand Å L. 2006. Sponsored spin-offs, industrial growth and change[J]. Technovation, 26(5/6): 611-620.

Wang P, Swanson E B. 2007. Launching professional services automation: Institutional entrepreneurship for information technology innovations[J]. Information and Organization, 17(2): 59-88.

Wernerfelt B. 1995. The resource-based view of the firm: ten years after[J]. Strategic Management Journal, 16(3): 171-174.

Whitford J, Zirpoli F. 2014. Pragmatism, practice, and the boundaries of organization[J]. Organization Science, 25(6): 1823-1839.

Williamson O E. 1973. Markets and hierarchies: some elementary considerations [J]. The American Economic Review, 63(2): 316-325.

Williamson O E. 1985. Assessing contract[J]. The Journal of Law, Economics, and Organization, 1(1): 177-208.

Yoo Y, Henfridsson O, Lyytinen K. 2010. Research commentary-the new organizing logic of digital innovation: an agenda for information systems research[J]. Information Systems Research, 21(4): 724-735.

Zhuang Y L, Lederer A L. 2006. A resource-based view of electronic commerce[J]. Information & Management, 43(2): 251-261.

Zott C, Amit R. 2007. Business model design and the performance of entrepreneurial firms[J]. Organization Science, 18(2): 181-199.

Zott C, Amit R. 2008. The fit between product market strategy and business model: Implications for firm performance[J]. Strategic Management Journal, 29(1): 1-26.